百家經典

容齋隨筆

【南宋】洪邁　著
胡亞軍　注釋

洪邁簡介

　　洪邁（1123年－1202年），字景盧，號容齋；饒州鄱陽人（今江西省上饒市鄱陽縣），洪皓第三子。南宋名臣，官至翰林學士、龍圖閣學士、端明殿學士。以筆記《容齋隨筆》、《夷堅志》聞名於世。

　　宣和五年（1123年）生，南宋名臣洪皓第三子。洪皓使金，遭金人扣留，洪邁年僅七歲，隨兄洪适、洪遵攻讀，「幼讀書日數千言，一過目輒不忘，博極載籍，雖稗官虞初，釋老傍行，靡不涉獵」。趙和仲有言「知古者莫如洪景盧」。十歲時，隨兄洪适避亂，嘗往返於秀（今浙江嘉興）、饒二州之間。紹興十五年（1145年）進士，授兩浙轉運司。受秦檜排擠，出京為福州教授。累遷吏部郎兼禮部。紹興三十一年（1161年），遷左司員外郎。 紹興三十二年春（1162年），金世宗遣左監軍高忠建來告登位且議和，洪邁為接伴使，充賀登位使，出使金國，「自旦及暮，不給飲食，三日乃得見」，洪邁熬不過，屈節稱臣。金大都督懷中提議將洪邁扣留，左丞相張浩以為不可，乃遣還。殿中御史張震彈劾邁「使金辱命」，罷歸家居。

　　隆興元年（1163年），知泉州。乾道二年（1166年），知吉州（今江西吉安），入京為起居舍人。乾道三年（1167年），遷起居郎，拜中書舍人兼侍讀、直學士院。乾道六年（1170年），知贛州（今江西贛州）。淳熙二年（1175年），知婺州，興修水利 。特遷敷文閣待制。淳熙三年（1176年）建議許浦開河三十六里，梅里築二大堰；又建議建造多槳底平船，召募瀕海富商入船予爵，招善操舟者以補水軍。同年以提舉佑神觀兼侍講、同修國史。淳熙四年（1177年）九月，拜翰林學士。紹熙元年（1190年），進煥章閣學士，知紹興府。紹熙二年，上章告老，進龍圖閣學士。不久以端明殿學士致仕。嘉泰二年（1202年）卒，年八十。贈光祿大夫，諡文敏。

關於《容齋隨筆》

　　《容齋隨筆》是南宋洪邁著的筆記,和北宋沈括《夢溪筆談》齊名,《夢溪筆談》以科學技術見長,《容齋隨筆》則長於史料和考據,被公認為研究宋代歷史必讀之書。淳熙十四年八月,此書受到宋孝宗親自讚賞。

　　洪邁在《容齋隨筆》卷首開宗明義:「余老去習懶,讀書不多,意之所之,隨即紀錄,因其先後,無復全次,故目之曰隨筆。」

　　《容齋隨筆》包括:隨筆、續筆、三筆、四筆、五筆:

- 《容齋隨筆》卷一至卷十六,每卷自15則至29則,共329則;成於南宋淳熙七年（1180年）
- 《容齋續筆》卷一至卷十六,每卷自12則至18則,共249則;成於南宋紹熙二年（1193年）
- 《容齋三筆》卷一至卷十六,每卷自5則至20則,共248則;成於南宋慶元二年（1196年）
- 《容齋四筆》卷一至卷十六,每卷自12則至24則,共259則;成於南宋慶元三年（1197年）
- 《容齋五筆》卷一至卷十,每卷自9則至19則,共135則;未完成。

　　《容齋隨筆》……《容齋五筆》共5筆,74卷,共1220則,每則有標題,不分類。《容齋隨筆》內容豐富包羅萬象,大致包括下列幾個方面:

- 歷史事件、歷史人物評論,例如《戰國自取滅亡》、《周漢存國》、《曹操殺楊修》、《曹操用人》
- 史料紀錄,如《漢唐封禪》、《漢二帝治盜》、《漢唐置郵》、《買馬牧馬》、《宮室土木》
- 史料、典章、物產考察;如《三省長官》、《漢官名》
- 專著評介《糖霜譜》、《趙德甫金石錄》、《冊府元龜》、《鬼谷子

書》、《戰國策》

- 文字 《杜詩用字》、《詩詞改字》、《司字作入聲》、《公羊用疊語》、《文字結尾》、《國初古文》
- 動植物 《唐重牡丹》、《挲羅樹》、《飛禽畜菜茄色不同》、《免葵燕麥》、《苦蕒菜》
- 醫藥 《伏龍肝》、《雷公炮灸論》
- 詩詞紀錄；如《連昌宮詞》、《青龍寺詩》、《丹青引》、《李長吉詩》、《東坡羅浮詩》、《老杜寒山詩》
- 佛經： 《金剛經四句偈語》、《多心經偈》、《七極微塵》、《八種經典》、
- 天文、歷算、星相：《月雙閏雙》、《占測天星》、《天文七政》
- 兵法、軍制：《三衙軍制》、《露布》、《兵家貴於預備》、《將帥當專》
- 風俗：《饒州風俗》、《天慶著節》、《河伯娶婦》、《雙生子》、《歲旦飲酒》、《姑舅為婚》
- 文物：《壽亭侯印》、《紫極觀松》、《古錞於》
- 地理：《輿地道里誤》

目　錄

容齋隨筆

卷　一

序…………………………………一四
歐率更帖…………………………一五
羅處士志…………………………一六
唐平蠻碑…………………………一七
八月端午…………………………一八
贊公少公…………………………一九
郭璞葬地…………………………二〇
五臣注《文選》…………………二一
文煩簡有當………………………二二
《史記》世次……………………二三
白公詠史…………………………二四

卷　二

古行宮詩…………………………二六
張良無後…………………………二七
周亞夫……………………………二八
漏洩禁中語………………………二九
秦用他國人………………………三一
戾太子……………………………三二
灌夫任安…………………………三三

卷　三

和《歸去來》……………………三五
四海一也…………………………三七

李太白……………………………三八
冉有問衛君………………………三九
俗語有所本………………………四一
三女后之賢………………………四二
蔡君謨帖…………………………四三
張九齡作牛公碑…………………四五

卷　四

溫公客位榜………………………四七
李頎詩……………………………四八
詩中用茱萸字……………………四九
孟蜀避唐諱………………………五一
為文矜誇過實……………………五一
噴嚏………………………………五二
謗書………………………………五三
浮梁陶器…………………………五五

卷　五

上官桀……………………………五六
金日磾……………………………五七
漢宣帝忌昌邑王…………………五八
平津侯……………………………五九
漢武賞功明白……………………六一
周召房杜…………………………六二
李後主梁武帝……………………六三
史館玉牒所………………………六五

卷　六

魏相蕭望之………………六七

畏無難…………………六八

誕節受賀………………六九

郟文公楚昭王…………七〇

魯昭公…………………七二

州縣失故名……………七三

卷　七

韓柳為文之旨…………七五

魏鄭公諫語……………七六

將軍官稱………………七七

北道主人………………七八

王導小名………………八〇

名世英宰………………八一

《檀弓》誤字……………八三

卷　八

沐浴佩玉………………八五

東晉將相………………八六

浯溪留題………………八八

人物以義為名…………九〇

人君壽考………………九一

韓文公佚事……………九三

卷　九

霍光賞功………………九六

尺棰取半………………九七

漢文失材………………九八

顏率兒童之見…………九九

老人推恩………………一〇一

唐三傑…………………一〇二

劉歆不孝………………一〇三

卷　十

日飲亡何………………一〇五

爰盎小人………………一〇六

古彝器…………………一〇七

玉蕊杜鵑………………一〇八

水衡都尉二事…………一一〇

臨敵易將………………一一二

冊禮不講………………一一三

卷十一

楊虞卿…………………一一四

漢誹謗法………………一一五

誼向觸諱………………一一八

燕昭漢光武之明………一二〇

卷十二

光武棄馮衍……………一二四

逸《詩》《書》……………一二六

三省長官………………一二七

劉公榮…………………一三〇

周漢存國………………一三一

曹操殺楊修……………一三四

卷十三

韓馥劉璋………………一三六

蕭房知人………………一三七

俞似詩…………………一四〇

吳激小詞………………一四一

孫吳四英將……………一四二

魏明帝容諫……………一四四

孫臏減灶………………一四六

卷十四

漢祖三詐⋯⋯⋯⋯⋯⋯一四九

舒元輿文⋯⋯⋯⋯⋯⋯一五〇

絕唱不可和⋯⋯⋯⋯⋯一五一

贈典輕重⋯⋯⋯⋯⋯⋯一五二

光武仁君⋯⋯⋯⋯⋯⋯一五四

卷十五

范曄作史⋯⋯⋯⋯⋯⋯一五六

唐詩人有名不顯者⋯⋯⋯⋯一五八

世事不可料⋯⋯⋯⋯⋯一五九

連昌宮詞⋯⋯⋯⋯⋯⋯一六一

二士共談⋯⋯⋯⋯⋯⋯一六二

曹操唐莊宗⋯⋯⋯⋯⋯一六三

雲中守魏尚⋯⋯⋯⋯⋯一六五

卷十六

兄弟直西垣⋯⋯⋯⋯⋯一六七

吳王殿⋯⋯⋯⋯⋯⋯⋯一六九

王衛尉⋯⋯⋯⋯⋯⋯⋯一七〇

稷有天下⋯⋯⋯⋯⋯⋯一七二

王逢原⋯⋯⋯⋯⋯⋯⋯一七三

真假皆妄⋯⋯⋯⋯⋯⋯一七四

容齋續筆

卷　一

序⋯⋯⋯⋯⋯⋯⋯⋯⋯一七六

李建州⋯⋯⋯⋯⋯⋯⋯一七七

侍從官⋯⋯⋯⋯⋯⋯⋯一七九

公子奚斯⋯⋯⋯⋯⋯⋯一八〇

晉燕用兵⋯⋯⋯⋯⋯⋯一八二

漢郡國諸官⋯⋯⋯⋯⋯一八三

卷　二

權若訥馮澥⋯⋯⋯⋯⋯一八五

存歿絕句⋯⋯⋯⋯⋯⋯一八七

張釋之傳誤⋯⋯⋯⋯⋯一八九

漢唐置郵⋯⋯⋯⋯⋯⋯一九〇

開元五王⋯⋯⋯⋯⋯⋯一九一

二傳誤後世⋯⋯⋯⋯⋯一九二

卷　三

諡法⋯⋯⋯⋯⋯⋯⋯⋯一九四

無望之禍⋯⋯⋯⋯⋯⋯一九五

燕說⋯⋯⋯⋯⋯⋯⋯⋯一九七

折檻行⋯⋯⋯⋯⋯⋯⋯一九八

杜老不忘君⋯⋯⋯⋯⋯一九九

栽松詩⋯⋯⋯⋯⋯⋯⋯二〇〇

卷　四

淮南守備⋯⋯⋯⋯⋯⋯二〇二

鄭權⋯⋯⋯⋯⋯⋯⋯⋯二〇四

弱小不量力⋯⋯⋯⋯⋯二〇六

禁天高之稱⋯⋯⋯⋯⋯二〇七

宣和冗官⋯⋯⋯⋯⋯⋯二〇九

卷　五

買馬牧馬⋯⋯⋯⋯⋯⋯二一一

盜賊怨官吏⋯⋯⋯⋯⋯二一三

作詩先賦韻⋯⋯⋯⋯⋯二一五

台城少城⋯⋯⋯⋯⋯⋯二一六

卷　六

王嘉薦孔光⋯⋯⋯⋯⋯二一八
戊為武⋯⋯⋯⋯⋯⋯⋯二一九
周亞夫⋯⋯⋯⋯⋯⋯⋯二二〇
煬王煬帝⋯⋯⋯⋯⋯⋯二二三
鄭莊公⋯⋯⋯⋯⋯⋯⋯二二四

卷　七

女子夜績⋯⋯⋯⋯⋯⋯二二八
淮南王⋯⋯⋯⋯⋯⋯⋯二二九
五十弦瑟⋯⋯⋯⋯⋯⋯二三一

卷　八

韓嬰詩⋯⋯⋯⋯⋯⋯⋯二三四
五行衰絕字⋯⋯⋯⋯⋯二三七
蕭何紿韓信⋯⋯⋯⋯⋯二三八
孫權稱至尊⋯⋯⋯⋯⋯二三九
詩詞改字⋯⋯⋯⋯⋯⋯二四一

卷　九

三家七穆⋯⋯⋯⋯⋯⋯二四三
有扈氏⋯⋯⋯⋯⋯⋯⋯二四五
漢景帝⋯⋯⋯⋯⋯⋯⋯二四六
蕭何先見⋯⋯⋯⋯⋯⋯二四七

卷　十

經傳煩簡⋯⋯⋯⋯⋯⋯二四九
曹參不薦士⋯⋯⋯⋯⋯二五一
漢武留意郡守⋯⋯⋯⋯二五三
孫堅起兵⋯⋯⋯⋯⋯⋯二五五
孫權封兄策⋯⋯⋯⋯⋯二五六
賊臣遷都⋯⋯⋯⋯⋯⋯二五八

卷十一

孫玉汝⋯⋯⋯⋯⋯⋯⋯二六〇
唐人避諱⋯⋯⋯⋯⋯⋯二六一
唐帝稱太上皇⋯⋯⋯⋯二六四
楊倞注《荀子》⋯⋯⋯二六五
楊國忠諸使⋯⋯⋯⋯⋯二六六
東坡自引所為文⋯⋯⋯二六八

卷十二

唐制舉科目⋯⋯⋯⋯⋯二七一
列子書事⋯⋯⋯⋯⋯⋯二七三
天生對偶⋯⋯⋯⋯⋯⋯二七五
崔斯立⋯⋯⋯⋯⋯⋯⋯二七六

卷十三

下第再試⋯⋯⋯⋯⋯⋯二七八
貞元制科⋯⋯⋯⋯⋯⋯二七九
金花帖子⋯⋯⋯⋯⋯⋯二八一
太史日官⋯⋯⋯⋯⋯⋯二八三
雨水清明⋯⋯⋯⋯⋯⋯二八四

卷十四

陳涉不可輕⋯⋯⋯⋯⋯二八六
詩要點檢⋯⋯⋯⋯⋯⋯二八八
塚宰治內⋯⋯⋯⋯⋯⋯二八九
李長吉詩⋯⋯⋯⋯⋯⋯二九〇
子夏經學⋯⋯⋯⋯⋯⋯二九一

卷十五

李林甫秦檜⋯⋯⋯⋯⋯二九三
紹聖廢春秋⋯⋯⋯⋯⋯二九八
書籍之厄⋯⋯⋯⋯⋯⋯二九九

卷十六

高德儒…………………………三〇三

唐朝士俸微……………………三〇五

酒肆旗望………………………三〇六

月中桂兔………………………三〇七

忠臣名不傳……………………三〇九

唐人酒令………………………三一一

容齋三筆

序………………………………三一四

卷 一

武成之書………………………三一七

漢將軍在御史上………………三一九

上元張燈………………………三二〇

七夕用六日……………………三二二

宰相參政員數…………………三二二

卷 二

漢宣帝不用儒…………………三二四

國家府庫………………………三二六

進士訴黜落……………………三二七

後漢書載班固文………………三二九

趙充國馬援……………………三三〇

卷 三

陳季常…………………………三三三

其言明且清……………………三三四

公孫五樓………………………三三五

薦士稱字著年…………………三三八

兄弟邪正………………………三三九

卷 四

銀牌使者………………………三四〇

省錢百陌………………………三四一

舊官銜冗贅……………………三四三

宰相不次補……………………三四四

卷 五

王裒嵇紹………………………三四六

仁宗立嗣………………………三四八

縛雞行…………………………三四九

油污衣詩………………………三五一

州郡書院………………………三五二

卷 六

杜詩誤字………………………三五四

擇福莫若重……………………三五五

用人文字之失…………………三五六

白公夜聞歌者…………………三五八

減損入官人……………………三五九

唐昭宗贈諫臣官………………三六一

卷 七

赦恩為害………………………三六二

光武苻堅………………………三六三

周武帝宣帝……………………三六五

五代濫刑………………………三六六

卷 八

徽宗薦嚴疏文…………………三六八

四六名對………………………三六九

卷 九

樞密兩長官……………………三七六

赦放債負⋯⋯⋯⋯⋯三七七

學士中丞⋯⋯⋯⋯⋯三七八

周世宗好殺⋯⋯⋯⋯三八〇

卷 十

唐夜試進士⋯⋯⋯⋯三八二

納綢絹尺度⋯⋯⋯⋯三八四

禁中文書⋯⋯⋯⋯⋯三八五

卷十一

家諱中字⋯⋯⋯⋯⋯三八七

東坡三詩⋯⋯⋯⋯⋯三八八

卷十二

閔子不名⋯⋯⋯⋯⋯三九〇

淵明孤松⋯⋯⋯⋯⋯三九一

卷十三

占測天星⋯⋯⋯⋯⋯三九二

元豐庫⋯⋯⋯⋯⋯⋯三九四

卷十四

綠竹王芻⋯⋯⋯⋯⋯三九六

衙參之禮⋯⋯⋯⋯⋯三九七

卷十五

勝字訓⋯⋯⋯⋯⋯⋯三九九

杯水救車薪⋯⋯⋯⋯四〇〇

卷十六

蹇氏父子⋯⋯⋯⋯⋯四〇一

紀年用先代名⋯⋯⋯四〇二

序⋯⋯⋯⋯⋯⋯⋯⋯四〇四

卷 一

周三公不特置⋯⋯⋯四〇六

犀舟⋯⋯⋯⋯⋯⋯⋯四〇七

卷 二

城狐社鼠⋯⋯⋯⋯⋯四〇九

北人重甘蔗⋯⋯⋯⋯四一〇

卷 三

韓公稱李杜⋯⋯⋯⋯四一一

祝不勝詛⋯⋯⋯⋯⋯四一二

卷 四

杜韓用歇後語⋯⋯⋯四一四

唐明皇賜二相物⋯⋯四一四

卷 五

禽畜菜茄色不同⋯⋯四一六

勇怯無常⋯⋯⋯⋯⋯四一七

卷 六

扁字二義⋯⋯⋯⋯⋯四一八

卷 七

替戾岡⋯⋯⋯⋯⋯⋯四一九

卷 八

得意失意詩⋯⋯⋯⋯四二一

項韓兵書⋯⋯⋯⋯⋯四二一

卷 九

南舟北帳⋯⋯⋯⋯⋯四二三

更衣⋯⋯⋯⋯⋯⋯⋯四二四

容齋四筆

卷 十

青蓮居士……………………四二五
賞魚袋出處…………………四二六

卷十一

常何…………………………四二七
樞密行香……………………四二八

卷十二

詞臣益輕……………………四三〇
夏英公好處…………………四三一

卷十三

房玄齡名字…………………四三三
執政贈三代不同……………四三四

卷十四

梁狀元八十二歲……………四三五
太宗恤民……………………四三六

卷十五

教官掌箋奏…………………四三八
三給事相攻…………………四三九

卷十六

親王帶將仕郎………………四四一

容齋五筆

卷 一

天慶諸節……………………四四四
五經秀才……………………四四五

卷 二

二叔不咸……………………四四六

慶善橋………………………四四七

卷 三

石尤風………………………四四九

卷 四

韓文稱名……………………四五〇

卷 五

桃花笑春風…………………四五一

卷 六

玉堂殿閣……………………四五一

卷 七

國初文籍……………………四五五

卷 八

天將富此翁…………………四五七

卷 九

畏人索報書…………………四五九

卷 十

農父田翁詩…………………四六〇
唐人草堂詩句………………四六一

容齋隨筆 總序

知贛州寺簿洪公伋以書來曰:「從祖文敏公由右史出守是邦,今四十餘年矣。伋何幸遠繼其後,官閑無事,取文敏隨筆紀錄,自一至四各十六卷,五則絕筆之書,僅有十卷,悉鋟木於郡齋,用以示邦人焉。想像抵掌風流,宛然如在,公其為我識之。」

僕頃備數憲幕,留贛二年,至之日,文敏去才旬月,不及識也。而經行之地,筆墨飛動,人誦其書,家有其像,平易近民之政,悉能言之。有訴不平者,如訴之於其父;而謁其所欲者,如謁之於其母。後十五年,文敏為翰苑,出鎮浙東,僕適後至,濫吹朝列,相隔又旬月,竟不及識。而與其子太社梓,其孫參軍偓,相從甚久,得其文愈多,而所謂《隨筆》者,僅見一二,今所有太半出於浙東歸休之後,宜其不盡見也。可以稽典故,可以廣聞見,可以證訛謬,可以膏筆端,實為儒生進學之地,何止慰贛人去後之思。僕又嘗風陳日華,盡得《夷堅十志》與《支志》、《三志》及《四志》之二,共三百二十卷,就摘其間詩詞、雜著、藥餌、符咒之屬,以類相從,編刻於湖陰之計臺,疏為十卷,覽者便之。僕因此搜索志中,欲取其不涉神怪,近於人事,資鑒戒而佐辯博,非《夷堅》所宜收者,別為一書,亦可得十卷。俟其成也,規以附刻於章貢可乎?

寺簿方以課最就持憲節,威行谿洞,折其萌芽,民實陰受其賜。願少留於此,它日有餘力,則經紀文敏之家。子孫未振,家集大全,恐馴致散失,再為收拾實難。今《盤洲》、《小隱》二集,士夫珍藏墨本已久,獨《野處》未焉。寺簿推廣《隨筆》之用心,願有以甌圖之可也。

嘉定壬申仲冬初吉,寶謨閣直學士、太中大夫、提舉隆興府玉隆萬壽宮、臨川何(異)謹序。

容齋隨筆

卷 一

序

【原文】

　　予老去習懶，讀書不多，意之所之[1]，隨即紀錄，因[2]其後先，無復詮次[3]，故目[4]之曰隨筆。淳熙庚子[5]，鄱陽洪邁景盧[6]。

【註釋】

① 之：往，到。

② 因：於是，就。

③ 詮次：選擇和編排。詮：通「銓」，選擇。

④ 目：標題。

⑤ 淳熙：1174—1189年。南宋孝宗趙昚的第三個和最後一個年號，共計16年。庚子：中國傳統紀年農曆的干支紀年中一個循環的第三十七年，稱「庚子年」。干支紀年法始於漢代，之後沿行不廢。干支是天干和地支的總稱。甲、乙、丙、丁、戊、己、庚、辛、壬、癸等十個符號叫天干，子、丑、寅、卯、辰、巳、午、未、申、酉、戌、亥等十二個符號叫地支。將干支順序相配正好六十，為一周，周而復始，循環使用。

⑥ 洪邁景盧：洪邁，字景盧，號容齋。南宋饒州鄱陽（今江西鄱陽）人。南宋著名文學家。

【譯文】

　　我年歲漸老，習慣懶惰，書讀得不多，興致到了，就隨時記錄，於是這些文章的先後，不再能編排次序了，所以就把這部書命名為

「隨筆」。淳熙庚子年，鄱陽名洪邁字景盧者所記。

歐率更①帖

【原文】

臨川石刻雜法帖②一卷，載歐陽率更一帖云：「年二十餘，至③鄱陽，地沃土平，飲食豐賤④，眾士往往湊聚。每日賞華⑤，恣口所須⑥。其二張才華議論，一時俊傑；殷、薛二侯，故不可言；戴君國士⑦，出言便是月旦⑧；蕭中郎頗縱放誕⑨，亦有雅致⑩；彭君摛藻⑪，特有自然，至如《閣山神詩》，先輩亦不能加⑫。此數子遂⑬無一在，殊⑭使痛心。」茲蓋吾鄉故實也⑮。

【註釋】

① 歐率更：歐陽詢，字信本，唐朝潭州臨湘（今湖南長沙）人。唐朝著名書法家，楷書四大家之一。曾任太子率更令，故稱「歐陽率更」。
② 法帖：指古人學習臨摹書法用的字帖。
③ 至：到，往。
④ 豐賤：指豐盛且價廉。
⑤ 華：通「花」。
⑥ 恣口所須：指想吃什麼就吃什麼。恣：肆意，盡情。
⑦ 國士：指國中才能最優秀的人物。
⑧ 月旦：即「月旦評」，指品評人物或詩文字畫等。
⑨ 放誕：指狂放不羈。
⑩ 雅致：指高雅的意趣。
⑪ 摛藻：指鋪陳辭藻，施展文采。
⑫ 加：超越。

⑬ 遂：竟然。

⑭ 殊：特別。

⑮ 茲：代詞。這個，此。故實：指往日的事實。

【譯文】

　　臨川縣的石刻中夾雜了一卷法帖，其中記載了歐陽詢的一段話，說：「我二十多歲時，到了鄱陽，那裏土地肥沃平坦，飲食豐富便宜，許多讀書人經常聚集在那裏，每天賞花，想吃什麼就吃什麼。其中有兩個姓張的才華出眾，擅長議論，是當時的傑出人士；還有姓殷和姓薛的兩位讀書人，就更不必說了；戴君是國內優秀的人才，一出口就能成定論；蕭中郎狂放不羈，也有高雅的意趣；彭君滿腹文采，文章特別自然，提及他的《閣山神詩》，前輩們的文章也不能超越。這幾個士人竟然一個都不在了，特別讓人痛心。」這些都是我們鄱陽縣過去的舊事了。

羅處士志

【原文】

　　襄陽有隋《處士羅君墓誌》曰：「君諱①靖，字禮，襄陽廣昌人。高祖長卿，齊饒州刺史。曾祖弘智，梁殿中將軍。祖養，父靖，學優不仕②，有名當代。」碑字畫勁楷③，類褚河南④。然父子皆名靖，為不可曉⑤。拓拔魏⑥安同父名屈，同之長子亦名屈，祖孫同名，胡人⑦無足言者，但羅君不應爾⑧也。

【註釋】

① 諱：舊時不敢直帝王或尊長的名字，叫諱。也指所諱的名字。

② 學優不仕：指學問很好，但沒有當官。仕：做官。

③ 勁楷：指工整有力。楷：規範，工整。

④ 褚河南：褚遂良，字登善，杭州錢塘人。唐朝政治家、書法家。
　　曾獲封「河南郡公」，故稱「褚河南」。

⑤ 曉：明白，瞭解。

⑥ 拓拔魏：指北魏，是鮮卑族拓跋珪建立的北方政權，是南北朝時
　　期北朝第一個王朝。

⑦ 胡人：泛指北方遊牧民族。

⑧ 爾：如此，這樣。

【譯文】

　　襄陽有隋朝時的《處士羅君墓誌》，上面寫著：「羅君名靖，字
禮，襄陽廣昌人。高祖名長卿，是南齊饒州刺史。曾祖名弘智，是南
朝梁國的殿中將軍。祖父名養，父親名靖，學問都很好，但沒有當
官，在當時都很有名聲。」墓碑上的字工整有力，很像褚遂良的風
格。但是父子兩人的名字都叫靖，卻讓人不能理解。拓跋魏氏朝的安
同，父親名屈，安同的長子名字也是屈，祖孫同名，在胡人那裏是無
所謂的，但是羅君不應該這樣。

唐平蠻碑

【原文】

　　成都有唐《平南蠻碑》，開元①十九年，劍南節度副大使張敬忠
所立。時南蠻大酋長染浪州刺史楊盛顛為邊患，明皇②遣內常侍高守
信為南道招慰處置使以討之，拔③其九城。此事新、舊《唐書》及野
史皆不載。肅宗④以魚朝恩為觀軍容處置使，憲宗⑤用吐突承璀為招
討使，議者譏其以中人主兵柄⑥，不知明皇用守信蓋有以啟之也。裴
光庭、蕭嵩時為相，無足責者。楊氏苗裔⑦，至今猶連「晟」字云。

① 開元：唐朝皇帝唐玄宗李隆基的年號（唐朝第九代皇帝，在位44年，是唐代在位最久的皇帝）。
② 明皇：唐玄宗李隆基，諡「至道大聖大明孝皇帝」，後世詩文多稱之為明皇。
③ 拔：奪取軍事上的據點。
④ 肅宗：唐肅宗李亨，唐玄宗李隆基第三子，唐朝第七位皇帝。
⑤ 憲宗：唐憲宗李純，唐代第十二位皇帝。
⑥ 譏：諷刺，挖苦。中人：指宦官。主：主持，掌管。
⑦ 苗裔：指後代子孫。

【譯文】

　　成都有唐朝的《平南蠻碑》，是開元十九年，劍南節度副大使張敬忠所立的。當時南蠻大酋長染浪州刺史楊盛顛在邊疆鬧事，唐明皇派遣內常侍高守信作為南道招慰處置使去討伐他，攻克了九座城池。這件事在《新唐書》《舊唐書》和野史中都沒有記載。唐肅宗任命太監魚朝恩為觀軍容處置使，唐憲宗任用太監吐突承璀為招討使，議論的人譏諷他們的皇帝任用太監掌管兵權，卻不知道是唐明皇任用高守信開了先例。裴光庭、蕭嵩當時是宰相，卻沒有人責備他們。楊氏的後人，到現在名字上還連著「晟」字。

八月端午

【原文】

　　唐玄宗以八月五日生，以其日為千秋節。張說《上大衍曆序》云：「謹以開元十六年八月端午赤光照室之夜獻之①。」《唐類表》有宋璟《請以八月五日為千秋節表》云：「月惟仲秋，日在端午。」然則②凡月之五日皆可稱端午也。

【註釋】

① 謹：鄭重地，恭敬地。赤光照室：形容皇帝出生。這是後人附會
　 的言辭。

② 然則：連詞，用在句子開頭，表示「既然這樣，那麼……」

【譯文】

　　唐玄宗在八月五日出生，把這天作為千秋節。張說在《上大衍曆
序》中說：「恭敬地在開元十六年八月端午，皇帝降生的這天晚上，
獻上大衍曆。」《唐類表》中收錄了宋璟的《請以八月五日為千秋節
表》，表上說：「月份是仲秋，日期是端午。」既然是這樣，那麼每
月的五日都可以稱為端午了。

贊公少公

【原文】

　　唐人呼縣令為明府，丞為贊府，尉為少府。《李太白集》有《餞
陽曲王贊公賈少公石艾尹少公序》，蓋陽曲丞、尉，石艾尉也。「贊
公」「少公」之語益奇。

【譯文】

　　唐朝人稱呼縣令為明府，稱縣丞為贊府，稱縣尉為少府。《李太
白集》中有一篇《餞陽曲王贊公賈少公石艾尹少公序》，大概是餞別
陽曲縣丞、縣尉和石艾縣尉的。變「贊府」「少府」為「贊公」「少
公」，這種稱呼就更加奇怪了。

郭璞①葬地

【原文】

《世說》:「郭景純過江,居於暨陽。墓去②水不盈百步,時人以為近水,景純曰:『將③當為陸。』今沙漲,去墓數十里皆為桑田④。」此說蓋以郭為先知也。世傳《錦囊葬經》為郭所著,行山卜宅兆者卬為元龜⑤。然郭能知水之為陸,獨不能卜吉以免其非命⑥乎?廁上銜刀之見淺矣。

【註釋】

① 郭璞:字景純,河東郡聞喜縣(今山西聞喜)人。兩晉時期著名文學家、訓詁學家,是遊仙詩的祖師,還是著名的方術士。後為王敦記室參軍,以卜筮不吉阻敦謀反,被殺。

② 去:距離。

③ 將:快要。

④ 桑田:種植桑樹與農作物的田地。

⑤ 行山卜宅兆者:指看墳地、占卜選擇地基的人。元龜:比喻可資借鑒的往事。

⑥ 非命:指遭受意外的災禍而死亡。

【譯文】

《世說新語》中記載:「郭景純南渡後,居住在暨陽。他的墓地距離江水不到一百步,當時的人認為太接近江水了,景純說:『不久就會變成陸地的。』現在泥沙上漲,距離墓地幾十里都成了良田。」這種說法大概認為郭景純能未卜先知。世人傳說,《錦囊葬經》是郭景純寫的,看墳地、占卜選擇地基的人將其奉為經典。但是郭景純能夠預料到江河會變成陸地,獨獨不能占卜出一個吉利的方法來避免自己意外死亡嗎?在廁所裏赤身披髮,銜刀祭酒以此來求免死,未免也

太淺薄了吧！

五臣①注《文選》

【原文】

　　東坡詆《五臣注文選》②，以為荒陋③。予觀選中謝玄暉和王融詩云：「阽危賴宗袞④，微管寄明牧。」正謂謝安、謝玄。安石於玄暉為遠祖，以其為相，故曰宗袞。而李周翰注云：「宗袞謂王導。導與融同宗，言晉國臨危，賴王導而破苻堅。牧謂謝玄，亦同破堅者。」夫以宗袞為王導固可笑，然猶以和王融之故，微為有說。至以導為與謝玄同破苻堅，乃是全不知有史策，而狂妄⑤注書，所謂小兒強解事也。唯李善注得之。

【註釋】

① 五臣：指唐代注釋《文選》的呂向、呂延濟、劉良、張銑、李周翰等五人。
② 東坡：蘇軾，字子瞻，又字和仲，號東坡居士。北宋眉州眉山（今屬四川眉山）人。著名文學家、書法家、畫家。詆：譴責。
③ 荒陋：指粗野淺陋。
④ 阽：臨近邊緣，指險境。宗袞：對同族居高位者的稱呼。
⑤ 狂妄：指極端地自高自大。

【譯文】

　　蘇東坡指責《五臣注文選》，認為它粗野淺陋。我看《文選》中謝玄暉和王融的一首詩說：「阽危賴宗袞，微管寄明牧。」指的是謝安、謝玄。謝安是謝玄暉的遠祖，因為他是宰相，所以稱為宗袞。而李周翰注釋說：「宗袞指的是王導。王導和王融同宗，說的是晉國面

臨危險，依賴王導而攻破了苻堅。明牧指的是謝玄，也是一同攻破苻堅的人。」他把宗衷當作王導本來就很可笑，但因為是與王融唱和，勉強可以說得通。至於認為王導和謝玄共同攻破苻堅，那就是完全不知道歷史，而狂妄地注釋書籍，這就是所說的不懂事的孩子硬要解釋事情。只有李善注釋得最符合實情。

文煩簡有當^①

【原文】

歐陽公^②《進新唐書表》曰：「其事則增於前，其文則省於舊。」夫文貴於達^③而已，繁與省各有當也。《史記·衛青傳》：「校尉李朔、校尉趙不虞、校尉公孫戎奴，各三從大將軍獲王。以千三百戶封朔為涉軹侯，以千三百戶封不虞為隨成侯，以千三百戶封戎奴為從平侯。」《前漢書》但^④云：「校尉李朔、趙不虞、公孫戎奴，各三從大將軍。封朔為涉軹侯，不虞為隨成侯，戎奴為從平侯。」比於《史記》五十八字中省二十三字，然不若《史記》為樸贍可喜^⑤。

【註釋】

① 當：相稱，相配。
② 歐陽公：歐陽修，字永叔，號醉翁、六一居士。吉州永豐（今江西永豐）人。北宋政治家、文學家。
③ 達：理解，明白。
④ 但：只。
⑤ 若：如。樸贍：指質樸而豐富。

【譯文】

歐陽修的《進新唐書表》上說：「其中的事蹟比之前有增加，文

字比之前有減省。」文章貴在表達清楚罷了，繁瑣和簡潔各自有其適用的情況。《史記·衛青傳》中說：「校尉李朔、校尉趙不虞、校尉公孫戎奴，都三次跟隨大將軍擒獲匈奴王子。用一千三百戶封李朔為涉軹侯，用一千三百戶封趙不虞為隨成侯，用一千三百戶封公孫戎奴為從平侯。」而《前漢書》上只說：「校尉李朔、趙不虞、公孫戎奴，都三次跟隨大將軍出征。封李朔為涉軹侯，趙不虞為隨成侯，公孫戎奴為從平侯。」比《史記》中的五十八字減少了二十三個字，但是不如《史記》質樸清楚。

《史記》世次①

【原文】

　　《史記》所紀帝王世次，最為不可考信②，且以稷、契論之③，二人皆帝嚳④子，同仕於唐虞⑤。契之後為商，自契至成湯凡十三世，歷五百餘年。稷之後為周，自稷至武王凡十五世，歷千一百餘年。王季⑥蓋與湯為兄弟，而世之相去六百年，既已可疑。則周之先十五世，須每世皆在位七八十年，又皆暮年所生嗣君⑦，乃合此數，則其所享壽皆當過百年乃可。其為漫誕不稽⑧，無足疑者。《國語》所載太子晉之言曰：「自後稷之始基靖民⑨，十五王而文始平之。」皆不然也。

【註釋】

① 世次：指世系相承的先後順序。

② 考信：指查考其真實。

③ 且：暫且，姑且。稷：后稷，姬姓，名棄，黃帝玄孫，帝嚳嫡長子，母姜嫄。堯舜時期掌管農業的官，周朝始祖。契：子姓，尊稱閼伯。帝嚳之子、帝堯的異母弟，相傳為帝嚳后妃簡狄吞玄鳥

之卵而生。商朝始祖。

④ 帝嚳：姬姓，高辛氏，名俊，一作夋，五帝之一。黃帝的曾孫，中國上古時期一位著名的部落聯盟首領。

⑤ 唐虞：唐堯與虞舜的並稱。亦指堯與舜的時代。

⑥ 王季：季歷，姬姓。周太王之少子，周文王之父。

⑦ 嗣君：指繼位的國君。

⑧ 漫誕不稽：指荒誕不實，沒有根據。

⑨ 靖民：指治理百姓。靖：治理。

【譯文】

　　《史記》所記載的帝王世代次序，最經不起考察驗證，姑且拿稷、契來說，這兩個人都是帝嚳的兒子，同在唐虞時做官。契的後人創立了商朝，從契到成湯總共十三代，經過了五百多年。稷的後人創立了周朝，從稷到周武王總共十五代，經過了一千一百多年。王季和成湯應該是兄弟，但他們差了兩代，竟然相差了六百年，這已經很值得懷疑了。那麼周朝的先人十五代，應該每代都要在位七八十年，又都是晚年生了可以繼位的兒子，才符合這個數目，那他們所享的年歲都應該超過一百歲才可以。《史記》記載的荒誕沒有根據，就無可懷疑了。《國語》上所記載的太子晉的話說：「從后稷開始奠定基業、治理百姓，經過十五代君主，到文王才平定了天下。」都是不對的。

白公①詠史

【原文】

　　《東坡志林》云：「白樂天嘗為王涯所讒②，貶江州司馬。甘露之禍③，樂天有詩云：⑥當君白首同歸日，是我青山獨往時。⑥不知者以樂天為幸之，樂天豈幸人之禍④者哉？蓋悲之也。」予讀白集有《詠

史》一篇，注云：九年十一月作。其詞曰：「秦磨利刃斬李斯，齊燒沸鼎烹酈其。可憐黃綺⑤入商洛，閑臥白雲歌紫芝。彼為菹醢⑥機上盡，此作鸞凰天外飛。去者逍遙來者死，乃知禍福非天為。」正為甘露事而作，其悲之之意可見矣。

【註釋】

① 白公：白居易，字樂天，號香山居士，又號醉吟先生。他的詩歌題材廣泛，形式多樣，語言平易通俗，有「詩魔」和「詩王」之稱。

② 王涯：字廣津，太原人。唐文宗時官至中書門下平章事，執掌宰相權柄。甘露之變時全家遭誅滅，唐昭宗天復元年得以平反昭雪。讒：在別人面前說某人的壞話。

③ 甘露之禍：唐文宗大和九年（835）謀誅宦官而失敗的一次事變。

④ 幸人之禍：即幸災樂禍，指人缺乏善意，在別人遇到災禍時感到高興。

⑤ 黃綺：指秦末隱士東園公、夏黃公、綺里季、甪里，又稱商山四皓。他們曾是秦始皇朝中的博士官，因避秦亂世而隱居商山，採芝充饑，四人皆八十多歲，鬚眉皓白。

⑥ 菹醢：古代酷刑。把人剁成肉醬。

【譯文】

　　《東坡志林》中說：「白樂天曾經被王涯詆毀，貶官為江州司馬。甘露之變時，白居易有詩說：'當君白首同歸日，是我青山獨往時。'不知道的人認為白居易為這場禍事感到高興。白居易難道是在別人遇到災禍時感到高興的人嗎？實際上是覺得悲傷啊。」我讀白居易文集，其中有一篇《詠史》，注釋說：九年十一月作。其文字是這樣的：「秦磨利刃斬李斯，齊燒沸鼎烹酈其。可憐黃綺入商洛，閑臥白雲歌紫芝。彼為菹醢機上盡，此作鸞凰天外飛。去者逍遙來者死，乃知禍福非天為。」正是為甘露事變所作，可以看出他為這件事感到的悲憤意味。

卷 二

古行宮詩

【原文】

　　白樂天《長恨歌》《上陽人歌》，元微之^①《連昌宮詞》，道開元間宮禁^②事，最為深切矣。然微之有《行宮》一絕句云：「寥落古行宮，宮花寂寞紅。白頭宮女在，閑坐說玄宗。」語少意足，有無窮之味。

【註釋】

① 元微之：元稹，字微之，河南府（今河南洛陽）人，唐朝著名詩
　　人。

② 宮禁：指皇帝居住的地方。

【譯文】

　　白樂天的《長恨歌》和《上陽人歌》，元微之的《連昌宮詞》，寫的是開元年間皇宮裏的事情，算是最深刻的了。但是元微之還有一首名為《行宮》的絕句說：「寥落古行宮，宮花寂寞紅。白頭宮女在，閑坐說玄宗。」文字很少而意味豐足，有無窮無盡的滋味。

張良①無後

【原文】

　　張良、陳平②，皆漢祖③謀臣。良之為人，非平可比④也。平嘗曰：「我多陰謀，道家之所禁。吾世即廢矣⑤，以吾多陰禍⑥也。」平傳國⑦至曾孫，而以罪絕，如其言。然良之爵但能至子，去其死才十年而絕，後世不復紹⑧封，其禍更促⑨於平，何哉？予蓋嘗考之，沛公攻嶢關，秦將欲連和⑩，良曰：「不如因⑪其懈怠擊之。」公引兵大破秦軍。項羽與漢王約中分天下，既解⑫而東歸矣。良有養虎自遺患⑬之語，勸王回軍追羽而滅之。此其事固⑭不止於殺降也，其無後宜⑩哉。

【註釋】

① 張良：字子房，潁川城父人。秦末漢初傑出的謀士、大臣，與韓信、蕭何並稱為「漢初三傑」。

② 陳平：陽武戶牖鄉（今河南原陽）人。西漢王朝的開國功臣之一。

③ 漢祖：即漢高祖劉邦。沛豐邑中陽里人。漢朝開國皇帝。

④ 比：能夠相匹。

⑤ 世：後嗣，後裔。即：隨之立刻就。

⑥ 陰禍：冥冥之中將要受到的懲罰。

⑦ 傳國：指帝王傳位給子孫。這裏指傳襲爵位。

⑧ 紹：連續，繼承。

⑨ 促：短。

⑩ 連和：指聯合，交好。

⑪ 因：趁著，乘便。

⑫ 解：脫去，鬆開。

⑬ 養虎自遺患：留著老虎不除掉，就會成為後患。比喻縱容敵人，自留後患。

⑭ 固：本來，原來。

⑮ 宜：應該。

【譯文】

　　張良、陳平，都是漢高祖的謀臣。張良的為人，不是陳平可以媲美的。陳平曾經說：「我經常使用陰謀，是道家所禁止的。我的後代很快就要滅絕了，因為我暗中種下了禍根。」陳平的爵位傳到曾孫時，因為犯罪而滅絕，和他自己說的一樣。但是張良的爵位只能傳到他兒子，距離他自己去世才十年就滅絕了，後代不再繼承分封的爵位。他的災禍比陳平來得更快，這是為什麼呢？我曾經考察過，劉邦攻打嶢關時，秦國的守將想要投降，張良勸劉邦說：「不如趁著他們鬆懈倦怠的時候攻打。」劉邦就帶著軍隊大破秦軍。項羽和劉邦約定平分天下，之後項羽已帶兵去彭城了。張良卻說縱容老虎就是自留禍患，勸劉邦回兵去追打項羽滅掉他。這兩件事本來比殺掉投降的人更屬害，他沒有後人也是應該的了。

周亞夫①

【原文】

　　周亞夫距②吳、楚，堅壁③不出。軍中夜驚，內相攻擊擾亂，至於帳下。亞夫堅臥不起。頃之④，復定。吳奔壁東南陬⑤，亞夫使備西北。已而⑥果奔西北，不得入。《漢史》書之，以為亞夫能持重⑦。按⑧，亞夫軍⑨細柳時，天子先驅至，不得入。文帝⑩稱其不可得而犯。今乃有軍中夜驚相攻之事，安在其能持重乎？

【註釋】

① 周亞夫：沛縣人，西漢時期的軍事家，西漢開國元勳周勃之子，

曾統率漢軍平定七國之亂，官至丞相。

② 距：通「拒」，抗拒，抵禦。

③ 堅壁：指加固城牆和堡壘。

④ 頃之：指一會兒，不久。

⑤ 陬：隅，角落。

⑥ 已而：不久，後來。

⑦ 持重：指行事謹慎、穩重，不浮躁。

⑧ 按：考察。

⑨ 軍：駐紮。

⑩ 文帝：漢文帝劉恒。漢高祖劉邦第四子，母薄姬，西漢第五位皇帝。

【譯文】

　　周亞夫抵禦吳國、楚國為首的七國叛軍，堅守營壘不出戰。軍隊晚上受驚，內部互相攻擊，發生騷亂，一直鬧到了周亞夫的軍帳前。周亞夫執意躺著不起來。過了一會兒，軍隊又安定下來。吳國軍隊攻打周亞夫軍營的東南角，周亞夫讓自己的士兵在西北角準備。過了一會兒吳國的軍隊果然轉而攻打西北角，結果不能攻入。《漢書》寫了這件事，認為周亞夫謹慎穩重。據我考察，周亞夫在細柳駐軍時，天子先騎馬到達，不能進入軍營。漢文帝稱讚周亞夫不能夠被侵犯。現在竟然有軍隊半夜受驚互相攻擊的事情，哪裡能看出他謹慎穩重啊？

漏泄禁中語①

【原文】

　　京房與漢元帝論幽、厲事②，至於十問十答。西漢所載君臣之語，未有如是之詳盡委曲③者。蓋漢法漏泄省中語為大罪，如夏侯勝

④出道上語，宣帝⑤責之，故退不敢言，人亦莫能知者。房初見帝時，出為御史大夫鄭君言之，又為張博道其語，博密⑥記之，後竟以此下獄棄市⑦。今史所載，豈非獄辭乎？王章與成帝論王鳳之罪⑧，亦以王音側聽聞之耳。

【註釋】

① 漏泄：洩漏，走漏。禁中：指帝王居住的地方。

② 京房：本姓李，字君明，東郡頓丘（今河南清豐西南）人。西漢學者，開創了京氏易學，有《京房易傳》存世。漢元帝：劉奭，漢宣帝劉詢與嫡妻許平君之子，西漢第十一位皇帝。幽、厲：指昏亂之君周幽王、周厲王。

③ 委曲：指詳盡、詳細。

④ 夏侯勝：字長公，寧陽侯國人（今山東寧陽）。西漢今文尚書學「大夏侯學」的開創者。

⑤ 宣帝：劉詢，原名劉病已，漢武帝劉徹曾孫，戾太子劉據之孫，西漢第十位皇帝。

⑥ 密：秘密的，隱密的。

⑦ 棄市：古代的一種死刑，指在鬧市處死，並暴屍示眾。

⑧ 王章：字仲卿，泰山鉅平（今山東泰安）人。曾任西漢京兆尹。成帝：漢成帝劉驁，漢元帝劉奭與孝元皇后王政君所生的嫡子，西漢第十二位皇帝。王鳳：字孝卿，漢孝元皇后王政君的同母哥哥，曾任大司馬、大將軍、領尚書事秉政。王鳳與他的三個兄弟王音、王商、王根形成了「王鳳專權，五侯當朝」的局面。

【譯文】

　　京房與漢元帝議論周幽王、周厲王的事情，至於十問十答。西漢所記載下來的君臣間的話語，沒有像這樣詳細完全的。大概是因為漢朝的法度規定，洩露朝廷上的談話是大罪，比如夏侯勝出宮後講了皇上所說的話，漢宣帝就責罰了他，所以他退下後不敢再說，別人也沒

有知道的。京房第一次拜見皇帝，出宮後對御史大夫鄭君說了，又對張博說了皇上的話，張博默默地記下來，後來京房竟然因此而入獄被斬首。現在史書上所記載的，難道不是供詞嗎？王章與漢成帝討論王鳳的罪過，也是因為王音在旁邊聽到的罷了。

秦用他國人

【原文】

七國虎爭天下，莫不招致①四方遊士。然六國所用相，皆其宗族及國人，如齊之田忌、田嬰、田文，韓之公仲、公叔，趙之奉陽、平原君，魏王至以太子為相。獨秦不然，其始與之謀國以開霸業者，魏人公孫鞅也。其他若②樓緩趙人，張儀、魏冉、范雎皆魏人，蔡澤燕人，呂不韋韓人，李斯楚人。皆委國③而聽之不疑，卒之所以兼天下者④，諸人之力也。燕昭王任郭隗、劇辛、樂毅，幾⑤滅強齊，辛、毅皆趙人也。楚悼王任吳起為相，諸侯患楚之強，蓋衛人也。

【註釋】

① 招致：招引，收羅。

② 若：如，像。

③ 委國：把國家政權交給別人。

④ 卒：最終。兼：全部，整個。

⑤ 幾：表示非常接近，相當於「幾乎」「差不多」。

【譯文】

七國爭霸天下，沒有不收羅四方遊說之士人的。但是六國所用的相國，都是他們的族人和本國人，比如齊國的田忌、田嬰、田文，韓國的公仲、公叔，趙國的奉陽君、平原君，魏王甚至讓太子當相國。

只有秦國不是這樣，最初與秦國謀劃開創霸業的人，是魏國人公孫鞅。其他如樓緩是趙國人，張儀、魏冉、范睢是魏國人，蔡澤是燕國人，呂不韋是韓國人，李斯是楚國人。秦國君主都把國家大政託付給這些人，聽從他們而沒有一點懷疑，最終之所以能兼併天下，便是靠了這些人的力量。燕昭王任用郭隗、劇辛、樂毅，幾乎滅掉了強大的齊國，而劇辛和樂毅都是趙國人。楚悼王任用吳起為相國，諸侯都恐懼楚國的強大，可吳起是衛國人啊。

戾太子①

【原文】

　　戾太子死，武帝追悔，為之族②江充家，黃門蘇文助充譖③太子，至於焚殺之。李壽加兵刃於太子，亦以他事族。田千秋以一言至為丞相，又作思子宮，為歸來望思之台。然其孤孫囚繫④於郡邸，獨⑤不能釋之，至於掖庭令養視而不問也，豈非漢法至嚴，既坐⑥太子以反逆之罪，雖⑦心知其冤，而有所不赦者乎？

【註釋】

① 戾太子：劉據，漢武帝劉徹的嫡長子，因生母為衛皇后，又稱衛太子。劉據之孫劉詢繼位後，追諡劉據曰「戾」，以表其冤屈，故又稱為「戾太子」。
② 族：滅族。把罪犯的家族成員全部處死。
③ 譖：無中生有地說人壞話。
④ 囚繫：指拘禁，拘押。
⑤ 獨：唯獨。
⑥ 坐：定罪。
⑦ 雖：即使。

【譯文】

　　戾太子死後，漢武帝非常後悔，因此滅了江充的整個家族，黃門蘇文幫助江充詆毀太子，以致於被燒死。李壽直接殺害太子，也因為別的事情被滅族。田千秋因為替太子說了一句話而做到丞相，漢武帝又建造了思子宮，修築了歸來望思台。但是他的孤孫被囚禁在郡舍，卻偏偏不能釋放，直到掖庭令養護他，武帝也始終不曾過問，這難道不是漢朝的法度極其嚴格，已經判了太子謀反的罪過，即使心裏知道他是冤枉的，也不能赦免嗎？

灌夫任安^①

【原文】

　　竇嬰^②為丞相，田蚡^③為太尉，同日免。蚡後為丞相，而嬰不用無勢，諸公稍自引而怠驁^④，唯灌夫獨否。衛青^⑤為大將軍，霍去病^⑥才為校尉，已而皆為大司馬。青日衰，去病日益貴。青故人門下多去事去病，唯任安不肯去。灌夫、任安，可謂賢而知義矣。然皆以他事卒不免於族誅，事不可料如此。

【註釋】

① 灌夫：字仲孺，潁川郡潁陰人。平定七國之亂，以功任中郎將。他本姓張，因父親張孟曾為潁陰侯灌嬰家臣，賜姓灌。任安：字少卿，西漢滎陽（今屬河南）人，曾為衛青的舍人，經衛青舉薦先後任郎中、益州刺史。

② 竇嬰：字王孫，清河觀津（今河北衡水東）人，是漢文帝皇后竇氏侄，漢武帝時以功封魏其侯，出任宰相。

③ 田蚡：西漢長陵（今陝西咸陽）人，漢景帝王皇后的胞弟，漢武帝時封武安侯，出任太尉、丞相。

④ 稍：漸漸。自引：指自己抽身。怠驁：指驕傲怠慢。

⑤ 衛青：字仲卿，河東平陽（今山西臨汾）人。西漢名將，漢武帝
   第二任皇后衛子夫的弟弟。

⑥ 霍去病：衛青的外甥。河東平陽（今山西臨汾）人，西漢名將、
   軍事家。

【譯文】

　　竇嬰做丞相，田蚡做太尉，同一天被罷免。田蚡後來做了丞相，
但竇嬰沒有再被任用而沒了權勢。竇嬰的門人漸漸離去，沒離開的也
已怠慢輕視他，只有灌夫不是這樣。衛青做大將軍，霍去病才是校
尉，不久後二人都成為大司馬。衛青一天天失勢，霍去病一天天顯
貴。衛青的門人大多離開他去追隨霍去病，只有任安不肯離去。灌
夫、任安，可以稱得上賢德而深明大義了。但他們都因為別的事情，
最終不能避免被滅族，世事竟如此不能預料。

卷　三

和^①《歸去來》

【原文】

　　今人好和《歸去來詞》，予最敬晁以道^②所言。其《答李持國書》云：「足下愛淵明所賦《歸去來辭》，遂同東坡先生和之，僕^③所未喻也。建中靖國^④間，東坡《和歸去來》，初至京師，其門下賓客從而和者數人，皆自謂得意^⑤也，陶淵明紛然^⑥一日滿人目前矣。參寥^⑦忽以所和篇示予，率^⑧同賦，予謝^⑨之曰：童子無居位，先生無並行，與吾師共推東坡一人於淵明間^⑩可也。’參寥即索^⑪其文，袖之出，吳音^⑫曰：‘罪過公，悔不先與公話。’今輒以厚於參寥者為子言^⑬。」昔大宋相公^⑭謂陶公《歸去來》是南北文章之絕唱，《五經》之鼓吹^⑮。近時繪畫《歸去來》者，皆作大聖變，和其辭者，如即事遣興^⑯小詩，皆不得正中^⑰者也。

【註釋】

① 和：以詩歌酬答，依照別人詩詞的題材作詩、詞。
② 晁以道：晁說之，字以道、伯以，自號景迂生。宋代名士，博通五經。先世世居澶州（今河南濮陽），鉅野（今屬山東）人。
③ 僕：古時男子謙稱自己。
④ 建中靖國：北宋徽宗趙佶的年號。這個年號只使用了一年。
⑤ 得意：指滿意，感到滿足時的高興心情。
⑥ 紛然：指盛多，各種各樣。
⑦ 參寥：宋僧道潛的別號。道潛善詩，與蘇軾、秦觀為詩友。
⑧ 率：大概，大略。

⑨ 謝：告訴。

⑩ 間：參與。這裏指並行。

⑪ 索：討要。

⑫ 吳音：指吳地的方言。

㉓ 輒：就。厚：重視。

⑭ 大宋相公：宋庠，初名郊，字伯庠，入仕後改名庠，更字公序。北宋文學家、宰相。與弟宋祁並有文名，時稱「二宋」。

⑮ 鼓吹：宣揚，使眾人知道。

⑯ 即事遣興：指面對眼前事物而抒發情感。遣：抒發。

⑰ 正中：指正好符合。

【譯文】

　　現在的人喜歡和《歸去來辭》，我最敬佩晁以道所說的。他寫的《答李持國書》中說：「先生您喜愛陶淵明所寫的《歸去來辭》，於是就和東坡先生唱和，這我就不明白了。建中靖國年間，蘇東坡寫了《和歸去來》，最初來到京城，他門下的賓客跟著唱和的有好幾個人，都自認為寫得很好，一日之間滿眼都是陶淵明了。參寥子忽然把他所和的詩篇拿給我看，大略和賦一樣，我告訴他說：'童子不敢佔據高位，先生面前不敢同行，我和大師共同推舉東坡先生一個和陶淵明並行就好了。' 參寥子就要回了他的文章，放在袖子裏出去了，並用吳地的方言說：'罪過啊先生，我後悔沒有先跟先生打招呼。' 現在我把看重參寥子的話對先生說。」以前大宋相公說陶淵明的《歸去來》是南北文章的絕唱，是《五經》的傳播者。近來畫《歸去來》的人，都畫成了大聖變，和他辭的人，像是寫些隨事遣興的小詩，都不符合原來的意思。

四海一也

【原文】

　　海一而已，地之勢西北高而東南下①，所謂東、北、南三海，其實一也。北至於青、滄，則云北海；南至於交、廣，則云南海；東漸②吳、越，則云東海。無由③有所謂西海者。《詩》《書》《禮》經所載四海，蓋引類④而言之。《漢·西域傳》所云蒲昌海，疑亦淳居⑤一澤爾。班超遣甘英往條支⑥，臨⑦大海，蓋即南海之西云。

【註釋】

① 下：低。

② 漸：流入，入。

③ 無由：指沒有門徑，沒有辦法。

④ 引類：指援引同類。

⑤ 淳居：指水積聚不流。

⑥ 條支：西亞古國名，在今伊拉克境內的底格里斯河和幼發拉底河之間。

⑦ 臨：遭遇，碰到。

【譯文】

　　海只有一個罷了，地勢西北高而東南低，所說的東、北、南三片海，其實是同一個。向北直到青州、滄州，就叫北海；向南直到交州、廣州，就叫南海；向東到吳越地區，就叫東海。沒有所說的西海。《詩經》《尚書》《禮記》中所記載的四海，大概是援引同類所說的。《漢書·西域傳》中所說的蒲昌海，我懷疑也就是彙聚的一個大湖罷了。班超派遣甘英去往條支，遇到大海，大概就是南海的西邊。

李太白

【原文】

世俗多言李太白在當塗採石，因醉泛舟於江，見月影俯[1]而取之，遂溺[2]死，故其地有捉月臺。予按李陽冰[3]作太白《草堂集序》雲：「陽冰試弦歌[4]於當塗，公疾亟[5]，草稿萬卷，手集[6]未修，枕上授簡[7]，俾[8]為序。」又李華[9]作《太白墓誌》，亦云：「賦《臨終歌》而卒[10]。」乃知俗傳良[11]不足信，蓋與謂杜子美因食白酒牛炙而死者同也[12]。

【註釋】

① 俯：彎腰屈身。

② 溺：淹沒。

③ 李陽冰：字少溫，譙郡（今安徽亳州）人。李白族叔，為李白作《草堂集序》。唐代文學家、書法家。

④ 試弦歌：指任縣令。

⑤ 疾亟：指病情危急。

⑥ 手集：指手稿詩集。

⑦ 簡：古代用來寫字的竹板。這裏指書稿。

⑧ 俾：使。

⑨ 李華：字遐叔，趙郡贊皇（今河北贊皇）人，唐代文學家、散文家、詩人。

⑩ 卒：死亡。

⑪ 良：誠然，的確。

⑫ 杜子美：杜甫，字子美，河南鞏縣（今河南鞏義）人。杜甫是唐代偉大的現實主義詩人，與李白合稱「李杜」，被後人稱為「詩聖」，他的詩被稱為「詩史」。牛炙：烤牛肉。

【譯文】

　　世人大多說李太白在當塗採石這個地方，因為喝醉酒在長江上行船，看到水中月亮的影子便彎腰去撈，於是就淹死了，所以那個地方有捉月臺。我考察李陽冰寫的李太白《草堂集序》，裏面說：「我擔任當塗地區的縣令，李太白生了重病，詩稿有上萬卷，手寫的詩集還沒有編輯整理，他在床上把這些詩稿交給我，讓我寫個序。」另外李華寫的《太白墓誌》，上面也說：「李太白寫了《臨終歌》後就去世了。」這才知道世人流傳的實在不值得相信，大概和所說的杜子美因為喝白酒、吃烤牛肉而死的情況是一樣的。

冉有①問衛君

【原文】

　　冉有曰：「夫子②為衛君乎？」子貢③曰：「吾將問之。」入，曰：「伯夷、叔齊何人也？」曰：「古之賢人也。」曰：「怨乎？」曰：「求仁而得仁，又何怨？」出，曰：「夫子不為也。」說者皆評較蒯聵、輒之是非④，多至數百言，唯王逢原以十字蔽之⑤，曰：「賢⑥兄弟讓，知惡父子爭矣。」最為簡妙。蓋夷、齊以兄弟讓國，而夫子賢之，則不與衛君以父子爭國可知矣。晁以道亦有是語，而結意⑦不同。尹彥明之說，與逢原同。唯楊中立云：「世之說者，以謂善兄弟之讓，則惡父子之爭可知，失其旨⑧矣。」其意為不可曉。

【註釋】

① 冉有：冉求，字子有，通稱「冉有」，尊稱「冉子」，魯國陶（今山東定陶）人。春秋末年著名學者，「孔門七十二賢」之一，受儒教祭祀。

② 夫子：指孔子。

③ 子貢：端木賜，字子貢，衛國（今河南浚縣）人。「孔門十哲」之一，孔子曾稱其為「瑚璉之器」，受儒教祭祀。

④ 蒯聵：衛後莊公，姬姓，名蒯聵。衛靈公之子，衛出公的父親，春秋時期衛國第三十任國君。輒：衛出公，姬姓，名輒。衛國第二十九代國君。

⑤ 王逢原：王令，初字鍾美，後改字逢原。原籍元城（今河北大名）。北宋詩人。蔽：概括。

⑥ 賢：尊重，崇尚。

⑦ 結意：指結尾。

⑧ 旨：意義，目的。

【譯文】

　　冉有問：「先生會幫助衛君嗎？」子貢說：「我去問問他。」於是進入孔子的房間，問：「伯夷、叔齊是什麼人？」孔子說：「是古代的賢人。」子貢問：「他們最終那樣的結果，會有怨恨嗎？」孔子說：「他們追求仁德而得到了仁德，又有什麼好怨恨的？」子貢出來，說：「先生不會幫助衛君的。」解釋的人都評論比較蒯聵和輒的是非對錯，多的有幾百個字，只有王逢原用了十個字就概括了，說：「贊成兄弟互相推讓君位，就知道厭惡父子相爭了。」這是最簡潔精妙的。伯夷、叔齊因為兄弟之間互相推讓君位，孔子認為他們賢德，那麼他不會參與衛君父子君位相爭的心意就可以知道了。晁以道也有這樣的話，但結尾有些不同。尹彥明的說法，和王逢原的相同。只有楊中立說：「世上解釋的人，認為贊同兄弟相讓，那厭惡父子相爭就可以知道了，這樣就失去這段話的主旨了。」他的意思讓人不明白。

俗語有所本^①

【原文】

　　俗語謂錢一貫有畸曰千一、千二^②，米一石^③有畸曰石一、石二，長一丈有畸曰丈一、丈二之類。按《考工記》：「殳^④長尋有四尺。」注云：「八尺曰尋，殳長丈二。」《史記·張儀傳》，尺一之檄^⑤。漢淮南王安書云，丈一之組^⑥。《匈奴傳》，尺一牘^⑦。《後漢》，尺一詔書。唐，城南去天尺五^⑧之類，然則亦有所本云。

【註釋】

① 本：事物的根源。
② 貫：舊時的製錢，把方孔錢穿在繩子上，每一千個為一貫。畸：數的零頭。
③ 石：古代的容量單位。
④ 殳：古代的一種武器，用竹木做成，有棱無刃。
⑤ 檄：比較長的竹木簡。
⑥ 組：裝飾性絲帶。
⑦ 牘：古時書寫用的木片。
⑧ 城南去天尺五：指城南韋杜，去天尺五。世居長安城南之韋、杜兩族靠近皇宮、親近皇權。

【譯文】

　　俗語說一貫錢有餘叫一千一、一千二，一石米有餘叫一石一、一石二，一丈長有餘叫一丈一、一丈二等。我考察《考工記》，有記載說：「殳的長度有一尋四尺。」注釋說：「八尺叫一尋，殳的長度是一丈二。」《史記·張儀傳》上說，一尺一的木簡。漢代淮南王劉安的書上說，一丈一的絲帶。《匈奴傳》上說，一尺一的木牘。《後漢書》上說，一尺一的詔書。唐代時的諺語，像城南的韋杜距離皇宮才一尺

五之類，那麼也都是有根據的。

三女后之賢

【原文】

王莽①女為漢平帝后，自劉氏之廢，常稱疾不朝會。莽敬憚傷哀②，欲嫁之，后不肯。及莽敗，后曰：「何面目以見漢家③？」自投火中而死。楊堅④女為周宣帝后，知其父有異圖⑤，意頗不平⑥，形於言色⑦，及禪位⑧，憤惋愈甚⑨。堅內甚愧之，欲奪其志⑩，后誓不許⑪，乃止。李昪⑫女為吳太子璉妃，昪既篡⑬吳，封為永興公主，妃聞人呼公主，則流涕而辭。三女之事略同，可畏而仰⑭，彼為其父者，安所置愧乎？

【註釋】

① 王莽：字巨君，西漢孝元皇后王政君之侄。西元8年12月，王莽代漢建新，建元「始建國」，宣佈推行新政，史稱「王莽改制」。

② 敬憚傷哀：指既敬畏又哀憐。

③ 漢家：指漢朝皇帝。

④ 楊堅：隋文帝，隋朝開國皇帝。弘農郡華陰（今陝西華陰）人。大定元年（581）二月甲子日，北周靜帝以楊堅眾望有歸下詔宣佈禪讓。楊堅三讓而受天命，定國號為「隋」，改元開皇。

⑤ 異圖：指有謀反的企圖。

⑥ 頗：很。不平：指憤慨，不滿。

⑦ 形於言色：指在行為和言語中表現出來。

⑧ 禪位：指在位君主生前便將統治權讓給他人。

⑨ 愈甚：指更加厲害。

⑩ 奪其志：指改變她的志向。這裏指改嫁。

⑪ 許：答應。

⑫ 李昪：字正倫，小字彭奴，徐州人，五代十國時期南唐建立者。937年（天祚三年），李昪稱帝，國號齊。939年（升元三年），又改國號為唐，史稱南唐。

⑬ 篡：指臣子奪取皇位。

⑭ 仰：敬慕，欽佩。

【譯文】

　　王莽的女兒是漢平帝的皇后，自從劉氏被廢了帝位後，她時常假託生病不去參加朝會。王莽對她既敬重忌憚又感到哀憐，想要讓她改嫁，皇后不肯。等到王莽政權失敗後，皇后說：「我有什麼臉面去見漢家皇帝？」自己跳入火中自殺而亡了。楊堅的女兒是周宣帝的皇后，她知道自己的父親有謀反的企圖，內心非常不滿，在平時的行為和言語中都表現出來。等到楊堅接受禪讓得到帝位後，她更加憤恨。楊堅心裏十分羞愧，想讓她改嫁，皇后誓死不答應，楊堅這才作罷。李昪的女兒是吳國太子璉的妃子。李昪篡奪了吳國後，封女兒為永興公主。太子妃聽到別人叫她公主，就流著眼淚推辭。這三個女子的事蹟大體相同，值得敬畏仰慕，那作為父親的，不感到羞愧嗎？

蔡君謨①帖

【原文】

　　蔡君謨一帖云：「襄昔之為諫臣②，與今之為詞臣③，一④也。為諫臣有言責⑤，世人自見⑥疏，今無是焉，世人見親。襄之於人，未始異之，而人之觀故有以異也。」觀此帖，乃知昔時居台諫⑦者，為人所疏如此。今則反是，方⑧為此官時，其門揮汗成雨⑨，一徙它局⑩，可張爵羅⑪，風俗偷薄⑫甚矣。又有送荔枝與昭文相公一帖云：

「襄再拜，宿來伏惟台候起居萬福⑬。閩中荔枝，唯陳家紫號為第一，輒獻左右⑭，以伸野芹之誠⑮，幸賜收納，謹奉手狀⑯上聞不宣。襄上昭文相公閣下。」是時，侍從與宰相往還，其禮蓋如是，今之不情苛禮⑰，籲可厭哉！

【註釋】

① 蔡君謨：蔡襄，字君謨，興化軍仙遊縣（今福建仙遊）人。北宋著名書法家、政治家、茶學家。

② 諫臣：指直言規勸之臣。

③ 詞臣：指文學侍從之臣。

④ 一：相同。

⑤ 言責：指臣下對君主進諫的責任。

⑥ 見：助詞，表示被動，相當於「被」。

⑦ 台諫：官名。唐時，台官與諫官分立。唐、宋侍御史、殿中侍御史與監察御史掌糾彈，通稱為台官；諫議大夫、拾遺、補闕、正言掌規諫，通稱諫官，合稱台諫。

⑧ 方：剛。

⑨ 揮汗成雨：指用手抹汗，汗灑下去就跟下雨一樣。形容人多。

⑩ 一徙它局：指一旦換了別的官職。徙：改變。

⑪ 爵羅：指捕雀的網。爵：通「雀」。

⑫ 偷薄：指澆薄，浮薄。

⑬ 宿來：指近來。台候：敬辭。用於問候對方寒暖起居。起居萬福：問候敬辭。晚輩致書尊長時多用此語。

⑭ 左右：舊時書信中稱對方。不直稱其人，僅稱他的左右以示尊敬。

⑮ 伸：陳述，表白。野芹之誠：指獻上東西的誠意。古人對自己的上書、建議用「獻芹」來表示自謙。

⑯ 手狀：士人謁見時的名帖、謁刺，多親筆書寫，故稱。

⑰ 不情苛禮：指不合情理，禮節嚴苛。

【譯文】

　　蔡君謨有一篇書帖說：「我從前做諫臣，現在做詞臣，都是一樣的。做諫臣有出言勸諫的職責，世人自然就疏遠我，現在沒有這個職責，世人都來親近我。我對待別人，從來沒有不同，但別人對我的看法卻不同。」看了這個書帖，才知道以前處在諫臣這個官職上，被人疏遠到這種地步。現在卻相反，剛做諫官時，門口車馬很多，來訪的人甩下來的汗都可以成雨，一旦換了別的官職，門外就可以張開羅網捕鳥了，人情浮薄太厲害了。他另外有送荔枝給昭文相公的一個書帖說：「我再三致意，近來想你一切平安順遂。閩中的荔枝，只有陳家紫最好，所以我就獻上一些給您，來表達我的誠意，希望您能接受。恭敬地奉上這篇書帖，其他不再說了。蔡襄奉予昭文相公閣下。」當時，侍從官和宰相往來，禮節大概就像這樣。現在的不合情理，禮節嚴苛，真是討厭啊！

張九齡①作牛公碑

【原文】

　　張九齡為相，明皇欲以涼州都督牛仙客為尚書②，執③不可，曰：「仙客，河湟一使典耳④，擢⑤自胥史，目不知書⑥，陛下必用仙客，臣實恥之。」帝不悅，因是遂罷相。觀九齡集中，有《贈涇州刺史牛公碑》，蓋仙客之父，譽之甚至⑦，云：「福善莫大於有後，仙客為國之良，用商君耕戰⑧之國，修充國羌胡之具⑨，出言可復⑩，所計而然⑪，邊捍長城，主恩前席。」正稱其在涼州時，與所諫止尚書事，亦才一年，然則與仙客非有夙嫌⑫，特⑬為公家忠計耳。

【註釋】

① 張九齡：字子壽，一名博物，唐朝韶州曲江（今廣東韶關）人，

世稱「張曲江」或「文獻公」。唐朝開元年間名相，詩人。

② 明皇：即唐玄宗李隆基。牛仙客：涇州鶉觚（今甘肅靈台）人，唐朝宰相。

③ 執：固執，堅持。

④ 河湟：指今青海省和甘肅省境內的黃河和湟水流域。使典：指胥吏，小官吏。

⑤ 擢：提拔，提升。

⑥ 目不知書：指讀書很少或沒讀過書。

⑦ 甚至：指至極，達到極點。

⑧ 耕戰：指農耕與戰爭。古代重視農耕和戰爭，並主張兩者相結合在一起。

⑨ 具：用具，器械。

⑩ 復：履行，實踐。

⑪ 然：實現。

⑫ 夙嫌：指舊有的怨恨。

⑬ 特：只。

【譯文】

　　張九齡做宰相，唐玄宗李隆基想任命涼州都督牛仙客為尚書，張九齡堅決不同意，說：「牛仙客，只是河湟地區的一個小官吏罷了，從小官吏中提拔上來，又不識字，陛下您一定要任用牛仙客，我實在覺得恥辱。」皇帝很不高興，於是就罷免了他的宰相之職。看張九齡的文集，其中有一篇《贈涇州刺史牛公碑》，記的是牛仙客的父親，對他讚譽到極致，碑文上說：「福善沒有比有好的後代更大的了，仙客是國家的良才，用商鞅獎勵耕戰的國法，修正趙充國防禦羌胡的器具，說出的話能夠做到，制定計劃能夠實現，在邊疆捍衛長城，正是君主的恩德隆重。」正是稱讚牛仙客在涼州時的事情，與他所勸諫阻止牛仙客擔任尚書的事情，也才相隔一年，那麼張九齡與牛仙客並沒有舊怨，只是為了國家盡忠考慮罷了。

卷 四

溫公客位榜^①

【原文】

　　司馬溫公作相日，親書榜稿揭於客位^②，曰：「訪及諸君，若睹朝政闕遺^③，庶民疾苦^④，欲進忠言者，請以奏牘聞於朝廷，光得與同僚商議，擇可行者進呈，取旨行之。若但以私書寵諭^⑤，終無所益。若光身有過失，欲賜規正，即以通封書簡分付吏人^⑥，令傳入，光得內自省訟^⑦，佩服^⑧改行。至於整會官職差遣、理雪罪名^⑨，凡干^⑩身計，並請一面進狀，光得與朝省眾官公議施行。若在私第垂訪，不請語及。某再拜咨白^⑪。」乾道九年，公之曾孫伋出鎮廣州^⑫，道過贛，獲觀之。

【註釋】

① 溫公：司馬光，字君實，號迂叟，陝州夏縣（今山西夏縣）涑水鄉人。北宋政治家、史學家、文學家。歷仕仁宗、英宗、神宗、哲宗四朝，卒贈太師、溫國公，諡文正。客位：指接見賓客的地方。

② 榜稿：指榜文。揭：公開，公佈。

③ 闕遺：指缺失；疏忽。

④ 庶民：指百姓。疾苦：指生活上的困苦艱難。

⑤ 寵諭：稱人對己讚譽的敬辭。

⑥ 吏人：指官府中的胥吏或差役。

⑦ 省訟：指反省自責。

⑧ 佩服：指遵循。

⑨ 整會：指知會。理雪：指伸冤昭雪。

⑩ 干：干涉，涉及。

⑪ 咨白：指稟告，陳說。

⑫ 伋：司馬伋，字季思，司馬光的族曾孫。鎮：以武力維持安定。

【譯文】

　　司馬光做宰相時，親自書寫了段榜文，貼在會見客人的地方，上面說：「來訪的各位大人，如果看到朝政有缺漏的地方，百姓生活困苦，想要進獻忠言，那就請寫在奏摺上稟告朝廷，我能夠和同僚們商議，選擇可以施行的進呈給皇上，取得皇上的旨意後去實行。如果只是私下裏對我迎合讚譽，那終究沒有什麼益處。如果我為人有過失，想要規勸我，那就把全封書信交給門吏，讓他送進來，我就能自我反省，遵循改正。至於知會官職的派遣、判決洗刷罪名這些事，凡是牽涉自身的，都請送來狀紙，我能與朝廷百官共同商議後施行。如果是來我家私訪的，請不要來談。司馬光恭敬地做出說明。」乾道九年，司馬光的曾孫司馬伋去廣州做官，路過贛州，我看到了榜文。

李頎①詩

【原文】

　　歐陽公好稱誦②唐嚴維詩「柳塘春水慢，花塢夕陽遲」及楊衡「竹徑通幽處，禪房花木深」之句，以為不可及。予絕③喜李頎詩云：「遠客坐長夜，雨聲孤寺秋。請量東海水，看取淺深愁。」且④作客涉遠，適當⑤窮秋，暮⑥投孤村古寺中，夜不能寐⑦，起坐凄側，而聞簷外雨聲，其為一時襟抱⑧，不言可知，而此兩句十字中，盡其意態⑨，海水喻愁，非過語⑩也。

【註釋】

① 李頎：東川（今四川三台）人。唐代詩人，擅長五、七言歌行體。

② 稱誦：指稱頌。誦：通「頌」。

③ 絕：極，極端的。

④ 且：表示假設關係，相當於「若」「假如」。

⑤ 適當：指正趕上。

⑥ 暮：日落時，傍晚。

⑦ 寐：睡，睡著。

⑧ 襟抱：指胸懷，抱負。

⑨ 意態：指神情姿態。

⑩ 過語：指過分誇張的話語。

【譯文】

　　歐陽修喜歡稱頌唐代嚴維詩中「柳塘春水慢，花塢夕陽遲」和楊衡詩中「竹徑通幽處，禪房花木深」這兩句，認為沒人比得上。我非常喜歡李頎的一首詩說：「遠客坐長夜，雨聲孤寺秋。請量東海水，看取淺深愁。」如果在遠方作客，正當深秋時，傍晚投宿在孤村的古寺中，晚上睡不著，坐起來感到有些淒涼，聽到屋簷外的雨聲，這時心裏的抱負，不說也能知道，而這兩句十個字中，寫盡了感情狀態，用海水比喻愁緒，不是誇張的用語。

詩中用茱萸①字

【原文】

　　劉夢得②云：「詩中用茱萸字者凡三人。杜甫云『醉把茱萸子細看』，王維云『遍插茱萸少一人』，朱放云『學他年少插茱萸』。三君所用，杜公為優。」予觀唐人七言，用此者又十餘家，漫錄③於後。

王昌齡「茱萸插鬢花宜壽」，戴叔倫「插鬢茱萸來未盡」，盧綸「茱萸一朵映華簪」，權德輿「酒泛茱萸晚易曛」，白居易「舞鬟擺落茱萸房」「茱萸色淺未經霜」，楊衡「強插茱萸隨眾人」，張諤「茱萸凡作幾年新」，耿湋「髮稀那敢插茱萸」，劉商「郵筒不解獻茱萸」，崔櫓「茱萸冷吹溪口香」，周賀「茱萸城裏一尊前」，比之杜句，真不侔④矣。

【註釋】

① 茱萸：又名「越椒」「艾子」，是一種常綠帶香的植物，具備殺蟲消毒、逐寒祛風的功能。佩茱萸，是古時風俗之一。在九月九日重陽節時爬山登高，臂上佩帶插著茱萸的布袋。

② 劉夢得：劉禹錫，字夢得，唐朝文學家、政治家。

③ 漫錄：指隨筆記錄。

④ 侔：相等，齊。

【譯文】

劉禹錫說：「詩中用茱萸這個詞的總共有三人。杜甫說‘醉把茱萸子細看’，王維說‘遍插茱萸少一人’，朱放說‘學他年少插茱萸’。這三人所用，杜甫用得最好。」我看唐代人的七言詩，用這個詞的另外有十來個，隨便記載在下面。王昌齡「茱萸插鬢花宜壽」，戴叔倫「插鬢茱萸來未盡」，盧綸「茱萸一朵映華簪」，權德輿「酒泛茱萸晚易曛」，白居易「舞鬟擺落茱萸房」「茱萸色淺未經霜」，楊衡「強插茱萸隨眾人」，張諤「茱萸凡作幾年新」，耿湋「髮稀那敢插茱萸」，劉商「郵筒不解獻茱萸」，崔櫓「茱萸冷吹溪口香」，周賀「茱萸城裏一尊前」。他們和杜甫的詩句相比，確實比不上啊。

孟蜀^①避唐諱

【原文】

　　蜀本石《九經》皆孟昶^②時所刻，其書「淵、世、民」三字皆缺畫，蓋為唐高祖、太宗諱也。昶父知祥，嘗為莊宗、明宗臣，然於「存、勖、嗣、源」字乃不諱。前蜀王氏已稱帝，而其所立龍興寺碑，言及唐諸帝，亦皆半闕，乃知唐之澤遠矣。

【註釋】

① 孟蜀：指五代十國時期孟氏為王的後蜀國。
② 孟昶：初名孟仁贊，字保元。後蜀高祖孟知祥第三子，五代十國時期後蜀末代皇帝。

【譯文】

　　蜀本石刻《九經》都是孟昶在位時所刻的，上面寫的「淵、世、民」三個字都缺筆劃，大概是為了避開唐高祖、唐太宗的名諱。孟昶的父親孟知祥，曾經是後唐莊宗、明宗的臣子，但在「存、勖、嗣、源」這四個字上竟然不避諱。前蜀王氏已經稱帝，而他所立的龍興寺碑，談到唐代各位帝王，也都有缺失的筆劃，我才知道唐代的福澤久遠。

為文矜誇^①過實

【原文】

　　文士為文，有矜誇過實，雖韓文公^②不能免。如《石鼓歌》極道

宣王之事偉矣，至云：「孔子西行不到秦，掎摭星宿遺羲娥[3]。陋儒編詩不收拾，《二雅》褊迫[4]無委蛇。」是謂三百篇皆如星宿，獨此詩如日月也。「《二雅》褊迫」之語，尤非所宜言。今世所傳石鼓之詞尚在，豈能出《吉日》《車攻》之右[5]？安知非經聖人所刪乎？

【註釋】

① 矜誇：指驕傲自誇。

② 韓文公：韓愈，字退之，河南河陽（今河南孟州）人。唐代傑出的文學家、政治家。諡號「文」，故稱「韓文公」。

③ 掎摭：摘取，取得。羲：羲和，為太陽駕車之人，代指太陽。娥：嫦娥，這裏指月亮。

④ 褊迫：指狹窄，不寬廣。

⑤ 右：古代崇右，故以右為上。

【譯文】

　　文人寫文章，有時會誇張超過實際的情況，即使是韓文公也不能避免。比如《石鼓歌》極力稱頌宣王的事蹟，可說是非常雄偉了，然而韓文公卻說：「孔子西行不到秦，掎摭星宿遺羲娥。陋儒編詩不收拾，《二雅》褊迫無委蛇。」這是說《詩經》三百篇都像星宿，只有這首詩像日月。「《二雅》褊迫」這種話，尤其不應該說。現在世上所流傳的石鼓詞還在，難道能比《吉日》《車攻》更好嗎？哪裏能知道不是經過聖人所刪去的呢？

噴　嚏

【原文】

　　今人噴嚏不止者，必噀唾祝云「有人說我」[1]，婦人尤甚。予按

《終風》詩：「寤言不寐，願言則嚏。」鄭氏箋云②：「我其憂悼③而不能寐，女④思我心如是，我則嚏也。今俗人嚏，云『人道我』，此古之遺語也。」乃知此風自古以來有之。

【註釋】

① 噀唾：指吐唾沫。祝：禱告，向鬼神求福。

② 鄭氏：指鄭玄，字康成，北海高密（今山東濰坊）人。東漢末年儒家學者、經學大師。箋：注釋。

③ 憂悼：指憂愁，不放心。

④ 女：通「汝」，你。

【譯文】

現在的人不停地打噴嚏時，一定會吐口唾沫，祝告說「有人在說我」，婦女尤其如此。我考察《終風》詩，其中說：「寤言不寐，願言則嚏。」鄭玄箋注說：「我內心憂愁而不能入睡，你想到我的心思，我就會打噴嚏。現在世人打噴嚏，說‘有人說我’，這是古代遺留下來的俗語。」這才知道這種風俗自古以來就有了。

謗　書①

【原文】

司馬遷②作《史記》，於《封禪書》中述武帝神仙、鬼灶、方士之事甚備，故王允謂之謗書。國朝景德、祥符間③，治安之極，王文穆、陳文忠、陳文僖、丁晉公諸人造作天書符瑞，以為固寵容悅④之計。及真宗上仙⑤，王沂公懼貽⑥後世譏議，故請藏天書於梓宮⑦以滅跡。而實錄⑧之成，乃文穆監修，其載崇奉宮廟，祥雲芝鶴，唯恐不詳，遂為信史之累⑨，蓋與太史公謗書意異而實同也。

【註釋】

① 謗書：泛稱有直言指斥或譏謗內容的文字。

② 司馬遷：字子長，夏陽（今陝西韓城）人。西漢偉大的史學家、文學家、思想家，被後世尊稱為史遷、太史公。

③ 景德：宋真宗的年號，共使用4年。祥符：大中祥符的簡稱，是宋真宗的第三個年號，共使用9年。

④ 固寵容悅：指取悅皇上、鞏固地位。

⑤ 真宗：宋真宗趙恒，宋朝第三位皇帝。上仙：死亡的婉辭。多指帝王。

⑥ 貽：遺留。

⑦ 梓宮：指皇帝的棺材。

⑧ 實錄：指按照真實情況，把實際情況記錄或錄製下來。也是編年體的一種，一般以皇帝的諡號或廟號為書名，也有以王朝名來命名的。

⑨ 信史：指記事真實可信、無所諱飾的史籍。累：玷污。

【譯文】

　　司馬遷著《史記》，在《封禪書》中記述漢武帝敬奉神仙、鬼灶、方士的事情非常詳備，所以王允叫它謗書。本朝景德、祥符年間，國家非常安定，王文穆、陳文忠、陳文僖、丁晉公等人假造了天書祥瑞，來作為取悅皇上、鞏固地位的方法。等到真宗逝世後，王沂公擔心被後世譏笑議論，所以請求把天書藏在皇帝的棺木裏，以求毀滅痕跡。而真宗實錄的編寫，是王文穆監修的，其中記載崇奉宮廟、祥雲芝鶴這些事，只怕不夠詳細，於是就成為可靠史料的污點，這與太史公司馬遷的謗書用意不同但實際卻是相同的。

浮梁①陶器

【原文】

　　彭器資尚書文集有《送許屯田詩》，曰：「浮梁巧燒瓷，顏色比瓊玖②。因官射利③疾，眾喜君獨不。父老爭歎息，此事古未有。」注云：「浮梁父老言，自來作知縣不買瓷器者一人，君是也。作饒州不買者一人，今程少卿嗣宗是也。」惜乎不載許君之名。

【註釋】

① 浮梁：位於江西省東北部，隸屬景德鎮市。

② 瓊玖：泛指美玉。

③ 射利：謀取財利。

【譯文】

　　彭器資尚書文集中有一首《送許屯田詩》，說：「浮梁巧燒瓷，顏色比瓊玖。因官射利疾，眾喜君獨不。父老爭歎息，此事古未有。」注釋說：「浮梁父老說，來浮梁做知縣不買瓷器的只有一個人，那就是許君你。做饒州知州不買瓷器的只有一個人，就是現在的程少卿（字嗣宗）。」可惜的是沒有記下許君的名字。

卷 五

上官桀①

【原文】

　　漢上官桀為未央廄令②，武帝③嘗體不安，及愈④，見馬，馬多瘦，上大怒：「令以我不復見馬邪？」欲下吏⑤。桀頓首⑥曰：「臣聞聖體不安，日夜憂懼，意誠不在馬。」言未卒，泣數行下。上以為忠，由是親近，至於受遺詔輔少主。義縱⑦為右內史，上幸⑧鼎湖，病久，已而卒⑨起幸甘泉，道不治⑩，上怒曰：「縱以我為不行此道乎？」銜⑪之，遂坐以他事棄市。二人者其始獲罪一也，桀以一言之故超用⑫，而縱及誅，可謂幸不幸矣。

【註釋】

① 上官桀：字少叔，西漢隴西上邽（今甘肅天水）人。漢武帝、漢昭帝時大臣。

② 未央廄令：指未央宮掌管馬廄的官員。

③ 武帝：漢武帝劉徹，西漢第七位皇帝。傑出的政治家、戰略家，在位54年。

④ 愈：病好。

⑤ 下吏：指交付司法官吏審訊。

⑥ 頓首：指磕頭。

⑦ 義縱：河東郡（今山西晉南地區）人。是西漢中期以嚴厲手段打擊豪強地主的著名「酷吏」。

⑧ 幸：舊時指帝王到達某地。

⑨ 卒：通「猝」，突然。

⑩ 治：修整，疏通。

⑪ 銜：記在心裏。

⑫ 超用：指越級任用。

【譯文】

漢代的上官桀做未央廄令，漢武帝曾經身體不好，等痊癒時，到馬廄去，發現馬瘦了很多，非常生氣，說：「未央廄令以為我不會再來騎馬了嗎？」想要把他交給司法官定罪。上官桀叩頭說：「我聽說皇上的身體不好，日夜擔憂害怕，心思確實沒有用在養馬上。」話沒說完，幾行眼淚就流下來了。皇上認為他忠心，從此就親近他，最後甚至讓他接受遺詔輔佐年幼的君主。義縱做右內史時，皇上巡幸鼎湖，病了很久，後來突然要巡幸甘泉宮，但去往甘泉宮的道路沒有修整。皇上生氣地說：「義縱認為我不會再走這條道路了嗎？」於是把這件事放在心裏，後來因為別的事情判了他死罪，將其斬首示眾。這兩個人剛開始犯的罪過是一樣的，上官桀因為一句話被破格錄用，而義縱卻到了被誅殺的地步，可以說幸運和不幸運了。

金日磾①

【原文】

金日磾沒入宮，輸②黃門養馬。武帝游宴見馬，後宮滿側，日等數十人牽馬過殿下，莫不竊視③，至日磾，獨不敢。日磾容貌甚嚴④，馬又肥好，上奇焉，即日拜為馬監⑤，後受遺輔政。日磾與上官桀皆因馬而受知⑥，武帝之取人⑦，可謂明而不遺矣。

【註釋】

① 金日磾：字翁叔，是駐牧武威的匈奴休屠王太子，漢武帝因獲休

屠王祭天金人，故賜其姓為金。他是中國歷史上一位有遠見卓識的少數民族政治家。

【註釋】

② 輸：送。
③ 竊視：指偷看。
④ 嚴：鄭重，莊重。
⑤ 即日：指當天，當日。拜：授予官職，任命。
⑥ 受知：指受人知遇。
⑦ 取人：指選拔人才。

【譯文】

　　金日磾被俘虜進漢宮，送到黃門去養馬。漢武帝在皇宮內遊玩設宴，看見很多馬，後宮的宮女都在。金日磾等幾十個人牽著馬經過宮殿前，宮女們沒有不偷偷觀看的，獨獨等到金日磾過來，沒有人敢看。金日磾容貌不凡，器宇軒昂，養的馬又肥壯，皇上覺得他很不一般，當天就任命他做馬監，後來又讓他接受遺詔輔佐朝政。金日磾和上官桀都因為馬而受到了漢武帝知遇，漢武帝選拔人才，可以說是明智而不遺漏了。

漢宣帝忌①昌邑王

【原文】

　　漢廢昌邑王賀②而立宣帝，賀居故國，帝心內忌之，賜山陽太守張敞璽書③，戒以謹備盜賊。敞條奏④賀居處，著⑤其廢亡之效。上知賀不足忌，始封為列侯。光武廢太子強為東海王而立顯宗⑥，顯宗即位，待強彌⑦厚。宣、顯皆雜霸道⑧，治尚剛嚴，獨此事顯優於宣多

矣。

【註釋】

① 忌：顧忌，忌憚。

② 昌邑王賀：劉賀，漢武帝劉徹之孫，西漢第九位皇帝，也是西漢歷史上在位時間最短的皇帝（即海昏侯，在位僅27天）。

③ 璽書：指皇帝的詔書。

④ 條奏：指逐條上奏。

⑤ 著：顯明，顯出。

⑥ 光武：光武帝劉秀，字文叔。東漢開國皇帝，中國歷史上著名的政治家、軍事家。顯宗：漢明帝劉莊，初名劉陽。光武帝劉秀第四子，母光烈皇后陰麗華。東漢第二位皇帝。

⑦ 彌：更加。

⑧ 霸道：古時指以武力、刑法、權勢等統治天下的政策。

【譯文】

　　漢朝時霍光等廢黜昌邑王劉賀而擁立漢宣帝，劉賀住在原來的封地，宣帝心裏忌憚他，賜給山陽太守張敞詔書，告誡他要謹慎地防備盜賊。張敞逐條上奏劉賀平時的行為，寫明瞭他被廢黜後的狀況。漢宣帝知道劉賀不值得忌憚，才封他為列侯。漢光武帝廢黜太子強為東海王而立顯宗。顯宗即位後，對待劉強更加親厚。宣帝、明帝都用的霸道治國，崇尚剛正嚴明，唯獨這件事上比宣帝寬厚得多了。

平津侯①

【原文】

　　公孫平津本傳稱其意忌內深②，殺主父偃③，徙④董仲舒，皆其

力。然其可稱者兩事：武帝置蒼海、朔方之郡，平津數諫，以為罷弊中國以奉無用之地⑤，願罷之。上使朱買臣等難⑥之，乃謝⑦曰：「山東鄙人⑧，不知其便若是，願罷西南夷專奉朔方。」上乃許之。卜式⑨上書，願輸家財助邊，蓋迎合主意。上以語⑩平津，對曰：「此非人情⑪，不軌之臣不可以為化而亂法⑫，願勿許。」乃罷式。當武帝好大喜功⑬而能如是，概⑭之後世，足以為賢相矣！惜不以式事載本傳中。

【註釋】

① 平津侯：公孫弘，字季，淄川郡薛縣（今山東滕縣南）人。
② 意忌：指疑忌。內深：指內心嚴酷。
③ 主父偃：漢武帝時的大臣，因提出諸多迎合漢武帝強化中央集權的策略的主張而頗受器重，得到破格任用，後又因接受封國賄賂而被漢武帝滅族。
④ 徙：古代稱流放的刑罰。
⑤ 罷弊：通「疲弊」，指困苦窮乏。中國：指中原地區。
⑥ 難：詰責，質問。
⑦ 謝：謝罪。
⑧ 鄙人：指鄙粗之人。
⑨ 卜式：西漢大臣，河南（今河南洛陽）人。
⑩ 語：告訴。
⑪ 人情：指人之常情。
⑫ 不軌：指不守法。軌：引申為法度。化：習俗，風氣。
⑬ 好大喜功：指封建帝王喜好擴大疆土，炫耀武功。
⑭ 概：衡量。

【譯文】

　　平津侯公孫弘本傳中稱他疑忌別人、內心嚴酷，殺害主父偃，流放董仲舒，都是他出的力。但他值得稱道的有兩件事：漢武帝設置蒼海郡、朔方郡，平津侯勸諫了好幾次，認為這是使中原地區疲困來奉

養沒有用處的地方，希望能停止。漢武帝讓朱買臣等人責難他，他謝罪說：「我是山東的一個粗野人，不知道設置郡縣有這樣的便利，希望廢除西南夷而專一奉養朔方郡。」漢武帝這才答應。卜式上書，希望輸送自家的財物來幫助戍守邊疆，這是為了迎合君主的意思。武帝把這件事告訴平津侯，平津侯回答說：「這不是常人的想法，不遵守法度的臣子不能讓他的行為成為風氣而擾亂國法，希望您不要答應。」武帝於是罷免了卜式。面對漢武帝好大喜功的情況而能像這樣做，放在後世衡量，也完全可以稱得上是賢相了！可惜的是沒有把卜式的事情記載在本傳中。

漢武賞功明白

【原文】

　　衛青為大將軍，霍去病始為校尉，以功封侯，青失兩將軍，亡翕侯，功不多，不益封。其後各以五萬騎深入，去病益封五千八百戶，裨校封侯益邑者六人[①]，而青不得益封，吏卒無封者。武帝賞功，必視法如何，不以貴賤為高下，其明白如此。後世處此，必曰青久為上將，俱出塞致命[②]，正[③]不厚賞，亦當有以慰其心，不然，他日無以使人[④]，蓋失之矣。

【註釋】

① 裨校：指偏將、校尉。裨：副，偏。邑：通稱諸侯的封地、大夫的埰地。

② 致命：指獻出生命，拼死。

③ 正：總是。

④ 他日：指過些天，日後。使：驅使。

【譯文】

衛青做大將軍，霍去病開始時是校尉，憑藉軍功封了侯，衛青進攻匈奴時，失去兩位將軍，翕侯陣亡，功勞不多，沒有增加封賞。之後衛青和霍去病各自率領五萬騎兵深入匈奴，戰勝後霍去病加封五千八百戶，偏將、校尉封侯增加食邑的有六人，但衛青沒有得到加封，他手下的將官士兵也沒有受到封賞。漢武帝賞賜功勞，一定根據法度進行，不因為身份高貴或低賤來決定高下，他聖明如此。後世的人對待這些，一定會說衛青做了那麼久的上將，他和霍去病一起去到邊塞拼命殺敵，總是沒有豐厚的賞賜，也應該有些表示來安慰他們的內心，不這樣的話，以後就沒辦法驅使將士了，這是失當了。

周召房杜

【原文】

召公①為保，周公②為師，相成王為左右③。觀此二相，則刑措④四十年，頌聲作於下，不言可知。唐貞觀三年二月，房玄齡為左僕射，杜如晦⑤為右僕射，魏徵⑥參預朝政。觀此三相，則三百年基業之盛，概⑦可見矣。

【註釋】

① 召公：又作「邵公」，姬姓，名奭。西周宗室，與周公姬旦，武王姬發應屬同輩。

② 周公：姬姓，名旦，是周文王姬昌第四子，周武王姬發的弟弟。曾輔佐周武王東伐紂王，後又輔佐其子成王並製作禮樂。

③ 成王：姬姓，名誦，周武王姬發之子，母邑姜（齊太公呂尚之女）。西周王朝第二位君主，在位22年。左右：指相幫，相助。

④ 刑措：指置刑法而不用。意思是社會治安狀況良好，訴訟人數非

非常少。

⑤ 杜如晦：字克明，京兆杜陵（今陝西西安）人。唐太宗李世民的
　重要謀臣。

⑥ 魏徵：字玄成，鉅鹿郡（一說在今河北巨鹿，一說在今河北館陶）
　人，因直言進諫，輔佐唐太宗共創大業，被後人稱為「一代名
　相」。

⑦ 概：大略。

【譯文】

　　召公做太保，周公做太師，輔佐周成王處理朝廷。看這兩位宰相
的為人，那周國安定四十年，百姓稱頌不斷，不說也可以知道了。唐
代貞觀三年二月，房玄齡做左僕射，杜如晦做右僕射，魏徵參與朝
政。看這三位宰相的為人，那唐代三百年基業空前繁盛，大概可以想
見了。

李後主梁武帝①

【原文】

　　東坡書李後主去國之詞云：「最是蒼皇辭廟日，教坊猶奏別離
歌，揮淚對宮娥。」以為後主失國，當慟哭②於廟門之外，謝其民而
後行，乃對宮娥聽樂，形③於詞句。予觀梁武帝啟侯景之禍④，塗炭
江左⑤，以致覆亡，乃曰：「自我得之，自我失之，亦復何恨⑥。」其
不知罪己⑦亦甚矣！竇嬰救灌夫，其夫人諫止之，嬰曰：「侯自我得
之，自我捐⑧之，無所恨。」梁武用此言而非也。

【註釋】

① 李後主：李煜，南唐中主李璟第六子，初名從嘉，字重光，號鍾

隱、蓮峰居士。南唐最後一位國君。梁武帝：蕭衍，字叔達，小
字練兒，南蘭陵郡武進縣東城裏（今江蘇丹陽）人。南北朝時期
梁朝政權的建立者。

② 慟哭：指放聲痛哭，號哭。

③ 形：表現。

④ 啟：開啟。這裏指引發。侯景之禍：又稱太清之難，是指南北朝
時期南朝梁將領侯景發動的武裝叛亂事件，549年梁朝都城建康
（今江蘇南京）被攻佔，梁武帝被活活餓死。侯景：字萬景，北魏
懷朔鎮（今內蒙古固陽）鮮卑化羯人。侯景本為東魏叛將，被梁
武帝蕭衍所收留，因對梁朝與東魏通好心懷不滿，遂於548年以清
君側的名義起兵叛亂。

⑤ 塗炭：指陷入災難的百姓。江左：即江東。古人習慣以東為左，
以西為右，東西與左右常可互相替代。

⑥ 恨：遺憾。

⑦ 罪己：歸罪於己。

⑧ 捐：捨棄，拋棄。

【譯文】

　　蘇東坡寫李後主亡國後離開故國的情景說：「最是蒼皇辭廟日，
教坊猶奏別離歌，揮淚對宮娥。」認為李後主失去國家，應該在祖廟
門外大聲痛哭，向他的百姓謝罪後再出發，但是實際上他卻對著宮女
聽樂曲，所以就寫了詞句來表現譏諷。我看到梁武帝引發了侯景之
亂，使江東地區陷入戰火，導致了國家的滅亡，他卻說：「從我手中
得到，又從我手中失去，又有什麼遺憾？」他不知道歸罪於己的情況
也太嚴重了！竇嬰要救灌夫，他的夫人進言阻止他，竇嬰說：「侯爵
從我手上得到，又從我手上失去，沒有什麼遺憾的。」梁武帝用這句
話卻用錯了。

史館玉牒所^①

【原文】

　　國朝熙寧^②以前，秘書省無著作局，故置史館，設修撰、直館之職。元豐官制^③行，有秘書官，則其職歸於監、少及著作郎、佐矣。而紹興^④中復置史館修撰、檢討，是與本省為二也。宗正寺修玉牒官亦然。官制既行，其職歸於卿、丞矣。而紹興中復差侍從為修撰，又以他官兼檢討，是與本寺為二也。然則今有戶部，可別置三司，有吏、刑部，可別置審官、審刑院矣。又玉牒舊制，每十年一進，謂^⑤甲子歲進書，則甲戌、甲申歲復然。今乃從建隆^⑥以來再行補修，每及十年則一進，以故不過三二年輒一^⑦行賞，書局僭^⑧賞，此最甚焉。

【註釋】

① 史館：官署名。北齊始置，以宰相兼領，稱監修國史。玉牒：指皇族的族譜。
② 熙寧：北宋時宋神宗趙頊的一個年號，共使用10年。
③ 元豐官制：宋神宗趙頊元豐年間對職官制度進行了一次改革。
④ 紹興：宋高宗的一個年號，共使用32年。
⑤ 謂：如果。
⑥ 建隆：北宋太祖趙匡胤使用的年號，也是宋朝的第一個年號。
⑦ 一：統一。
⑧ 僭：過分。

【譯文】

　　本朝熙寧年以前，秘書省沒有著作局，所以設置了史館，設立修撰、直館等職位。元豐官制實行後，有秘書官，那他們的職責就歸到秘書監、秘書少監以及著作郎、著作郎佐了。而紹興年間又設置了史館修撰、檢討，這和秘書省分為兩部分。宗正寺中的修玉牒官也是這

樣。元豐官制實行後，他們的職責歸到寺卿、寺丞上了。而紹興年間又差遣侍從擔任修牒官，又讓別的官員兼任檢討官，這是與宗正寺分成兩部分了。既然這樣，那麼現在有戶部，可以另外設置三司，有吏部、刑部，可以另外設置審官、審刑院了。另外按照玉牒舊的制度，每十年進獻一次玉牒，如果甲子年進獻，那麼甲戌年、甲申年也都要這樣。現在從建隆年以來再進行修補，每到十年就進獻一次玉牒，因此不過兩三年就統一賞賜，秘書局不按規矩賞賜，這最厲害了。

卷 六

魏相蕭望之^①

【原文】

趙廣漢^②之死由魏相，韓延壽^③之死由蕭望之。魏、蕭賢公卿也，忍以其私陷二材臣^④於死地乎？楊惲坐語言怨望^⑤，而廷尉當以為大逆不道^⑥。以其時考之，乃于定國^⑦也。史稱定國為廷尉，民自以不冤，豈其然乎？宣帝治尚嚴，而三人者，又從而輔翼^⑧之，為可恨也！

【註釋】

① 魏相：字弱翁，濟陰定陶（今山東菏澤）人。西漢政治家，官至丞相，封高平侯。魏相為人嚴毅，剛正不阿，不畏強權，與丙吉同心輔佐漢宣帝，使得國家大治。蕭望之：字長倩，東海蘭陵（今山東蘭陵）人。歷任大鴻臚、太傅等官。漢元帝即位後，以前將軍光祿勳，領尚書事輔佐朝政，甚受尊重。後遭宦官誣告下獄，憤而自殺。

② 趙廣漢：字子都，涿郡蠡吾縣（今河北博野）人。西漢名臣。執法不避權貴，深受百姓愛戴，後受刑遭腰斬。

③ 韓延壽：字長公。西漢名臣，任職時以道義教化為主，深受百姓愛戴。後因與蕭望之有衝突，被控告判死罪。

④ 材臣：指有才能之臣。

⑤ 楊惲：字子幼，西漢華陰（今屬陝西）人。西漢名臣。為官廉潔公正，整頓吏治，杜絕行賄。後因救護韓延壽未果而受牽連。怨望：指怨恨，心懷不滿。

容齋隨筆

⑥ 大逆不道：指不符合封建統治者的道德標準和宗法觀念的極端叛
　　逆行為。

⑦ 于定國：字曼倩，東海郯縣（今山東郯城西南）人。漢宣帝時任
　　廷尉，為人謙恭，能決疑平法，為時人所稱頌。後為丞相。

⑧ 輔翼：指輔佐，輔助。

【譯文】

　　西漢時，趙廣漢的死是因為魏相，韓延壽的死是因為蕭望之。魏
相、蕭望之都是賢德的卿相，難道會忍心因為自己的私心而使兩位賢
臣陷入死地嗎？楊惲因為有些言辭抱怨，而廷尉就認為他大逆不道。
按照時間來考察，這個廷尉就是于定國。史書上稱于定國做廷尉，百
姓自然就沒有冤屈了，難道真是這樣嗎？漢宣帝治國崇尚嚴峻的刑
法，魏相、蕭望之、于定國三人又是跟從並輔佐皇帝的賢臣，但他們
卻有這樣的過失，實在是遺憾啊！

畏無難

【原文】

　　聖人不畏多難而畏無難，故曰：「惟有道之主能持勝。」使①秦不
並六國，二世未亡；隋不一天下服四夷，煬帝不亡；苻堅不平涼取
蜀、滅燕翦②代，則無肥水之役③；唐莊宗不滅梁下蜀，則無嗣源④之
禍；李景不取閩並楚，則無淮南之失。

【註釋】

① 使：假使，如果。

② 翦：殲滅。

③ 肥水之役：即淝水之戰，是中國歷史上著名的以少勝多的戰例。

前秦皇帝符堅率領號稱百萬大軍與東晉謝玄等率領的八萬「北府
兵」交戰，最後東晉獲勝，符堅被殺，前秦滅亡。

④ 嗣源：李嗣源，原名邈吉烈，五代時期應州金城（今山西應縣）
人，沙陀族。同光元年（923），他在魏州起兵，等唐莊宗被殺
後，李嗣源即位做了後唐的第二位皇帝。

【譯文】

聖人不怕有很多困難而害怕沒有困難，所以說：「只有聖明的君
主才能始終保持勝利。」如果秦國不吞併六國，那秦二世未必會很快
滅亡；如果隋朝不統一天下、降服四方少數民族，那隋煬帝也沒有條
件大興土木，驕奢淫逸，終致滅亡；如果符堅不平定涼國、奪取蜀
國、消滅燕國、剷除代國，那就不會頭腦膨脹帶兵去攻晉國，在淝水
之戰中失敗；如果唐莊宗不去滅掉梁國、攻克蜀國，也不致口出狂
言，專橫無道，使得李嗣源兵變；如果李景不去攻取閩國和楚國，那
就不會有淮南的失敗了。

誕節①受賀

【原文】

唐穆宗②即位之初年，詔曰：「七月六日，是朕載誕之辰③，其
日，百寮命婦宜於光順門進名參賀④，朕於門內與百寮相見。」明
日，又敕受賀儀宜停。先是⑤，左丞韋綬奏行之，宰臣以古無降誕受
賀之禮，奏罷之，然次年復行賀禮。誕節之制，起於明皇，令天下宴
集休假三日，肅宗亦然，代、德、順三宗皆不置節名，及文宗以後，
始置宴如初。則受賀一事，蓋自長慶⑥年至今用之也。

【註釋】

① 誕節：指帝王的生日。

② 唐穆宗：李恒，原名李宥，唐憲宗第三子，母懿安皇后郭氏。他是唐朝第十二位皇帝。

③ 載誕之辰：指出生的日子。

④ 百寮：即百官。命婦：泛稱受有封號的婦女。

⑤ 先是：指在此以前。

⑥ 長慶：唐穆宗李恒的年號，共使用4年。

【譯文】

　　唐穆宗即位的第一年，下詔說：「七月六日是我的生日，那天，百官及命婦應該從光順門送進名帖來參加朝賀，我在門內和百官相見。」第二天，又下令接受百官朝賀的禮儀停止。之前，左丞韋綬上奏建議實行慶賀禮儀，後來主管朝政的大臣因為古時候沒有皇帝生日接受百官朝賀的禮儀，上奏要求停止，但是第二年又實行朝賀的禮儀。皇帝生日的制度，從唐玄宗時開始出現，下令天下都設宴慶賀，休假三天，之後唐肅宗時也是這樣。代宗、德宗、順宗時都沒有設置這個節日名目。等到文宗以後，才像之前那樣設置宴會。那麼接受生日朝賀這件事，應該是從長慶年一直沿用到現在。

邾文公①楚昭王

【譯文】

　　邾文公卜②遷于繹，史③曰：「利於民而不利於君。」邾子曰：「命在養民，死之短長，時也。民苟④利矣，遷也吉莫如之。」遂遷於繹，未幾⑤而卒。君子曰：「知命。」楚昭王之季年⑥，有云如眾赤鳥，夾⑦日以飛三日。周太史⑧曰：「其當⑨王身乎！若禜⑩之，可移於

令尹、司馬。」王曰：「除腹心之疾而置諸股肱⑪，何益？不穀⑫不有大過，天其夭諸⑬？有罪受罰，又焉⑭移之？」遂弗禜。孔子曰：「楚昭王知大道矣，其不失國也宜哉！」按宋景公出人君之言三，熒惑⑩為之退舍，邾文、楚昭之言，亦是物也，而終不蒙福，天道遠而不可知如此。

【註釋】

① 邾文公：曹蘧蒢，是邾國比較有作為的國君之一，以德政著稱。
② 卜：占卜。
③ 史：在王左右的史官，擔任祭祀、星曆、蔔筮、記事等職。
④ 苟：如果。
⑤ 未幾：指沒過多久。
⑥ 季年：指晚年、末年。
⑦ 夾：在兩旁。這裏指圍繞。
⑧ 太史：官名，掌管推算曆法等事。
⑨ 當：承擔。
⑩ 禜：古代一種祈求神靈消除災禍的祭祀。
⑪ 股肱：指大腿和胳膊。
⑫ 不穀：古代諸侯自稱之謙辭。
⑬ 夭：短命，早死。諸：「之乎」的合音。
⑭ 焉：怎麼，哪兒。
⑮ 熒惑：指使人迷惑。

【譯文】

　　邾文公要把國都遷到繹地，讓史官占卜看吉凶如何。史官說：「遷都對百姓有利而對君主不利。」邾文公說：「君主的使命就是養育百姓，我自己生死的長短，則是天命。如果能對百姓有利，遷都就是最大的吉祥。」於是遷都到繹地，沒過多久邾文公就去世了。君子說：「這是知道自己的命運啊。」楚昭王末年，出現像很多赤鳥聚集

在一起的雲，圍繞太陽飛了三天。周太史說：「這是要應驗在君王身上啊！如果祈求上天，可以把災禍移到令尹、司馬身上。」楚昭王說：「除去心腹部的疾病而放到腿腳上去，有什麼用？我如果沒有大錯，上天難道要誅殺我嗎？如果有罪就應該接受懲罰，為什麼要轉移它？」於是沒有祈禱。孔子說：「楚昭王知道大道理啊，他沒有失去國家也是應該的！」我考察宋景公說過多次作為君主應該說的話，迷惑君主的小人也因此退避，邾文公、楚昭王的話，也是英明的，但最終沒有得到福報，上天的道理是這樣遙遠而不可猜測啊。

魯昭公①

【原文】

春秋之世，列國之君失守社稷②，其國皆即日③改立君，無虛位以俟④者。惟魯昭公為季孫意如所逐而孫於齊⑤，又適⑥晉，凡八年乃沒⑦。意如在國攝事⑧主祭，歲具從者之衣屨而歸之於乾侯⑨，公薨⑩之明年，喪⑪還故國，然後其弟公子宋始即位，他國無此比⑫也。豈非魯秉⑬周禮，雖不幸逐君，猶存厥⑭位，而不敢絕之乎？其後哀公孫於越，《左傳》終於是年，不知悼公以何時立也。

【註釋】

① 魯昭公：姬姓，名裯。春秋時期魯國第二十四位國君。前517年魯國因鬥雞而發生內亂，魯昭公先後逃亡到齊國、晉國。

② 社稷：國家的代稱。

③ 即日：指近日，即馬上。

④ 俟：等待。

⑤ 季孫意如：姬姓，季氏，諡平，史稱「季平子」。春秋時魯國正卿，因與郈昭伯鬥雞產生衝突，被魯昭公攻伐，後聯合孟氏和叔

孫氏共同攻伐魯昭公，將其逐出了魯國。孫：通「遜」，逃遁。

⑥ 適：往，歸向。

⑦ 沒：通「歿」，死亡。

⑧ 攝事：指治事，理事。

⑨ 具：準備。衣屨：指衣服和鞋。乾侯：古地名，春秋時晉地。

⑩ 薨：古代稱諸侯或有爵位的大官死去。

⑪ 喪：人的屍體。

⑫ 比：相等。

⑬ 秉：保持，堅持。

⑭ 厥：代詞，其，他的。

【譯文】

　　春秋時期，各國的君主不能保守國家時，他們的國家都馬上改立君主，沒有空著王位等待君主的。只有魯昭公例外，他被季孫意如驅逐後，逃到齊國，後來又去到晉國，總共過了八年才死去。季孫意如在國內掌管政事、主持祭祀，每年都把參加祭祀的人的衣物交給居住在乾侯的魯昭公，魯昭公去世後的第二年，靈柩回到了魯國，之後他的弟弟公子宋才即位做君主，其他國家沒有這樣的事情。這難道不是魯國秉持周朝的禮制，雖然君主不幸被驅逐，但還是空置著君位，不敢使它中斷嗎？後來魯哀公也逃到越國，《左傳》的記載結束在這一年，不知道魯悼公什麼時候即位的。

州縣失故名

　　今之州縣，以累代①移徙改割之故，往往或②失其故名，或州異而縣不同者。如：建昌軍在江西，而建昌縣乃隸③南康；南康軍在江東，而南康縣乃隸南安；南安軍在江西，而南安縣乃隸泉州；韶州為始興郡，而始興縣外屬贛州為南康郡，而南康縣外屬郁林為州，而郁

林縣隸貴州；桂陽為軍，而桂陽縣隸郴州。此類不可悉數④。

【註釋】
① 累代：指歷代，接連幾代。
② 或：有的。
③ 隸：附屬，屬於。
④ 悉數：指一一列舉細說。

【譯文】

　　現在的州縣，因為多個朝代改換、區域劃分改動，往往有的會失去原來的名稱，有的州不同而縣也不同。比如：建昌軍在江西，但建昌縣卻隸屬於南康；南康軍在江東，而南康縣卻隸屬於南安；南安軍在江西，而南安縣卻隸屬於泉州；韶州屬於始興郡，但始興縣外屬於贛州成為南康郡，而南康縣外屬於郁林成為郁林州，而郁林縣隸屬於貴州；桂陽成為桂陽軍，而桂陽縣隸屬於郴州。這樣的例子不能一一列舉出來。

卷　七

韓柳為文之旨

【原文】

　　韓退之自言：作為文章，上規姚、姒、《盤》《誥》《春秋》《易》《詩》《左氏》《莊》《騷》、太史、子雲、相如①，閎其中而肆其外②。

　　柳子厚③自言：每為文章，本之《書》《詩》《禮》《春秋》《易》，參之《穀梁氏》以厲其氣④，參之《孟》《荀》以暢其支⑤，參之《莊》《老》以肆其端⑥，參之《國語》以博其趣⑦，參之《離騷》以致其幽⑧，參之太史公以著其潔⑨。

　　此韓、柳為文之旨，要學者宜思之。

【註釋】

① 規：效法，摹擬。姚、姒：虞舜姓姚，夏禹姓姒。故「姚姒」指虞舜和夏禹，也指虞、夏時代的作品。太史：指太史公司馬遷。子雲：揚雄，字子雲。西漢官吏、學者。少好學，博覽群書，長於辭賦。作有《甘泉賦》《羽獵賦》等。相如：司馬相如，字長卿，蜀郡（今南充蓬安）人。西漢辭賦家，其代表作為《子虛賦》。

② 閎：通「宏」，大，宏大。肆：宣揚，擴展。

③ 柳子厚：柳宗元，字子厚。唐代文學家、哲學家、散文家和思想家，與韓愈共同宣導唐代古文運動，並稱「韓柳」，為唐宋八大家之一。

④ 參：參照。厲：猛烈。

⑤ 支：枝條。後作「枝」。

⑥ 端：思緒，心緒。

⑦ 趣：意味，情態或風致。

⑧ 致其幽：指意境幽遠。

⑨ 潔：簡潔。

【譯文】

　　韓退之自稱：寫文章，首先要師法虞夏時期的文章、《尚書·盤庚》《尚書·誥》《春秋》《易經》《詩經》《左傳》《莊子》《離騷》，以及司馬遷、揚雄、司馬相如的文章，要弘揚他們的含義並向外擴展延伸。

　　柳宗元自稱：每次寫文章時，要把《尚書》《詩經》《禮記》《春秋》《易經》作為根本，然後參照《穀梁傳》使文章氣勢磅礴，參照《孟子》《荀子》使文章枝節流暢，參照《莊子》《老子》使文章的思緒廣泛自由，參照《國語》使文章趣味十足，參照《離騷》使文章意境幽遠，參照《史記》使文章簡潔精練。

　　這是韓愈、柳宗元寫文章的要旨，學習寫作的人應當仔細思考其中的道理。

魏鄭公諫語

【原文】

　　魏鄭公諫止唐太宗封禪①，中間數語，引喻剴切②，曰：「今有人十年長患，療治且③愈，此人應皮骨僅存，便欲使負米一石，日行百里，必不可得。隋氏之亂，非止十年，陛下為之良醫，疾苦雖已乂安④，未甚充實。告成⑤天地，臣切⑥有疑。」太宗不能奪。此語見於公《諫錄》及《舊唐書》，而《新史》不載，《資治通鑑》記其諫事，亦刪此一節，可惜也！

① 封禪：封為「祭天」，禪為「祭地」，是指古代帝王在太平盛世或
　天降祥瑞之時祭祀天地的大型典禮。

② 劓切：指切實，懇切。

③ 且：表示將要、將近。

④ 乂安：指太平，安定。

⑤ 告成：指上報所完成的功業。

⑥ 切：深，深切。

【譯文】

　　魏徵進諫阻止唐太宗去封禪，其中有很多言辭，比喻懇切，他
說：「現在有個人得了十年的病，經過治療就快痊癒了，這個人應該
瘦得皮包骨頭，若要讓他背著一石米，一天走一百里，一定無法做
到。隋國的戰亂，不止十年，陛下您是良醫，百姓的疾病困苦雖然已
經治好，暫時安定下來，但還沒非常充實。向天地祝告成功，我實在
認為這樣是不可行的。」唐太宗不能反駁他。這些話見於魏徵的《諫
錄》和《舊唐書》，而《新唐書》中沒有記載，《資治通鑒》記載了
魏徵勸諫的事蹟，也刪了這一段，太可惜了！

將軍官稱

【原文】

　　《前漢書百官表》：「將軍皆週末官，秦因①之。」予按《國語》：
「鄭文公以詹伯為將軍。」又：「吳夫差十旌一將軍。」《左傳》：「豈
將軍食之而有不足。」《檀弓》：「衛將軍。」《文子》：「魯使慎子為
將軍。」然則其名久矣。彭寵為奴所縛②，呼其妻曰：「趣③為諸將軍
辦裝。」《東漢書》注云：「呼奴為將軍，欲其赦己也。」今吳人語

猶謂小蒼頭④為將軍，蓋本⑤諸此。

【註釋】

① 因：沿襲。

② 縛：捆綁。

③ 趣：通「促」，催促，急促。

④ 小蒼頭：指奴僕。

⑤ 本：根源，本源。

【譯文】

　　《前漢書百官表》中說：「將軍都是周代末年的官職，秦國沿用了這個稱呼。」我考察《國語》，書中說：「鄭文公以詹伯為將軍。」還有：「吳夫差十旌一將軍。」《左傳》中記載：「豈將軍食之而有不足。」《檀弓》中記載：「衛將軍。」《文子》中記載：「魯使慎子為將軍。」既然是這樣，那麼將軍這個名稱已經使用很久了。彭寵被奴隸捆綁，喊他的妻子說：「趕緊給各位將軍置辦行裝。」《東漢書》注釋說：「稱奴隸為將軍，是希望他能放了自己。」現在吳地的人仍然稱僕役為將軍，大概源於這裏。

北道主人

【原文】

　　秦、晉圍鄭，鄭人謂秦盍①舍鄭以為東道主。蓋鄭在秦之東，故云。今世稱主人為東道者，此也。

　　《東漢》載北道主人，乃有三事：「常山太守鄧晨②會光武於鉅鹿，請從擊邯鄲，光武曰：『偉卿以一身從我，不如以一郡為我北道主人。』」又：「光武至薊，將欲南歸，耿弇③以為不可，官屬腹心④

皆不肯，光武指弇曰：『是我北道主人也。』」「彭寵⑤將反，光武問朱浮⑥，浮曰：『大王倚⑦寵為北道主人，今既不然，所以失望。』」後人罕⑧引用之。

【註釋】

① 盍：何不，表示反問或疑問。
② 鄧晨：字偉卿，南陽新野（今河南新野）人。東漢初年官員、將領。
③ 耿弇：字伯昭，挾風茂陵（今陝西興平）人。東漢開國名將、軍事家。
④ 腹心：指心腹，左右親信。
⑤ 彭寵：字伯通，南陽郡宛縣人。王莽政權時期曾任大司空士，後歸順光武帝劉秀。因幽州牧朱浮構陷，失去了劉秀的信任，遂起兵反漢，自稱燕王。西元29年，彭寵為家奴所殺。
⑥ 朱浮：字叔元，沛國蕭（今安徽蕭縣）人。東漢武將。
⑦ 倚：依賴，依靠。
⑧ 罕：少。

【譯文】

　　秦晉兩國的軍隊圍攻鄭國，鄭國人說秦國為什麼不捨棄鄭國作為東邊道路上的主人。這是因為鄭國在秦國的東邊，所以這麼說。現在世人稱呼主人為東道，源於這個故事。

　　《漢書》中記載北道主人，有三件事，第一是：「常山太守鄧晨在巨鹿和漢光武帝會面，請求跟著去攻打邯鄲，漢光武帝說：『偉卿你一個人跟從我，不如率領常山整個郡作為我北方道路上的主人。』」第二是：「漢光武帝到達薊地，想要回南方，耿弇認為不可以，而光武帝的部下心腹都不贊同耿弇的想法，光武帝就指著耿弇說：『你是我北方道路上的主人。』」第三是：「彭寵將要謀反，光武帝問朱浮的意見，朱浮說：『大王您依賴彭寵作為北方道路上的主人，現在不

是這樣，所以您很失望。』」後人很少有引用。

王導①小名

【原文】

顏魯公②書遠祖《西平靖侯顏含碑》，晉李闡之文也。云：「含③為光祿大夫，馮懷欲為王導降禮④，君不從，曰：『王公雖重，故是吾家阿龍。』君是王親丈人⑤，故呼王小字。」《晉書》亦載此事，而不書小字。《世說》：「王丞相拜司空，桓廷尉歎曰：『人言阿龍超⑥，阿龍故自超。』」呼三公⑦小字，晉人浮虛之習如此。

【註釋】

① 王導：字茂弘，小字阿龍，琅邪臨沂（今山東臨沂）人。東晉時期著名政治家、書法家，歷仕晉元帝、明帝和成帝三朝，是東晉政權的奠基人之一。

② 顏魯公：顏真卿，字清臣，小名羨門子，別號應方。唐代名臣、傑出的書法家。唐代宗時官至吏部尚書、太子太師，封魯郡公，人稱「顏魯公」。

③ 含：顏含，字弘都，琅邪莘（今山東費縣）人。東晉著名大臣。

④ 降禮：指跪拜之禮。

⑤ 丈人：古代對老年男子的尊稱。

⑥ 超：提拔，擢升。

⑦ 三公：古代朝廷中最尊顯的三個官職的合稱。

【譯文】

顏真卿抄寫遠祖的《西平靖侯顏含碑》，是晉代李闡寫的文章。文中說：「顏含做光祿大夫，馮懷想讓他向王導行跪拜大禮，顏含沒

有聽從，說道：『王導雖然身份貴重，但他以前是我家的阿龍啊。』顏含是王導的長輩，所以稱呼王導的小名。」《晉書》也記載了這件事，但沒有寫王導的小名。《世說新語》上記載：「王丞相被任命為司空，桓廷尉感歎說：『別人說阿龍升官很快，阿龍本來就是靠自己的能力升官的啊。』」稱呼位極人臣的三公的小名，晉代人虛浮的風氣就像這樣。

名世英宰①

【原文】

曹參②為相國，日夜飲醇酒不事事③，而畫一之歌④興。王導輔佐三世，無日用之益，而歲計⑤有餘，末年略不復省事⑥，自歎曰：「人言我憒憒⑦，後人當思我憒憒。」謝安石不存小察⑧，經遠無競⑨。唐之房、杜，傳無可載之功。趙韓王⑩得士大夫所投利害文字，皆置二大甕⑪，滿則焚之。李文靖以中外所陳一切報⑫罷，云：「以此報國。」此六七君子，蓋非揚己取名⑬，瞭然⑭使戶曉者，真名世英宰也！豈曰不事事哉？

【註釋】

① 名世英宰：指聞名於世的英明宰相。
② 曹參：字敬伯，沛縣（江蘇徐州沛縣）人。西漢開國功臣、名將。秦末跟隨劉邦在沛縣起兵反秦，屢建戰功，漢惠帝時繼蕭何後成為漢代第二位相國，一遵蕭何約束，有「蕭規曹隨」之稱。
③ 醇酒：指香郁純正的美酒。事事：指做事。
④ 畫一之歌：指漢代頌揚蕭何、曹參德政的歌謠。
⑤ 歲計：國家年度收支的總稱。
⑥ 省事：指官吏到職辦公。

⑦ 憒憒：指昏憒，糊塗。

⑧ 謝安石：謝安，字安石。陳郡陽夏（今河南太康）人。東晉著名政治家。謝安性情閒雅溫和，處事公允明斷，不專權樹私，不居功自傲，有宰相氣度。小察：指對小事精明苛求。

⑨ 經遠無競：指志向高遠而不爭搶。

⑩ 趙韓王：趙普，字則平，幽州薊（今天津薊縣）人。北宋著名的政治家。與趙匡胤發動陳橋兵變，輔佐趙匡胤建立宋朝，官拜宰相。死後被追封為韓王。

⑪ 罋：一種盛水或酒等的陶器。

⑫ 李文靖：李沆，字太初，洺州肥鄉（今屬河北）人。北宋名相、詩人。李沆以清靜無為治國，注重吏事，尤為注意戒除人主驕奢之心，有「聖相」之美譽。諡號「文靖」。報：回答，答覆。

⑬ 揚己取名：指宣揚自己追求美名。

⑭ 瞭然：形容明白、清晰的樣子。

【譯文】

　　曹參做相國時，日夜喝著美酒，不做實事，但「畫一」這樣歌頌他的歌謠到處傳唱。王導輔佐晉國三代，沒有一天進獻過有用的政策，但每年收支都有餘，在他晚年時不再處理政事，自己感歎說：「別人都說我昏聵糊塗，後人應當思考思考我為什麼昏聵糊塗。」謝安石不拘泥於細節，志向高遠而不爭搶。唐代的房玄齡、杜如晦，傳記上已經寫不下他們的功績。趙普收到士大夫所送來的議論是非利害的文章，就把它們放在兩個大罋中，放滿就燒了。李文靖把國內外所陳述的一切情況批示完後，說：「我用這些來回報國家。」這六七位君子，都沒有宣揚自己追求美名，但他們的事情清楚地被百姓知曉，這確實是聞名世上傑出的宰相啊！怎麼能說他們不做實事呢？

《檀弓》誤字

【原文】

　　《檀弓》載吳侵①陳事曰：「陳太宰嚭②使於師，夫差③謂行人儀曰：『是夫也多言，盍嘗問焉，師必有名④，人之稱斯師也者，則謂之何？』太宰嚭曰：『其不謂之殺厲之師與⑤！』」按嚭乃吳夫差之宰，陳遣使者正用行人，則儀乃陳臣也。記禮者簡策差互⑥，故更錯其名，當云「陳行人儀使於師，夫差使太宰嚭問之」，乃善。忠宣公⑦作《春秋詩》引斯事，亦嘗辯正⑧雲。

【註釋】

① 侵：侵犯。

② 嚭：伯嚭，春秋晚期人，原為晉國公族，姬姓，後為吳國太宰。

③ 夫差：姬姓，吳氏，春秋時期吳國末代國君，吳王闔閭之子。

④ 師必有名：指出兵必有正當的理由。

⑤ 殺厲：指殺戮染有疫病的人。厲：通「癘」，惡疾。與：用以表示輕微的疑問。

⑥ 差互：指交錯，錯雜。

⑦ 忠宣公：洪皓，饒州樂平（今江西省樂平市）人。諡號「忠宣」。洪邁之父。

⑧ 辯正：指辨析考正。辯：通「辨」。

【譯文】

　　《檀弓》記載吳國侵犯陳國的事情說：「陳國太宰嚭出使到吳國軍中，夫差對行人儀說：『這個人很多話，為什麼不問問他，出兵一定會有正當的理由，別人稱呼我們這次出兵，都是怎麼說的？』太宰嚭說：『別人不都說是為了殺戮染有疫病的人而出兵的嗎！』」據我考察，嚭是吳王夫差的太宰，陳國派遣使者用的正是行人，那儀應該

是陳國的臣子。寫作《禮記》的人把簡策弄亂了，所以名字也寫錯了，應該說「陳國的行人儀出使到吳國軍中，夫差派太宰嚭去問他」，這樣才對。忠宣公寫《春秋詩》時引用了這件事，也曾經辨別校正過。

卷 八

沐浴佩玉

【原文】

「石駘仲卒，有庶子①六人，卜所以為後②者，曰：『沐浴佩玉則兆③。』五人者皆沐浴佩玉。石祁子曰：『孰有執親之喪而沐浴佩玉者乎④？』不沐浴佩玉。」此《檀弓》之文也，今之為文者不然，必曰「沐浴佩玉則兆，五人者如之，祁子獨不可，曰：『孰有執親之喪若此者乎？』」似亦足以盡其事，然古意衰⑤矣。

【註釋】

① 庶子：指妾所生的兒子。

② 後：承繼。

③ 兆：預示圖像，即兆象。

④ 孰：誰，哪個人或哪些人。執親之喪：指父母親人的喪期。

⑤ 衰：減少，削弱。

【譯文】

「石駘仲去世，有六個庶子，就占卜哪個可以做繼承人，占卜的人說：『沐浴、佩戴玉器就能得到吉兆。』有五個庶子都去沐浴並佩戴玉器。石祁子說：『哪有在父親喪期內沐浴並佩戴玉器的？』於是沒有沐浴、佩戴玉器。」這是《檀弓》上的文章，現在寫文章的人不會這樣寫，一定會說「沐浴、佩戴玉器就會得到吉兆，五個庶子這樣做了，只有石祁子認為不能這樣做，說：『哪有在父親喪期這樣做的？』」好像也足夠寫完這件事，但是古文中的意境就削弱了。

東晉將相

【原文】

　　西晉南渡，國勢至弱，元帝為中興主[1]，已有雄武不足之譏，餘皆童幼相承，無足稱算[2]。然其享國百年，五胡雲擾[3]，竟不能窺[4]江、漢，苻堅以百萬之眾，至於送死淝水，後以強臣擅政[5]，鼎命[6]乃移，其於江左之勢，固自若[7]也，是果何術[8]哉？嘗考之矣，以國事付一相，而不貳[9]其任，以外寄付方伯[10]，而不輕其權，文武二柄[11]，既得其道，餘皆可概見矣。百年之間，會稽王昱、道子、元顯以宗室，王敦、二桓以逆取，姑置勿言[12]，卞壼、陸玩、郗鑒、陸曄、王彪之坦之不任事[13]，其真托國者，王導、庾亮、何充、庾冰、蔡謨、殷浩、謝安、劉裕八人而已。方伯之任，莫重於荊、徐，荊州為國西門，刺史常都督[14]七八州事，力雄強，分天下半，自渡江訖於太元[15]，八十餘年，荷閫寄者[16]，王敦、陶侃、庾氏之亮、翼、桓氏之溫、豁、沖、石民八人而已，非終於其軍不輒易[17]，將士服習於下，敵人畏敬於外，非忽去忽來、兵不適[18]將，將不適兵之比[19]也。頃[20]嘗為主上論此，蒙欣然領納[21]，特時有不同，不能行爾。

【註釋】

① 元帝：晉元帝司馬睿，字景文，東晉的開國皇帝。中興：指國家由衰退而復興。

② 稱算：指計算。

③ 雲擾：指像雲一樣的紛亂。比喻動盪不安。

④ 窺：伺機圖謀。

⑤ 擅政：指獨攬朝政。

⑥ 鼎命：指帝王之位。

⑦ 自若：指依然如故。

⑧ 術：方法，策略。

⑨ 貳：副。

⑩ 方伯：泛稱地方長官。

⑪ 柄：權力。

⑫ 姑置勿言：指姑且放在一邊不提。

⑬ 任事：指承擔事務或擔負責任。

⑭ 都督：指總領，統領。

⑮ 訖：通「迄」，到，至。太元：東晉孝武帝司馬曜的第二個年號，
　　共使用21年。

⑯ 荷：背負肩擔。閫寄：指委以軍事重任。

⑰ 終：死亡。輒：總是，就。

⑱ 適：適應。

⑲ 比：比擬。

⑳ 頃：剛才，不久以前。

㉑ 領納：指接受。

【譯文】

　　西晉南渡後，國勢非常衰弱，晉元帝作為中興的君主，已經遭到
「不夠雄武」的譏諷，其餘的君主都是年幼時繼承帝位，不值得一
提。但東晉享有國家上百年，北方少數民族來侵擾，竟然也不能渡過
長江、漢江，苻堅憑藉百萬的軍隊來攻打，甚至在淝水邊送了命，後
來因為強勢的大臣獨攬朝政，皇位才轉移，但東晉在江東的勢力，還
是和以前一樣牢固，這究竟是有什麼方法呢？我曾經考察了這個情
況，東晉把國家大事只託付給丞相，而不另外任命副職，把軍事託付
給地方將領，而不削弱他的權力，文武兩種權柄，已經得到合適的安
排，其餘就大略可以想到了。百年之間，會稽王司馬昱、司馬道子、
司馬元顯憑藉的是宗室子弟掌權，王敦、桓溫、桓沖憑藉謀逆取得大
權，姑且放在一邊不提，其他像卞壺、陸玩、郗鑒、陸曄、王彪之、
王坦之不辦實事，真正能託付國事的，只有王導、庾亮、何充、庾
冰、蔡謨、殷浩、謝安、劉裕八個人罷了。地方將領的任命，沒有比

荊州、徐州更重要的了，荊州是國家西邊的門戶，刺史時常掌管七八個州的事務，勢力強大，占一半天下，從渡江開始到太元末，經過八十多年，擔任軍事重任的人，只有王敦、陶侃和庾家的亮、翼以及桓家的溫、豁、沖、石民八個人罷了，若不是死在軍中就不改換將領，軍官士兵在下都熟習服從他，敵人在外都敬畏他，不是突然來去、士兵不能適應將領、將領不能適應士兵的這種情況能夠比擬的。不久前我曾經向君主談論這件事，承蒙君主高興地採納了，只是因為時機不同，不能實行罷了。

浯溪留題①

【原文】

　　永州浯溪，唐人留題頗多，其一云：「太僕卿分司東都韋瓘②，太中③二年過此。余大和中以中書舍人謫宦康州④，逮⑤今十六年。去冬罷楚州刺史，今年二月有桂林之命，才經數月，又蒙除替⑥，行次⑦靈川，聞改此官，分司優閑⑧，誠為忝幸⑨。」按《新唐書》：瓘仕累⑩中書舍人，與李德裕⑪善，李宗閔⑫惡之，德裕罷相，貶為明州長史，終桂管觀察使。以題名證之，乃自中書謫康州，又不終於桂，史之誤如此。瓘所稱十六年前，正當大和七年，是時，德裕方⑬在相位，八年十一月始罷，然則瓘之去國，果不知坐⑭何事也。

【註釋】

① 留題：指題字留念。

② 韋瓘：字茂弘，京兆萬年（今陝西西安）人。唐憲宗元和四年己丑科狀元。

③ 太中：即大中，是唐宣宗李忱的年號，共使用14年。

④ 大和：又作「太和」，是唐文宗李昂的年號，共使用9年。謫宦：

指貶官另任新職。

⑤ 逮：到，及。

⑥ 除替：指免去官職。

⑦ 次：旅行所居止之處所。

⑧ 優閑：指閒逸，安閒。

⑨ 忝幸：指受之有愧的幸遇。

⑩ 仕累：指連任。

⑪ 李德裕：字文饒，趙郡贊皇（今河北贊皇）人，唐代政治家、文學家，牛李黨爭中李黨的領袖。歷仕唐憲宗、穆宗、敬宗、文宗四朝，武宗時拜相，功績顯赫。

⑫ 李宗閔：字損之，唐代大臣，牛李黨爭中牛黨的領袖之一。

⑬ 方：正好。

⑭ 坐：因為。

【註釋】

　　永州浯溪，唐代人留下的題字很多，其中有一段說：「太僕卿分司東都韋瓘，太中二年經過這裏。我大和年間在中書舍人的官職上被貶謫到康州，到現在已經十六年了。去年冬天被罷免楚州刺史之職，今年二月有到桂州任職的命令，才經過幾個月，又承蒙免除官職，行路停在靈川，聽聞改了這個官職，分司是個悠閑的職位，實在覺得很幸運。」據我考察，《新唐書》上說：韋瓘連任中書舍人，和李德裕交好，李宗閔討厭他，李德裕被罷黜宰相，他被貶為明州長史，最終在桂管觀察使任上去世。根據題字來考證，他是從中書舍人貶到康州，又不在桂州任上去世，史書的錯誤竟到這種地步。韋瓘所說的十六年前，正好是大和七年，那時，李德裕正在宰相任上，八年十一月才被罷相，既然這樣，那麼韋瓘離開國都，確實不知道是因為什麼事情。

人物以義為名

【原文】

人物以義為名者，其別①最多。仗②正道曰義，義師、義戰是也。眾所尊戴者曰義，義帝是也。與眾共之曰義，義倉、義社、義田、義學、義役、義井之類是也。至行③過人曰義，義士、義俠、義姑、義夫、義婦之類是也。自外入而非正者曰義，義父、義兒、義兄弟、義服之類是也。衣裳器物亦然。在首曰義髻④，在衣曰義襴⑤、義領，合⑥中小合子曰義子之類是也。合眾物為之，則有義漿、義墨、義酒。禽畜之賢，則有義犬、義烏、義鷹、義鶻⑦。

【註釋】

① 別：類別。

② 仗：依仗。

③ 至行：指卓絕的品行。

④ 髻：髮髻。

⑤ 襴：上下衣相連的服裝。

⑥ 合：盒子。後作「盒」。

⑦ 鶻：鷙鳥名，即隼。

【譯文】

人和物中用義做名字的，類別最多。依仗正道叫作義，義師、義戰就是這個意思。眾人所尊敬擁戴叫作義，義帝就是這個意思。和眾人共同享用或承擔叫作義，義倉、義社、義田、義學、義役、義井之類的就是這個意思。行為高尚超過別人叫作義，義士、義俠、義姑、義夫、義婦之類的就是這個意思。從外部進入而不是正統的叫作義，義父、義兒、義兄弟、義服之類的就是這個意思。衣服器物也是這樣。在頭上的叫作義髻，在衣服上叫作義襴、義領，盒子裏有小盒子

叫作義子之類的就是這樣。把眾多東西匯合起來的意思，就有義漿、義墨、義酒。禽獸中有善行的，就有義犬、義烏、義鷹、義鶻。

人君壽考①

【原文】

　　三代②以前，人君壽考有過百年者。自漢、晉、唐、三國、南北下及五季③，凡百三十六君，唯漢武帝、吳大帝④、唐高祖至七十一，玄宗七十八，梁武帝八十三，自餘至五六十者亦鮮⑤。即此五君而論之，梁武召侯景之禍，幽辱⑥告終，旋⑦以亡國；玄宗身致大亂，播遷⑧失意，飲恨而沒⑨。享祚⑩久長，翻⑪以為害，固已不足言。漢武末年，巫蠱事起，自皇太子、公主、皇孫皆不得其死⑫，悲傷愁沮⑬，群臣上壽，拒不舉觴⑭，以天下付之八歲兒。吳大帝廢太子和，殺愛子魯王霸。唐高祖以秦王⑮之故，兩子十孫同日並命⑯，不得已而禪位，其方寸⑰為如何？然則五君者雖有崇高之位，享耆耋⑱之壽，竟何益哉！若光堯太上皇帝⑲之福，真可於天人⑳中求之。

【註釋】

① 壽考：指壽數，壽命。

② 三代：指夏、商、周。

③ 五季：即後樑、後唐、後晉、後漢、後周五代。

④ 吳大帝：吳太祖大皇帝孫權，字仲謀，吳郡富春（今浙江富陽）人。

⑤ 自餘：指此外，其餘。鮮：少。

⑥ 幽辱：指受辱。

⑦ 旋：立即，隨即。

⑧ 播遷：指遷徙，流離。

⑨ 飲恨而沒：指含恨而死。

⑩ 享祚：即享國。指帝王在位的年數。

⑪ 翻：表示轉折，相當於「反而」。

⑫ 不得其死：指死於非命。

⑬ 沮：頹喪或灰心失望。

⑭ 觴：古代盛酒器。

⑮ 秦王：唐太宗李世民即位之前的封號。

⑯ 並命：指同死。

⑰ 方寸：指心，腦海。

⑱ 耆耋：指老年。

⑲ 光堯太上皇帝：指宋高宗趙構，南宋開國皇帝。紹興三十二年禪
　　位於皇太子趙慎，被尊為光堯壽聖憲天體道性仁誠德經武緯文紹
　　業興統明謨盛烈太上皇帝。

⑳ 天人：指神仙仙人。

【譯文】

　　三代以前，君主的壽命有超過一百歲的。自從漢、晉、唐、三
國、南北朝以後到五代，總共一百三十六位君主，只有漢武帝、吳大
帝、唐高祖活到七十一歲，唐玄宗七十八歲，梁武帝八十三歲，其他
到五六十歲的也很少。就拿這五個君主來說，梁武帝導致了侯景之
亂，受辱而死，不久後國家就滅亡了；唐玄宗自身招致了大亂，流亡
四川，返京後鬱鬱寡歡，含恨而死。處在皇位上時間長久，反而成為
禍患，本來已經不值得再說。漢武帝末年，巫蠱之禍興起，從皇太
子、公主到皇孫都死於非命。漢武帝悲傷憂愁沮喪至極。群臣祝壽，
他也拒絕設宴飲酒，最後把天下交託給一個八歲的孩子。吳大帝廢除
太子和，殺害愛子魯王霸。唐高祖因為秦王李世民，兩個兒子十個孫
子同日被殺，不得已禪讓了皇位，他心裏是怎麼想的呢？由此看來，
這五位君主雖然有崇高的地位，享有七八十歲的壽命，究竟有什麼好
處呢！像光堯太上皇帝的福氣，真的只能在天上神仙中尋求了。

韓文公佚事

【原文】

韓文公自御史貶陽山，新舊二《唐史》，皆以為坐論宮市事。按公《赴江陵途中詩》，自　此事甚詳，云：「是年京師旱，田畝少所收。有司恤經費，未免煩誅求。傳聞閭里間，赤子棄渠溝。我時出衢路，餓者何其稠！適會除御史，誠當得言秋。拜疏移閣門，為忠寧自謀。上陳人疾苦，無令絕其喉。下言畿甸內，根本理宜優。積雪驗豐熟，幸寬待蟊麰^①。天子惻然感，司空歎綢繆。謂言即施設，乃反遷炎洲。」皇甫湜^②作公神道碑云：「關中旱饑，人死相枕藉^③，吏刻^④取恩，先生列^⑤言天下根本，民急如是，請寬民徭而免田租，專政者惡之，遂貶。」然則不因論宮市明甚。碑又書三事云：「公為河南令，魏、鄆、幽、鎮各為留邸^⑥，貯潛卒以橐罪亡^⑦，公將擿其禁^⑧，斷民署吏，俟^⑨旦發，留守尹大恐，遽^⑩止之。是後鄆邸果謀反，將屠東都，以應淮蔡^⑪。及從討元濟，請於裴度，須精兵千人，間道^⑫以入必擒賊。未及行，李愬^⑬自文城夜入，得元濟。三軍之士，為公恨。復謂度曰：今借聲勢，王承宗可以辭^⑭取，不煩兵矣。得柏耆，口授其詞，使耆執筆書之，持以入鎮州，承宗遂割德、棣二州以獻。」李翺作公行狀^⑮，所載略同。而《唐書》並逸^⑯其事，且以鎮州之功，專^⑰歸柏耆，豈非未嘗見湜文集乎？《資治通鑑》亦僅言耆以策幹^⑱愈，愈為白^⑲度，為書遣之耳。

【註釋】

① 麰：代稱大麥。

② 皇甫湜：引字持正，睦州新安（今浙江淳安）人。韓愈的弟子，唐代散文家。

③ 枕藉：指物體縱橫相枕而臥。形容多而雜亂。

④ 刻：嚴格要求。

⑤ 列：羅列。

⑥ 留邸：指唐時節度留後的官署。

⑦ 貯：儲存。潛卒：指暗中調來的士兵。囊罪亡：指窩藏罪犯。囊：口袋。這裏指窩藏。

⑧ 摘：揭發。禁：法令或習俗所不允許的事項。

⑨ 俟：等待。

⑩ 遽：遂，就。

⑪ 淮蔡：指蔡州刺史吳元濟謀反。

⑫ 間道：指偏僻的小路。

⑬ 李愬：字元直，洮州臨潭（今屬甘肅）人。唐代中期名將。吳元濟謀反，李愬奉命討伐，於817年雪夜襲蔡州，生擒吳元濟，平定淮西。

⑭ 辭：言辭。

⑮ 行狀：敘述死者世系、生平、生卒年月、籍貫、事蹟的文章，常由死者門生故吏或親友撰述，留作撰寫墓誌或史官提供立傳的依據。

⑯ 逸：散失。

⑰ 專：獨佔，獨用。

⑱ 幹：求，求取。

⑲ 白：陳述。

【譯文】

　　韓文公從御史之位貶到陽山，新舊兩本《唐史》都認為是因為談論宮市的事情。我考察韓愈《赴江陵途中詩》，他自己對這件事　述得非常詳細，詩中說：「是年京師旱，田畝少所收。有司恤經費，未免煩誅求。傳聞閭里間，赤子棄渠溝。我時出衢路，餓者何其稠！適會除御史，誠當得言秋。拜疏移閤門，為忠寧自謀。上陳人疾苦，無令絕其喉。下言畿甸內，根本理宜優。積雪驗豐熟，幸寬待蠶麰。天子惻然感，司空歎綢繆。謂言即施設，乃反遷炎洲。」皇甫湜寫的韓

愈神道碑上說：「關中乾旱饑荒，到處都是死去的人，官吏苛刻要求賦稅來取得皇恩，先生上書說天下的根本，百姓遭受如此災難，請求放寬百姓的徭役，減免田租，主管朝政的人厭惡他，於是貶謫了他。」既然這樣，那麼韓愈不是因為談論宮市而貶官就很明白了。碑上另外寫了三件事，說：「文公做河南令時，魏、鄆、幽、鎮四個州各自設了官署，蓄養暗中調來的士兵並窩藏罪犯，文公將要揭發他們的罪狀，就中斷他們與百姓的往來，等到天明就公佈，留守的官員非常害怕，就馬上停止活動。之後鄆州留邸果然謀反了，將要屠殺東都，來回應淮西的叛亂。等到文公跟隨統帥裴度征討元濟時，他向裴度建議，只需要派遣一千個精兵，偷偷從小路進入城內一定能擒獲元濟。還沒來得及去做，李愬在晚上從文城攻入，擒獲了元濟。三軍的士兵，替文公感到遺憾。文公又對裴度說：現在憑藉獲勝的聲勢，可以用言辭說服王承宗，不需要勞煩士兵攻打了。於是找到柏耆，親口告訴他要說的話，讓柏耆拿筆寫下來，拿著進入鎮州，王承宗於是割讓德、棣二州獻上。」李翱寫韓文公行狀，記載的大致相同。而兩本《唐書》都沒有記錄這件事，而且把平定鎮州的功勞，全部歸於柏耆，難道不是從來沒有見過皇甫湜的文集嗎？《資治通鑒》也只說柏耆憑藉計策求見韓愈，韓愈為他稟告裴度，並寫了書信派遣他去罷了。

卷　九

霍光①賞功

【原文】

　　漢武帝外事②四夷，出爵勸賞③，凡將士有軍功，無問貴賤，未有不封侯者。及昭帝④時，大鴻臚田廣明⑤平益州夷，斬首捕虜⑥三萬，但賜爵關內侯。蓋霍光為政，務與民休息⑦，故不欲求邊功。益州之師，不得已耳，與唐宋璟抑⑧郝靈佺斬默啜之意同。然數年之後，以范明友⑨擊烏桓，傅介子刺樓蘭⑩，皆即侯之，則為非是⑪。蓋明友，光女婿也。

【註釋】

① 霍光：字子孟，河東平陽（今山西臨汾）人。霍去病的異母弟弟，西漢權臣、政治家，麒麟閣十一功臣之首，歷經漢武帝、漢昭帝、漢宣帝三朝，官至大司馬大將軍。

② 外事：指對外聯合或用兵。

③ 勸賞：指獎賞。

④ 昭帝：漢昭帝劉弗陵，漢武帝劉徹少子，母親是趙婕妤（鉤弋夫人），西漢第八位皇帝。武帝臨終時命霍光等人輔佐年僅8歲的昭帝。

⑤ 田廣明：字子公，鄭縣人。西漢官員。

⑥ 捕虜：指俘獲。

⑦ 務：從事，致力。休息：指休養生息。

⑧ 抑：壓，壓制。

⑨ 范明友：霍光女婿，漢昭帝、宣帝時期北方的重要將領。

⑩ 傅介子：北地（今甘肅慶陽西北）人。西漢勇士和著名外交家。
　　刺：暗殺。

⑪ 非是：指不對。

【註釋】

　　漢武帝對外平定少數民族，分封爵位賞賜將士，凡是有軍功的將士，不論高貴低賤，沒有不封侯的。等到漢昭帝在位時，大鴻臚田廣明平定益州的少數民族，斬殺並擒獲俘虜三萬人，只是賜了他關內侯的爵位。因為霍光處理政事，致力於百姓的休養生息，所以不想求得邊疆的戰功。益州的戰爭，是沒有辦法的事情罷了，與唐代宋璟壓制郝靈佺斬殺默啜的情況相同。但是幾年後，范明友攻打烏桓，傅介子刺殺樓蘭王，就馬上都封侯，這就不對了。因為范明友是霍光的女婿吧。

尺箠①取半

【原文】

　　《莊子》載惠子②之語曰：「一尺之箠，日取其半，萬世不竭③。」雖為寓言，然此理固具④。蓋但取其半，正碎為微塵，餘半猶⑤存，雖至於無窮可也。特所謂卵有毛、雞三足、犬可以為羊、馬有卵、火不熱、龜長於蛇、飛鳥之景⑥未嘗動，如是之類，非詞說所能了⑦也。

【註釋】

① 箠：短木棍。

② 惠子：名施，戰國中期宋國（今河南商丘）人。戰國時期著名的政治家、哲學家，是名家學派的開山鼻祖，與莊子交好。

③ 竭：盡，用盡。

④ 固具：指本來就具有。

⑤ 猶：仍然，還。

⑥ 景：通「影」，影子。

⑦ 了：明白，知道。

【譯文】

《莊子》中記載惠子的話語說：「一尺長的棍棒，每天截取它的一半，萬代也截取不完。」這雖然是寓言，但這個道理本來就有。因為只取一半，就算是碎成細小的塵埃，剩下的一半也還在，即使到了無限小也是可以的。只是那些所說的蛋有毛、雞三足、犬可以變為羊、馬有卵、火不熱、龜比蛇長、飛鳥的影子不曾移動，像這樣的例子，不是詞句所能說清楚的。

漢文失材

【原文】

漢文帝見李廣①曰：「惜廣不逢時，令當高祖世，萬戶侯豈足道哉！」賈山②上書言治亂之道，借秦為喻，其言忠正明白，不下③賈誼，曾不得一官，史臣猶讚美文帝，以為山言多激切，終不加罰，所以廣諫爭之路。觀此二事，失材多矣。吳、楚反時，李廣以都尉戰昌邑下顯名，以梁王授廣將軍印，故賞不行。武帝時，五為將軍擊匈奴，無尺寸④功，至不得其死⑤。三朝不遇⑥，命也夫！

【註釋】

① 李廣：隴西成紀（今甘肅天水）人。西漢時期的名將，被稱為「飛將軍」。

② 賈山：潁川人，約漢文帝元年前後在世。

③ 不下：指不亞於，不次於。

④ 尺寸：指距離短或數量小。

⑤ 不得其死：這裏指自殺。

⑥ 遇：知遇。

【譯文】

　　漢文帝接見李廣說：「可惜李廣生不逢時，如果處在高祖的時代，那萬戶侯之位哪裡值得一提呢！」賈山上書談論治亂的道理，假借秦國來做比喻，他的言辭忠誠正直而清楚明白，不比賈誼差，可是不曾獲得一個官職，但是史官們還是讚美漢文帝，認為賈山的言辭大多激烈，文帝始終沒有責罰他，這是用來廣開言路的方法。從這兩件事來看，漢文帝失去的賢才太多了。吳國、楚國謀反時，李廣憑藉都尉的身份在昌邑作戰，從而名聲顯赫，但因為梁王授予李廣將軍之印，所以沒有給他另外的賞賜。漢武帝時，李廣五次作為將軍擊打匈奴，沒有一點功績，最後到了自殺的地步。李廣歷經三位君主都沒有得到知遇，這也是命啊！

顏率兒童之見①

【原文】

　　秦興師臨周而求九鼎②，周君患③之。顏率請借救於齊。乃詣齊王許以鼎④，齊為發兵救周，而秦兵罷。齊將求鼎，周君又患之。顏率復詣齊曰：「願獻九鼎，不識何塗⑤之從而致之齊？」齊王將寄逕⑥於梁、於楚，率皆以為不可，齊乃止。《戰國策》首載此事，蓋以為奇謀。予謂此特兒童之見爾！爭戰雖急，要當有信。今一紿⑦齊可也，獨不計後日諸侯來伐⑧，誰復肯救我乎？疑必無是事，好事者飾之爾⑨。故《史記》《通鑒》皆不取。

① 顏率：戰國時成周謀士。見：看法，見解。

② 臨：挨著，靠近。九鼎：夏、商、周三代奉為象徵國家政權的傳國之寶。據傳是大禹在建立夏朝以後，用天下九牧（九州之長）所貢之銅鑄成的。

③ 患：擔心，憂慮。

④ 詣：前往，去到。許：事先答應給別人東西。

⑤ 塗：通「途」，路途。

⑥ 寄徑：指借路。

⑦ 紿：通「詒」，欺騙，欺詐。

⑧ 獨：難道，豈。伐：征討，討伐。

⑨ 好事者：指喜歡多事的人。飾：矯飾，造作誇飾。

【譯文】

　　秦王率領軍隊逼近周國都城索要九鼎，周國君主很擔心。顏率請求向齊國借兵相救。於是顏率去拜見齊王並許諾把九鼎給齊國，齊國因此發兵去救周國，秦國就罷兵了。齊國打算去索要九鼎，周國君主又很擔心。顏率又去拜見齊王說：「我們願意獻上九鼎，不知道從哪條路可以送到齊國？」齊王打算向梁國、楚國借路，顏率都認為不行，齊王就放棄了。《戰國策》最初記載這件事，大概認為這是奇謀。我認為這只是孩童的見識罷了！戰爭雖然急切，但一定要有信用。現在欺騙齊國一次是可以的，但是難道不考慮以後諸侯們來攻打時，誰肯再來相救呢？我懷疑一定沒有這件事，是好事的人假託矯飾的罷了。所以《史記》《資治通鑒》都沒有選取。

老人推恩①

【原文】

　　唐世赦宥②，推恩於老人絕優。開元二十三年，耕籍田③。侍老百歲以上，版授④上州刺史；九十以上，中州刺史；八十以上，上州司馬；二十七年，赦。百歲以上，下州刺史，婦人郡君；九十以上，上州司馬，婦人縣君；八十以上，縣令，婦人鄉君。天寶⑤七載，京城七十以上，本⑥縣令；六十以上，縣丞；天下侍老除官與開元等。國朝之制，百歲者始得初品官封，比唐不侔⑦矣。淳熙三年，以太上皇帝慶壽之故，推恩稍優，遂有增年詭籍以冒榮命者⑧。使⑨如唐日，將如何哉！

【註釋】

① 推恩：指廣施仁愛、恩惠於他人。
② 赦宥：指寬恕，赦免。
③ 耕籍田：古代吉禮的一種。即孟春正月，春耕之前，天子率諸侯親自耕田的典禮。
④ 版授：指授予封號。
⑤ 天寶：唐玄宗李隆基的年號，共使用15年。
⑥ 本：本源。這裏指根據、依照。
⑦ 侔：等同，齊等。
⑧ 增年詭籍：指虛報年齡、謊報籍貫。冒：用假的充當真的，假託。
⑨ 使：假使。

【譯文】

　　唐代寬恕赦免罪犯，施加給老人的恩惠非常優厚。開元二十三年，皇帝親自舉行籍田典禮。侍奉年紀一百歲以上的老人，授予上州

刺史的封號。九十以上的,授予中州刺史的封號;八十以上的,授予
上州司馬的封號;開元二十七年,大赦天下。百歲以上的老人,授予
下州刺史的封號,百歲以上的婦人就賜予郡君的封號;九十以上的老
人,授予上州司馬的封號,九十歲以上的婦人就賜予縣君的封號;八
十以上的老人,授予縣令的封號,八十歲以上的婦人就賜予鄉君的封
號。天寶七年,京城七十歲以上的老人,依照縣令的待遇;六十以上
的老人,依照縣丞的待遇;全國侍奉老人授予官職與開元時一樣。本
朝的制度,百歲的人才獲得初品官的封號,比不上唐代的時候。淳熙
三年,由於太上皇帝祝壽,施與的恩惠稍微優厚了一些,於是有虛加
年齡謊報籍貫來冒領光榮任命的人。假如像唐代時那樣優厚的恩惠,
將會怎樣呢!

唐三傑

【原文】

漢高祖以蕭何、張良、韓信為人傑。此三人者,真足以當之也。
唐明皇同日拜宋璟、張說、源乾曜三故相官①,帝賦《三傑詩》,自
寫以賜。其意蓋以比蕭、張等也。說與乾曜豈璟比哉!明皇可謂不知
臣矣。

【註釋】

① 宋璟:字廣平,邢州南和人,為開元初期著名宰相。張說:字道
濟,一字說之,河南洛陽人,曾前後三次為相。張說脾氣暴躁,
與同僚關係不睦,而且生性貪財。源乾曜:相州臨漳(今河北臨
漳)人。唐朝宰相。任相期間,張嘉貞、張說、李元紘、杜暹相
繼執掌朝政。他為人謹慎,在重大問題上從不發表意見,只是簽
署公文、表示附和。

【譯文】

　　漢高祖認為蕭何、張良、韓信是人傑。這三個人，是真正稱得上人傑的。唐明皇在同一天任命宋璟、張說、源乾曜三位前丞相官，皇帝作《三傑詩》，自己寫下來賜給他們。這意思大概是把他們三個人比作蕭何、張良等人啊。張說、源乾曜難道能與名相宋璟相比嗎！唐玄宗可以說是不瞭解臣子了。

劉歆^①不孝

【原文】

　　事親孝，故忠可移於君，是以求忠臣必於孝子之門。劉歆事父，雖不載不孝之跡，然其議論每與向^②異同。故向拳拳^③於國家，欲抑王氏以崇劉氏，而歆乃力贊王莽，倡其凶逆^④，至為之國師公，又改名秀以應圖讖^⑤，竟亦不免為莽所誅，子棻、女愔皆以戮^⑥死。使天道^⑦每如是，不善者其知懼乎！

【註釋】

① 劉歆：字子駿，建平元年改名劉秀。西漢後期著名學者，在校勘學、天文曆法學、史學、詩等方面都很有造詣。後因謀誅王莽事敗被殺。

② 向：劉向，原名更生，字子政，西漢楚國彭城（今江蘇徐州）人。西漢經學家、目錄學家、文學家。代表作有《戰國策》《說苑》《列女傳》等。

③ 拳拳：指誠懇、深切的樣子。

④ 倡：宣揚。凶逆：指兇惡悖逆。

⑤ 圖讖：指將來能應驗的預言、預兆。

⑥ 戮：指將人殺死後陳屍示眾。

⑦　天道：指天理，天意。

【譯文】

　　侍奉父母孝順，所以忠心可以轉移到侍奉君主身上，因此尋求忠臣一定要去出孝子的門庭。劉歆侍奉父親，雖然沒有記載不孝的事蹟，但他的議論常常和劉向不同。所以劉向對國家忠心耿耿，想壓制王氏來推崇劉氏，而劉歆卻極力讚揚王莽，助長他的兇惡悖逆，甚至做了王莽的國師，又改名為劉秀來對應圖讖的預言，最後也不能避免為王莽所殺，兒子劉棻、女兒劉愔都被殺死示眾。假如天道都像這樣，那不善的人恐怕就知道害怕了吧！

卷 十

日飲亡何

【原文】

　　《漢書·爰盎傳》:「南方卑濕①，君能日飲亡何②。」顏師古③注云：「無何，言更無餘事。」而《史記·盎傳》作「日飲毋苛④」，蓋言南方不宜多飲耳。今人多用「亡何」字。

【註釋】

① 卑濕：指地勢低下潮濕。
② 亡何：即「無何」，沒有別的事。
③ 顏師古：名籀，字師古，雍州萬年（今陝西西安）人，唐初儒家學者，經學家、語言文字學家、歷史學家。
④ 毋苛：指不要太劇烈。苛：沉重，劇烈。

【譯文】

　　《漢書·爰盎傳》記載:「南方地勢低下潮濕，您能每天喝點酒，亡何（就沒有別的事情）。」顏師古注釋說:「無何，指沒有其他的事。」而《史記·盎傳》上寫成「日飲毋苛」，大概說的是在南方不應該多喝罷了。現在的人大多用「亡何」這個詞。

爰盎①小人

【原文】

　　爰盎真小人，每事皆借公言而報私怨，初非盡忠一意②為君上者也。嘗為呂祿③舍人，故怨周勃④。文帝禮下⑤勃，何豫⑥盎事？乃有「非社稷臣」之語，謂勃不能爭⑦呂氏之事，適⑧會成功耳。致文帝有輕勃心，既免使⑨就國，遂有廷尉⑩之難。嘗謁丞相申屠嘉⑪，嘉弗為禮，則之丞相舍折困⑫之。為趙談⑬所害，故沮止其參乘⑭。素不好晁錯⑮，故因吳反事請誅之。蓋盎本安陵群盜，宜其忮心忍戾如此⑯，死於刺客，非不幸也。

【註釋】

① 爰盎：又作袁盎，字絲。漢初楚國人，西漢大臣，個性剛直，有才幹，以膽識與見解為漢文帝所賞識。

② 一意：指一心，專心。

③ 呂祿：漢高祖皇后呂雉的侄子，握有軍權，反因諸呂反叛未成而被殺。

④ 周勃：西漢開國將領、宰相。呂后專權時，周勃與陳平等合謀奪取了呂祿的軍權，一舉誅滅呂氏諸王，擁立文帝。

⑤ 禮下：指以禮相待。

⑥ 豫：通「與」，參與。

⑦ 爭：通「諍」，諍諫。

⑧ 適：剛巧。

⑨ 免使：指免除職務。

⑩ 廷尉：官名，掌刑獄。這裏代指刑獄。

⑪ 謁：拜見。申屠嘉：西漢時梁郡（今河南商丘）人。為人廉潔正直，官至丞相。

⑫ 折困：指折挫困辱。

⑬ 趙談：西漢宦官，因受漢文帝寵倖，出入同車。

⑭ 沮止：指阻止，遏止。參乘：亦作「驂乘」，古時乘車，坐在車右擔任警衛的人。

⑮ 素：向來。晁錯：潁川（今河南禹縣）人。西漢政治家、文學家。因進言削藩而觸怒了諸侯王，從而成了引發七國之亂的導火索。後景帝聽從袁盎之計，將晁錯腰斬。

⑯ 忮心：指嫉恨之心，妒忌之心。忍戾：指殘忍暴戾。

【譯文】

　　爰盎是個真正的小人，每件事都假借為了公家而報復私仇，出發點就不是一心向君主盡忠。他曾經做呂祿的舍人，所以怨恨周勃。漢文帝禮待周勃，關爰盎什麼事呢？但他卻說周勃「非社稷臣」，認為周勃不能為呂氏的事勸諫，只是剛好碰上誅呂的事情成功罷了。導致漢文帝有輕視周勃的想法，周勃被免除職務回到封地後，就有了刑獄的災難。爰盎曾經去拜見丞相申屠嘉，申屠嘉沒有禮待他，他就到丞相的住處去折辱為難申屠嘉。爰盎被趙談害過，所以就阻止趙談做皇帝車駕的左右馭手。爰盎向來不喜歡晁錯，所以趁著吳國謀反的事情請求誅殺晁錯。因為爰盎本來就是安陵的盜賊，嫉妒心重、殘忍暴戾也是有原因的，最後被刺客殺死，並不是什麼不幸的事。

古彝器①

【原文】

　　三代彝器，其存至今者，人皆寶為奇玩②。然自春秋以來，固重之矣。經傳所記，取郜大鼎於宋，魯以吳壽夢之鼎賄③荀偃，晉賜子產莒之二方鼎，齊賂晉以紀甗④、玉磬，徐賂齊以甲父之鼎，鄭賂晉以襄鐘，衛欲以文之舒鼎、定之鬵鑒納魯侯⑤，樂毅為燕破齊，祭器

設於寧台，大呂陳於元英⑥，故鼎反乎磨室是已。

【註釋】

① 彝器：古代青銅器中禮器的通稱，也名「尊彝」。

② 奇玩：指供玩賞的珍品。

③ 賄：賄賂、收買。

④ 紀甗：古代紀國寶器名。

⑤ 鞶鑒：用革帶做裝飾的銅鏡。納：繳納，貢獻。

⑥ 大呂：鐘名，周朝的寶物。陳：陳設，陳列。

【譯文】

　　三代的禮器，保存到現在的，人們都珍藏起來當作值得賞玩的寶器。但是從春秋以來，本來就很重視它們了。經傳上所記載的，從宋國取得郜大鼎，魯國拿吳國壽夢大鼎賄賂荀偃，晉王賜予子產莒國的兩尊方鼎，齊國拿紀甗、玉磬賄賂晉國，徐國拿甲父鼎賄賂齊國，鄭國拿襄鐘賄賂晉國，衛國想拿文氏的舒鼎、定氏的鞶鑒進獻給魯侯，樂毅為燕國攻破齊國，把祭器放在寧台，把大呂鐘陳列在元英，原來的鼎運回磨室，這些都是證據。

玉蕊杜鵑

【原文】

　　物以希見為珍，不必異種①也。長安唐昌觀玉蕊，乃今瑒花，又名米囊，黃魯直②易為山礬者。潤州鶴林寺杜鵑，乃今映山紅，又名紅躑躅者。二花在江東彌山亙野③，殆與榛莽相似④。而唐昌所產，至於神女下游，折花而去，以踐⑤玉峰之期；鶴林之花，至以為外國僧缽盂⑥中所移，上玄命三女下司⑦之，已逾⑧百年，終歸閬苑⑨。是

不特土俗⑩罕見，雖神仙亦不識也。王建⑪宮詞云：「太儀前日暖房來，囑向昭陽乞藥栽。敕賜一窠紅躑躅，謝恩未了奏花開。」其重如此，蓋宮禁中亦鮮云。

【註釋】

① 異種：指奇異的品種。

② 黃魯直：黃庭堅，字魯直，號山谷道人，晚號涪翁，洪州分寧（今江西修水）人。北宋著名文學家、書法家。

③ 彌山亙野：指滿山遍野。

④ 殆：表推測，相當於「大概」「幾乎」。榛莽：指叢雜的草木。

⑤ 踐：履行，實行。

⑥ 缽盂：僧人的食器。

⑦ 司：主管，操作。

⑧ 逾：超過。

⑨ 閬苑：閬鳳山之苑，傳說中神仙居住的地方。

⑩ 土俗：指民間的，通俗的。

⑪ 王建：字光圖，許州舞陽（今河南舞陽）人。五代時期前蜀開國皇帝。

【譯文】

　　事物以少見為珍奇，不一定非是奇異的品種。長安唐昌觀中的玉蕊花，就是現在的瑒花，又叫米囊，黃魯直改稱為山礬的那種花。潤州鶴林寺中的杜鵑，就是現在的映山紅，又叫紅躑躅的那種花。這兩種花在江東滿山遍野都是，幾乎和叢雜的草木相似。但唐昌觀所長的玉蕊花，甚至引得神女下凡遊歷也要折了花離開，去赴玉峰的約會；鶴林寺的杜鵑花，世人甚至認為是從外國僧人的缽盂中移植來的，天帝命令三位神女下來管理，已經超過一百年了，最終要回到閬苑去。這不僅在塵世間少見，即使是神仙也不認識啊。王建的宮詞中說：「太儀前日暖房來，囑向昭陽乞藥栽。敕賜一窠紅躑躅，謝恩未了奏

花開。」重視它到這種地步，大概皇宮中也很少見啊。

水衡都尉二事

【原文】

　　龔遂①為渤海太守，宣帝召之，議曹②王生願從，遂不忍逆③。及引入宮，王生隨後呼曰：「天子即④問君何以治渤海，宜曰：『皆聖主之德，非小臣之力也。』」遂受其言。上果問以治狀，遂對如王生言。天子悅其有讓，笑曰：「君安得長者之言而稱之⑤？」遂曰：「乃臣議曹教戒⑥臣也。」上拜遂水衡都尉，以王生為丞。予謂遂之治郡，功效著明，宣帝不以為賞，而顧悅其佞詞乎⑦！宜其起王成膠東之偽也。褚先生⑧於《史記》中又載武帝時，召北海太守，有文學卒史王先生自請與太守俱。太守入宮，王先生曰：「天子即問君何以治北海令無盜賊，君對曰何哉？」守曰：「選擇賢材，各任之以其能，賞異等⑨，罰不肖。」王先生曰：「是自譽自伐功⑩，不可也。願君對言：『非臣之力，盡⑪陛下神靈威武所變化也。』」太守如其言。武帝大笑，曰：「安得長者之言而稱之，安所受之？」對曰：「受之文學卒史。」於是以太守為水衡都尉，王先生為丞。二事不應相類如此，疑即龔遂，而褚誤書也。

【註釋】

① 龔遂：字少卿，山陽郡南平陽縣（今山東鄒城）人。西漢官員。初侍奉昌邑王劉賀，劉賀行為不端，龔遂多次規勸，劉賀被廢後因此而得免死。宣帝時任渤海太守。
② 議曹：指郡守的屬吏。
③ 逆：抵觸，不順從。
④ 即：假若。

⑤ 長者：指有德行的人。稱：稱引。

⑥ 教戒：指教導和訓戒。

⑦ 顧：文言連詞，反而、卻。佞詞：指花言巧語，恭維奉承的話。

⑧ 褚先生：褚少孫，潁川（今河南禹州）人。西漢後期史學家、經
學家。據《漢書》記載，司馬遷死後，《史記》在流傳過程中散失
了十篇，僅存目錄。褚少孫做了補充、修葺的工作。

⑨ 異等：指德才突出的人。

⑩ 伐功：指吹噓自己的功勞。伐：誇耀。

⑪ 盡：全部，都。

【譯文】

　　龔遂做渤海太守時，漢宣帝召見他，議曹王生願意跟隨他一起
去，他不忍心反對。等到進宮後，王生在後面呼喊說：「皇上如果問
您是怎麼治理渤海的，您應該說：『都是聖明君主的恩德，不是我的
能力。』」龔遂接受了他的建議。皇上果然問龔遂治理渤海的情況，
龔遂就像王生說的那樣回答了。皇帝對他的謙虛感到很高興，笑著
說：「您從哪裡聽到有德的人說的話而引用它呢？」龔遂說：「是我
的議曹告誡我這麼說的。」皇上於是任命龔遂為水衡都尉，讓王生做
丞。我認為龔遂治理渤海郡，功效顯著，漢宣帝沒有因此賞賜他，反
而對他恭維的話感到高興，那麼發生王成、膠東王虛報政績也是應該
的了。褚少孫先生在補充《史記》中又記載了漢武帝時，召見北海太
守，有個文學卒史王先生請求和太守一起進宮。太守進宮時，王先生
說：「皇上如果問您怎麼治理北海郡，使那裏沒有盜賊的，您要怎麼
回答？」太守說：「選擇賢德的人才，根據他們的能力任用他們，賞
賜特別突出的人，懲罰不賢德的人。」王先生說：「您這是自己誇讚
自己的功勞，是不行的。希望您回答說：『這不是我的能力，都是皇
上英明神武所造成的。』」太守像他說的這麼回答。漢武帝高興地大
笑，說：「您從哪裡聽到有德的人說的話而引用它呢？從哪里學到這
些話的？」太守回答說：「是從文學卒史那裏學來的。」於是漢武帝

任命太守為水衡都尉，讓王先生做丞。這兩件事不應該這樣相似，我懷疑就是龔遂，是褚少孫寫錯了。

臨敵易將

【原文】

臨敵易將，固兵家之所忌①，然事當審②其是非，當易而不易，亦非也。秦以白起易王齕而勝趙，以王翦易李信而滅楚，魏公子無忌易晉鄙而勝秦，將豈不可易乎？燕以騎劫易樂毅而敗，趙以趙括易廉頗而敗，以趙蔥易李牧而滅，魏使人代信陵君將，亦滅，將豈可易乎？

【註釋】

① 忌：禁忌，忌諱。
② 審：考察。

【譯文】

面對敵人時改換將領，本來就是兵家所忌諱的，但是具體的事情應當考察它的對錯，應該改換而沒有改換，也是不對的。秦國讓白起代替王齕做將領而戰勝了趙國，讓王翦代替李信而滅了楚國，魏國讓公子無忌代替晉鄙而戰勝了秦國，將領難道是不能改換的嗎？燕國讓騎劫代替樂毅而失敗，趙國讓趙括代替廉頗而失敗，讓趙蔥代替李牧而滅國，魏國派人代替信陵君做將領，也被消滅了，將領難道是可以輕易改換的嗎？

冊禮①不講

【原文】

　　唐封拜后妃王公及贈官②，皆行冊禮。文宗大和四年，以裴度守司徒平章重事，度上表辭冊命，其言云：「臣此官已三度受冊，有靦③。」從之。然則唐世以為常儀，辭者蓋鮮。唯國朝以此禮為重，自皇后、太子之外，雖王公之貴，率一章乞免即止④，典禮益以不講，良為可惜！

【註釋】

① 冊禮：指冊立、冊封的禮儀。

② 贈官：指古代朝廷對功臣的先人或功臣本人死後追封爵位官職。

③ 靦：羞愧，慚愧。

④ 率：一般說來。 乞：請求，希望。

【譯文】

　　唐代分封皇后妃子、王侯公卿及追贈官職，都要舉行冊命的儀式。唐文宗大和四年，因為裴度擔任守司徒平章事的要職，裴度上奏辭謝冊命，他在奏章中寫道：「我擔任這個官職已經受到三次冊命了，覺得很羞愧。」皇上依從了。這樣看來，唐代舉行冊命是正常的禮儀，推辭的人很少。只有本朝認為這個禮儀很重要，但除了皇后、太子，即使是王侯公卿那麼尊貴，一般也是一道奏章請求免除就作罷了，典禮就更加不講究了，實在是可惜！

卷十一

楊虞卿[1]

【原文】

劉禹錫有《寄毗陵楊給事》詩云:「曾主魚書輕刺史,今朝自請左魚來。青雲直上無多地,卻要斜飛取勢回。」以其時考之,蓋楊虞卿也。按唐文宗大和七年,以李德裕為相,與之論朋黨事。時給事中楊虞卿、蕭澣、中書舍人張元夫依附權要[2],上干[3]執政,下撓[4]有司,上聞而惡之,於是出虞卿為常州刺史,澣為鄭州刺史,元夫為汝州刺史,皆李宗閔客也。他日,上複言及朋黨,宗閔曰:「臣素[5]知之,故虞卿輩,臣皆不與美官[6]。」德裕曰:「給事中、中書舍人非美官而何?」宗閔失色[7]。然則虞卿之刺[8]毗陵,乃為朝廷所逐[9]耳,禹錫猶以為自請,詩人之言,渠[10]可信哉!

【註釋】

① 楊虞卿:字師皋,虢州弘農(今河南靈寶)人。北宋官員。
② 權要:指官高勢大的人。
③ 干:觸犯,冒犯。
④ 撓:擾亂,阻止。
⑤ 素:向來。
⑥ 與:給。美官:指位高祿厚之官。
⑦ 失色:指因驚恐而面色變白。
⑧ 刺:這裏指做刺史。
⑨ 逐:放逐,流放。
⑩ 渠:豈,哪裡。

【譯文】

　　劉禹錫有首《寄毗陵楊給事》的詩說：「曾主魚書輕刺史，今朝自請左魚來。青雲直上無多地，卻要斜飛取勢回。」根據時間來考察，寫的大概是楊虞卿。我考察大和七年，唐文宗任用李德裕為宰相，和他談論朋黨的事情。當時給事中楊虞卿、蕭澣、中書舍人張元夫依附權臣，在上觸犯主管政事的官員，在下擾亂下級官吏，皇上聽說這個情況後就厭惡他們，於是把楊虞卿貶出京城去做常州刺史，蕭澣做鄭州刺史，張元夫做汝州刺史。他們都是李宗閔的門客。後來的某一天，皇上又說到朋黨的事情，李宗閔說：「我向來瞭解他們，所以楊虞卿那些人，我都不給他們好的官職。」李德裕說：「給事中、中書舍人不是好的官職又是什麼呢？」李宗閔變了臉色。這樣看來，楊虞卿到毗陵去做刺史，是被朝廷放逐的，劉禹錫還認為是他自己請求的，詩人的話，哪裡值得相信啊！

漢誹謗①法

【原文】

　　漢宣帝詔群臣議武帝廟樂②，夏侯勝曰：「武帝竭民財力，奢泰亡度③，天下虛耗④，百姓流離，赤地⑤數千里，亡德澤於民，不宜為立廟樂。」於是丞相、御史劾奏勝非議詔書⑥，毀⑦先帝，不道⑧。遂下獄，繫再更冬⑨，會赦，乃得免。章帝⑩時，孔僖、崔駰遊⑪太學，相與論武帝始為天子，崇信聖道，及後恣己⑫，忘其前善。為鄰房生告其誹謗先帝，刺譏⑬當世，下吏受訊，僖以書自訟⑭，乃勿問⑮。元帝時，賈捐之論珠崖⑯事曰：「武帝籍兵厲馬⑰，攘服⑱夷狄，天下斷獄⑲萬數，寇賊並起⑳，軍旅數發㉑，父戰死於前，子鬥傷於後，女子乘亭障㉒，孤兒號㉓於道，老母寡婦飲泣㉔巷哭，是皆廓地泰大㉕，征伐不休㉖之故也。」考三人所指武帝之失，捐之言最切，而三帝或罪

或否，豈非夏侯非議詔書，僖、駒誹謗，皆漢法所禁，如捐之直指其事，則在所不問乎？

【註釋】

① 誹謗：指用不實的言辭詆毀人。

② 廟樂：指宗廟音樂。多用於祭祀或頌德。

③ 奢泰：指奢侈過度。亡度：指無度。亡：通「無」，沒有。

④ 虛耗：指空虛耗費。

⑤ 赤地：指經過戰亂後荒無人煙的景象。

⑥ 劾奏：指向皇帝檢舉官吏的過失或罪行。非議：指批評，責難。

⑦ 毀：詆毀。

⑧ 不道：指不守臣子的道義。

⑨ 繫：束縛，捆綁。再更冬：指過了兩個冬天，即兩年。

⑩ 章帝：漢章帝劉炟，漢明帝劉莊第五子，東漢第三位皇帝。

⑪ 遊：考察，學習。

⑫ 恣己：指放縱自己。

⑬ 刺譏：指嘲笑諷刺。

⑭ 自訟：指為自己辯解。

⑮ 問：審訊，追究。

⑯ 珠崖：地名，在今海南瓊山東南。漢武帝元鼎六年定越地，以為南海、蒼梧、郁林、合浦、交趾、九真、日南、珠崖、儋耳郡。後珠崖等郡悉數反叛，賈捐之上疏請棄珠崖，以恤關東，元帝從之，罷珠崖郡。

⑰ 籍兵厲馬：指徵集士兵、餵飽戰馬，形容準備戰鬥。籍：徵收。厲馬：即厲兵秣馬，磨快兵器。

⑱ 攘服：指征服。

⑲ 斷獄：指審理判決案件。

⑳ 並起：指到處都出現。

㉑ 發：出征，征伐。

㉒ 乘：登，升。亭障：亦作「亭鄣」。古代邊塞要地設置的堡壘。

㉓ 號：大聲哭。

㉔ 飲泣：悲哀到了極點，以致哭不出聲音來。

㉕ 廓地：指擴張土地。廓：開拓，擴大。泰：極。

㉖ 休：停止。

【譯文】

　　漢宣帝召見群臣商議漢武帝的廟樂，夏侯勝說：「漢武帝耗竭了百姓的財力物力，奢侈沒有限度，天下空虛枯竭了，百姓流離失所，幾千里的土地上不長莊稼，對百姓沒有恩德，不應該為他設立廟樂。」於是丞相、御史上奏彈劾夏侯勝非議詔書，稱其詆毀先帝，不守臣子的道義。於是把他關進監獄，夏侯勝被拘押了兩年，遇到大赦，才得以赦免。漢章帝時，孔僖、崔駰在太學學習，互相談論漢武帝最初做天子時，崇尚信奉聖道，等到後來放縱自己，忘記了之前的善行。二人被住在邊上的學生告發，稱其誹謗先帝，譏諷當世，被抓到官府接受審訊，孔僖寫了奏疏為自己辯解，才沒有被問罪。漢元帝時，賈捐之談論珠崖的事說：「漢武帝徵集士兵、餵飽戰馬，收服少數民族，天下被判入獄的有上萬人，盜賊四處興起，軍隊幾次出征，父親在前面戰死了，兒子在後面戰鬥受了傷，女子也登上守衛邊疆的堡壘，孤兒在路邊號哭，老母親和寡婦在街巷上哭泣，這都是擴張土地太多，征伐不停的緣故啊。」考察這三個人所指出的都是漢武帝的過失，賈捐之說的最貼切，但三個皇帝對此有的問了罪有的沒有問罪，難道夏侯勝非議詔書和孔僖、崔駰誹謗漢武帝，都是漢法所禁止的，而像賈捐之直接指責這件事，就在不問罪的行列裏嗎？

誼向觸諱①

【原文】

賈誼②上疏文帝曰：「生為明帝，沒為明神。使③顧成之廟，稱為太宗，上配太祖，與漢亡極④。雖有愚幼不肖⑤之嗣，猶得蒙業⑥而安。植遺腹⑦，朝委裘⑧，而天下不亂。」又云：「萬年⑨之後，傳之老母弱子。」此既於生時談死事，至云「傳之老母」，則是言其當終於太后之前，又目⑩其嗣為「愚幼不肖」，可謂指斥⑪。而帝不以為過，誼不以為疑。

劉向⑫上書成帝諫王氏事曰：「王氏與劉氏，且⑬不並立，陛下為人子孫，守持⑭宗廟，而令國祚⑮移於外親，降為皂隸⑯，縱不為身，奈宗廟何！」又云：「天命所授者博⑰，非獨一姓。」此乃於國存時說亡語，而帝不以為過，向不以為疑，至乞援⑱近宗室，幾於自售⑲，亦不以為嫌⑳也。

兩人皆出於忠精至誠，故盡言㉑觸忌諱而不自覺。文帝以寬待下，聖德固爾，而成帝亦能容之，後世難及也。

【註釋】

① 觸諱：指觸犯諱忌。
② 賈誼：洛陽（今河南洛陽）人，世稱賈生。西漢初年著名政論家、文學家。
③ 使：假使，如果。
④ 亡極：指無窮盡，沒有止境。亡：通「無」。
⑤ 不肖：指不才，不賢。
⑥ 蒙業：指承蒙先人的基業。
⑦ 植遺腹：指扶植未出世的孩子。
⑧ 朝委裘：指朝拜留下的朝服。委：交付，給。裘：皮衣。這裏指朝服。

⑨ 萬年：「死」的婉辭。

⑩ 目：看，視。

⑪ 指斥：指責，斥責。

⑫ 劉向：原名更生，字子政，西漢楚國彭城（今江蘇徐州）人。西漢經學家、目錄學家、文學家。

⑬ 且：表示將要、將近。

⑭ 守持：指堅守。

⑮ 國祚：指國家，國運。

⑯ 皂隸：古代衙門裏的差役，這裏指賤役。

⑰ 博：多，廣。

⑱ 乞援：指請求援助。

⑲ 自售：指自我舉薦。售：施展，顯露。

⑳ 嫌：避忌。

㉑ 盡言：暢所欲言，毫無保留。

【譯文】

　　賈誼向漢文帝上奏說：「活著時是聖明的帝王，死去後是聖明的神靈。如果在顧成廟內稱您為漢太宗，在上可以跟太祖相配，那麼漢朝就可以一直存在沒有盡頭了。即使有愚笨幼小的不成器的後代，還是能承蒙您留下的基業而安定。扶植未出世的孩子，朝拜您留下的朝服，天下也不會混亂。」又說：「您去世後，傳位給年老的母親和年幼的孩子。」這是在君主活著的時候就已經在談論死後的事情了，甚至說「傳位給老母親」，那麼就是說君主會死在太后之前，又視君主的後代為「愚笨幼小而不賢德」者，可以說是指責了。但漢文帝卻不認為賈誼是錯的，賈誼也不因此有疑惑。

　　劉向向漢成帝上奏勸諫王氏的事情說：「王氏與劉氏，將不能並立，陛下您作為子孫，守護宗廟，卻把國家交到外戚手裏，自己的地位下降到奴隸，即使您不為了自己，難道不為宗廟考慮嗎！」又說：「天命可授予的人很多，不是只有劉氏這一個姓。」這是在國家還存

在時就說滅亡的話，但漢成帝卻不認為劉向是錯的，劉向也不因此有疑惑，說到請求幫助自己的宗室，幾乎接近於自我舉薦，也不認為需要避嫌。

這兩個人都出於忠心，所以說完自己想說的話，觸犯了忌諱也不覺得。漢文帝用寬容的態度對待臣下，聖明的德行本來就是這樣，而漢成帝也能寬容劉向，後代的君主難以企及。

燕昭漢光武之明

【原文】

樂毅①為燕破齊，或讒②之昭王曰：「齊不下③者兩城耳，非其力不能拔④，欲久仗兵威以服齊人，南面⑤而王耳。」昭王斬言者，遣使立毅為齊王，毅惶恐⑥不受，以死自誓。

馮異⑦定關中，自以久在外，不自安。人有章⑧言異威權至重，百姓歸心，號為「咸陽王」，光武以章示異。異上書謝，詔報⑨曰：「將軍之於國家，恩猶父子，何嫌何疑⑩，而有懼意？」及異破隗囂⑪，諸將欲分其功，璽書誚⑫大司馬以下，稱異功若丘山。

今人咸⑬知毅、異之為名將，然非二君之明，必困讒口矣。田單⑭復齊國，信陵君⑮敗秦兵，陳湯⑯誅郅支，盧植⑰破黃巾，鄧艾⑱平蜀，王濬⑲平吳，謝安卻苻堅⑳，慕容垂㉑挫桓溫，史萬歲㉒破突厥，李靖㉓滅吐谷渾，郭子儀、李光弼中興唐室㉔，李晟㉕復京師，皆有大功於社稷，率為譖人所甚㉖，或至殺身。區區㉗庸主不足責，唐太宗亦未能免。營營青蠅㉘，亦可畏哉！

【註釋】

① 樂毅：子姓，樂氏，名毅，字永霸，中山靈壽（今河北靈壽）人。戰國後期傑出的軍事家，輔佐燕昭王振興燕國。

② 讒：說別人的壞話。

③ 下：奪得，攻取。

④ 拔：攻取。

⑤ 南面：古代以坐北朝南為尊位，故帝王諸侯見群臣，或卿大夫見僚屬，皆面向南而坐，故以南面代指居帝王或諸侯、卿大夫之位。

⑥ 惶恐：指惶懼驚恐。

⑦ 馮異：字公孫，潁川父城（今河南寶豐）人。東漢開國名將、軍事家，雲台二十八將第七位。曾協助漢光武帝劉秀建立東漢。

⑧ 章：指奏章。

⑨ 報：回覆。

⑩ 何嫌何疑：指有什麼嫌疑。

⑪ 隗囂：字季孟，天水成紀（今甘肅秦安）人。王莽篡漢時一方的割據勢力。

⑫ 誚：責備。

⑬ 咸：都，皆。

⑭ 田單：嬀姓，臨淄人。戰國時齊國危亡之際，田單堅守即墨，以火牛陣擊破燕軍，收復七十餘城，因功被任為相國，並得到安平君的封號。

⑮ 信陵君：魏無忌，魏昭王少子，魏安釐王的異母弟。戰國時期魏國著名的軍事家、政治家。與楚國春申君黃歇、齊國孟嘗君田文、趙國平原君趙勝並稱「戰國四君子」。他曾在軍事上兩度擊敗秦軍，分別挽救了趙國和魏國危局，但屢遭魏安釐王猜忌而未能予以重任。

⑯ 陳湯：字子公，山陽瑕丘（今山東兗州）人。西漢大將。漢元帝時，曾和西域都護甘延壽一起出奇兵攻殺匈奴郅支單于，為安定邊疆做出了很大貢獻。

⑰ 盧植：字子幹，涿郡涿（今河北涿州）人。東漢末年經學家、將領。黃巾起義時為北中郎將，率軍與黃巾軍統領張角交戰。

⑱ 鄧艾:字士載,義陽棘陽(今河南新野)人。三國時期魏國傑出的軍事家、將領。曾與鍾會分別率軍攻打蜀漢,最後率先進入成都,使得蜀漢滅亡。後因遭到鍾會的污蔑和陷害,被司馬昭猜忌而殺害。

⑲ 王濬:字士治,小字阿童,弘農郡湖縣(今河南靈寶)人,西晉時期名將。曾上書請伐東吳,發兵自成都,連克西陵、夏口、武昌,不久直抵建業,吳國君主孫皓出降。後被王渾父子彈劾。

⑳ 謝安卻符堅:指淝水之戰,中國歷史上著名的以少勝多的戰例。東晉將領謝安率領八萬軍隊在淝水大勝符堅率領的八十餘萬前秦軍。卻:打退,擊退。

㉑ 慕容垂:後燕成武帝,字道明,原名霸,字道業,一說字叔仁,鮮卑名阿六敦,昌黎棘城(今遼寧義縣)鮮卑族人。十六國前燕文明帝慕容皝的第五子,曾擊退東晉桓溫的北伐軍,受當政的慕容評排擠,無奈攜子出奔前秦。後成為十六國後燕開國君主。

㉒ 史萬歲:京兆杜陵(今陝西西安)人,隋朝名將。曾奉命與突厥單騎比武決勝負,馳斬其一勇士,使突厥軍不敢再戰而退。因其南征北戰,屢建戰功,遭楊素嫉妒誣陷,被隋文帝冤殺。

㉓ 李靖:衛國景武公李靖,字藥師,雍州三原(今陝西三原)人。隋末唐初將領,是唐朝文武兼備的著名軍事家。善於用兵,長於謀略,南平蕭銑、輔公祏,北滅東突厥,西破吐谷渾(。在進擊吐谷渾時,高甑生誣告李靖謀反。唐太宗下令調查此事,弄清事實真相,判定高甑生以誣罔罪,流放邊疆。

㉔ 郭子儀、李光弼:唐代政治家、軍事家。安史之亂爆發後,郭子儀、李光弼領兵平定了叛亂。二人皆因宦官魚朝恩、程元振等的讒害而受到打擊。中興:指國家由衰退而復興。

㉕ 李晟:字良器,洮州臨潭(今屬甘肅)人,唐朝宰相、軍事家。曾收復長安,平定朱泚之亂。後因受張延賞之讒而為唐德宗所忌,被奪去兵權。

㉖ 譖人:指讒毀他人。譖:毒害。

㉗ 區區：形容微不足道。

㉘ 營營青蠅：指盤旋亂飛的綠頭蒼蠅。出自《詩經·小雅·甫田之什·青蠅》。用青蠅來比喻以讒言詆毀別人的小人。

【譯文】

　　樂毅為燕國攻破齊國，有人在燕昭王面前中傷他說：「齊國沒有被攻下的只有兩座城池，不是樂毅的能力不能攻克，而是他想長久依仗兵力的威勢來讓齊國人臣服他，從而面朝南方稱王罷了。」燕昭王斬了這個進讒言的人，派遣使者立樂毅為齊王，樂毅驚懼不敢接受，用性命發誓忠於昭王。

　　馮異平定關中，自己認為長久在外帶兵，心裏不安。有人上奏章說馮異威勢權力非常重，百姓歸服他，稱呼他為「咸陽王」，漢光武帝把這道奏章拿給馮異看。馮異上奏謝罪，光武帝回覆他的詔書說：「將軍您對於國家的恩情就像父親對於兒子，有什麼猜疑，而感到恐懼呢？」等到馮異攻破隗囂，各位將領想分他的功勞，光武帝下詔書譴責大司馬以下的將領，稱頌馮異的功勞就像山一樣高。

　　現在的人都知道樂毅、馮異是名將，但若不是因為兩位君主聖明，那他們一定會被中傷他們的人坑害的。田單恢復齊國，信陵君打敗秦軍，陳湯誅滅郅支，盧植攻破黃巾軍，鄧艾平定蜀地，王濬平定吳地，謝安擊退苻堅，慕容垂打敗桓溫，史萬歲攻破突厥，李靖消滅吐谷渾，郭子儀、李光弼使唐朝復興，李晟收復京師，都對國家有偉大的功績，但大多被讒人中傷誣陷，有的甚至被殺。無足輕重的平庸君主不值得責備，但是連唐太宗也不能避免聽信中傷的話。在頭頂盤旋亂飛的綠頭蒼蠅，也很可怕啊！

卷十二

光武棄馮衍^①

【原文】

　　漢室中興，固^②皆光武之功，然更始^③既即天子位，光武受其爵秩^④，北面^⑤為臣矣，及平王郎^⑥，定河北，詔令罷兵，辭不受召，於是始貳^⑦焉。更始方困於赤眉^⑧，而光武殺其將謝躬、苗曾，取洛陽，下河東，翻為腹心之疾^⑨。後世以成敗論人，故不復議。予謂光武知更始不材^⑩，必敗大業，逆取順守^⑪，尚為有辭^⑫。彼鮑永^⑬、馮衍，始堅守並州，不肯降下，聞更始已亡，乃罷兵來歸，曰：「誠慚以其眾幸富貴^⑭。」其忠義之節，凜然^⑮可稱。光武不能顯而用之，聞其言而不悅。永後以他立功見用，而衍終身擯斥^⑯，群臣亦無為之言者，吁可歎哉！

【註釋】

① 馮衍：字敬通，京兆杜陵（今陝西西安）人。東漢辭賦家、道家。
② 固：固然。
③ 更始：更始帝劉玄，字聖公，西漢皇族，漢光武帝劉秀的族兄。新朝末年綠林軍建立的玄漢王朝的皇帝，也稱為「漢更始帝」。
④ 爵秩：指爵祿。
⑤ 北面：古時臣子面向北方朝見天子，故以北面代指臣子的地位。
⑥ 王郎：又名王昌，趙國邯鄲（今河北邯鄲）人。西元23年12月，西漢宗室劉林和趙之大豪李育等立他為漢帝，定都邯鄲。後劉秀破邯鄲，王昌被殺。
⑦ 貳：變節，背叛。

⑧ 赤眉：指新莽末以樊崇等為首的農民起義軍。因以赤色塗眉為標誌，故稱之。

⑨ 翻：表示轉折，相當於「反而」「卻」。腹心之疾：比喻要害處的禍患。

⑩ 材：能力，資質。

⑪ 逆取順守：指背叛國君奪取天下，遵循常理治理國家。

⑫ 有辭：指有可以解釋的。

⑬ 鮑永：字君長，上黨屯留（今山西屯留）人。曾為綠林軍的重要將領。劉秀即位後，成為東漢初期敢於抗擊強梁的地方官。

⑭ 誠：實在，的確。幸：表敬意，副詞，表明對方的行為使自己感到幸運。

⑮ 凜然：指令人敬畏的樣子。

⑯ 擯斥：指排斥，棄去。

【譯文】

漢朝復興，固然都是漢光武帝的功勞，但更始帝做了天子後，光武帝接受他的封爵，已經面朝北邊向他稱臣了，等到平定王郎，安定黃河以北地區，更始帝下令停止戰爭，光武帝推辭不接受詔令，在這時候開始有了二心。更始帝剛被赤眉軍圍困，光武帝就殺了他的將領謝躬、苗曾，攻取洛陽，奪取黃河以東地區，反而成為更始帝最要命的禍患。後代根據成敗評論人，所以不再議論這件事。我認為光武帝知道更始帝沒有才能，大業一定會失敗，因此背叛國君奪取天下，並遵循正道治理國家，尚且可以解釋。那鮑永、馮衍，剛開始堅守並州，不肯投降，聽說更始帝已經死去，就罷兵去歸順光武帝，說：「我實在慚愧率領眾人來僥倖求得富貴。」他們忠義的節操，值得敬畏並稱頌。光武帝不能提拔重用他們，聽到他們的話就不高興。鮑永後來憑藉別的功勞被重用，而馮衍終身都被排斥，群臣也沒有為他說話的，真是可歎啊！

逸① 《詩》《書》

【原文】

　　逸《書》、逸《詩》，雖篇名或存，既亡其辭，則其義不復可考。而孔安國②注《尚書》，杜預③注《左傳》，必欲強④為之說。《書》「汩作」注云「言其治民之功」；「咎單作《明居》」注云，「咎單，主⑤土地之官。作《明居》，民法」。《左傳》「國子賦轡⑥之柔矣」注云，「義取寬政⑦以安諸侯，若柔轡之御⑧剛馬」。如此之類。予頃教授福州日⑨，林之奇少穎為《書》學諭⑩，講「帝厘下土」數語，曰：「知之為知之，《堯典》《舜典》之所以可言也；不知為不知，《九共》《稿飫》，略之可也。」其說最純明⑪可嘉，林君有《書解》行於世，而不載此語，故為表⑫出之。

【註釋】

① 逸：散失，亡失。

② 孔安國：字子國，孔子第十世孫。西漢經學家。相傳西漢時魯恭王在拆除孔子故宅一段牆壁時發現了古文《尚書》，孔安國對其進行了整理並作注。

③ 杜預：字元凱，京兆杜陵（今陝西西安東南）人。西晉時期著名的政治家、軍事家和學者。

④ 強：勉強。

⑤ 主：主管。

⑥ 轡：駕馭牲口的嚼子和韁繩。

⑦ 寬政：指為政寬大，不苛刻。

⑧ 御：駕駛車馬。

⑨ 頃：近來，剛才。教授：學官名。宋代除宗學、律學、醫學、武學等置教授傳授學業外，各路的州、縣學均置教授，掌管學校課試等事，位居提督學事司之下。

⑩ 林之奇少穎：林之奇，字少穎，號拙齋，福州侯官（今福建福州）
　　人。北宋學者。學諭：宋學校職事名。宋各類學校皆置學諭。掌
　　以所授經傳教諭學生，季終考校學生每月品行學藝。

⑪ 純明：指純樸賢明。

⑫ 表：記載。

【譯文】

　　散佚的《尚書》《詩經》，雖然篇目有的還存在，但內容已經散
失了，那麼其中的含義也不再能考證了。但孔安國注釋《尚書》，杜
預注釋《左傳》，一定要勉強地進行解釋。《尚書》「汩作（書亡篇名）」
的注釋說「說的是他治理百姓的功勞」；「咎單作《明居》」的注釋說，
「咎單，是主管土地的官員。制定的《明居》，是關於民法的」。《左
傳》「國子賦轡之柔矣」的注釋說，「意義在於取用寬緩的政令來安
定諸侯，就像柔軟的韁繩駕馭剛烈的馬一樣」。像這樣的例子有很
多。我最近在福州擔任教授時，林少穎為《尚書》學諭，講到「帝釐
下土」幾句話，說：「知道就是知道，《堯典》《舜典》篇因此需要解
釋；不知道就是不知道，《九共》《槁飫》篇，簡略地談談就好了。」
他的說法最明白質樸，讓人喜歡，林君有《書解》在世上流行，但沒
有記載這段話，所以我記載下來。

三省①長官

【原文】

　　中書、尚書令在西漢時為少府官屬，與太官、湯官、上林諸令品
秩略等②，侍中但為加官，在東漢亦屬少府，而秩稍增。尚書令為千
石，然銅印墨綬③，雖居幾要④，而去⑤公卿甚遠，至或出為縣令。
魏、晉以來，浸以華重⑥。唐初遂為三省長官，居真宰相之任⑦，猶

列三品。大曆⑧中乃升正二品。入國朝，其位益尊，敘⑨班至在太師之上，然只以為親王及使相⑩兼官，無單拜者。見任宰相帶侍中者才五人：范魯公質、趙韓王普、丁晉公謂、馮魏公拯、韓魏王琦⑪。尚書令又最貴，除宗王外，不以假⑫人。趙韓王、韓魏王始贈真令，韓公官止⑬司徒，及贈尚書令，乃詔自今更不加增，蓋不欲以三師⑭之官，贅⑮其稱也。政和⑯初，蔡京⑰改侍中、中書令為左輔、右弼，而不置尚書令，以為太宗皇帝曾任此官。殊⑱不知乃唐之太宗為之，故郭子儀不敢拜，非本朝也。

【註釋】

① 三省：即中書省、門下省和尚書省。三省制度，肇始於隋，完善於唐，宋遼沿用，分別負責起草詔書、審核詔書和執行政令。

② 品秩：指官品與俸秩。略等：指大約相等。

③ 墨綬：指結在印鈕上的黑色絲帶。

④ 幾要：即機要，指機密重要的職位。幾：通「機」。

⑤ 去：距離。

⑥ 浸：逐漸。華重：指高貴，顯要。

⑦ 任：職位。

⑧ 大曆：唐代宗李豫的年號。

⑨ 敘：依次序排列。

⑩ 使相：官名。晚唐時期，為了籠絡跋扈一時的節度使，朝廷授予他們同平章事的頭銜，與宰相並稱，號為「使相」。

⑪ 范魯公質：范質，字文素，大名宗城人。五代後周時期至北宋初年宰相。曾被封為魯國公。丁晉公謂：丁謂，字謂之，後更字公言，兩浙路蘇州府長洲縣人。宋真宗時期宰相。曾被封為晉國公。馮魏公拯：馮拯，字道濟，孟州河陽（今河南孟縣）人。宋真宗景德年間除參知政事。曾被封為魏國公。韓魏王琦：韓琦，字稚圭，相州安陽（今河南安陽）人。北宋政治家、詞人。曾被封為魏國公。

⑫ 假：授予，給予。

⑬ 止：僅，只。

⑭ 三師：即太師、太傅、太保。古稱「三公」，周代開始設置，自北魏以後稱「三師」。

⑮ 贅：增添，附加。

⑯ 政和：宋徽宗趙佶的年號，共使用8年。

⑰ 蔡京：字元長，北宋權相之一、書法家。

⑱ 殊：竟然。

【譯文】

中書、尚書令在西漢時是少府官的屬官，與太官令、湯官令、上林令的品級俸祿差不多相同，侍中只是增加的官職，在東漢也隸屬少府官，但俸祿稍微增加了。尚書令的俸祿是一千石，但是授予的是銅印墨綬，雖然處在重要的官職上，但距離公卿的待遇還很遠，甚至有的外出只能做縣令。魏晉以來，漸漸變得尊貴重要起來。唐初就成為三省的長官了，擔任真正的宰相職務，但還是三品官。大曆年間才升到正二品。進入本朝，尚書令的地位更加尊貴，上朝排列班次甚至在太師之上，但是只作為親王或使相的兼官，沒有單獨任命的。被任命為宰相而帶侍中官稱號的只有五個人：魯范公質、韓王趙普、晉公丁謂、魏公拯馮、魏韓王琦。尚書令又是最尊貴的，除了宗姓王，不授予別的人。趙普、韓琦時才開始被贈予真尚書令，韓琦只是司徒官，等到被贈予尚書令，才下令說從今以後不再增加官號，大概是不想把三師的官號額外加在稱號上。政和初年，蔡京改侍中、中書令為左輔、右弼，而不設置尚書令，認為太宗皇帝曾經擔任過這個官職。他竟然不知道這是唐代的太宗擔任過，所以郭子儀不敢拜受，不是出於本朝啊。

劉公榮^①

【原文】

　　王戎詣阮籍^②，時兗州刺史劉昶字公榮在坐，阮謂王曰：「偶有二斗美酒，當與君共飲。彼公榮者無預^③焉。」二人交觴酬酢^④，公榮遂^⑤不得一杯，而言語談戲，三人無異。或有問之者，阮曰：「勝公榮者，不得不與飲酒，不如公榮者，不可不與飲酒，唯公榮可不與飲酒。」此事見戎傳，而《世說》為詳。又一事云，公榮與人飲酒，雜穢^⑥非類，人或譏之，答曰：「勝公榮者，不可不與飲，不如公榮者，亦不可不與飲，是公榮輩^⑦者，又不可不與飲，故終日共飲而醉。」二者稍不同。公榮待客如是，費酒多矣，顧不蒙^⑧一杯於人乎？東坡詩云：「未許低頭拜東野，徒言共飲勝公榮。」蓋用前事也。

【註釋】

① 劉公榮：劉昶，字公榮，豫州沛國竹邑（今安徽宿州）人。三國時魏名士，好飲酒。

② 王戎：字濬沖，琅邪臨沂（今山東臨沂）人。西晉名士、官員，「竹林七賢」之一。阮籍：字嗣宗，陳留（今屬河南）尉氏人。三國時期魏國詩人，「竹林七賢」之一。

③ 預：參與。

④ 交觴：指相互敬酒。酬酢：指賓主互相敬酒。

⑤ 遂：終究，到底。

⑥ 雜穢：指雜亂不純。

⑦ 輩：等，類（指人）。

⑧ 蒙：受。

【譯文】

　　王戎去拜見阮籍，當時兗州刺史劉昶字公榮，坐在邊上，阮籍對

王戎說：「我偶然得到兩斗美酒，應該和您一起喝。那個叫公榮的不能參與進來。」這兩個人就互相敬酒喝著，劉公榮始終沒有得到一杯，但是聊天談笑，三個人沒有什麼異樣。有的人問起這件事，阮籍說：「勝過劉公榮的，不能不跟他喝酒，比不上劉公榮的，不能不跟他喝酒，只有劉公榮，可以不跟他喝酒。」這件事記載在王戎的傳記裏，但《世說新語》中寫得更詳細。另外有一件事說，劉公榮和別人喝酒，對象雜亂不純，和他不是同類人，有人譏諷他，他回答說：「勝過我的人，不能不和他喝酒，比不上我的人，也不能不和他喝酒，和我一樣的人，又不能不和他喝酒，所以我整天都和他們同飲共醉。」這兩種說法有些不同。劉公榮像這樣對待賓客，耗費的酒很多了，反而不能得到別人的一杯酒嗎？蘇東坡有句詩說：「未許低頭拜東野，徒言共飲勝公榮。」大概用的就是前面那件事的典故。

周漢存國

【原文】

周之初，諸侯千八百國，至王赧[①]之亡，所存者才八國耳，七戰國[②]與衛也。然趙、韓、魏分晉而立[③]，齊田氏代姜而興[④]，其有土各不及二百年，俱非舊邦。秦始皇乃呂氏子[⑤]，楚幽王乃黃氏子[⑥]，所謂嬴、芈之先，當不歆[⑦]非類。然則惟燕、衛二姬姓存，而衛至胡亥[⑧]世乃絕，若以為召公、康叔之德[⑨]，則周公豈不及乎！

漢列侯[⑩]八百餘人，及光武而存者，平陽、建平、富平三侯耳。建平以先降梁王，永奪國。平陽為曹參之後，富平為張安世[⑪]之後，參猶有創業之功，若安世則湯子也，史稱其推賢揚善，固宜有後，然輕重[⑫]其心，殺人亦多矣，獨無餘殃[⑬]乎！漢侯之在王莽朝，皆不奪國，光武乃但許宗室復故，餘皆除之，雖酇侯亦不紹封[⑭]，不知曹、張兩侯，何以能獨全也？

【註釋】

① 王赧：周赧王姬延，亦稱王赧。東周第25位君主，也是東周最後一位君主。

② 七戰國：指戰國七雄，即齊、楚、秦、燕、趙、魏、韓。

③ 趙、韓、魏分晉而立：即三家分晉。春秋末年，晉國內韓氏、趙氏、魏氏、智氏、范氏、中行氏六卿專權，後趙氏擊敗范氏和中行氏，他們的土地被韓、趙、魏、智四家瓜分。之後韓、趙、魏聯合擊敗智氏，又平分了智氏的土地，分別建立韓、趙、魏三個政權。前406年，周威烈王封三家為侯國，正式承認了他們的諸侯地位。

④ 齊田氏代姜而興：齊國本為姜姓呂氏的封地，春秋末年，田氏廢除齊國君主，自立為國君。

⑤ 秦始皇乃呂氏子：秦始皇嬴政，嬴姓，趙氏，名政，秦莊襄王之子。曾採用三皇之「皇」、五帝之「帝」構成「皇帝」的稱號，是古今中外第一個稱皇帝的封建王朝君主。生母趙姬本為呂不韋的歌姬，後轉送給秦莊襄王，故傳秦始皇嬴政本為呂不韋的兒子。

⑥ 楚幽王乃黃氏子：楚幽王，羋姓，熊氏，名悍，楚考烈王之子。《戰國策》中記載，楚考烈王沒有兒子，趙國的李園把妹妹李環先獻給春申君黃歇，等到她有了身孕後，使計讓春申君將李環獻給楚考烈王。李環進宮不久後，生下一子，名熊悍，後被立為太子。

⑦ 歆：指祭祀時鬼神享受祭品的香氣。

⑧ 胡亥：秦二世，嬴姓，趙氏，名胡亥，秦始皇第十八子。

⑨ 召公、康叔之德：燕國第一代國君為西周宗室召公奭，衛國第一代國君為周文王嫡九子康叔封。故有人認為燕國與衛國能長久存在是因為召公、康叔的仁德。

⑩ 列侯：秦漢以二十等爵賞有功者，其最高級叫徹侯。漢代改稱列侯。金印紫綬，有封邑，得食租稅。

⑪ 張安世：字子儒，京兆杜陵（今陝西西安）人。西漢大臣。酷吏

張湯之子，麒麟閣十一功臣之一。漢昭帝時，拜右將軍兼光祿
勳，以輔佐功封富平侯。

⑫ 輕重：指權衡，褒貶。

⑬ 餘殃：指留下禍害，後患。

⑭ 酇侯：漢高祖劉邦賜給蕭何的諸侯封號。紹：繼承。

【譯文】

　　周朝初年，諸侯國有一千八百多個，到周赧王滅亡時，保存下來
的只有八個，就是戰國七雄和衛國。然而趙國、韓國、魏國是三分晉
國建立的，齊國是田氏代替姜氏而興旺的，他們擁有國土各自都不到
兩百年，都不是以前的舊國。秦始皇是呂氏的兒子，楚幽王是黃氏的
兒子，所說的嬴氏、羋氏的祖先，應該不會接受不是他們族類的人的
祭祀。既然這樣，那麼只有燕國、衛國這兩個姬姓還存在，而衛國到
秦二世胡亥即位時才滅絕，如果認為是召公、康叔的仁德才使衛國存
在這麼久，那麼周公難道還比不上他們嗎！

　　漢代的列侯有八百多人，到東漢光武帝時還存在的，只有平陽
侯、建平侯、富平侯三個罷了。建平侯因為先投降了梁王，被永遠奪
去了封國。平陽侯是曹參的後代，富平侯是張安世的後代，曹參還有
創立漢朝基業的功勞，而像張安世是張湯的兒子，史書上稱頌他推舉
賢人、宣揚善行，本來就應該有後人，但衡量他自身，殺的人也很多
了，偏偏沒有留下災禍嗎！漢代的列侯在王莽的新朝，都沒有被奪去
封國，光武帝才只允許劉氏宗族恢復原來的爵位，其他的都除去了，
即使是蕭何後人的酇侯爵位也沒有繼封，不知道曹參、張安世後人的
侯爵，為什麼能偏偏能夠保全下來？

曹操殺楊修①

容齋隨筆

【原文】

　　曹操殺楊修之後，見其父彪②，問曰：「公何瘦之甚？」對曰：「愧無日磾③先見之明，猶懷老牛舐犢④之愛。」操為之改容⑤。《古文苑》載操與彪書，數⑥修之罪，以為恃⑦豪父之勢，每不與吾同懷⑧，將延足下尊門大累⑨，便令刑⑩之。且贈彪錦裘二領⑪，八節角桃杖一枝，青㸬⑫牛二頭，八百里驊駵⑬馬一匹，四望通幰⑭七香車一乘，驅使⑮二人。又遺其妻裘、靴、有心青衣二人⑯，錢絹甚厚。卞夫人亦與袁夫人書云：「賢郎⑰有蓋世文才，闔門⑱欽敬，明公性急，輒⑲行軍法。」以衣服、文絹、房子、官錦、香車送之。彪及袁夫人皆答書引愆致謝⑳。是時漢室將亡，政在曹氏，袁公四世宰相，為漢宗臣，固操之所忌，彪之不死其手，幸矣。嗚呼危哉！

【註釋】

① 楊修：字德祖，司隸部弘農郡華陰縣（今陝西華陰）人。東漢末年文學家。楊修學識淵博，性極聰慧，善揣度人意，起初很受曹操器重。後因多次助曹植爭位而受曹操忌恨，終被曹操所殺。

② 彪：楊彪，字文先，弘農郡華陰縣（今陝西華陰東）人。東漢末年名臣，楊修之父，出身東漢名門「弘農楊氏」。

③ 日磾：指金日磾。字翁叔，是駐牧武威的匈奴休屠王太子，漢武帝因獲休屠王祭天金人故賜其姓為金，是中國歷史上一位有遠見卓識的少數民族政治家。金日磾的長子受到漢武帝寵愛，但行為不謹慎，曾在殿下與宮女戲鬧，金日磾看見後親自殺了他。

④ 老牛舐犢：老牛舔舐小牛。比喻父母疼愛子女。

⑤ 改容：即動容，感動。

⑥ 數：數落，責備。

⑦ 恃：依賴，仗著。

⑧ 同懷：指同心。

⑨ 延：蔓延。足下：古代下稱上或同輩相稱的敬辭。累：連帶。

⑩ 刑：懲罰。

⑪ 領：量詞，通常用於席子、衣服。

⑫ 牸：畜類野獸的雌性。

⑬ 騄駬：周穆王八駿之一。泛指駿馬。

⑭ 四望通幰：指一種四邊都遍覆帷幔的車子。

⑮ 驅使：指差遣、役使的人。

⑯ 遺：給予，饋贈。有心青衣：指有能力的女僕。

⑰ 賢郎：對他人兒子的美稱。

⑱ 闔門：指全家。

⑲ 輒：專擅，獨斷專行。

⑳ 引愆：指承擔罪過。致謝：指表示謝罪。

【譯文】

　　曹操殺了楊修之後，見到楊修的父親楊彪，問他說：「您為什麼瘦得這麼厲害？」楊彪回答說：「我因為沒有金日磾的先見之明而羞愧，還懷著老牛舔舐小牛的愛心。」曹操為此感動。《古文苑》記載了曹操寫給楊彪的書信，數落楊修的罪過，認為他「依仗父親的權勢，常常不跟我同心，這將會使您的家門遭受牽累」，於是就下令處死了楊修。曹操還贈給了楊彪錦繡皮裘兩件，八節角桃杖一支，青色母牛兩頭，八百里騄駬駿馬一匹，四望通幰七香車一輛，奴僕兩人。另外又贈送給楊彪的妻子皮裘、靴子，還有兩個有能力的女僕，送的錢和絹帛都很厚重。卞夫人也給袁夫人寫信說：「您的兒子有蓋世的文才，我們全家都很欽佩敬重他，但是曹操性子急躁，擅自對他執行了軍法。」還送了衣服、紋絹、房子，縣產官錦以及香車。楊彪和袁夫人都回信承認罪過並表示謝罪。這時漢朝將要滅亡，政權在曹氏手中，袁紹四代當過宰相，是漢朝的宗臣，因此被曹操忌恨，楊彪沒有死在曹操手中，已經是幸運的了。唉，也是非常危險啊！

卷十三

韓馥劉璋①

【原文】

韓馥以冀州迎袁紹，其僚②耿武、閔純、李歷、趙浮、程渙等諫止之，馥不聽。紹既至，數人皆見殺。劉璋迎劉備③，主簿黃權、王累，名將楊懷、高沛止之，璋逐權，不納其言，二將後為備所殺。王浚受石勒之詐④，督護孫緯及將佐⑤皆欲拒勒，浚怒欲斬之，果⑥為勒所殺。武、純、懷、沛諸人謂之忠於所事可矣，若云擇君，則未也。嗚呼！生於亂世，至死不變，可不謂賢矣乎？

【註釋】

① 韓馥：字文節，潁川郡（治所在今河南禹州）人。東漢末年諸侯，冀州牧。當時冀州民殷人盛，兵糧充足，袁紹被迎來後反用計奪取了冀州。劉璋：字季玉，江夏竟陵（今湖北天門）人。東漢末年割據軍閥，繼父親劉焉擔任益州牧。劉備本有意益州，劉璋迎來劉備後，反遭劉備攻擊，失去了益州。

② 僚：屬官，部下。

③ 劉備：字玄德，東漢末年幽州涿郡涿縣（今河北涿州）人，西漢中山靖王劉勝的後代。三國時期蜀漢開國皇帝、政治家。

④ 王浚：字彭祖，太原晉陽（今山西太原）人。西晉時期將領。石勒：字世龍，初名石匐，小字匐勒，羯族，上黨武鄉（今山西榆社）人。十六國時期後趙建立者，史稱後趙明帝。

⑤ 將佐：指將領及佐吏。

⑥ 果：結果。

【譯文】

　　韓馥把袁紹迎到冀州，他的將領耿武、閔純、李歷、趙浮、程渙等人都來勸諫想要阻止他，韓馥不聽。袁紹到了冀州後，好幾個人都被殺了。劉璋迎接劉備進入蜀地，主簿黃權、王累，名將楊懷、高沛都阻止他，劉璋趕走黃權等人，沒有採納他們的話，楊懷、高沛兩位將軍後來為劉備所殺。王浚受到石勒的欺詐，督護孫緯以及將領副官都想拒絕石勒，王浚很生氣要斬殺他們，這些人結果終究被石勒所殺。耿武、閔純、楊懷、高沛等人說他們忠誠自己所侍奉的人是可以的，如果要說善擇君主，那就不行了。唉！生活在亂世，忠心到死都沒有改變，可以說他們不賢德嗎？

蕭房知人

【原文】

　　漢祖至南鄭，韓信亡去[1]，蕭何自追之。上罵曰：「諸將亡者以十數，公無所追，追信，詐[2]也。」何曰：「諸將易得，至如信，國士亡雙[3]，必欲爭天下，非信無可與計事[4]者。」乃拜信大將，遂成漢業。唐太宗為秦王時，府屬多外遷[5]，王患之。房喬曰：「去者雖多不足吝[6]，杜如晦[7]王佐才也，王必欲經營[8]四方，舍如晦無共功[9]者。」乃表[10]留幕府，遂為名相。二人之去留，係興替[11]治亂如此，蕭、房之知人，所以為莫及也。樊噲[12]從高祖起豐、沛，勸霸上之還[13]，解鴻門之厄[14]，功亦不細矣，而韓信羞與為伍[15]。唐儉贊太宗建大策[16]，發蒲津之謀[17]，定突厥之計[18]，非庸臣也，而李靖以為不足惜。蓋以信、靖而視噲、儉，猶熊羆之與狸狌耳[19]。帝王之功，非一士之略[20]，必待將如韓信，相如杜公，而後用之，不亦難乎！惟能置蕭、房於帷幄[21]中，拔茅彙進[22]，則珠玉無脛而至[23]矣。

【註釋】

① 韓信：淮陰（今江蘇淮安）人。西漢開國功臣，中國歷史上傑出的軍事家。亡去：指不告而別。

② 詐：欺騙。

③ 國士亡雙：指一國內獨一無二的人才。亡：通「無」，沒有。

④ 計事：指計議大事，謀事畫策。

⑤ 遷：晉升或調動。

⑥ 吝：顧惜，捨不得。

⑦ 杜如晦：字克明，京兆杜陵（今陝西西安）人。唐初宰相。

⑧ 經營：指籌畫，謀劃。

⑨ 舍：放棄，捨棄。共功：指共同成就功業。

⑩ 表：給皇帝上的奏章。

⑪ 興替：指興盛衰廢。

⑫ 樊噲：沛（今江蘇沛縣）人。西漢開國元勳，著名軍事統帥。

⑬ 勸霸上之還：指攻佔咸陽後勸劉邦還軍霸上，不要貪圖享樂。

⑭ 解鴻門之厄：指解除了鴻門宴的危險。厄：困苦，災難。

⑮ 羞與為伍：比喻把跟某人在一起認為是可恥的事。

⑯ 唐儉：字茂約，並州晉陽（今山西太原）人。唐初大臣，淩煙閣二十四功臣之一。贊：說明，輔佐。

⑰ 發蒲津之謀：指在蒲津揭發了獨孤懷恩的計謀。唐儉怕獨孤懷恩作亂，密令劉世讓歸朝告發他的陰謀。恰遇唐高祖李淵駕臨蒲津，船到中流而劉世讓趕到，唐高祖大驚說：「豈非天命佑護啊！」下令返回西岸，收捕謀反之徒，獨孤懷恩自殺，餘黨全被誅殺。

⑱ 定突厥之計：指制定了誘降匈奴的計策。唐儉曾乘驛車馳往突厥誘使他們歸附，頡利表示同意，因而兵眾弛懈，李靖乘勢襲破其眾，唐儉脫身返回。

⑲ 熊羆：指熊。狸狌：指野貓。

⑳ 略：計謀。

㉑ 惟幄：指軍營的帳幕。

㉓ 拔茅彙進：比喻相互引薦、選賢進能。茅：白茅，一種多年生的草。出自《周易·泰》：「拔茅茹以其彙。」

㉔ 無脛而至：比喻良才不招而自至愛賢者之門。

【譯文】

　　漢高祖劉邦到達南鄭，韓信不告而別，蕭何親自去追趕。高祖罵道：「逃走的將領有幾十個，你不去追，卻去追趕韓信，這是騙我啊。」蕭何說：「將領都容易得到，至於像韓信這樣的，是國中的名士，天下沒有第二個，您一定要爭奪天下，除了韓信就沒有別的人能與之計畫這件事的了。」劉邦這才任命韓信為大將軍，於是成就了漢朝大業。唐太宗做秦王時，府中的屬吏有很多外調任職，秦王很擔憂。房喬說：「離去的人雖然很多但不值得可惜，杜如晦是輔佐您的賢才，您若一定要謀劃天下，除了杜如晦就沒有能共同完成這個功業的人了。」於是秦王上書請求把杜如晦留在自己幕府中，杜如晦最後就成了名相。韓信、杜如晦這兩個人的去留，關係到興亡交替、國家治亂到這種地步，蕭何、房喬善於瞭解人才，是沒有人能比得上的。樊噲跟著漢高祖劉邦從豐、沛起兵，攻佔咸陽後勸劉邦還軍霸上，解除了鴻門宴的危險，功勞也不小了，但韓信卻認為跟噲交往是可恥的。唐儉幫助唐太宗建立推翻隋朝的大業，在蒲津揭發了獨孤懷恩的計謀，制定了誘降匈奴的計策，不是平庸的臣子，但李靖卻認為失去他也不可惜。大概從韓信、李靖的角度去看樊噲、唐儉，就像熊羆對於狸狌罷了。帝王的功業，不是一個人才的謀略就能成就，一定要等有韓信那樣的將軍、杜如晦那樣的丞相，然後利用他們，這不也太難了嗎！只要能把蕭何、房喬那樣的人安排在軍帳中，選賢進能，那麼珠玉般珍貴的賢才就不請自來了。

俞似[1]詩

【原文】

英州之北三十里有金山寺,予嘗至其處,見法堂[2]後壁題兩絕句。僧云:「廣州鈐轄俞似之妻趙夫人所書。」詩句灑落不凡,而字畫徑四寸[3],遒健類薛稷[4],極可喜。數年後又過之,僧空無人,壁亦隳圮[5],猶能追憶其語,為紀於此,其一云:「莫遣鷹[6]飽一呼,將軍誰志滅匈奴?年來萬事灰人意,只有看山眼不枯。」其二云:「傳食膠膠擾擾間,林泉高步未容攀。興來尚有平生屐,管領東南到處山。」蓋似所作也。

【註釋】

① 俞似:南宋官員。
② 法堂:七堂伽藍之一,乃禪林演布大法的地方。位於佛殿的後方,方丈的前方。相當於講堂。
③ 字畫:指文字的筆劃、筆形。徑:直徑。
④ 遒健:指剛勁有力。薛稷:字嗣通,唐代畫家,書法家,師承褚遂良。與虞世南、歐陽詢、褚遂良並列初唐四大書法家。
⑤ 隳圮:指傾坍,倒塌。
⑥ 鷹:指蹲在臂套上的蒼鷹。比喻擺脫羈絆欲展鴻圖的人。

【譯文】

英州的北邊三十里有座金山寺,我曾經去過那裏,看見法堂後牆上題寫有兩首絕句。寺裏的和尚說:「這是廣州鈐轄俞似的妻子趙夫人所寫的。」詩句灑脫不一般,而每個字有四寸那麼大,筆力遒勁像薛稷的字,非常討人喜歡。幾年後我又經過那裏,寺裏已經沒有和尚了,牆壁也坍塌毀壞,我還能回憶起那幾句詩,記錄在這裏,其一是:「莫遣鷹飽一呼,將軍誰志滅匈奴?年來萬事灰人意,只有看山

眼不枯。」其二是:「傳食膠膠擾擾間,林泉高步未容攀。興來尚有平生屐,管領東南到處山。」大概是俞似所作的。

吳激^①小詞

【原文】

　　先公在燕山,赴北人張總侍御家集^②。出侍兒佐酒^③,中有一人,意狀摧抑可憐^④,叩^⑤其故,乃宣和殿小宮姬也。坐客翰林直學士吳激賦長短句^⑥紀之,聞者揮涕。其詞曰:「南朝千古傷心地,還唱後庭花。舊時王、謝,堂前燕子,飛向誰家?恍然相遇,仙姿勝雪,宮髻堆鴉。江州司馬,青衫濕淚,同是天涯。」激字彥高,米元章^⑦婿也。

【註釋】

① 吳激:字彥高,自號東山散人,建州(今福建建甌)人。宋、金時期的作家、書畫家。

② 集:聚會。

③ 佐酒:指勸酒,陪同飲宴。

④ 意狀:指情況,情景。摧抑:指挫折壓制。

⑤ 叩:求教,探問。

⑥ 長短句:詞的別名。

⑦ 米元章:米芾,初名黻,後改芾,字元章,自署姓名米或為羋。北宋書法家、畫家、書畫理論家。

【譯文】

　　先父在燕山,去北人張總侍御家參加宴會。有侍女出來勸酒,其中有一個人,看上去強壓著悲傷的樣子,很是可憐,詢問她其中緣

故，原來她是宣和殿的小宮女。在座的賓客中有翰林直學士吳激作了篇小詞記錄這件事，聽到的人都流下了眼淚。他的詞說：「南朝千古傷心地，還唱後庭花。舊時王、謝，堂前燕子，飛向誰家？恍然相遇，仙姿勝雪，宮髻堆鴉。江州司馬，青衫濕淚，同是天涯。」吳激，字彥高，是米元章的女婿。

孫吳四英將

【原文】

孫吳奄①有江左，亢衡②中州，固本於策③、權之雄略，然一時英傑，如周瑜、魯肅、呂蒙、陸遜四人者④，真所謂社稷心膂⑤，與國為存亡之臣也。自古將帥，未嘗不矜能⑥自賢，疾⑦勝己者，此諸賢則不然。孫權初掌事，肅欲北還，瑜止之，而薦之於權曰：「肅才宜佐時⑧，當廣求其比⑨，以成功業。」後瑜臨終與權箋曰⑩：「魯肅忠烈，臨事不苟⑪，若以代瑜，死不朽⑫矣！」肅遂代瑜典兵⑬。呂蒙為尋陽令，肅見之曰：「卿今者才略非復吳下阿蒙⑭。」遂拜蒙母，結友而別。蒙遂亦代肅。蒙在陸口，稱疾還，權問：「誰可代者？」蒙曰：「陸遜意思⑮深長，才堪⑯負重，觀其規慮⑰，終⑱可大任，無復是過⑲也。」遜遂代蒙。四人相繼，居西邊三四十年，為威名將，曹操、劉備、關羽皆為所挫⑳。雖更相汲引㉑，而孫權委心㉒聽之，吳之所以為吳，非偶然也。

【註釋】

① 奄：覆蓋。

② 亢衡：指抗衡，對抗。

③ 固本：指鞏固根本。策：孫策，字伯符，吳郡富春（今浙江富陽）人。孫堅長子，孫權長兄。三國時期孫吳的奠基者之一。

④ 周瑜：字公瑾，安徽廬江舒縣人。東漢末年名將，輔佐孫策平定江東，在赤壁破曹操，南郡敗曹仁。英年早逝。魯肅：字子敬，臨淮郡東城縣（今安徽定遠）人。東漢末年傑出戰略家、外交家。與周瑜共謀聯劉，在赤壁大破曹操，周瑜死後繼其職務。呂蒙：字子明，汝南富陂（今安徽阜南）人。東漢末年名將。魯肅死後代守陸口，襲殺關羽，奪取荊州。陸遜：本名陸議，字伯言，吳郡吳縣（今江蘇蘇州）人。三國時期吳國政治家、軍事家。曾在夷陵之戰中率吳軍大敗劉備，致使蜀漢元氣大傷。

⑤ 心脊：指心與脊骨。比喻主要的輔佐人員。亦以喻親信得力之人。

⑥ 矜能：指誇耀自己的才能。

⑦ 疾：通「嫉」，妒忌。

⑧ 佐時：指輔佐當世之君治理國家。

⑨ 比：能夠相匹。

⑩ 臨終：指即將死亡。箋：書信。

⑪ 苟：馬虎，隨便。

⑫ 不朽：指不磨滅，永存。

⑬ 典兵：指統領軍隊，掌管軍事。

⑭ 吳下阿蒙：三國時吳國名將呂蒙，原本出生行伍、沒有文化，經孫權勸學後漸有學識，以白衣渡江戰勝關羽而名揚天下。後泛指缺少學識才幹的人，比喻人學識尚淺。

⑮ 意思：指思想，心思。

⑯ 堪：能，可以。

⑰ 規慮：指規劃，謀慮。

⑱ 終：盡，全。

⑲ 是過：指超過他。

⑳ 挫：失敗。

㉑ 汲引：比喻提拔或推薦人才。

㉒ 委心：指傾心。

【譯文】

孫吳勢力包括江東，與中州抗衡，通過孫策、孫權的雄偉謀略鞏固國本，但當時的英雄豪傑，比如周瑜、魯肅、呂蒙、陸遜這四個人，真可以稱得上是國家最重要的人才，是與國家一起存亡的臣子。自古以來的將帥，沒有不自誇才能與賢德，嫉妒超過自己的人的，這幾位賢人卻不是這樣。孫權開始掌管國事時，魯肅想回北方，周瑜阻止他，而且將他推薦給孫權說：「魯肅的才能可以輔佐您治國，您應該廣泛尋求和他一樣的人，來成就功業。」後來周瑜臨死時給孫權寫信說：「魯肅忠烈，面對事情不馬虎，如果能讓他代替我，我死了也如同活著！」魯肅於是代替周瑜執掌兵權。呂蒙做尋陽令，魯肅見到他，說：「您現在的才能謀略不再是以前的吳下阿蒙了。」於是拜見呂蒙的母親，和呂蒙結成好友，然後離去。後來呂蒙也代替了魯肅。呂蒙在陸口，聲稱有病要返回吳國都城，孫權問：「有誰可以代替你？」呂蒙說：「陸遜考慮得長遠，其才能可以承擔重任，觀察他的謀劃思慮，完全可以擔負大任，沒有再能超過他的人。」陸遜於是代替了呂蒙。這四個人相繼承，駐守在吳國西方三四十年，成為威名遠揚的將領，曹操、劉備、關羽都被他們打敗。雖然互相推薦，但孫權全心全意聽信他們，吳國之所以成為吳國，不是偶然啊。

魏明帝①容諫

【原文】

魏明帝時，少府楊阜②上疏，欲省宮人諸不見幸者③，乃召御府吏問後宮人數。吏守舊令，對曰：「禁密，不得宣露④。」阜怒，杖吏一百，數⑤之曰：「國家不與九卿為密，反與小吏為密乎？」帝愈嚴憚⑥之。

房玄齡、高士廉問少府少監竇德素北門近有何營造⑦，德素以

聞。太宗大怒，謂玄齡等曰：「君但知南牙⑧耳，北門小小營造，何預⑨君事耶？」玄齡等拜謝。

　　夫太宗之與明帝，不待比擬⑩，觀所以責玄齡之語，與夫嚴憚楊阜之事，不迨⑪遠矣；賢君一話一言，為後世法⑫。惜哉！《魏史》以謂「群臣直諫之言，帝雖不能盡用，然皆優容⑬之，雖非誼主⑭，亦可謂有君人之量矣。」

【註釋】

① 魏明帝：曹叡，字元仲，沛國譙縣（今安徽亳州）人。魏文帝曹丕長子，母文昭皇后甄氏，三國時期曹魏第二位皇帝。

② 楊阜：字義山，天水冀縣（今甘肅甘穀）人。三國時期曹魏名臣。

③ 省：減少，精簡。幸：臨幸，特指帝王與女子同房。

④ 宣露：指洩露，透露。

⑤ 數：數落，責備。

⑥ 嚴憚：指敬畏、畏懼。

⑦ 高士廉：名儉，字士廉，渤海蓨縣（今河北景縣）人。唐初宰相。北門：指唐代禁軍的北衙。營造：指建造。

⑧ 南牙：即南衙，指宰相。

⑨ 預：通「與」，參與。

⑩ 比擬：指對比，比較。

⑪ 迨：及，到。

⑫ 法：規範，可仿效的。

⑬ 優容：指優厚寬容。

⑭ 誼主：指深明大義的國君。

【譯文】

　　魏明帝時，少府楊阜上奏書，希望削減那些不被皇帝臨幸的宮女，就召見御府吏詢問後宮的人數。御府吏堅守以前的法令，回答說：「這是宮中的秘密，不能透露。」楊阜很生氣，打了御府吏一百

棍，責備他說：「國家大事都不與九卿保密，反倒讓你一個小吏保密嗎？」之後魏明帝就更加尊重敬畏楊阜了。

房玄齡、高士廉詢問少府少監竇德素，北衙禁軍最近在修建什麼，竇德素告訴了他們。唐太宗很生氣，對房玄齡等人說：「您只要知道南衙宰相的事情就好了，北衙禁軍的建造，關你們什麼事呢？」房玄齡等人叩拜謝罪。

唐太宗和魏明帝，是不能比較的，看他責備房玄齡的話，與魏明帝尊重敬畏楊阜的事情相差得太遠了；賢君的一言一語，都是後人的榜樣。可惜啊！《魏史》上說「群臣直接勸諫的話，明帝即使不能全部採用，但都能接納，雖然不是深明大義的君主，也可以說是有君主容人的氣量了。」

孫臏[①]減灶

【原文】

孫臏勝龐涓[②]之事，兵家以為奇謀[③]，予獨有疑焉，云：「齊軍入魏地為十萬灶，明日為五萬灶，又明日為二萬灶。」方[④]師行逐利，每夕而興此役，不知以幾何人給[⑤]，又必人人各一灶乎？龐涓行三日而大喜曰：「齊士卒亡者過半。」則是所過之處必使人枚數[⑥]之矣，是豈救急赴敵之師乎？又云：「度其暮當至馬陵[⑦]，乃斫[⑧]大樹，白[⑨]而書之，曰：『龐涓死於此樹之下。』遂伏[⑩]萬弩，期[⑪]日暮見火舉而俱發。涓果夜至斫木下，見白書，鑽火燭之[⑫]。讀未畢，萬弩俱發。」夫軍行遲速，既非他人所料，安能必其以暮至，不差晷刻[⑬]乎？古人坐於車中，既云暮矣，安知樹間之有白書？且必舉火讀之乎？齊弩尚能俱發，而涓讀八字未畢。皆深不可信。殆[⑭]好事者為之，而不精考[⑮]耳。

【註釋】

① 孫臏：原名不詳，孫武的後代。曾與龐涓為同窗，因受龐涓迫害遭受臏刑（斷足之刑），身體殘疾，故名孫臏。戰國初期軍事家，兵家代表人物。曾於桂陵、馬陵兩次大戰中均大敗龐涓。減灶計就是孫臏在馬陵之戰中用來迷惑龐涓的計謀。

② 龐涓：戰國初期魏國名將。曾於桂陵之戰、馬陵之戰中兩次敗於孫臏，被迫自殺。

③ 奇謀：指奇妙的計謀。

④ 方：正在，正當。

⑤ 幾何：指多少。給：供應。

⑥ 枚數：指一一列舉。

⑦ 度：計算，推測。暮：太陽落山的時候。

⑧ 斫：用刀、斧等砍。

⑨ 白：使……白。

⑩ 伏：埋伏。

⑪ 期：約定。

⑫ 鑽火：鑽木取火，泛指生火。燭：照，照亮。

⑬ 晷刻：片刻。指時間短暫。

⑭ 殆：大概。

⑮ 精考：指精確考證。

【譯文】

　　孫臏戰勝龐涓這件事，兵家認為是妙計，我卻偏偏有些懷疑，書中記載：「齊軍進入魏地挖了十萬個爐灶，第二天挖了五萬個爐灶，再第二天做了兩萬個灶爐。」行軍追逐有利條件時，每天傍晚要幹這種活，不知道用多少人來供應物資，還一定要每個人都有一口灶嗎？龐涓行進了三天，非常高興地說：「齊國士兵逃亡超過一半了。」那麼，他們所經過的地方一定要派人一個個數過去了，這難道是急救危難趕前方赴殺敵的軍隊嗎？書中又說：「孫臏估計龐涓天黑時應該會

到馬陵，於是砍伐大樹，剝去樹皮在上面寫道：'龐涓死於此樹之下。'於是埋伏上萬個弓弩手，約定天黑時看到火把舉起來就一起發射。龐涓果然在天黑到砍伐了的大樹下，看到剝去樹皮的地方有字，就點火把來照。他還沒看完，萬箭齊發。」軍隊行進速度的快慢，根本不是別人能預料到的，怎麼能確定龐涓一定會在天黑時到達，不相差片刻呢？古人坐在車中，既然已經說是晚上了，那怎麼知道樹木之間有剝去樹皮寫的字呢？而且還一定要舉起火把去讀呢？齊國的弩箭尚且能一起發射，但龐涓讀八個字還沒讀完。這些都不值得相信。大概是好事的人編造的，而世人沒有精確考證罷了。

卷十四

漢祖三詐

【原文】

漢高祖用韓信為大將，而三以詐臨①之：信既定趙，高祖自成皋度河，晨自稱漢使馳入信壁②，信未起，即③其臥，奪其印符④，麾召諸將易置之⑤；項羽死，則又襲奪其軍；卒之偽遊雲夢而縛信⑥。夫以豁達大度開基⑦之主，所行乃如是，信之終於謀逆，蓋有以啟⑧之矣。

【註釋】

① 臨：面對。

② 壁：軍營，軍營的圍牆。

③ 即：乘，趁。

④ 印符：指印信和兵符。

⑤ 麾召：指命令，召集。易置：指改設，更換。

⑥ 卒：最後。縛：捆綁。

⑦ 開基：指開創基業。

⑧ 啟：開。

【譯文】

漢高祖任用韓信為大將軍，但三次用奸詐的計謀對付他：第一次是韓信平定趙地後，漢高祖從成皋渡過黃河，一大早自稱漢王使者快馬馳入韓信的軍營中，韓信還沒起床，趁他還在睡覺，奪取了他的印章信符，下令召集各位將領，改變了他們的職位；第二次是項羽死

後，高祖又突然奪去了韓信的兵權；最後一次是假託巡遊雲夢而抓住了韓信。憑著一個豁達大度的開國君主的身份，所作所為卻是這樣，韓信最後謀反，萌發這種想法大概是有原因的了。

舒元輿①文

【原文】

舒元輿，唐中葉文士也，今其遺文所存者才二十四篇。既以甘露之禍死，文宗因觀牡丹，摘其賦中桀句②曰：「向者如迎，背者如訣。拆者如語，含者如咽。俯者如怨，仰者如悅。」為之泣下。予最愛其《玉箸篆志》論李斯、李陽冰之書，其詞曰：「斯去千年，冰生唐時，冰復去矣，後來者誰！後千年有人，誰能待之？後千年無人，篆止於斯！嗚呼主人，為吾寶之！」此銘有不可名言③之妙，而世或鮮知之。

【註釋】

① 舒元輿：字升遠，婺州東陽（今浙江金華）人。唐代大臣、詩人。
② 桀句：指傑出的句子。桀：通「傑」，傑出。
③ 名言：稱說，描述。

【譯文】

舒元輿，是唐代中期的文人，現在他遺留下來的文字所存的才二十四篇。他因為甘露之禍被殺後，唐文宗因觀賞牡丹，摘取他詩賦中傑出的句子說：「向者如迎，背者如訣。拆者如語，含者如咽。俯者如怨，仰者如悅。」為此流下眼淚。我最喜愛他《玉箸篆志》中論述李斯、李陽冰的書法部分，其中的詞句說：「斯去千年，冰生唐時，冰復去矣，後來者誰！後千年有人，誰能待之？後千年無人，篆

止於斯！嗚呼主人，為吾寶之！」這篇銘文有不可言傳的奧妙，但世上很少有人知道它。

絕唱不可和①

【原文】

　　韋應物②在滁州，以酒寄全椒山中道士，作詩曰：「今朝郡齋冷，忽念山中客。澗底束荊薪，歸來煮白石。欲持一樽酒，遠慰風雨夕。落葉滿空山，何處尋行跡？」其為高妙超詣③，固不容誇說，而結尾兩句，非復語言思索可到。東坡在惠州，依其韻作詩寄羅浮鄧道士曰：「一杯羅浮春，遠餉采薇客。遙知獨酌罷，醉臥松下石。幽人不可見，清嘯聞月夕。聊戲庵中人，空飛本無跡。」劉夢得「山圍故國周遭在，潮打空城寂寞回」之句，白樂天以為後之詩人，無復措詞④。坡公仿之曰：「山圍故國城空在，潮打西陵意未平。」坡公天才，出語驚世，如追和陶詩，真與之齊驅⑤，獨此二者，比之韋、劉為不侔，豈非絕唱寡和，理自應爾邪？

【註釋】

① 絕唱：指詩詞創作達到最高造詣。和：以詩歌酬答，依照別人詩
　　詞的題材作詩。
② 韋應物：長安（今陝西西安）人。唐代詩人。因出任過蘇州刺史，
　　世稱「韋蘇州」。詩風恬淡高遠，以寫景和描寫隱逸生活著稱。
③ 超詣：指高超脫俗。
④ 措詞：指說話、行文時選擇的詞句。
⑤ 齊驅：指並肩驅馳。比喻才力相等。

【譯文】

　　韋應物在滁州，舉著酒杯遙寄全椒山中的道士，寫了首詩說：「今朝郡齋冷，忽念山中客。澗底束荊薪，歸來煮白石。欲持一樽酒，遠慰風雨夕。落葉滿空山，何處尋行跡？」詩句寫得高妙絕倫，本來就不用誇讚了，而結尾兩句，不再有人能達到這樣的語言意境了。蘇東坡在惠州，依照韋應物這首詩的韻寫了首詩寄羅浮鄧道士說：「一杯羅浮春，遠餉采薇客。遙知獨酌罷，醉臥松下石。幽人不可見，清嘯聞月夕。聊戲庵中人，空飛本無跡。」劉夢得「山圍故國周遭在，潮打空城寂寞回」這句詩，白居易認為後來的詩人不再能寫出超過他的句子了。蘇東坡仿照這句說：「山圍故國城空在，潮打西陵意未平。」蘇東坡的天賦才情，寫出的語句驚世駭俗，像追和陶淵明的詩，真正能與陶淵明並肩。唯獨這兩句，比不上韋應物、劉夢得，難道不是絕唱少有人能唱和？道理本來就是這樣啊！

贈典^①輕重

【原文】

　　國朝未改官制以前，從官丞、郎、直學士以降^②，身沒大抵無贈典，唯尚書、學士有之，然亦甚薄。余襄公、王素自工書得刑書，蔡君謨自端明、禮侍得吏侍耳。元豐以後，待制以上皆有四官之恩，後遂以為常典^③，而致仕又遷一秩^④。梁揚祖終寶文學士、宣奉大夫，既以致仕轉光祿，遂贈特進、龍圖學士，蓋以為銀青、金紫、特進只三官，故增其職，是從左丞得僕射也。節度使舊制贈侍中或太尉，官制行，多贈開府。秦檜創立檢校少保之例，以贈王德、葉夢得、張澄，近歲王彥遂用之，實無所益也。元祐中，王岩叟終於朝奉郎、端明殿學士，以嘗簽書樞密院，故超贈正議大夫。楊願終於朝奉郎、資政殿學士，但贈朝請大夫，以執政而贈郎秩^⑤，輕重為不侔，皆掌故

⑥之失也。

【註釋】

① 贈典：古代朝廷推恩重臣，把官爵授給官員已死父母及祖先的典
　 禮。

② 以降：指以下。

③ 常典：指常例，固定的法典、制度。

④ 致仕：指交還官職，即辭官。秩：古代官職級別。

⑤ 郎秩：指郎官的職位、品級。

⑥ 掌故：指舊制、舊例。

【譯文】

　　本朝還沒改變官制以前，從官丞、郎、直學士以下，死後大多沒
有贈典，只有尚書、學士才有，但也很微薄。余襄公、王素只不過從
工部尚書得到刑部尚書，蔡君謨僅從端明殿學士、禮部侍郎得到吏部
侍郎罷了。元豐以後，待制以上都有升四級官職的恩德，之後就成為
常例，而退休辭官又升一級。梁揚祖官做到寶文閣學士、宣奉大夫，
退休辭官後就轉升為光祿大夫，於是贈給特進、龍圖閣學士，因為銀
青光祿大夫、金紫光祿大夫、特進只有三級官職，所以增加一級官
職，這就從左丞得到僕射了。節度使在以前的制度中是贈給侍中或太
尉，元豐官制推行後，大多贈給開府儀同三司。秦檜創立檢校少保的
官例，來贈給王德、葉夢得、張澄，近年來王彥就採用它，實際上沒
有什麼用。元祐年間，王岩叟官做到朝奉郎、端明殿學士，因為曾經
任過樞密院簽書，所以破格贈給正議大夫。楊願官做到朝奉郎、資政
殿學士，只是贈給朝請大夫，因為執掌過朝政而贈給郎官級別，輕重
不相等，都是舊制的失誤。

光武仁君

【原文】

漢光武雖以征伐定天下，而其心未嘗不以仁恩招懷①為本。隗囂受官爵而復叛，賜詔告之曰：「若束手自詣②，保③無他也。」公孫述④據蜀，大軍征之垂滅⑤矣，猶下詔喻⑥之曰：「勿以來歙、岑彭受害自疑⑦，今以時⑧自詣，則家族全，詔書手記不可數得⑨，朕不食言。」遣馮異西征，戒以平定安集⑩為急。怒吳漢⑪殺降，責以失斬將吊民⑫之義，可謂仁君矣。蕭銑舉荊楚降唐⑬，而高祖怒其逐鹿之對⑭，誅之於市，其隘⑮如此，《新史》猶以高祖為聖，豈理也哉？

【註釋】

① 招懷：指招撫，懷柔。

② 束手：指不抵抗，投降。自詣：指自己來拜見，即投降。

③ 保：保證，擔保。

④ 公孫述：字子陽，扶風茂陵（今陝西興平）人。新莽末年、東漢初年割據勢力。

⑤ 垂滅：指快要消滅。垂：將要。

⑥ 喻：曉喻，開導。

⑦ 來歙、岑彭受害：指來歙與岑彭去攻打公孫述，公孫述派刺客殺死了來歙和岑彭。自疑：指心懷疑慮。

⑧ 以時：指及時，即時。

⑨ 手記：指親手書寫。數：屢次。

⑩ 安集：指安定。

⑪ 吳漢：字子顏，南陽宛縣（今河南南陽）人。東漢開國名將、軍事家。曾經在蜀地討伐公孫述，公孫述大將延岑開城出降，吳漢率部放兵大掠，族滅公孫述、延岑家族，燒毀宮室，殘殺百姓。

⑫ 吊民：指慰問百姓。

⑬ 蕭銑：隋末唐初地方割據勢力首領，自稱梁王。舉：攻克。

⑭ 逐鹿之對：指爭奪天下的對手。逐鹿：出自《史記·淮陰侯列傳》：「秦失其鹿，天下共逐之。」鹿：喻帝位。後用來比喻群雄並起，爭奪天下。

⑮ 隘：心胸狹窄。

【譯文】

漢光武帝雖然憑藉征伐平定天下，但他心中沒有不以仁德、恩惠、招撫、懷柔為根本的，隗囂接受官爵後又反叛，光武帝下詔告訴他說：「如果你放棄抵抗自己投降，我保證沒有其他的處罰。」公孫述佔據蜀地，大軍去征討他，已經快將其滅亡了，光武帝還下詔曉諭他說：「不要因為你曾經殺害我的大將來歙、岑彭而心懷疑慮，現在及時投降，你的家族就能保全，我的親筆詔書不可多得，我不會食言。」光武帝派遣馮異西征，告誡他平定地方、安撫百姓是最緊要的。對吳漢殺害投降的人感到很生氣，責備他不符合斬殺將領、吊慰百姓的道義，可以稱得上是仁君了。蕭銑攻克荊楚地區，兵敗後投降唐朝，但唐高祖惱恨他曾和自己作對爭奪天下，在集市上誅殺了他，心胸狹隘到這種地步，《新唐書》上還認為高祖聖賢，難道有這樣的道理嗎？

卷十五

范曄^①作史

【原文】

范曄在獄中，與諸甥侄書曰：「吾既造《後漢》，詳觀古今著述及評論，殆少可意^②者。班氏^③最有高名，既任情無例^④，不可甲乙^⑤，唯志可推^⑥耳。博贍^⑦可不及之，整理未必愧也。吾雜傳^⑧論，皆有精意深旨。至於《循吏》以下及六夷諸序論，筆勢縱放^⑨，實天下之奇作。其中合者，往往不減^⑩《過秦篇》。嘗共比方^⑪班氏所作，非但不愧之而已。贊^⑫自是吾文之傑思，殆無一字空設，奇變不窮，同合異體^⑬，乃自不知所以稱之。此書行，故應有賞音^⑭者。自古體大^⑮而思精，未有此也。」曄之高自誇詡^⑯如此。至以謂過班固，固豈可過哉？曄所著序論，了無可取^⑰，列傳如鄧禹、竇融、馬援、班超、郭泰諸篇者，蓋亦有數也。人苦不自知，可發千載一笑。

【註釋】

① 范曄：字蔚宗，順陽（今河南淅川）人。南朝宋史學家、文學家。著有《後漢書》。

② 可意：指合意，中意。

③ 班氏：班固，字孟堅，扶風安陵（今陝西咸陽）人。東漢著名史學家、文學家。著有《漢書》。

④ 既：盡，全。任情：指盡情，任意。無例：指沒有體例。

⑤ 甲乙：指評定優劣。

⑥ 推：推崇，推重。

⑦ 博贍：指淵博，豐富。

⑧ 雜傳：指單獨成書的類傳。紀傳體正史中列傳的一小類。

⑨ 縱放：指雄健奔放。

⑩ 減：不足，不到。

⑪ 方：等同，相當。

⑫ 贊：論贊的文辭。

⑬ 同合異體：指相同的內容有不同的表現方式。

⑭ 賞音：指知音。

⑮ 體大：指文章的結構體例宏大。

⑯ 誇詡：指誇耀。

⑰ 了無可取：指沒有一點可取的地方。形容沒有一點優點和長處。

【譯文】

　　范曄在監獄裏，寫信給各位外甥、侄兒說：「我已經寫好了《後漢書》，仔細查看古今的著述和評論，幾乎很少有符合心意的。班固的名望最高，但完全是任意書寫，沒有體例，不能評定優劣，只有志向可以推崇罷了。我的書在廣博豐富上可能不如他，但在資料整理方面卻不一定會感到羞愧。我寫的雜傳後面的議論，都有很精深的主旨。至於《循吏》以下及六夷各篇的序論，筆力雄健，肆意揮灑，實在是天下的奇作。其中適當的篇章，往往不比《過秦論》差。曾經把班固所寫的書放在一起比較，我不僅不感到慚愧，還覺得超出很多。讚語本來就是我文章中傑出的思想，幾乎沒有一個字是白白放上去的，奇異變幻無窮，相同的內容有不同的表現方式，竟然連我自己也不知道怎麼稱讚它。這本書在世上流行後，自然應該有知音。自古以來體例宏大而有精深思想的，還沒有這樣的幾篇。」范曄自高自大，誇讚自己到這種地步。甚至認為自己超過班固，班固難道是可以超越的嗎？范曄所寫的序論，沒有什麼可取的，列傳如鄧禹、竇融、馬援、班超、郭泰等篇還可以，但也是可以數得出來的。人最怕不瞭解自己，像范曄這樣的人，千年後還被人恥笑。

唐詩人有名不顯者

【原文】

　　《溫公詩話》云：「唐之中葉，文章特盛，其姓名湮沒①不傳於世者甚眾，如：河中府鸛雀樓有王之渙、暢諸二詩。二人皆當時所不數②，而後人擅③詩名者，豈能及之哉！」予觀《少陵集》中所載韋迢、郭受詩，少陵酬答④，至有「新詩錦不如」「自得隨珠覺夜明」之語，則二人詩名可知矣，然非編之《杜集》，幾於無傳焉。又有嚴惲《惜花》一絕云：「春光冉冉歸何處，更向花前把一杯。盡日問花花不語，為誰零落為誰開？」前人多不知誰作，乃見於皮陸⑤《唱和集》中。大率唐人多工詩，雖小說戲劇，鬼物假託，莫不宛轉有思致⑥，不必顓門⑦名家而後可稱也。

【註釋】

① 湮沒：指埋沒。
② 數：比較起來最突出。
③ 擅：佔有，據有。
④ 少陵：指唐代詩人杜甫。杜甫常以「杜陵」表示自己祖籍郡望，自號少陵野老，世稱杜少陵。酬答：指以言語、文字酬和作答。
⑤ 皮陸：晚唐作家、詩人皮日休和陸龜蒙的並稱。皮日休為蘇州從事，陸龜蒙是蘇州人，他們互相唱和，詩作數量很多，合編為《松陵集》。
⑥ 思致：指人的思想意趣或性情、才思。
⑦ 顓門：指獨立門戶，自成一家。顓：通「專」。

【譯文】

　　《溫公詩話》上說：「唐代中葉，文學創作特別興盛，其中姓名湮滅不在世上流傳的人非常多，比如：河中府鸛雀樓上有王之渙、暢

諸兩人寫的詩。這兩個人在當時都是數不著的，但後世有一些詩名的人，哪裡比得上他們呢？」我看《少陵集》中所記載的韋迢、郭受寫的詩，杜甫酬答的詩中，甚至有「新詩錦不如」「自得隨珠覺夜明」這樣的句子，那這兩個人的詩名就可以知道了，但要不是編寫進《杜集》中，幾乎不會流傳下來。另外有嚴惲《惜花》一首絕句說：「春光冉冉歸何處，更向花前把一杯。盡日問花花不語，為誰零落為誰開？」前人大多不知道是誰寫的，原來出現在皮日休、陸龜蒙的《唱和集》中。大體上來說，唐代人大多工於寫詩，即使是小說、戲劇，假託鬼神映射現實，也沒有不情節婉轉、富有情致的，不一定是要專門的名家寫作而後才值得稱道。

世事不可料

【原文】

　　秦始皇並六國，一天下，東遊會稽，度浙江①，然②謂子孫帝王萬世之固，不知項籍已縱觀其旁③，劉季起喟然之歎④於咸陽矣。曹操芟夷⑤群雄，遂定海內，身為漢相，日夜窺伺龜鼎⑥，不知司馬懿⑦已入幕府矣。梁武帝殺東昏侯，覆齊祚⑧，而侯景以是年生於漠北。唐太宗殺建成、元吉⑨，遂登天位，而武后⑩已生於並州。宣宗之世，無故⑪而復河、隴，戎狄既衰，藩鎮順命，而朱溫⑫生矣。是豈智力謀慮所可為哉？

【註釋】

① 浙江：即錢塘江。

② 然：形容自得的樣子。

③ 項籍：項羽，名籍，字羽，楚國下相（今江蘇宿遷）人。秦亡後稱西楚霸王。縱觀：指恣意觀看。

④ 劉季起喟然之歎：《史記・高祖本紀》中記載：「高祖常繇咸陽，縱觀，觀秦皇帝，喟然太息曰：『嗟乎，大丈夫當如此也！』」

⑤ 芟夷：指剷除，削平。

⑥ 窺伺：指觀覦。龜鼎：指元龜與九鼎，兩者為古時國之重器，因以之比喻帝位。

⑦ 司馬懿：字仲達，河內郡溫縣孝敬裏（今河南溫縣）人。三國時期魏國傑出的政治家、軍事家，西晉王朝的奠基人。

⑧ 覆：顛覆，推翻。祚：帝位。

⑨ 建成、元吉：唐太宗李世民的兩個兄弟。李世民發動玄武門之變，殺了建成、元吉，奪得了帝位。

⑩ 武后：武則天，名武曌，並州文水（今山西文水）人。中國歷史上唯一正統的女皇帝，定都洛陽，改稱洛陽為神都，建立武周王朝。

⑪ 無故：特指沒有發生非常的變故。

⑫ 朱溫：後樑太祖朱溫，宋州碭山（今安徽碭山）人，五代十國時後樑建立者。907年，朱溫廢唐哀帝李柷，自行稱帝，改名晃，建都開封，國號為「梁」，改年號為開平。

【譯文】

秦始皇兼併六國，統一天下，向東巡遊到會稽，渡過錢塘江，自大地認為子孫可繼承做帝王，可以牢固地保有萬世，卻不知道項羽已經在一旁肆意觀看想要取代他，劉邦已在咸陽發出「大丈夫當如此」的感歎了。曹操掃除群雄，進而安定海內，自身成為漢朝丞相，日夜盤算著奪取帝位，卻不知道司馬懿已經進入他的幕府了。梁武帝殺了東昏侯，顛覆了齊國，而侯景在這年出生在漠北。唐太宗殺了建成、元吉，進而登上帝位，武則天已經出生在並州。唐宣宗在位時，天下無事而且收復了河隴地區，北方少數民族已經衰落，藩鎮順從皇命，但朱溫已經出生了。這難道是憑智慧謀略可以發覺的嗎？

連昌宮詞

【原文】

　　元微之、白樂天，在唐元和、長慶間齊名①。其賦詠天寶時事，《連昌宮詞》《長恨歌》皆膾炙人口②，使讀之者情性蕩搖③，如身生其時，親見其事，殆未易以優劣論也。然《長恨歌》不過述明皇追愴④貴妃始末，無他激揚⑤，不若《連昌詞》有監戒規諷之意⑥，如云：「姚崇、宋璟作相公，勸諫上皇言語切。長官清貧太守好，揀選皆言由相公。開元之末姚、宋死，朝廷漸漸由妃子。祿山宮裏養作兒，虢國門前鬧如市。弄權宰相不記名，依稀憶得楊與李。廟謨顛倒四海搖，五十年來作瘡痏。」其末章及⑦官軍討淮西，乞「廟謨休用兵」之語，蓋元和十一二年間所作，殊得風人之旨⑧，非《長恨》比云。

【註釋】

① 齊名：指名望相等。
② 膾炙人口：指美味人人愛吃。比喻好的詩文受到人們的稱讚和傳誦。膾：切細的肉。炙：烤熟的肉。
③ 蕩搖：指激蕩。
④ 追愴：指追憶悲傷。
⑤ 激揚：指激濁揚清。
⑥ 監戒：指鑒察往事，警戒將來。監：通「鑒」。規諷：指規勸諷諭。
⑦ 及：涉及。
⑧ 殊：特別。風人：指詩人。

【譯文】

　　元稹、白居易，在唐代元和、長慶年間齊名。他們吟詠天寶年間事情的詩作，《連昌宮詞》《長恨歌》都受到人們的稱讚與傳誦，使

讀它們的人心情激蕩，就像親身處在那個時候，親眼見到那些事情，大概不太容易用優劣來評論。但是《長恨歌》不過敘述了唐明皇追憶楊貴妃的事情始末，沒有別的激濁揚清的思想，不如《連昌宮詞》有警戒將來、規勸諷喻的含義，比如說：「姚崇、宋璟作相公，勸諫上皇言語切。長官清貧太守好，揀選皆言由相公。開元之末姚、宋死，朝廷漸漸由妃子。祿山宮裏養作兒，號國門前鬧如市。弄權宰相不記名，依稀憶得楊與李。廟謨顛倒四海搖，五十年來作瘡痏。」它的最後一章說到官軍討伐淮西，有「廟謨休用兵」的句子，大概是元和十一二年間所寫的，甚得詩人針砭時弊的旨趣，不是《長恨歌》可以相比的。

二士共談

【原文】

《維摩詰經》言，文殊從佛所將詣維摩丈室問疾[①]，菩薩隨之者以萬億計，曰：「二士共談，必說妙法[②]。」予觀杜少陵寄李太白詩云：「何時一尊酒，重與細論文。」使二公真踐[③]此言，時得灑掃撰杖屨於其側[④]，所謂不二法門[⑤]，不傳之妙，啟聰擊蒙[⑥]，出膚寸[⑦]之澤以潤千里者，可勝道[⑧]哉！

【註釋】

① 文殊：文殊菩薩，為佛教四大菩薩之一。維摩：維摩詰，早期佛教著名居士、在家菩薩。丈室：佛教語。唐顯慶年間，王玄策奉命出使印度，過維摩詰故宅，乃以手板縱橫量之，僅得十笏，因號方丈、丈室。問疾：指探問疾病。
② 妙法：佛教語。指義理深奧的佛法。
③ 踐：履行，實現。

④　撰：持，拿著。杖屨：指老者所用的手杖和鞋子。

⑤　不二法門：佛家用語，指平等而無差異的至道。今用以稱獨一無
　　二的門徑、方法。

⑥　擊蒙：指發蒙、啟蒙。

⑦　膚寸：借指下雨前逐漸集合的雲氣。

⑧　勝道：說盡。

【譯文】

　　《維摩詰經》上說，文殊菩薩從佛所在的地方將要去維摩詰居士的方丈室探病，跟隨他的菩薩有上萬億，大家說：「兩位大師一起談話，一定說的是義理深刻的佛法。」我看杜甫寄李白的詩中說：「何時一尊酒，重與細論文。」如果這兩位大詩人真的做到了這句話，到時候能夠在一旁灑掃庭院，或者捧扶鞋子、手杖，就能聽到他們所說的寫作詩文的不二法門、不傳之秘，能啟迪耳目，打破蒙昧，就像雲氣出山彌漫千里潤澤天下一樣，哪能說得盡呢！

曹操唐莊宗

【原文】

　　曹操在兗州，引兵東擊陶謙①於徐，而陳宮潛迎呂布為兗牧②，郡縣皆叛，賴程昱、荀彧之力③，全東阿、鄄、范三城以待操。操還，執昱手曰：「微④子之力，吾無所歸矣。」表為東平相。唐莊宗與梁人相持⑤於河上，梁將王檀乘虛襲晉陽⑥。城中無備，幾陷者數四⑦，賴安金全帥子弟擊卻之於內⑧，石君立⑨引昭義兵破之於外，晉陽獲全。而莊宗以策非己出，金全等賞皆不行。操終有天下，莊宗雖能滅梁，旋踵⑩覆亡，考其行事，概可睹矣。

【註釋】

① 陶謙：字恭祖，丹陽郡（治今安徽宣城）人。漢末群雄之一。任徐州牧。

② 陳宮：字公台，東郡東武陽（今山東莘縣）人。東漢末年呂布帳下首席謀士。潛：暗中，秘密。呂布：字奉先，五原郡九原縣（今內蒙古包頭）人。東漢末年名將，漢末群雄之一。

③ 程昱：字仲德，兗州東郡東阿（今山東東阿）人。東漢後期至三國時期曹魏謀士、名臣。荀彧：字文若，潁川潁陰（今河南許昌）人。東漢末年著名政治家、戰略家。

④ 微：無，沒有。

⑤ 相持：指雙方對立、爭持，互不相讓。

⑥ 王檀：字眾美，京兆（今陝西西安）人。五代時期後梁將領。乘虛：指趁人空虛無備。

⑦ 數四：指再三再四，多次。

⑧ 安金全：代北人。世為邊將，善騎射，晚唐大將。帥：通「率」，率領。擊卻：指擊退。卻：退。

⑨ 石君立：趙州昭慶人，亦謂之石家財。晚唐將領。

⑩ 旋踵：指調轉腳跟，比喻時間極短。

【譯文】

　　曹操在兗州，率軍向東去徐地攻打陶謙，而陳宮暗中開門迎接呂布做了兗州牧，兗州所屬的郡縣都背叛了曹操，依賴程昱、荀彧的力量，保全了東阿、鄄、范三座城池來等待曹操。曹操回來，拉著程昱的手說：「如果沒有您的力量，我就沒有可以回的地方了。」曹操上奏讓程昱做東平相。唐莊宗和梁國人在黃河邊對峙，梁國將領王檀乘虛襲擊晉陽。晉陽城中沒有準備，好幾次都差點要被攻陷，依賴安金全率領子弟們在城內擊退敵人，石君立帶領昭義兵在城外攻破敵軍，晉陽才得以保全。但唐莊宗因為這些計策不是自己制定的，對安金全等人都沒有進行賞賜。曹操最終擁有了天下，唐莊宗雖然能夠消滅梁

國，但不久後就滅亡了，考察他們做事的方法，大概就能看出來了。

雲中守魏尚^①

【原文】

　　《史記》《漢書》所記馮唐救魏尚事，其始云：「魏尚為雲中守，與匈奴戰，上功^②幕府，一言不相應^③，文吏以法繩^④之，其賞不行。臣以為陛下賞太輕，罰太重。」而又申言^⑤之云：「且雲中守魏尚，坐上功首虜差六級^⑥，陛下下^⑦之吏，削^⑧其爵，罰作之。」重^⑨言雲中守及姓名，而文勢益^⑩遒健有力，今人無此筆也。

【註釋】

① 魏尚：西漢槐裏（今陝西興平）人。漢文帝時為雲中（今內蒙古托克托東北）太守。他鎮守邊陲，防禦匈奴，作戰有功。後因上報朝廷的殺敵數字與實際不符，只差六顆頭顱，被削職查辦。

② 上功：指呈報功勞。

③ 相應：指相符合。

④ 繩：按一定的標準去衡量、糾正。

⑤ 申言：指再次陳說，重複述說。

⑥ 級：古代指戰時或用刑斬下的人頭。

⑦ 下：遞送。

⑧ 削：削弱，削減。

⑨ 重：重複。

⑩ 益：更加。

【譯文】

　　《史記》《漢書》中所記載的馮唐救魏尚的事情，馮唐開頭說：「魏尚是雲中的郡守，與匈奴作戰，向幕府上報功績，一句話回答得不相符，執法官吏用法律處罰他，沒有賞賜他。我認為陛下您賞賜得太輕，懲罰得太重。」並且又申述這件事，說：「況且雲中郡守魏尚，犯了呈報戰功時斬首俘虜的人數中差了六顆人頭的錯誤，陛下您就把他交給執法官吏處置，削了他的官爵，進行了處罰。」重複說到雲中郡守和他的姓名，文章的氣勢就更加遒勁有力，現在的人沒有這樣的筆力了。

卷十六

兄弟直西垣①

【原文】

　　《秦少遊集》中，有《與鮮于子駿書》云：「今中書舍人皆以伯仲②繼直西垣，前世以來未有其事，誠③國家之美，非特衣冠④之盛也，除書⑤始下，中外欣然，舉酒相屬⑥。」予以其時考之，蓋元祐二年，謂蘇子由、曾子開、劉貢甫也⑦。子由之兄子瞻，子開之兄子固、子宣⑧，貢甫之兄原甫⑨，皆經⑩是職，故少遊⑪有此語云。紹興二十九年，予仲兄始入西省，至隆興二年，伯兄繼之，乾道三年，予又繼之，相距首尾九歲。予作謝表云：「父子相承，四上巒坡⑫之直；弟兄在望，三陪鳳閣⑬之遊。」比之前賢，實為遭際⑭，固為門戶榮事，然亦以此自愧也。

【註釋】

① 直西垣：指在中書省當值。西垣：唐宋時中書省的別稱，因設於宮中西掖，故稱。

② 伯仲：指弟兄排行的次序，代稱兄弟。伯在兄弟中排行第一，仲排第二。

③ 誠：實在，的確。

④ 衣冠：衣和冠。古代士以上戴冠，故以此代稱縉紳、士大夫。

⑤ 除書：指拜官授職的文書。

⑥ 相屬：指互相勸酒，向人敬酒。

⑦ 蘇子由：蘇轍，字子由，一字同叔，晚號潁濱遺老，眉州眉山（今屬四川）人。蘇軾的弟弟。北宋文學家、詩人、宰相。曾子

開：曾肇，字子開，號曲阜先生，宋建昌南豐（今屬江西）人。曾鞏異母弟。北宋政治家、詩人。劉貢甫：劉攽，字貢甫，號公非。劉敞之弟。北宋史學家。

⑧ 子固：曾鞏，字子固，建昌軍南豐（今江西南豐）人。北宋散文家、史學家、政治家。子宣：曾布，字子宣，曾鞏之弟。北宋中期宰相，王安石變法的重要支持者。

⑨ 原甫：劉敞，字原父，一作原甫，臨江新喻荻斜（今屬江西樟樹）人。北宋史學家、經學家、散文家。

⑩ 經：治理，管理。

⑪ 少遊：秦觀，字少遊，一字太虛，別號邗溝居士，學者稱其淮海居士，江蘇高郵人。北宋文學家、詞人，被尊為婉約派一代詞宗。

⑫ 鑾坡：唐德宗時，嘗移學士院於金鑾殿旁的金鑾坡上，後遂以鑾坡作為翰林院的別稱。

⑬ 鳳閣：官署名。鳳閣的最高長官稱內史，即中書省的最高長官中書令。

⑭ 遭際：指際遇。

【譯文】

《秦少遊集》中，有《與鮮于子駿書》說：「現在中書舍人很多都是兄弟，相繼到直西垣當值，前代以來沒有這樣的事，這確實是因為國家興旺，不只是讀書人興盛的緣故，任命的文書剛剛頒下，朝廷內外都很高興，舉杯互相慶賀。」我根據時間考證，大概是元祐二年，說的是蘇子由、曾子開、劉貢甫。子由的兄長子瞻，子開的兄長子固、子宣，貢甫的兄長原甫，都擔任過這個職位，所以秦少遊有這樣的話。紹興二十九年，我的二哥才進入中書省，到隆興二年，大哥接著擔任了這個官職，乾道三年，我又接著擔任了這個官職，前後相差九年。我寫了道謝的奏章說：「父子相承，四次進入翰林院當值；兄弟相望，三次到中書省為官。」與前面的賢人相比，實在是幸運的

際遇，固然是家門榮耀的事情，但也因此覺得慚愧。

吳王殿

【原文】

　　漢高祖五年，以長沙、豫章、象郡、桂林、南海立番君吳芮[1]為長沙王。十二年，以三郡封吳王濞[2]，而豫章亦在其中。又趙佗[3]先有南海，後擊並桂林、象郡。則芮所有，但長沙一郡耳。按芮本為秦番陽令，故曰番君。項羽已封為衡山王，都邾。邾，今之黃州也。複侵奪其地。故高祖徙之長沙而都臨湘，一年薨[4]，則其去番也久矣。今吾邦[5]猶指郡正廳為吳王殿，以謂芮為王時所居。牛僧孺[6]《玄怪錄》載，唐元和中，饒州刺史齊推女，因止[7]州宅誕育，為神人擊死，後有仙官[8]治其事，云：「是西漢鄱陽王吳芮。今刺史宅，是芮昔時所居。」皆非也。

【註釋】

① 吳芮：秦漢交替時期的百越領袖。他是第一個回應秦末農民起義的秦吏，項羽分封諸侯，吳芮被封為衡陽王；漢朝建立，改封其為長沙王。死後諡「文王」。

② 吳王濞：劉濞，沛郡豐邑（今徐州豐縣）人。漢高祖劉邦之侄，西漢諸侯王。漢景帝時，劉濞謀劃「清君側」，聯合楚、趙等諸侯國叛亂，史稱七國之亂。

③ 趙佗：恒山郡真定縣（今河北正定）人。原為秦朝將領，秦末大亂時，趙佗割據嶺南，建立南越國，號稱「南越武王」或「南越武帝」。

④ 薨：古代稱諸侯或有爵位的大官死去。

⑤ 邦：泛指地方。

⑥ 牛僧孺：字思黯，京兆杜陵（今陝西西安）人。唐穆宗、唐文宗時宰相。

⑦ 止：停留，逗留。

⑧ 仙官：道教稱有尊位的神仙。此處藉以尊稱道士。

【譯文】

漢高祖五年時，把長沙、豫章、象郡、桂林、南海分封給番君吳芮，冊立他做長沙王。十二年時，把三個郡分封給吳王濞，而豫章也包括在內。另外趙佗先佔有了南海，後來攻佔兼併了桂林和象郡。那麼吳芮所擁有的，只有長沙一郡罷了。我考察吳芮本來是秦國的番陽令，所以稱為番君。項羽已經封他為衡山王，定都在邾地。邾地，就是現在的黃州。後來又侵佔奪取了他的土地。所以高祖把他遷移到長沙做了長沙王，定都臨湘，一年後他就死了，那麼他離開番陽也已經很久了。現在我家鄉的人還指認郡縣官署的正廳是吳王殿，認為是吳芮做長沙王時所居住的地方，牛僧孺《玄怪錄》中記載，唐代元和年間，饒州刺史齊推的女兒，因為留宿在州宅生孩子，被神人用雷電擊死了，後來有道士辦理這件事，說：「這是西漢鄱陽王吳芮做的。現在刺史的宅院，是吳芮以前居住的地方。」這都是不對的。

王 衛 尉①

【原文】

漢高祖怒蕭何，謂王衛尉曰：「李斯②相秦皇帝，有善歸主，有惡自予③，今相國請吾苑以自媚於民④，故繫⑤治之。」衛尉曰：「秦以不聞其過亡天下，李斯之分過⑥，又何足法⑦哉！」唐太宗疑三品以上輕魏王⑧，責之曰：「我見隋家諸王，一品以下皆不免其躓頓⑨，我自不許兒子縱橫⑩耳。」魏鄭公曰：「隋高祖不知禮義，寵縱諸子，

使行非禮⑪，尋⑫皆罪黜，不可以為法，亦何足道。」觀高祖、太宗一時失言，二臣能因⑬其所言隨即規正，語意既直，於激切中有婉順⑭體，可謂得諫爭之大義⑮。雖微二帝，其孰不降心⑯以聽乎！

【註釋】

① 王衛尉：衛尉王氏，事不詳。衛尉：官職名，始於秦，為九卿之一，漢朝沿襲，為統率衛士守衛宮禁之官。

② 李斯：字通古，戰國末期楚國上蔡（今河南上蔡）人。秦代著名的政治家、文學家和書法家。

③ 自予：指給予自己，即自己承擔。

④ 苑：古代養禽獸植林木的地方，多指帝王的花園。自媚：諂媚、巴結他人。

⑤ 繫：拘囚。

⑥ 分過：指分擔過失、過錯。

⑦ 法：效法。

⑧ 魏王：李泰，字惠襃，小字青雀。唐太宗第四子，母長孫皇后。

⑨ 躓頓：即挫辱，受凌辱。

⑩ 縱橫：指放肆，無所顧忌。

⑪ 非禮：指不合禮儀制度。

⑫ 尋：頃刻，不久。

⑬ 因：根據，按照。

⑭ 婉順：指委婉和順。

⑮ 大義：指要義，要旨。

⑯ 降心：指平抑心氣。

【譯文】

　　漢高祖對蕭何很惱火，對王衛尉說：「李斯輔佐秦始皇，有好事歸君主，有壞事自己承擔，現在相國蕭何請求開墾我的上林苑來討好百姓，所以我要把他抓起來治罪。」衛尉說：「秦始皇因為沒有聽到

自己的過錯而失去了天下，李斯為他分擔過錯，又有什麼值得效法的呢！」唐太宗懷疑三品以上的官員輕視魏王，就責備他們說：「我看到隋朝的各位親王，一品以下的官員都不能避免被凌辱，我自然不會允許兒子們放肆無禮的。」魏徵說：「隋高祖不懂得禮義，寵愛放縱各個兒子，使他們做一些不符合禮義的事情，不久後諸王都因為犯罪而遭廢黜，這不值得效法，也不值得稱道。」漢高祖、唐太宗一時失言，兩位臣子都能根據他們所說的話立即規勸其更正，語意直接，在激切中又有委婉順從，可以說是得到諫諍的要旨了。即使不是這兩位聖明的君主，誰會不平抑心氣來聽從呢！

稷^①有天下

【原文】

　「稷躬稼^②而有天下」「泰伯^③三以天下讓」「文王一怒而安天下之民」，皆以子孫之事追言之。是時，稷始封于邰，古公^④方邑於梁山之下，文王才有岐周之地，未得云天下也。禹未嘗躬稼，因稷而稱之。

【註釋】

① 稷：后稷，姬姓，名棄，黃帝玄孫，帝嚳嫡長子，母姜嫄。堯舜時期掌管農業之官，周朝始祖。

② 躬稼：指親身務農。

③ 泰伯：姬姓，周部落首領古公亶父長子。周代諸侯國吳國的第一代君主。古公亶父欲傳位季歷及其子姬昌（即周文王），泰伯偕仲雍讓位三弟季歷而出逃至荊蠻，建立國家稱號勾吳。

④ 古公：亶父，姬姓，名亶，又稱周太王，豳（，今陝西旬邑）人。上古周族的傑出領袖，周文王祖父，周王朝的奠基人。

【譯文】

　　「周代的祖先後稷親自耕作而擁有天下」「泰伯多次辭讓天下」「周文王一生氣就安定了天下的百姓」，這些記載都是根據子孫的事蹟追述的。當時，後稷最初分封在邰地，亶父剛在梁山腳下建立城邑，周文王才擁有岐山的土地時，還不能說會擁有天下。禹從來沒有親自耕種，因而通過後稷來稱讚他。

王逢原①

【原文】

　　王逢原以學術，邢居實②以文采，有盛名於嘉祐、元豐間。然所為詩文，多怨抑沉憤③，哀傷涕泣，若辛苦憔悴不得其平者，故皆不克④壽，逢原年二十八，居實才二十。天畀其才而嗇其壽⑤，吁，可惜哉！

【註釋】

① 王逢原：王令，字逢原，初字鍾美，原籍元城（今河北大名）。北宋文人，二十八歲就英年早逝。

② 邢居實：字敦夫，鄭州人。北宋詩人，幼年被稱為神童，但天妒英才，二十歲就去世了。

③ 怨抑沉憤：指怨恨抑鬱，深沉憤懣。

④ 克：能。

⑤ 畀：給予。嗇：吝嗇。

【譯文】

　　王逢原憑藉學術，邢居實憑藉文采，在嘉祐、元豐年間享有盛名。但他們所作的詩文，大多哀怨壓抑、深沉憤懣，讓人讀了悲傷落

淚，好像辛苦憔悴沒有得到公平的待遇，所以都不能長壽，王逢原活了二十八歲，邢居實才活到二十歲。上天給了他們才華卻捨不得給他們壽命，唉，可惜啊！

真假皆妄[1]

【原文】

　　江山登臨之美，泉石賞玩之勝，世間佳境也，觀者必曰如畫。故有「江山如畫」「天開圖畫即江山」「身在畫圖中」之語。至於丹青[2]之妙，好事君子嗟歎之不足者，則又以逼真目之。如老杜「人間又見真乘黃」「時危安得真致此」「悄然坐我天姥下」「斯須九重真龍出」「憑軒忽若無丹青」「高堂見生鶻」「直訝杉松冷」「兼疑菱荇香」之句是也。以真為假，以假為真，均之為妄境耳。人生萬事如是，何特此耶？

【註釋】

① 妄：虛妄，極不真實。
② 丹青：指畫像，圖畫。

【譯文】

　　登臨江山，賞玩泉石，都是世間最美好的境界，看到的人一定會說景色優美如畫。所以有「江山如畫」「天開圖畫即江山」「身在畫圖中」等句子。至於畫作的美妙，喜歡這些的人感歎了還不夠，就又用逼真來形容它們。比如杜甫的「人間又見真乘黃」「時危安得真致此」「悄然坐我天姥下」「斯須九重真龍出」「憑軒忽若無丹青」「高堂見生鶻」「直訝杉松冷」「兼疑菱荇香」等詩句都是這樣。用真的來形容假的，用假的來形容真的，都是虛妄的境界罷了。人生在世，萬事都是如此，哪里只限於這些呢？

容

齋

續

筆

卷　一

序

【原文】

　　是書先已成十六卷，淳熙十四年八月在禁林①日，入侍至尊壽皇聖帝清閒之燕②，聖語忽云：「近見甚齋隨筆。」邁竦③而對曰：「是臣所著《容齋隨筆》，無足采④者。」上曰：「⑤有好議論。」邁起謝，退而詢⑥之，乃婺女⑦所刻，賈人販鬻於書坊中，貴人買以入，遂塵乙覽⑧。書生遭遇，可謂至榮。因復裒臆說綴於後⑨，懼與前書相亂，故別以一二數而目⑩曰續，亦十六卷云。紹熙三年三月十日邁序。

【註釋】

① 禁林：翰林院的別稱。

② 至尊壽皇聖帝：即宋孝宗。宋孝宗於淳熙十六年傳位於子光宗，光宗上孝宗尊號為「至尊壽皇聖帝」。燕：通「宴」，宴會。

③ 竦：肅敬，恭敬。

④ 采：選取，取。

⑤ ：通「煞」，極，很。

⑥ 詢：詢問。

⑦ 婺女：指越地。晉左思《吳都賦》：「婺女寄其曜，翼軫寓其精。」李善注：「《漢書》，『越地，婺女之分野。』」

⑧ 塵：謙辭，蒙上灰塵，弄髒。乙覽：指稱皇帝閱覽文書。

⑨ 裒：聚集。臆說：謙辭，個人無根據的想法。綴：著作，組織文字以成篇章。

⑩　目：稱。

【譯文】

　　這本書之前已經寫成十六卷，淳熙十四年八月我在翰林院時，進宮參加宋孝宗舉辦的宴會，孝宗忽然說：「我近來看到一本什麼齋隨筆的書。」我恭敬地回答說：「這是臣下所寫的《容齋隨筆》，沒有什麼值得採納的。」太上皇說：「很有些好的議論。」我起來道謝，退下後詢問這件事，原來是越地的人刻板印刷了，商人賣到書坊中，權貴的人買了送進宮裏，於是就汙了皇上的眼。我的際遇，可以說是最榮耀的了。因而我又彙集個人的想法寫在後面，擔心和前面的內容互相混雜，所以用一二的數目來區別，稱作續筆，也是十六卷。紹熙三年三月十日洪邁序。

李建州

【原文】

　　建安城東二十里，有梨山廟，相傳為唐刺史李公祠。予守郡[①]日，因作祝文曰：「亟回哀眷。」書吏持白回字犯相公名[②]，請改之，蓋以為李回也。後讀《文藝·李頻傳》，懿宗時，頻為建州刺史，以禮法治下。時朝政亂，盜興，相椎敚[③]，而建賴頻以安。卒官下[④]，州為立廟梨山，歲祠之，乃證其為頻。繼往禱而祝之云，俟獲感應[⑤]，則當刻石紀實。已而得雨，遂為作碑。偶閱唐末人石文德所著《唐朝新纂》一書，正紀頻事，云除建州牧，卒於郡。曹松有詩悼之曰：「出旌臨建水，謝世在公堂。苦集休藏篋，清資罷轉郎。瘴中無子奠，嶺外一妻孀。恐是浮吟骨，東歸就故鄉。」其身後事落拓如此[⑥]。《傳》又云：「頻喪歸壽昌，父老相與扶柩[⑦]葬之。天下亂，盜發[⑧]其塚，縣人隨加封掩。」則無後可見云。《稽神錄》載一事，亦以為

回，徐鉉⑨失於不審也。

【註釋】

① 守郡：指擔任太守。

② 白：稟告。犯：觸犯，冒犯。

③ 椎敚：即椎奪，殺人掠奪。敚：通「奪」。

④ 官下：指做官的處所或地方。

⑤ 俟：等待。感應：指神明對人事的反響。

⑥ 身後事：指過世之後的事情。落拓：指貧困失意。

⑦ 扶柩：指護送靈柩。

⑧ 發：挖掘。

⑨ 徐鉉：字鼎臣，廣陵（今江蘇揚州）人。南唐、北宋初年文學家、
書法家。著有《稽神錄》等書。

【譯文】

　　建安城東二十里，有座梨山廟，相傳是唐代刺史李公的祠堂。我
在這裏擔任郡守時，曾寫了篇祝禱文祭祀他，文中有句話說：「丞回
哀眷。」辦事的書吏拿著祝文來回報說「回」字冒犯了李刺史的名諱，
請求我改掉，大概是認為李刺史是李回。後來我讀《文藝·李頻傳》，
上面記載唐懿宗時，李頻做建州刺史，用禮法治理百姓。當時朝政混
亂，盜賊盛行，互相掠奪，但建州依賴李頻卻能夠保持安定。後來李
頻死在刺史任上，建州百姓在梨山為他建了座廟，每年祭祀他，就可
以證明李刺史是李頻。之後我又去那裏祭祀並祝禱說，等到獲得感
應，就應當刻塊石碑記錄下來。不久後果然下了一場雨，於是就給他
立了一塊碑。後來偶然看到唐末人石文德所寫的《唐朝新纂》一書，
正好記載了李頻的事，說李頻擔任建州太守，死在任上。曹松有首詩
悼念他說：「出旌臨建水，謝世在公堂。苦集休藏篋，清資罷轉郎。
瘴中無子莫，嶺外一妻孀。恐是浮吟骨，東歸就故鄉。」他死後的事
情竟然窮困落魄到這種地步。《李頻傳》又說：「李頻去世後靈柩回

容齋隨筆

到故鄉壽昌，故鄉的父老鄉親互相幫著安葬。後來天下大亂，有盜墓者挖開他的墳，縣裏人又協助將其封掩起來。」那麼，李頻沒有後代是可以想見的了。宋朝的《稽神錄》記載了一件事，也把他當成了李回，這是因為作者徐鉉沒有審查清楚。

侍從官

【原文】

自觀文殿大學士至待制，為侍從官，令文①所載也。紹興三十一年，完顏亮②死於廣陵，車駕將幸建康，從官列銜③上奏，乞同班④入對。時湯岐公⑤以大觀文為行宮留守，寄聲⑥欲聯名，眾以名位不同為辭。岐公曰：「思退亦侍從也。」然竟⑦不克從。紹熙二年，吏部鄭尚書僑上章乞薦士，詔令在內近臣台諫、在外侍從，各舉六人堪⑧充朝士者。吏部遍牒⑨，但及內任從官與在外待制以上，而前宰相執政皆不預。安有從官得薦人，而舊弼⑩乃不然，有司之失也。

【註釋】

① 令文：指法令文書。
② 完顏亮：字元功，女真名迪古乃，金太祖完顏阿骨打庶長孫，金朝第四位皇帝。
③ 列銜：指簽署職銜。這裏指聯名。
④ 同班：指班列相同。
⑤ 湯岐公：湯思退，字進之，號湘水，南宋宰相，死後封「岐國公」。
⑥ 寄聲：指托人傳話。
⑦ 竟：終於，到底。
⑧ 堪：能，足以。

⑨ 遍：全面，到處。牒：公文，文書。
⑩ 舊弼：指以前的輔佐大臣。

【譯文】

　　從觀文殿大學士到待制，都是侍從官，這是法令文書裏面記載的。紹興三十一年，完顏亮死在廣陵，高宗的車馬要去巡幸建康，侍從官聯名上奏勸阻，還請求上朝當面稟告。當時湯岐公以觀文殿大學士的身份擔任行宮留守，讓人傳話說想要參加聯名上奏，眾人因為名位不同而推辭了。湯岐公說：「我湯思退也是侍從官。」但是眾人最終沒能順從他。紹熙二年，吏部尚書鄭僑上奏章請求舉薦人才，皇上下令在內的近臣、台諫官、在外的侍從官，各自舉薦六個能夠補充朝廷所需的人才。吏部下達告示，只是通知到了全部在內任職的侍從官和在外待制以上的官員，而前宰相執政時的官員都沒有參與。哪裡有侍從官能夠推薦人才，而以前的輔佐大臣卻不能這樣做的道理，這是主管部門的失誤啊。

公子奚斯①

【原文】

　　《宮》詩曰：「新廟奕奕，奚斯所作。」其辭只謂奚斯作廟，義理甚明。鄭氏之說，亦云作姜嫄廟也。而揚子②《法言》，乃曰：正考甫嘗晞尹吉甫③，公子奚斯晞正考甫。宋咸④注文，以謂奚斯慕考甫而作《魯頌》，蓋子云失之於前，而宋又成其過耳。故吳秘又巧為之說曰⑤：「正考甫《商頌》蓋美禘祀⑥之事，而奚斯能作閔公之廟，亦晞《詩》之教也，而《魯頌》美之。」於義迂⑦矣。司馬溫公亦以謂奚斯作《閟宮》之詩。兼⑧正考甫只是得《商頌》於周大師耳，初非自作也。班固、王延壽⑨亦云奚斯頌魯，後漢曹褒⑩曰：「奚斯頌

魯，考甫詠商。」注引薛君《韓詩傳》云：「是詩公子奚斯所作。」皆相承之誤。

【註釋】

① 奚斯：春秋魯國人，公子魚之子。

② 揚子：揚雄，字子雲，西漢蜀郡成都（今四川成都）人。西漢官吏、學者，博覽群書，長於辭賦，著有《甘泉賦》《法言》《太玄》等。

③ 正考甫：亦作正考父，春秋時期宋國大夫，大聖人孔子的七世祖。睎：仰慕。尹吉甫：兮氏，名甲，又名尹，稱尹吉甫。西周尹國國君，是《詩經》的主要採集者，也是軍事家、詩人、哲學家，被尊稱為中華詩祖。

④ 宋咸：字貫之，建陽童遊里人。著有《周易補注》《揚子法言廣注》《毛詩正紀外義》等。

⑤ 吳秘：字君謨，北宋福建建安人。著有《揚子箋》《春秋三傳集解》等。巧：虛浮不實，偽詐。

⑥ 禘祀：即禘祭，古代對天神、祖先的大祭。

⑦ 迂：曲折，繞遠。

⑧ 兼：表示另一方面，可譯為「還」「同時」。

⑨ 王延壽：字文考，一字子山，南郡宜城（今湖北宜城）人。東漢辭賦家。曾周遊魯國，作《魯靈光殿賦》。

⑩ 曹襃：字叔通，魯國薛人。東漢官吏。

【譯文】

　　《詩經·魯頌·閟宮》詩中說：「新廟奕奕，奚斯所作。」這句話只是說奚斯造了廟，含義非常明確。鄭玄的注釋，也說奚斯造了姜嫄廟。但是揚雄的《法言》中卻說：正考甫曾經仰慕尹吉甫，公子奚斯仰慕正考甫。宋咸注釋《法言》時，認為奚斯仰慕正考甫而寫了《魯頌》，這是因為揚雄在之前說錯了，而宋咸又肯定了他的過錯罷了。

所以吳秘又虛偽浮誇地解釋說：「正考甫的《商頌》大概是讚美禘祭的事情，而奚斯能造閟公廟，也是仰慕《詩經》的教化，寫了《魯頌》來讚美。」這對於原義就更遠了。司馬溫公也認為奚斯寫了《閟宮》這首詩。另外，正考甫只是從周大師那裏得到《商頌》，最初也不是自己寫的。班固、王延壽也說奚斯寫了《魯頌》，東漢的曹褒說：「奚斯頌魯，考甫詠商。」注釋中引用薛君《韓詩外傳》中說的：「是詩公子奚斯所作。」這都是互相承襲了錯誤的說法。

晉燕用兵

【原文】

萬事不可執①一法，而兵為甚。晉文公圍曹，攻門者多死，曹人屍諸城上。晉侯患之，聽輿人②之謀曰：「稱舍於墓③。」言若將發塚者。師遷焉，曹人凶懼④。因其凶而攻之，遂入曹。燕將騎劫攻齊即墨，田單縱反間言⑤：吾懼燕人掘吾城外塚墓。燕軍乃盡掘塚墓，燒死人，齊人望見皆涕泣，其欲出戰，怒自十倍，已而果敗燕軍。觀晉、燕之所以用計則同，而其成敗頓異者何邪？晉但舍於墓，陽⑥為若將發塚，故曹人懼；而燕真為之，以激怒齊人故爾。

【註釋】

① 執：固執，堅持。
② 輿人：指古代職位低微的吏卒。
③ 稱：舉事，領兵。舍：宿營。
④ 凶懼：指恐懼，驚擾不安。
⑤ 縱：放。這裏指派遣。反間：指潛入敵方刺探情報的人。
⑥ 陽：假裝。

【譯文】

　　萬事不能堅持用同一種方法處理，而戰爭更是這樣。晉文公圍攻曹國，攻打城門的士卒大多死了，曹國人把這些屍體堆放在城牆上。晉文公很擔憂，聽到一個職位低微的僕役獻計說：「帶領軍隊駐紮到曹國人的墓地去。」並聲稱挖掘墳墓。晉國軍隊移動到墓地，曹國人驚慌害怕。晉國軍隊趁著他們驚慌時去攻打，就進入了曹國。燕國將領騎劫去攻打齊國的即墨，田單派間諜去散佈謠言說：我田單害怕燕國人挖掘我們城外的墳墓。燕國軍隊就把即墨城的墳墓都挖開了，焚燒死去的人，齊國人看到後都哭泣流淚，想要衝出去與燕軍作戰，憤怒增加了十倍，不久果然打敗了燕國軍隊。光看晉國、燕國所用的計謀就相同，但他們成敗卻完全不一樣，這是什麼原因呢？晉國只是駐紮在墓地，假裝說要去挖開墳墓，所以曹國人害怕；但是燕國卻真的這麼做了，以至於激怒了齊國人。

漢郡國諸官

【原文】

　　西漢鹽鐵、膳羞、陂湖、工服之屬①，郡縣各有司局幹②之，其名甚多，然居之者罕。嘗見於史傳，今略以《地理志》所載言之，凡鐵官三十八，鹽官二十九，工官九，皆不暇③紀其處。自餘④若京兆有船司空，為主船官。太原有挏馬官⑤，主牧馬（元名家馬官），遼東有牧師官，交趾有羞官，南郡有發弩官，嚴道有水官，丹陽有銅官，桂陽有金官，南海有洭浦官，南郡江夏有雲夢官，九江有陂官、湖官，朐忌、魚復有橘官，鄱陽黃金采，主採金，亦有官。在內則奉常⑥之均官、食官；司農之斡官；少府⑦之大官主膳食，湯官主餅餌，導官主擇米，如是者蓋以百數。

【註釋】

① 膳羞：指美味的食品。陂湖：指湖澤。

② 幹：通「管」，主管，掌管。

③ 不暇：指沒有空閒，來不及。

④ 自餘：指其餘，此外。

⑤ 挏馬官：漢官名。主取馬乳製酒。

⑥ 奉常：掌宗廟禮儀的官職。

⑦ 少府：掌山海地澤收入和皇室手工業製造，為皇帝的私府。

【譯文】

　　西漢時，買賣鹽鐵、製作飲食、修建湖澤、工藝服飾之類的事務，郡縣都有專門的部門來管理，名目非常多，但是真正擔任這個職位的人很少。我曾經在史料傳記中看到過，現在簡單地用《漢書·地理志》中所記載的來說明，總共有鐵官三十八個，鹽官二十九個，工官九個，但都沒有記載他們所在的地方。其餘的比如在京兆地區的有船司空，是主管船隻的官員。太原有挏馬官，主管養馬（原來的名字是家馬官），遼東有牧師官，交趾有羞官，南郡有發弩官，嚴道有水官，丹陽有銅官，桂陽有金官，南海有湟浦官，南郡江夏有雲夢官，九江有陂官、湖官，朐忍、魚復有橘官，鄱陽的黃金采，主管採金，也有官。在朝廷內就有奉常官下屬的均官、食官；司農官下屬的幹官；少府官下屬主管膳食的大官，主管餅餌的湯官，主管選擇米糧的導官，像這樣的官員名目大概有幾百個。

卷 二

權若訥馮澥①

【原文】

　　唐中宗既流殺五王②，再復武氏陵廟。右補闕權若訥上疏，以為：「天地日月等字，皆則天能事③，賊臣敬暉等輕紊④前規，削之無益於淳化⑤，存之有光⑥於孝理。又神龍制書⑦，一事以上，並依貞觀故事，豈可近舍母儀⑧，遠尊祖德？」疏奏，手制⑨褒美。欽宗⑩在位，懲王安石、蔡京之誤國，政事悉以仁宗為法。左諫議大夫馮澥上言：「仁宗皇帝，陛下之高祖也；神宗皇帝，陛下之祖也。子孫之心，寧⑪有厚薄？王安石、司馬光皆天下之大賢，其優劣等差⑫，自有公論⑬，願無作好惡，允執厥中⑭，則是非自明矣。」詔榜⑮朝堂。侍御史李光⑯駁之，不聽，復為右正言崔⑰所擊。宰相不復問，而遷澥吏部侍郎。按若訥與澥兩人，議論操持⑱絕相似，蓋澥在崇寧⑲中，首上書乞廢元祐皇后⑳，自選人㉑除寺監丞，其始終㉒大節，不論可見。建炎初元㉓，乃超居政地㉔，公議憤㉕之。

【註釋】

① 權若訥：約唐玄宗開元中前後在世，官至梓州刺史。馮澥：字長源，號雪崖，普州安嶽（今屬四川）人。北宋官員。

② 唐中宗：李顯，原名李哲，唐朝第四位皇帝，唐高宗李治第七子，武則天第三子。683至684年、705至710年兩度在位。五王：指唐代張柬之、敬暉、崔玄、袁恕己、桓彥範。武周天授五年張柬之等五人發動政變，重立中宗為帝，復國號唐，以功皆封郡王。

③ 能事：指所能之事。這裏指創造出來的。

④ 輕紊：指輕易地擾亂。紊：亂。

⑤ 削：減少，刪除。淳化：指淳德教化。

⑥ 光：光大。

⑦ 神龍：武周武則天和唐中宗李顯的年號。制書：古代帝王詔令文書的文種名稱之一。唐初沿襲前代制度，發佈重要政令主要使用詔書。武后天授元年（690）改國號為周，因詔字與武后之名曌字同音，為避諱而廢之，重要政令一律改用制書發佈。

⑧ 母儀：指為人母的儀範。多用於皇后。

⑨ 手制：指親手製作。這裏指親手書寫。

⑩ 欽宗：宋欽宗趙桓，宋朝第九位皇帝，北宋末代皇帝。

⑪ 寧：豈，難道。

⑫ 等差：指等級差別。

⑬ 公論：指公正或公眾的評論。

⑭ 允執厥中：指言行符合不偏不倚的中正之道。允：誠信。執：遵守。厥：其。

⑮ 榜：公開張貼的名單、文書。

⑯ 李光：字泰發，一作字泰定，號轉物老人，越州上虞（今浙江上虞）人。南宋名臣、文學家、詞人。

⑰ 崔：元祐年間進士，南宋官員。

⑱ 操持：指操守，立身處世的原則。

⑲ 崇寧：宋徽宗趙佶的第二個年號，使用這個年號共5年。

⑳ 元祐皇后：孟姓，常稱為元祐孟皇后，洺州（約在今河北永年）人。宋哲宗的第一位皇后。兩度被廢又兩度復位，並兩次在國勢危急之下被迫垂簾聽政。

㉑ 選人：唐代稱候補、候選的官員，宋沿用之。

㉒ 始終：指一生，平生。

㉓ 建炎：南宋皇帝宋高宗的第一個年號，共計4年。初元：即初年。元：為首的。

㉔ 政地：指處理政事的地方，即朝廷。

㉕ 憤：憤怒，怨恨。

【譯文】

　　唐中宗流放誅殺了五位親王後，又恢復了武氏的陵廟。右補闕權若訥上奏，認為：「天地日月等字，都是武則天創造的，賊臣敬暉等人輕易地擾亂以前的法規，廢除這些字對淳德教化沒有好處，留下這些字可以光大孝道。另外神龍年間頒佈詔書這件事，全部依照貞觀年間的舊制，怎麼可以捨棄近處為人母的儀範，而去推崇遙遠先祖的德行？」這份奏章呈上去後，中宗親手寫了讚美的話。宋欽宗在位時，懲處王安石、蔡京損害國家的行為，政事都效法宋仁宗時的制度。左諫議大夫馮澥上奏說：「仁宗皇帝，是陛下您的高祖；神宗皇帝，是陛下您的祖父。子孫尊敬先祖的心意，難道有厚薄嗎？王安石、司馬光都是天下的大賢人，他們的優劣等級，自然有天下人論斷，希望您不要表現出喜好或厭惡的態度，而是堅持公正的原則，那麼是非自然就明白了。」宋欽宗看到這份奏章，就下詔在朝堂上公開討論。侍御史李光反駁，馮澥不同意他的看法，接著又被右正言崔攻擊。宰相沒有過問這件事，卻把馮澥提拔成吏部侍郎。我考察權若訥和馮澥這兩個人，他們議論和品行非常相似，馮澥在崇寧年間，首先上書請求廢除元祐皇后，因而從候補官員晉升擔任了寺監丞，他一生的節操品行，不說也可以知道了。建炎初年，竟然越級身處管理政事的地位，百官議論紛紛，都感到不滿。

存歿絕句

【原文】

　　杜子美有《存歿》絕句二首云：「席謙不見近彈棋，畢曜仍傳舊

小詩。玉局他年無限笑，白楊今日幾人悲。」「鄭公粉繪隨長夜，曹霸丹青已白頭。天下何曾有山水，人間不解重驊騮。」每篇一存一歿。蓋席謙、曹霸存，畢、鄭歿也。黃魯直《荊江亭即事》十首，其一云：「閉門覓句陳無己，對客揮毫秦少遊。正字不知溫飽未，西風吹淚古藤州。」乃用此體。時少遊歿而無己存也。近歲新安胡仔①著《漁隱叢話》，謂魯直以今時人形入詩句，蓋取法於少陵，遂引此句，實失於詳究②云。

【註釋】

① 胡仔：字元任，績溪（今屬安徽）人。北宋著名文學家，著有《苕溪漁隱叢話》。

② 詳究：指詳細探究。

【譯文】

　　杜子美有兩首《存歿》絕句說：「席謙不見近彈棋，畢曜仍傳舊小詩。玉局他年無限笑，白楊今日幾人悲。」「鄭公粉繪隨長夜，曹霸丹青已白頭。天下何曾有山水，人間不解重驊騮。」每篇寫一個活著的人一個死去的人。席謙、曹霸還活著，畢曜、鄭虔去世了。黃魯直有十首《荊江亭即事》，第一首說：「閉門覓句陳無己，對客揮毫秦少遊。正字不知溫飽未，西風吹淚古藤州。」就是用的這種格式。當時秦少遊已經去世而陳無己還活著。近年來新安胡仔寫的《漁隱叢話》中說黃魯直是根據現代在世之人的形象寫的詩句，是效法杜甫，才寫出了這樣的句子，其實是沒有詳細考究啊。

張釋之①傳誤

【原文】

　　《漢書》紀、傳、志、表，矛盾不同非一，然唯張釋之為甚。本傳云：「釋之為騎郎，事文帝十年不得調，亡②所知名，欲免歸。中郎將袁盎惜其去③，請徙④補謁者，後拜為廷尉，逮⑤事景帝，歲餘，為淮南相。」而《百官公卿表》所載，文帝即位三年，釋之為廷尉，至十年，書廷尉昌、廷尉嘉又二人，凡歷十三年，景帝乃立，而張歐為廷尉，則是釋之未嘗十年不調，及未嘗以廷尉事景帝也。

【註釋】

① 張釋之：字季，堵陽（今河南方城）人。西漢法學家，法官。
② 亡：通「無」。
③ 袁盎：字絲，漢初楚國人，西漢大臣。惜：吝惜，捨不得。
④ 徙：調職。
⑤ 逮：及，到。

【譯文】

　　《漢書》中分紀、傳、志、表等體裁，其中互相矛盾的地方不止一處，但是只有張釋之傳記中這個問題最嚴重。張釋之的本傳說：「張釋之做騎郎官，侍奉漢文帝十年，沒有升遷，沒有誰知道他的名字，他想辭官回家。中郎將袁盎惋惜他的離去，上奏請求升張釋文做謁者，後來張釋文被任命為廷尉，等到侍奉漢景帝，一年多，就成為淮南王的丞相。」但是《百官公卿表》上所記載的是，漢文帝即位三年，張釋之做廷尉，到漢文帝十年，又寫有廷尉昌、廷尉嘉兩個人的名字，總共又經歷十三年，漢景帝才即位，但是廷尉是張歐，那麼這樣的話，張釋之不曾十年都沒有調任，而且也不曾在廷尉任上侍奉漢景帝。

漢唐置郵①

【原文】

趙充國②在金城,上書言先零、罕羌③事,六月戊申奏,七月甲寅璽書報④從其計。按金城至長安一千四百五十里,往反倍⑤之,中間更下⑥公卿議臣,而自上書至得報,首尾才七日。唐開元十年八月己卯夜,權楚璧⑦等作亂,時明皇幸洛陽,相去八百餘里。壬午,遣河南尹王怡如京師按問宣慰⑧,首尾才三日。置郵傳命,既如此其速,而廷臣共議,蓋亦未嘗淹⑨久,後世所不及也。

【註釋】

① 郵:古代傳遞文書的驛站。

② 趙充國:字翁孫,隴西上邽(今甘肅天水)人。西漢著名將領。

③ 先零、罕羌:古代羌人部落。

④ 報:批覆。

⑤ 倍:加倍,照原數等加。

⑥ 下:投送。

⑦ 權楚璧:雍州萬年(今陝西西安)人,官至左領軍衛兵曹參軍。開元十年,與眾人舉兵謀反。

⑧ 如:到,往。按問:指查究審問。宣慰:指宣揚政令,安撫老百姓。

⑨ 淹:滯,久留。

【譯文】

趙充國在金城,上奏章說平定先零、罕羌的事情,六月戊申日上奏,七月甲寅日收到加蓋玉璽的回覆,同意他的計畫。我考察金城到長安有一千四百五十里,往返就會加倍,中間還要下發給公卿臣子討論,但從上書到得到回覆,前後才花了七天。唐開元十年八月己卯日

晚上，權楚璧等人作亂，當時唐玄宗正巡幸洛陽，兩地相距八百多里。壬午日，就派遣河南尹王怡到京師調查審問叛亂的人並安撫百姓，前後才花了三天。設置驛站傳遞命令，已經這樣快速，而朝廷大臣們共同商議，也沒有拖延時間，這是後代趕不上的。

開元五王

【原文】

　　唐明皇兄弟五王，兄申王以開元十二年，甯王憲、邠王守禮以二十九年，弟岐王范以十四年，薛王業以二十二年薨，至天寶時已無存者。楊太真①以三載方入宮，而元稹《連昌宮詞》云：「百官隊仗避岐、薛，楊氏諸姨車斗風。」李商隱②詩云：「夜半宴歸宮漏永，薛王沉醉壽王醒。」皆失之也。

【註釋】

① 楊太真：楊玉環，號太真，又稱楊貴妃。善歌舞，通音律，為唐代宮廷音樂家、舞蹈家。中國古代四大美女之一。

② 李商隱：字義山，號玉溪生，又號樊南生。晚唐著名詩人。

【譯文】

　　唐玄宗兄弟五人被封為親王，兄長申王在開元十二年去世，甯王憲、邠王守禮在二十九年去世，弟弟岐王范在十四年去世，薛王業在二十二年去世，到天寶年間已經沒有活著的了。楊太真在天寶三年才進宮，但元稹《連昌宮詞》中說：「百官隊仗避岐、薛，楊氏諸姨車斗風。」李商隱的詩中說：「夜半宴歸宮漏永，薛王沉醉壽王醒。」都寫錯了。

二傳誤後世

【原文】

　　自《左氏》載石碏①事，有「大義滅親」之語，後世援以為說②，殺子孫，害兄弟。如漢章帝廢太子慶，魏孝文殺太子恂，唐高宗廢太子賢者，不可勝數。《公羊》書魯隱公、桓公事③，有「子以母貴，母以子貴」之語，後世援以為說，廢長立少，以妾為后妃。如漢哀帝尊④傅昭儀為皇太太后，光武廢太子強而立東海王陽，唐高宗廢太子忠而立孝敬⑤者，亦不可勝數。

【註釋】

① 石碏：春秋時衛國人。州籲是衛莊公的兒子，石碏的兒子石厚與州吁交好，州吁弒桓公而自立為君，石厚向父親請教安定君位的方法，石碏假意建議石厚跟從州吁通過陳桓公去朝覲周天子。然後請陳國拘留兩人，接著派人殺了州吁和石厚。春秋時史學家左丘明稱石碏：「為大義而滅親，真純臣也！」

② 援：引用。說：解釋。

③ 魯隱公、桓公事：魯隱公息是魯桓公允的哥哥，但是允的母親地位比息的母親高貴。子以母貴，所以魯惠公死後，應當立允為君主，然而息因年長而賢能，魯國大夫們都舉薦他做國君。最後息只好代替允上臺執政。《公羊傳·隱西元年》：「桓何以貴？母貴也。母貴則子何以貴？子以母貴，母以子貴。」

④ 尊：尊奉。

⑤ 孝敬：指唐孝敬皇帝李弘。唐高宗李治第五子，武則天長子，係高宗時期所立的第二位太子，薨逝於太子位，是唐朝第一位被追封為皇帝的太子。

【譯文】

自從《左傳》記載了石碏殺掉兒子的事情，有「大義滅親」之說，後代要引用這個例子做理由，殺子孫，害兄弟。比如漢章帝廢黜太子慶，魏孝文帝殺害太子恂，唐高宗廢黜太子賢等，數都數不清。《公羊傳》中寫了魯隱公、魯桓公的事情，有「子以母貴，母以子貴」這樣的話，後代引用這個例子做理由，廢黜年長的皇子擁立年幼的皇子，讓侍妾充當皇后、妃子的。比如漢哀帝尊奉傅昭儀為皇太太後，漢光武帝廢黜太子強而立東海王陽，唐高宗廢黜太子忠而立李弘等，也是數都數不清。

卷 三

諡 法①

「先王諡以尊名，節以一惠②。」語出《表記》。然不云起於何時，今世傳《周公諡法》，故自文王、武王以來始有諡。周之政尚文，斯③可驗矣。如堯、舜、禹、湯皆名，皇甫謐之徒附會為說④，至於桀、紂，亦表⑤以四字，皆非也。周王諡以一字，至威烈、貞定益以兩。而衛武公曰叡聖武公，見於《楚語》；孔文子曰貞惠文子，見於《檀弓》。各三字，意⑥當時尚多有之。唐諸帝諡，經三次加冊⑦，由高祖至明皇皆七字，其後多少不齊⑧。代宗以四字、肅、順、憲以九字，餘以五字，唯宣宗獨十八字，曰元聖至明成武獻文睿智章仁神聰懿道大孝。國朝祖宗諡十六字，唯神宗二十字，曰體元顯道法古立憲帝德王功英文烈武欽仁聖孝，蓋蔡京所定也。

【註釋】

① 諡法：評定諡號的法則。上古有號無諡，周初始制諡法，至秦廢。漢復其舊，歷代因之，至清止。

② 節：節制，管束。這裏指概括。一惠：指一生的功德。

③ 斯：這，這個。

④ 皇甫謐：幼名靜，字士安，自號玄晏先生，安定郡朝那縣（今甘肅靈台）人。三國西晉時期學者、醫學家、史學家。徒：徒黨，同一類或同一派別的人。附會：指勉強地把兩件沒有關係或關係很遠的事物硬拉在一起。

⑤ 表：記載。

⑥ 意：料想，猜想。

⑦ 加冊：指加封謚號。

⑧ 齊：同等，一致。

【譯文】

「給逝去的先王加上尊貴的謚號，來概括他一生的功德。」這句話出自《禮記·表記》。但沒有說是從什麼時候開始興起的，現在世上流傳著《周公謚法》，所以從周文王、周武王以來才有謚法。周朝的政治崇尚文治，這就可以驗證了。像堯、舜、禹、湯都是名字，皇甫謚那類人認為他們也有謚號，只是牽強附會的說法，至於桀、紂，也說有四個字的謚號，這都是不對的。周代的君主用一個字做謚號，到周威烈王、貞定王時增加成兩個字。而衛武公的謚號是叡聖武公，可以在《楚語》中見到；孔文子的謚號是貞惠文子，可以在《禮記·檀弓》中見到。他們各自都是三個字，大概當時崇尚多謚幾個字。唐代各個皇帝的謚號，經過三次加封，由唐高祖到唐明皇都是七個字，之後的謚號字數多少不一定。唐代宗是四個字的，肅宗、順宗、憲宗是九個字的，其餘的都是五個字的，只有宣宗竟然有十八個字，叫作元聖至明成武獻文睿智章仁神聰懿道大孝。本朝的祖宗都是十六個字的謚號，只有神宗是二十個字，叫作體元顯道法古立憲帝德王功英文烈武欽仁聖孝，這是蔡京所定的。

無望之禍①

【原文】

自古無望之禍玉石俱焚②者，釋氏謂之劫數③，然固自有幸不幸者。漢武帝以望氣④者言長安獄中有天子氣，於是遣使者分條中都官詔獄繫者，亡輕重一切皆殺之，獨郡邸獄⑤繫者，賴丙吉⑥得生。隋

煬帝令嵩山道士潘誕合煉金丹⑦不成，云無石膽石髓，若得童男女膽髓各三斛⑧六斗，可以代之，帝怒斬誕。其後方士言李氏當為天子，勸帝盡誅海內李姓。以煬帝之無道⑨嗜殺人，不啻草莽⑩，而二說偶不行。唐太宗以李淳風⑪言女武當王，已在宮中，欲取疑似者盡殺之，賴淳風諫而止。乙太宗之賢尚如此，豈不云幸不幸哉！

【註釋】

① 無望之禍：指突如其來的災禍。望：察看。

② 玉石俱焚：指美玉和石頭一樣燒壞。比喻好壞不分，同歸於盡。

③ 釋氏：佛姓「釋迦」的略稱。亦指佛或佛教。劫數：佛教用語。指命中註定的厄運、大難。

④ 望氣：風水學術語。術數中認為穴中有氣，高明的大師可以望見穴氣。

⑤ 郡邸獄：天下郡國上計者犯法，由該獄收押。郡邸：即郡國，一般的郡和諸侯王的封國統稱為郡國。

⑥ 丙吉：字少卿，魯國（今屬山東）人，西漢名臣。少時研習律令，初任魯國獄史，累遷廷尉監。漢武帝末奉詔治巫蠱郡邸獄，期間保護皇曾孫劉詢（漢宣帝）。

⑦ 金丹：古代方士煉金石為丹藥，認為服之可以長生不老。

⑧ 斛：古代容積單位。唐朝之前，斛為民間對石的俗稱，一斛就是一石，一石就是十斗。

⑨ 無道：指不行正道的壞人或暴君。

⑩ 不啻：指無異於，如同。草莽：指在山林中出沒的土匪強盜。

⑪ 李淳風：岐州雍（今陝西寶雞）人。精通天文、曆算、陰陽之說，是唐代傑出的天文學家、數學家、道家學者。

【譯文】

　　自古以來突然到來的災禍會把所有好的或壞的東西都毀滅，佛家稱它為劫數，但是本來就有幸運和不幸運兩種。漢武帝因為看風水的

人說長安的監獄中有天子的氣息，於是派遣使者分別下令都城的官員提出監獄中的囚犯，不論輕重一律都殺了，只有郡國中犯罪的人，依賴丙吉得以生還。隋煬帝命令嵩山道士潘誕合煉金丹，沒有成功，說是沒有石膽石髓，如果得到童男童女的膽髓各三斛六斗，就可以替代石膽石髓，隋煬帝生氣地斬了潘誕。之後有個方士說李氏應該做天子，勸說隋煬帝殺光國內姓李的人。像隋煬帝那樣沒有道義而喜歡殺人的人，與草莽盜賊差不多，上面兩件事卻偶然沒有實行。唐太宗因為李淳風說姓武的女子會做天子，而且已經在宮中，就想把有這種可能性的人都殺了，是靠著李淳風勸諫才未能實行。像唐太宗這樣賢德的君主尚且會這樣做，難道不該說有的幸運有的不幸嗎！

燕　說①

【原文】

　　黃魯直和張文潛八詩，其二云：「談經用燕說，束棄諸儒傳。濫觴雖有罪，未派彌九縣。」大意指王氏新經學②也。燕說出於《韓非子》，曰先王有郢書，而後世多燕說。又引其事曰：「郢人有遺③燕相國書者，夜書，火不明，謂持燭者曰：⑥舉燭。⑥已而④誤書⑥舉燭⑥二字，非書本意也。燕相受書，曰：⑥舉燭者尚明也。尚明者舉賢而用之。⑥遂以白王，王大說，國以治，治則治矣，非書意也。」魯直以新學多穿鑿⑤，故有此句。

【註釋】

① 燕說：即郢書燕說，指的是在解釋文章時曲解了原意，但有時可能也表達出了有價值的觀點。

② 王氏新經學：即荊公新學，是北宋時期王安石創立的學派。其學說主要體現在《三經新義》 即《詩義》《書義》《周禮義》，及其

為釋經而作的《字說》中，表達了王安石「以經術造士」的思想。

③ 遺：送交，交付。

④ 已而：不久，後來。這裏指緊接著。

⑤ 穿鑿：指非常牽強地解釋，硬說成具有某種意思。

【譯文】

　　黃魯直有唱和張文潛的八首詩，其中第二首說：「談經用燕說，束棄諸儒傳。濫觴雖有罪，未派彌九縣。」大意是指責王安石的新經學。「燕說」這個詞出自《韓非子》，上面說先王有「郢書」，而後世多「燕說」。又引用這件事說：「有個郢人要寫書信給燕國的宰相，晚上寫書信，火光不夠亮，對拿著蠟燭的僕人說：『舉燭』。緊接著就把『舉燭』兩個字誤寫進了書信裏，並不是信的本意。燕國宰相接到書信，認為：『點蠟燭就是要求明亮。要求明亮就是要推舉賢才而任用他們。』於是把這個意思稟告給燕王，燕王非常高興，國家因此得到治理，國家治理是治理好了，卻不是那封書信的本意。」黃魯直認為新經學有很多牽強的解釋，所以有「談經用燕說」這句詩。

折檻行

【原文】

　　杜詩《折檻行》云：「千載少似朱雲人，至今折檻空嶙峋。婁公不語宋公語，尚憶先皇容直臣。」此篇專為諫爭而設，謂婁師德[①]、宋璟也。人多疑婁公既無一語，何得為直臣[②]？錢伸仲云：「朝有闕政[③]，或婁公不語，則宋公語。」但師德乃武后朝人，璟為相時，其亡久矣。杜有祭房相國文，言「群公間[④]出，魏、杜、婁、宋」，亦並二公稱之，詩言先皇，意為明皇帝也，婁氏別無顯人有聲開元間[⑤]，為不可曉。

【註釋】

① 婁師德：字宗仁，鄭州原武（今河南原陽）人。唐朝宰相、名將。

② 直臣：指直言諫諍之臣。

③ 闕政：指有缺陷或弊病的政治措施。

④ 間：間或，斷斷續續。

⑤ 顯人：指有名聲的人。聲：名譽。

【譯文】

　　杜甫的《折檻行》詩：「千載少似朱雲人，至今折檻空嶙峋。婁公不語宋公語，尚憶先皇容直臣。」這首詩是專門為鼓勵諫諍而寫的，說的是婁師德、宋璟。世人大多懷疑婁師德既然沒有說任何勸諫的話語，怎麼能夠稱為直臣？錢伸仲解釋說：「朝廷有缺失的政事，婁師德不勸諫，那麼宋璟就會勸諫。」但是婁師德是武則天時期的人，宋璟做宰相時，婁師德已去世很久了。杜甫有篇祭房相國的文章，裏面說「賢德的宰相不斷出現，有魏徵、杜如晦、婁師德、宋璟」，也是把婁師德和宋璟放在一起，詩中說的「先皇」，指的是唐玄宗，開元年間沒有姓婁而聲名顯赫的人，所以杜甫這首詩不太能理解。

杜老不忘君

【原文】

　　前輩謂杜少陵當流離顛沛之際①，一飯未嘗忘君，今略紀其數語云：「萬方頻送喜，無乃聖躬勞。」「至今勞聖主，何以報皇天。」「獨使至尊憂社稷，諸君何以答升平。」「天子亦應厭奔走，群公固合思升平。」如此之類非一。

【註釋】

① 前輩：指較老的一代。流離顛沛：指由於災荒或戰亂而流轉離散。形容生活艱難，四處流浪。

【譯文】

　　年長一輩的人說杜甫在無家可歸到處飄零的時候，一頓飯的時間也不曾忘記過君主，現在簡略地記載幾句話來說明：「萬方頻送喜，無乃聖躬勞。」「至今勞聖主，何以報皇天。」「獨使至尊憂社稷，諸君何以答升平。」「天子亦應厭奔走，群公固合思升平。」像這樣的詩句不是只有一句兩句。

栽松詩

【原文】

　　白樂天《栽松詩》云：「小松未盈尺，心愛手自移。蒼然澗底色，雲濕煙霏霏。栽植我年晚，長成君性遲。如何過四十，種此數寸枝？得見成陰否？人生七十稀。」予治圃①於鄉里，乾道②己丑歲，正年四十七矣。自伯兄山居手移稚松數十本③，其高僅四五寸，植之雲壑④石上，擁土⑤以為固，不能保其必活也。過二十年，蔚然⑥成林，皆有幹霄⑦之勢，偶閱白公集，感而書之。

【註釋】

① 治圃：指修建了一處小園。圃：種植果木瓜菜的園地。

② 乾道：《乾道曆》中國古代曆法，南宋使用第三部曆法，屬於陰陽曆。

③ 稚：幼小。本：量詞，用於植物，株，棵。

④ 雲壑：指雲氣遮覆的山谷。

⑤ 擁土：指在作物莖的底部周圍培土。

⑥ 蔚然：指草木茂密的樣子。

⑦ 幹霄：指高入雲霄。

【譯文】

　　白居易的《栽松詩》說：「小松未盈尺，心愛手自移。蒼然澗底色，雲濕煙霏霏。栽植我年晚，長成君性遲。如何過四十，種此數寸枝？得見成陰否？人生七十稀。」我在鄉里修建了一處小園，乾道曆的己丑年，已經四十七歲了。從兄長的山居那裏親手移栽了幾十棵松苗，高度只有四五寸，種在雲氣遮蓋的山谷岩石旁，培了泥土來加固根部，也不能保證它們一定能成活。過了二十年，茂盛得已成了樹林，都有高入雲霄的氣勢，我偶然閱讀白居易的文集，看到這首詩很是感慨，就寫了下來。

卷　四

淮南守備①

【原文】

　　周世宗②舉中原百郡之兵，南征李景③。當是時，周室方強，李氏政亂，以之討伐，云若易然④。而自二年之冬，訖⑤五年之春，首尾四年，至於乘輿三駕⑥，僅得江北。先是河中李守貞叛漢，遣其客朱元來唐求救，遂仕於唐，樞密使查文徽妻之以女。是時，請兵復諸州，即⑦取舒、和。後以忮功偃蹇⑧，唐將奪其兵，元怒而降周。景械⑨其妻，欲戮之。文徽方執政，表乞其命，景批⑩云：「只斬朱元妻，不殺查家女。」竟斬於市。郭廷謂不能守濠州，以家在江南，恐為唐所種族⑪，遣使詣金陵稟命，然後出降。則知周師所以久者，景法度猶存，尚能制將帥死命故也。紹興之季⑫，虜騎犯淮，逾月之間，十四郡悉陷⑬。予親見沿淮諸郡守，盡掃官庫儲積，分寓⑭京口，云預⑮被旨許令移治。是乃平時無虞⑯，則受極邊⑰之賞，一有緩急⑱，委⑲而去之，寇退則反，了無分毫絓於吏議⑳，豈復肯以固守為心也哉？

【註釋】

① 守備：指防禦，防備。

② 周世宗：後周世宗柴榮，是五代時期後周皇帝，在位六年。

③ 李景：即李璟，初名景通，曾更名瑤，字伯玉。五代十國時期南唐第二位皇帝，後因受到後周威脅，削去帝號，改稱國主，史稱南唐中主。

④ 易然：形容容易的樣子。

⑤ 訖：截止。

⑥ 乘輿三駕：指皇帝御駕親征三次。乘輿：指皇帝或諸侯所用的車輿。

⑦ 即：立刻，當即。

⑧ 偃蹇：指驕橫，傲慢。

⑨ 械：拘繫，枷住。

⑩ 批：批示。

⑪ 種族：指誅族。

⑫ 紹興：宋高宗年號，共32年。季：末，一個朝代的末期。

⑬ 陷：攻破，佔領。

⑭ 寓：居住。

⑮ 預：預先，事先。

⑯ 無虞：指沒有憂患，太平無事。

⑰ 極邊：指非常遙遠的邊境。

⑱ 緩急：指危急之事或發生變故之時。

⑲ 委：拋棄，捨棄。

⑳ 絓：絆住，掛礙。吏議：指司法官吏關於處分定罪的擬議。

【譯文】

　　周世宗率領中原各地的軍隊，向南征討李璟。在那個時候，後周王室正強盛，李氏政局混亂，用軍隊去討伐，可以說非常容易。但是從周世宗二年的冬天，到五年的春天，前後花了四年，甚至有三次御駕親征，也只得到了江北地區。在這之前河中李守貞背叛了北漢，派遣他的客卿朱元到南唐求救，結果就留在南唐做官了，樞密使查文徽把女兒嫁給了他。當時，朱元請求發兵收復各個州縣，馬上就取回了舒州、和州。後來仗著功勞驕橫起來，南唐的大將奪走了他的兵權，朱元發怒而投降了後周。李璟把朱元的妻子抓起來，想要殺了她。查文徽正好是宰相，上奏請求饒了她的命，李璟回覆說：「只斬朱元妻，不殺查家女。」最終在菜市場斬了她。郭廷認為自己保不住濠

州，因為自己的家在長江以南地區，擔心被南唐滅族，就派遣使者去金陵拜見君主，稟告請示以後，才出城投降。這就可以知道後周軍隊之所以花了這麼久的時間攻打南唐，是因為李璟的法度還存在，還能控制將帥生命。紹興末年，北方少數民族的騎兵侵犯淮河地區，一個多月的時間，十四個郡縣全部陷落。我親眼見到淮河沿岸的各個郡守，拿光官庫裏儲存的錢財，逃到京口去居住，說事先已經下旨允許他們轉移到別的地方辦公。這便是平時沒事的時候受到守衛邊疆的賞賜，一旦有緊急情況，就丟掉邊疆離開，賊寇退去後他們再返回，完全不擔心會受到處罰，哪裡會有固守邊疆的決心呢？

鄭　權

【原文】

　　唐穆宗時，以工部尚書鄭權為嶺南節度使，卿大夫相率①為詩送之。韓文公作序，言：「權功德可稱道。家屬百人，無數畝之宅，僦②屋以居，可謂貴而能貧，為仁者不富之效也③。」《舊唐史·權傳》云：「權在京師，以家人數多，奉入不足，求為鎮④，有中人⑤之助。南海多珍貨，權頗積聚以遺之，大為朝士所嗤⑥。」又《薛廷老傳》云：「鄭權因鄭注得廣州節度，權至鎮，盡以公家珍寶赴京師，以酬恩地⑦。廷老以右拾遺上疏，請按⑧權罪，中人由是切齒⑨。」然則其為人，乃貪邪⑩之士爾！韓公以為仁者何邪？

【註釋】

① 相率：指相繼，一個接一個。

② 僦：租賃。

③ 仁者不富：指要仁愛就不能富貴。這裏是「為富者不仁，為仁者不富」的省稱，側重為富不仁，即靠不正當手段發財致富的人沒

有好心腸。效：摹仿，師法。

④ 鎮：古代在邊境駐兵戍守稱為鎮。鎮將管理軍務，有的也兼理民政。

⑤ 中人：指宦官。

⑥ 嗤：譏笑。

⑦ 恩地：唐以來對師門的稱呼。

⑧ 按：考察，考驗。

⑨ 切齒：齒相磨切，表示極端憤怒。

⑩ 貪邪：指貪婪奸邪。

【譯文】

　　唐穆宗時，任命工部尚書鄭權為嶺南節度使，卿大夫相繼寫詩送他。韓文公寫了序言，說：「鄭權的功德值得稱道。家族有上百人，沒有幾畝大的房屋，租房子來居住，可以說是尊貴而能過貧困的生活，是那些富貴而不仁義的人應該效仿的。」《舊唐書·權傳》中說：「鄭權在京城，因為家裏人口很多，俸祿不夠養活他們，要求去鎮守地方，得到宮中宦官的幫助。南海地區有很多珍貴的貨物，鄭權積累了很多贈送給宮中的宦官，很受朝中大臣的恥笑。」另外《薛廷老傳》中說：「鄭權依賴鄭注能夠得到廣州節度使的職位，鄭權到了廣州去鎮守地方，把官庫裏藏著的珍寶全部運送到了京城，來酬謝鄭注。薛廷老擔任右拾遺，上奏言說這件事，請求審查鄭權的罪過，宦官們因此痛恨薛廷老。」既然這樣，那麼鄭權的為人，就是貪婪邪惡的！韓文公認為他仁義是為什麼呢？

弱小不量力

【原文】

　　楚莊王[1]伐蕭，蕭人囚熊相宜僚及公子丙。王曰：「勿殺，吾退。」蕭人殺之，王怒，遂滅蕭。楚伐莒，莒人囚楚公子平。楚人曰：「勿殺，吾歸而[2]俘。」莒人殺之，楚師圍莒，莒潰[3]，遂入鄆。齊侯伐魯，圍龍，頃公之嬖人盧蒲就魁門焉[4]，龍人囚之。齊侯曰：「勿殺，吾與而盟，無入而封。」弗聽，殺而膊[5]諸城上。齊遂取龍。夫以齊、楚之大，而莒一小國，蕭一附庸[6]，龍一邊邑，方受攻之際，幸能囚執其人，強敵許以勿殺而退師，乃不度德量力，致怨於彼，至於亡滅，可謂失計。傳稱子產善相小國[7]，使當此時，必有以處之矣。

【註釋】

① 楚莊王：羋姓，熊氏，名侶（一作呂、旅），楚穆王之子。春秋時期楚國國君，春秋五霸之一，稱霸中原，威名遠揚。

② 而：你，你的。

③ 潰：散亂，垮臺。

④ 頃公：齊頃公，姜姓，呂氏，名無野，齊惠公之子。嬖人：同「嬖臣」，君主寵倖的臣子。

⑤ 膊：指分裂肢體而曝露之。

⑥ 附庸：指附屬於大國的小國。

⑦ 子產：姬僑，姬姓，氏公孫，名僑，字子產，號成子。出身於鄭國貴族，春秋時期鄭國人，傑出的政治家、思想家。相：治，治理。

【譯文】

　　楚莊王去討伐蕭國，蕭國人囚禁了熊相宜僚和公子丙。楚莊王

說：「不要殺他們，我會退兵的。」蕭國人還是殺了這兩人，楚莊王很生氣，就滅掉了蕭國。楚國去討伐莒國，莒國人囚禁了楚公子平。楚國人說：「不要殺他，我們可以放還你們的俘虜。」莒國人還是殺了公子平，楚國軍隊就圍困了莒國，莒國的軍隊潰敗，莒國君主就逃到了鄆城。齊侯去討伐魯國，圍困了龍地，齊頃公寵信的小臣盧蒲就魁去攻打城門，被龍地的人抓住了。齊侯說：「不要殺他，我與你們會盟講和，不會進入你們的封地。」龍地的人不聽，殺了盧蒲就魁並分屍掛在城牆上。齊國就攻克了龍地。齊國、楚國是大國，而莒國是一個小國，蕭國是一個附庸國，龍地是邊地一個城邑，他們受到攻打的時候，有幸能抓到對方的人，強大的敵人承諾說不殺抓到的人自己就可以退兵，但是他們竟然沒有考慮自己的力量，殺了抓到的人，以至於和敵人結了怨，導致國家滅亡，這可以說是失策了。相傳子產善於治理小國，如果讓他處在這個時候，一定有辦法處理這種情況。

禁天高之稱

【原文】

周宣帝①自稱天元皇帝，不聽②人有天、高、上、大之稱。官名有犯，皆改之。改姓高者為姜，九族稱高祖者為長祖。政和③中，禁中外不許以龍、天、君、玉、帝、上、聖、皇等為名字。於是毛友龍但名友，葉天將但名將，樂天作但名作，句龍如淵但名句如淵；衛上達賜名仲達，葛君仲改為師仲，方天任為大任，方天若為元若，余聖求為應求；周綱字君舉，改曰元舉；程振字伯玉，改曰伯起；程瑀亦字伯玉，改曰伯禹；張讀字聖行，改曰彥行。蓋蔡京當國，遏絕④史學，故無有知周事者。宣和⑤七年七月，手詔以昨臣僚建請⑥，士庶名字有犯天、玉、君、聖及主字者悉禁，既非上帝名諱，又無經據⑦，諂佞不根⑧，貽譏⑨後世，罷之。

① 周宣帝：北周宣帝宇文贇，字乾伯，鮮卑族。南北朝時期北周第四位皇帝。宇文贇暴虐荒淫，且濫施刑罰，經常派親信監視大臣言行，北周國勢日漸衰落。

② 聽：接受。

③ 政和：宋徽宗趙佶的年號，共使用8年。

④ 遏絕：指阻止，禁絕。

⑤ 宣和：宋徽宗最後一個年號，共使用7年。

⑥ 建請：指建言請求。

⑦ 經據：指載於經典的依據。

⑧ 諂佞：指花言巧語，阿諛逢迎。根：杜絕，根除。

⑨ 貽譏：指招致譏責。

【譯文】

　　周宣帝自稱是天元皇帝，不准別人使用天、高、上、大的稱呼。官員的名字有冒犯的，都改了。改高姓為姜姓，九族中的高祖改為長祖。政和年間，宋徽宗規定朝廷內外不許使用龍、天、君、玉、帝、上、聖、皇等字做名字。於是毛友龍只叫毛友，葉天將只叫葉將，樂天作只叫樂作，句龍如淵只叫句如淵；衛上達賜名仲達，葛君仲改為師仲，方天任改成大任，方天若改成元若，余聖求改成應求；周綱的字是君舉，改稱元舉；程振的字是伯玉，改稱伯起；程瑀的字也是伯玉，改稱伯禹；張讀的字是聖行，改稱彥行。這是因為蔡京執掌國政，阻止人們學習史料，所以沒有人知道北周有這種事。宣和七年七月，徽宗發下親手書寫的詔書，說因為之前臣子提出請求，官員和百姓名字中有冒犯天、玉、君、聖及主字的都被禁用了，這些既不是在上皇帝的名諱，又沒有經典可以依據，這是諂媚奉承的行為，如果不根除，就會被後人恥笑，所以廢除。

宣和冗官①

【原文】

　　宣和元年，蔡京將去相位，臣僚方疏官僚冗濫之敝②，大略云：「自去年七月至今年三月，遷官論賞者五千餘人。如：辰州招弓弩手，而樞密院支差房推恩者八十四人③；兗州升為府，而三省兵房推恩者三百三十六人。至有入仕才二年，而轉④十官者。今吏部兩選朝奉大夫至朝請大夫六百五十五員，橫行⑤右武大夫至通侍二百二十九員，修武郎至武功大夫六千九百九十一員，小使臣二萬三千七百餘員，選人一萬六千五百餘員。吏員猥冗⑥，差注⑦不行。」詔三省樞密院令遵守成法。然此詔以四月庚子下，而明日辛丑以賞西陲⑧誅討之功，太師蔡京，宰相余深、王黼，知樞密院鄧洵武，各與一子官，執政皆遷秩⑨。天子命令如是即日廢格⑩之，京之罪惡至矣！

【註釋】

① 冗官：指無專職而備、執行臨時使命的官吏。冗：多餘無用。
② 敝：通「弊」，弊病。
③ 支差：指支派差遣。推恩：指廣施仁愛，恩惠於他人。
④ 轉：遷官，轉任。
⑤ 橫行：指不循正道而行。
⑥ 猥冗：指煩瑣，蕪雜。
⑦ 差注：指吏部對地方官吏的選派任命。注：注官，即按資歷授官。
⑧ 陲：邊疆，國境，靠邊界的地方。
⑨ 遷秩：指官員晉級。
⑩ 廢格：指擱置而不實施。

【譯文】

宣和元年，蔡京將要被罷免宰相，大臣們才上奏官職太多的弊端，大略說：「從去年七月到今年三月，升官得到賞賜的人有五千多人。比如：辰州招募弓弩手，而樞密院派去負責這個差事的人有八十四個；兗州升為府，而三省、兵房受到恩惠的有三百三十六人。甚至有當官才兩年，卻調升十次官職的人。現在吏部選拔任命的朝奉大夫至朝請大夫有六百五十五人，不按規矩選拔的右武大夫至通侍有二百二十九人，修武郎至武功大夫有六千九百九十一人，小使臣有二萬三千七百多人，候補官員有一萬六千五百多人。官吏人員繁雜，委任官員的制度就很難實行。」皇上下詔書命令三省樞密院遵守以前的法度。但是這份詔書在四月庚子日下達後，第二天辛丑日，又因為要賞賜征討西部邊陲的功勞，太師蔡京，宰相余深、王黼，知樞密院鄧洵武，各自都有一個兒子被賜了官職，執掌朝政的人都得到升遷。天子的命令像這樣當日就被擱置不執行，蔡京的罪惡到極點了！

卷　五

買馬牧馬

【原文】

國家買馬，南邊於邕管，西邊於岷、黎，皆置使提督^①，歲所綱^②發者蓋逾萬匹。使臣、將校得遷秩。轉資^③，沿道數十州，驛程券食、廄圉薪蒭之費^④，其數不貲^⑤，而江、淮之間，本非騎兵所能展奮^⑥，又三牙^⑦遇暑月，放牧於蘇、秀以就水草，亦為逐處^⑧之患。因讀《五代舊史》云：「唐明宗問樞密使范延光內外馬數。對曰：『三萬五千匹。』帝歎曰：『太祖在太原，騎軍不過七千。先皇自始至終，馬才及萬。今有鐵馬如是，而不能使九州混一^⑨，是吾養士練將之不至也。』延光奏曰：『國家養馬大多，計一騎士之費可贍^⑩步軍五人，三萬五千騎，抵十五萬步軍，既無所施，虛耗國力。』帝曰：『誠^⑪如卿言。肥騎士而瘠^⑫吾民，民何負^⑬哉？』」明宗出於蕃戎，猶能以愛民為念。李克用^⑭父子以馬上立國制勝，然所蓄只如此。今蓋數倍之矣。尺寸之功不建，可不惜哉！且明宗都洛陽，正臨^⑮中州，尚以為騎士無所施。然則今雖純^⑯用步卒，亦未為失計也。

【註釋】

① 提督：指提調監督。

② 綱：唐、宋時成批運輸貨物的組織。

③ 轉資：指轉送物資。

④ 券食：指憑券供給的膳食。廄圉：指馬廄。薪蒭：指薪柴和牧草。

⑤ 貲：計量。

⑥ 展奮：指施展奮力。

⑦ 三牙：指三歲的牲口。這裏指幼馬。

⑧ 逐處：指各處，每處。

⑨ 九州混一：指天下統一。混：混同，混合。

⑩ 贍：供給。

⑪ 誠：確實。

⑫ 瘠：損削，使之貧弱。

⑬ 負：承擔，擔當。

⑭ 李克用：沙陀族，神武川新城人，唐末將領。因鎮壓黃巢起義有
　　功被封為晉王，後長期割據河東，他死後其子李存勖建立後唐。

⑮ 臨：面對。

⑯ 純：皆，都。

【譯文】

　　國家買馬，南邊在邕管買，西邊在岷州、黎州買，都設置了提調監督的官員，每年分批發送的大概超過上萬匹。管理這項事務的使臣、將校能因此得到升遷。運送這些馬匹，沿路經過幾十個州縣，準備驛站、接待官員、建造馬廄、餵養草料的費用，這些數目不能估量，而且江淮之間，本來就不是騎兵所能施展的地方，另外遇到炎熱天氣，幼馬要放養到蘇州、秀州水草豐足的地方，也成為當地的禍患。我閱讀《五代舊史》，上面說：「後唐明宗問樞密使范延光朝廷內外的馬匹數。范延光回答說：『三萬五千匹。』皇帝感歎說：『太祖在太原時，騎兵不超過五千。先皇自始至終，馬匹才達到一萬匹。現在我們有這麼多的馬，卻不能使天下統一，這是我養兵、訓練將士做的不夠啊。』范延光上奏說：『國家養的馬太多了，計算下來養一個騎兵的花費可以養五個步兵，三萬五千個騎兵的費用可以抵作十五萬步兵的費用，而且騎兵沒有施展的地方，白白耗費了國力。』皇帝說：『確實像您說的那樣。厚養騎兵而使我的百姓貧困，百姓怎麼承受得了啊？』」後唐明宗出身於少數民族，尚且還能顧念愛護百姓。

李克用父子憑藉騎兵建立國家、取得勝利，但所蓄養的騎兵只有這麼點。後唐明宗養的馬是他們的幾倍，卻沒有建立一點功勞，真讓人可惜啊！而且後唐明宗的都城在洛陽，正對著中原，尚且還認為騎兵沒有可以施展的地方。既然這樣，那麼現在即使全部使用步兵，也不算失策啊。

盜賊怨官吏

【原文】

　　陳勝①初起兵，諸郡縣苦秦吏暴，爭殺其長吏以應勝②。晉安帝③時，孫恩④亂東土，所至醢諸縣令以食其妻子⑤，不肯食者輒支解⑥之。隋大業⑦末，群盜蜂起⑧，得隋官及士族子弟皆殺之。黃巢⑨陷京師，其徒各出大掠，殺人滿街，巢不能禁，尤憎官吏，得者皆殺之。宣和中，方臘⑩為亂，陷數州，凡得官吏，必斷臠⑪支體，探⑫其肺腸，或熬以膏油，叢鏑⑬亂射，備盡楚毒⑭，以償⑮怨心。杭卒陳通⑯為逆，每獲一命官，亦即梟斬⑰。豈非貪殘者為吏，倚勢虐民，比屋⑱抱恨，思一有所出久矣，故乘時肆志⑲，人自為怒乎？

【註釋】

① 陳勝：字涉，陽城人。秦朝末年農民起義的領袖之一，與吳廣一同在大澤鄉（今安徽宿州）率眾起兵，不久後在陳郡稱王，建立張楚政權。

② 長吏：稱地位較高的縣級官吏。應：應和，回應。

③ 晉安帝：司馬德宗，字安德。東晉的第十位皇帝。

④ 孫恩：字靈秀，琅邪郡（今屬山東）人。東晉五斗米道道士和起義軍首領。東晉隆安三年（399）起兵反晉，餘眾由孫恩妹夫盧循領導，史稱「孫恩盧循之亂」。

⑤ 醢：肉醬。食：給人吃。

⑥ 支解：古代碎裂肢體的一種酷刑。

⑦ 大業：隋煬帝楊廣的年號，歷時13年多。

⑧ 蜂起：指像群蜂飛舞，紛然並起。

⑨ 黃巢：曹州冤句（今山東菏澤西南）人。唐末農民起義領袖，廣明元年（880），黃巢軍入洛陽，在含元殿即皇帝位，國號「大齊」，建元金統。

⑩ 方臘：又名方十三，北宋睦州青溪縣萬年鎮（今浙江淳安）人。宣和二年（1120）組織起義，聚眾百萬，攻佔六州五十二縣，被奉為「聖公」，年號「永樂」，設置官吏將帥，建立政權。

⑪ 臠：切成小塊的肉。

⑫ 探：摸取。這裏指挖出。

⑬ 鏑：箭頭，亦指箭。

⑭ 楚毒：指痛苦。

⑮ 償：補償，抵償。

⑯ 陳通：宋高宗在位時杭州叛軍首領。

⑰ 梟斬：指斬首。

⑱ 比屋：指家家戶戶。形容眾多、普遍。

⑲ 乘時：指乘機，趁勢。肆志：指隨心，縱情。

【譯文】

　　陳勝最初起兵時，各郡縣的百姓都被秦朝官吏的暴行害苦了，爭搶著殺了他們的長官來回應陳勝。晉安帝時，孫恩擾亂東部地區，到了哪個郡縣就把縣令剁成肉醬給他的妻子兒女吃，不肯吃的人就被肢解。隋朝大業末期，各地盜賊興起，抓到隋朝的官員及士族子弟就都殺了。黃巢攻陷京城，他的徒眾各自出去搶劫，在大街上到處殺人，黃巢不能禁止，尤其憎恨官吏，抓到就都殺了。宣和年間，方臘作亂，攻陷幾個州，凡是抓到官吏，一定要肢解他們，切成小塊，挖出內臟，有的被熬出油脂，亂箭射殺，讓他們受盡各種苦楚折磨，來補

償內心的怨恨。杭州的小卒陳通謀反，每抓到一個官員，也馬上砍頭。因為做官的貪婪殘忍，依賴權勢虐待百姓，以至於家家戶戶都心懷怨恨，想著有一天能發洩出來已經想了很久了，所以趁這個機會放縱報仇，這難道不是官吏自己招致了怒氣嗎？

作詩先賦韻①

【原文】

　　南朝人作詩多先賦韻，如梁武帝華光殿宴飲連句②，沈約③賦韻，曹景宗④不得韻，啟求之，乃得競病兩字之類是也。予家有《陳後主文集》十卷，載王師獻捷⑤，賀樂文思⑥，預席⑦群僚，各賦一字，仍成韻，上得盛病柄令橫映復並鏡慶十字，宴宣猷堂，得迮格白赫易夕擲斥拆啞十字，幸舍人省，得日謐一瑟畢訖橘質帙實十字。如此者凡數十篇。今人無此格也。

【註釋】

① 賦韻：指分韻，作詩時先規定若干字為韻，各人分拈，依韻作詩。

② 連句：即聯句詩，每人一句或兩句詩，連續作出的一種詩體，向來被認為是一種遊戲詩體。

③ 沈約：字休文，吳興武康（今浙江湖州德清）人。南朝史學家、文學家。沈約篤志好學、博通群籍，擅長詩文，歷仕宋、齊、梁三朝，著有「二十四史」之一的《宋書》。

④ 曹景宗：字子震，新野（今河南境內）人。南北朝時期梁朝名將。

⑤ 獻捷：指古代打勝仗後，進獻所獲的俘虜及戰利品。

⑥ 文思：指帝王的功業和道德。

⑦ 預席：指參與盛會。

【譯文】

　　南朝人作詩大多先限定韻腳，比如梁武帝在華光殿宴會時飲酒聯句，沈約負責限定韻腳，曹景宗沒有得到韻腳，向沈約要，才得到「競」「病」兩個字做韻腳，這類就是證明。我家有《陳後主文集》十卷，上面記載了國家的軍隊戰勝回朝時進獻戰利品，為慶賀勝利、歌頌帝王的功德，參加盛宴的百官各自都說一個字，仍然湊成韻腳，皇上得到「盛病柄令橫映復並鏡慶」十個字，在宣猷堂宴會時，得到「迮格白赫易夕擲斥拆啞」十個字，巡幸舍人省時，得到「日謐一瑟畢訖橘質帙實」十個字。像這樣的總共幾十篇。現在的人沒有用這種格式的了。

台城少城

【原文】

　　晉宋間，謂朝廷禁省①為台，故稱禁城為台城，官軍為台軍，使者為台使，卿士為台官，法令為台格。需科②則曰台有求須，調發③則曰台所遣兵。劉夢得賦《金陵五詠》，故有《台城》一篇。今人於他處指言建康為台城，則非也。晉益州刺史治大城，蜀郡太守治少城，皆在成都，猶④云大城、小城耳。杜子美在蜀日，賦詩故有「東望少城」之句。今人於他處指成都為少城，則非也。

【註釋】

① 禁省：指禁中，省中，即皇宮。
② 需科：指需要物品。
③ 調發：指調遣，調度。
④ 猶：如同，好像。

【譯文】

　　晉、宋兩個朝代，稱皇宮禁院為台，所以稱皇宮為台城，守衛皇宮的軍隊稱為台軍，皇帝的使者稱為台使，卿士稱為台官，法令為台格。需要物品就說台有需求，調發軍隊就說台所遣兵。劉夢得創作《金陵五詠》時，所以有一篇《台城》。現在的人在別的地方指著建康說是台城，那就錯了。晉朝益州刺史管理的大城，蜀郡太守管理的少城，都在成都，好像有大城、小城的叫法。杜甫在蜀地時，寫詩所以有「東望少城」這句，現在的人在別的地方指著成都說是少城，那就錯了。

卷 六

王嘉薦孔光①

【原文】

漢王嘉為丞相，以忠諫忤②哀帝。事下將軍朝者，光祿大夫孔光等劾嘉迷國罔上不道③，請與廷尉雜治④。上可⑤其奏。光請謁者召嘉詣廷尉，嘉對吏自言：「不能進賢退不肖。」吏問主⑥名，嘉曰：「賢，故丞相孔光，不能進。」嘉死後，上覽其對，思嘉言，復以光為丞相。按嘉之就獄，由光逢⑦君之惡，而嘉且⑧死，尚稱其賢，嘉用忠直隕命⑨，名章⑩一時，然亦可謂不知人矣。光之邪佞，鬼所唾⑪也，奴事董賢⑫，協媚⑬王莽，為漢蟊蜮⑭，尚得為賢也哉？

【註釋】

① 王嘉：字公仲，西漢平陵人。漢哀帝時為丞相，獲封為新甫侯。
   孔光：字子夏，曲阜（今山東曲阜）人。西漢後期大臣。諡為「簡烈侯」。
② 忤：抵觸，不順從。
③ 劾：揭發罪狀。迷國：指使國家迷亂。罔：欺騙，蒙蔽。
④ 雜治：指會審，共同審理。
⑤ 可：允許。
⑥ 主：對應。
⑦ 逢：迎合，巴結。
⑧ 且：將要。
⑨ 隕命：指喪失性命。
⑩ 章：通「彰」，彰明。

⑪ 唾：用吐唾沫進行公然侮辱或表示反感或輕蔑。

⑫ 奴事：指奴僕似的侍奉。董賢：字聖卿，馮翊雲陽（今陝西涇陽西北）人。漢哀帝的寵臣。

⑬ 諂媚：指諂媚討好。

⑭ 蟊賊：比喻惡人。

【譯文】

　　漢代的王嘉擔任宰相，因為忠心勸諫忤逆了漢哀帝。漢哀帝把這件事交給朝中的將軍、官員商議，光祿大夫孔光等人彈劾王嘉惑亂朝政、蒙蔽君主、沒有道義，請求與廷尉共同審問他。皇上同意他的奏請。孔光讓謁者召見王嘉到廷尉，王嘉對獄吏自言自語說：「我作為宰相卻不能提拔賢人、罷黜不賢的人。」獄吏問他賢與不賢的人指的是誰，王嘉說：「賢德的人，是指以前的丞相孔光，我沒有提拔任用他。」王嘉死後，皇上看了他在獄中與獄吏的對話，想著王嘉的話，就又讓孔光當了丞相。我考察王嘉被抓進監獄，是因為孔光迎合君主的好惡，但王嘉臨死前，還稱頌孔光賢德，王嘉因為忠心正直而死，名聲在當時很顯赫，但也可以說他不瞭解人啊。孔光邪惡奸佞，是神鬼都唾棄的，像奴隸般侍奉董賢，同時還討好王莽，是危害漢朝的罪人，怎麼還能說他賢德呢？

戊為武

【原文】

　　十干①「戊」字只與「茂」同音，俗輩②呼為「務」，非也。吳中術者③，又稱為「武」。偶閱《舊五代史》梁開平元年，司天監上言日辰④，內「戊」字請改為「武」，乃知亦有所自也。今北人語多曰「武」，朱溫父名誠，以「戊」類⑤「成」字，故司天諂⑥之耳。

【註釋】

① 十干：指甲、乙、丙、丁、戊、己、庚、辛、壬、癸。

② 俗輩：指平庸鄙俗的一類人。

③ 術者：即術士，指以占卜、星相等為職業的人。

④ 日辰：指日月星辰。這裏指推算時辰的曆法。

⑤ 類：相似。

⑥ 詔：奉承巴結。

【譯文】

　　十個天干中的「戊」字只和「茂」的讀音相同，一般人稱之為「務」，是不對的。吳地的術士，又稱之為「武」。我偶然翻閱《舊五代史》，上面記載梁開平元年，司天監上奏說曆法，請求把天干內的「戊」字改成「武」，這才知道這也是有來歷的。現在北方人多說成「武」，朱溫的父親名誠，因為「戊」像「成」字，所以司天監請求改成「武」是奉承巴結君主罷了。

周亞夫①

【原文】

　　漢景帝即位三年，七國同日反②，吳王至稱東帝，天下震動。周亞夫一出即平之，功亦不細矣，而訖③死於非罪。景帝雖未為仁君，然亦非好殺卿大夫者，何獨至亞夫而忍為之？

　　竊嘗原其說④，亞夫之為人，班、馬雖不明言，然必悻直⑤行行者。方其將屯⑥細柳，只以備胡，且近在長安數十里間，非若出臨邊塞，與敵對壘⑦，有呼吸⑧不可測知之事。今天子勞軍⑨至，不得入，及遣使持節⑩詔之，始開壁門；又使不得驅馳，以軍禮見，自言介冑⑪之士不拜。天子改容⑫稱謝，然後去。是乃王旅萬騎，乘輿黃屋⑬，

顧制命於將帥⑭，豈人臣之禮哉！則其傲睨⑮帝尊，習與性成⑯，故賜食不設箸⑰，有不平之意。鞅鞅⑱非少主臣，必已見於辭氣⑲之間，以是隕命，甚可惜也！

秦王猛⑳伐燕圍鄴，苻堅自長安赴之。至安陽，猛潛㉑謁堅，堅曰：「昔周亞夫不迎漢文帝，今將軍臨敵而棄軍，何也？」猛曰：「亞夫前卻㉒人主以求名，臣竊少㉓之。」猛之識慮，視亞夫有間㉔矣。

【註釋】

① 周亞夫：沛縣人，西漢時期的軍事家、丞相。他是名將絳侯周勃的次子，在吳楚七國之亂中，只用了三個月就平定了叛軍。後來含冤下獄，閉食自盡。

② 七國同日反：即發生在西漢景帝時期的七國之亂。漢景帝即位後三年（前154），採用晁錯的《削藩策》，先後下詔削奪楚、趙等諸侯國的封地。這時吳王劉濞就聯合楚王劉戊、趙王劉遂、濟南王劉辟光、淄川王劉賢、膠西王劉昂、膠東王劉雄渠等劉姓宗室諸侯王，以「清君側」為名發動叛亂。

③ 訖：終究，竟然。

④ 竊：表示自己的謙辭。原：推究原因。

⑤ 悻直：指剛愎，固執。

⑥ 屯：戍守，駐紮。

⑦ 對壘：指兩軍相持，交戰。

⑧ 呼吸：指一呼一吸，頃刻之間。

⑨ 勞軍：指慰勞軍隊。

⑩ 持節：古代使臣奉命出行，必執符節作為憑證。

⑪ 介胄：指鎧甲和頭盔。

⑫ 改容：指改變臉色。

⑬ 乘輿：指皇帝或諸侯所用的車輿。黃屋：指古代帝王專用的黃繒車蓋。

⑭ 顧：文言連詞，反而、卻。制命：指掌握命運。

⑮ 傲睨：指傲慢斜視，驕傲。

⑯ 習與性成：指長期習慣於怎樣的生活環境，就會逐漸地養成相應
　　的習性。

⑰ 箸：筷子。

⑱ 鞅鞅：指因不平或不滿而鬱鬱不樂。

⑲ 辭氣：指言辭，談吐。

⑳ 王猛：字景略，東晉北海郡劇縣（今山東濰坊）人。十六國時期
　　著名的政治家、軍事家，在前秦官至丞相、大將軍，輔佐符堅掃
　　平群雄，統一北方，被稱作「功蓋諸葛第一人」。

㉑ 潛：暗中。

㉒ 卻：拒絕。

㉓ 少：輕視，看不起。

㉔ 有間：指感情、關係出現隔閡。

【譯文】

　　漢景帝即位三年，七國在同一天謀反，吳王甚至自稱東帝，天下
震驚。周亞夫一出兵就平定了叛亂，功勞也不小了，但最後竟然死於
非命。漢景帝即使不算是仁君，但也不是喜好殺害卿大夫的人，為什
麼偏偏能忍心殺了周亞夫呢？

　　我曾經探求過這件事的原委，周亞夫的為人，班固、司馬遷雖然
沒有明說，但一定是剛正固執的人。當初，他將要去細柳屯兵時，只
是為了防備北方少數民族，而且距離長安很近，才幾十里，不像守衛
邊塞，與敵人對陣，有不能預料的事情會在片刻間發生。但是天子去
他那裏慰勞士兵，他不讓天子進去，等到派遣使者拿著符節下詔，才
打開營門；又不讓天子一行人騎馬賓士，用軍禮拜見，自稱穿著鎧甲
的軍人不能跪拜天子。天子變了臉色，回了禮後就離去了。這是在千
軍萬馬面前，乘坐帝王馬車的天子，卻受到將帥的控制，哪裡是臣子
的禮節啊！那麼周亞夫傲視君主，已經成為習慣，所以漢景帝賜給他
食物時沒有準備筷子，他就有不滿的心思。這種對年幼君主稱臣而內

心不滿的情緒，一定已經在言語間流露了出來，因此失了性命，實在
是非常可惜啊！

　　前秦的將領王猛討伐燕國時圍困鄴城，符堅從長安奔赴鄴城。到
了安陽，王猛暗中拜見符堅，符堅說：「以前周亞夫不恭迎漢文帝，
現在將軍您面對敵人而放棄軍隊，為什麼？」王猛說：「周亞夫以前
不迎接君主是為了尋求好的名聲，我心裏看不起他。」王猛的見識和
思慮，看待周亞夫有些隔閡啊。

煬王煬帝

【原文】

　　金酋完顏亮隕於廣陵①，葛王褒②已自立，於是追廢為王，而諡
曰煬。邁奉使之日，實首聞之。接伴③副使秘書少監王補言及此，云
北人戲誚④之曰：「奉敕江南幹當公事回。」及歸，覲⑤德壽宮奏其
事，高宗天顏甚悅，曰：「亮去歲南牧⑥，已而死歸。人皆以為類符
堅，唯吾獨云似隋煬帝，其死處既同，今得諡又如此，豈非天乎！」
此段聖語，當不見於史錄，故竊志⑦之。

【註釋】

① 酋：部落的首領。隕：死。
② 葛王褒：金世宗完顏雍，原名完顏褒，字彥舉，女真名烏祿。金
　　太祖完顏阿骨打之孫，金朝第五位皇帝。
③ 接伴：指接待外國使臣的官員。
④ 戲誚：指嘲笑取樂。
⑤ 覲：朝見。
⑥ 南牧：指南下放牧。引申為北方少數民族南侵。
⑦ 志：記載。

金國首領完顏亮在廣陵去世，葛王完顏褒自己做了皇帝後，就廢除完顏亮的皇帝稱號貶其為親王，並賜予其「煬」的諡號。我奉命出使金國時，確實是第一次聽到這件事情。接待我的副使秘書少監王補談到這件事，說北方人開玩笑譏諷說：「奉命去江南幹公事，事情辦完後要回來。」等到我回國，進宮拜見皇上時上奏了這件事，高宗聽了非常高興，說：「完顏亮去年到南方來侵犯我國，不久後就丟掉性命回北方。別人都認為他像苻堅，只有我偏偏說他像隋煬帝，他們死的地方相同，現在得到的諡號也是一樣的，難道不是天意嗎！」高宗的這段話，應該沒有記載在史料中，所以我私下記錄了下來。

鄭莊公^①

【原文】

《左傳》載諸國事，於第一卷首書鄭莊公，自後紀其所行尤詳，然每事必有君子一說，唯詛射潁考叔^②，以為失政刑，此外率稱其善。杜氏^③注文，又從而獎與之。

按莊公為周卿士，以平王貳於虢而取王子為質^④，以桓王畀虢公政^⑤，而取溫之麥，取成周之禾。以王奪不使知政，忿^⑥而不朝，拒天子之師，射王中肩。謂天子不能復巡守，以泰山之祊易^⑦許田。不勝^⑧其母，以害其弟，至有城潁及泉之誓^⑨。是其事君、事親可謂亂臣賊子^⑩者矣！而曾無一語以貶^⑪之。

書姜氏^⑫為母子如初，杜注云：「公雖失之於初，而孝心不忘，故考叔感而通之^⑬。」書鄭伯以齊人朝王曰：「禮也。」杜云：「莊公不以虢公得政而背^⑭王，故禮之。」書息侯伐鄭曰：「不度德^⑮。」杜云：「鄭莊賢」。書取郜與防歸於魯曰：「可謂正矣。以王命討不庭^⑯，不貪其土，以勞王爵^⑰。」書使許叔^⑱居許東偏曰：「於是乎有禮，度

德而處，量力而行⑲，相時而動⑳，可謂知禮。」書周、鄭交惡曰：
「信不由中㉑，質無益也。」是乃以天子諸侯混為一區㉒，無復有上下
等威之辨㉓。射王之夜，使祭足勞王，杜云：「鄭志在苟免㉔，王討之
非也。」此段尤為悖理㉕。唯公羊子於克段于鄢之下㉖，書曰「大鄭伯
之惡」，為得之。

【註釋】

① 鄭莊公：姬姓，名寤生，鄭武公之子。春秋初期著名的政治家，
　　鄭國第三任國君。

② 詛：詛咒。潁考叔：春秋鄭莊公時期的鄭國大夫，為管理潁地的
　　官員，故稱潁考叔。

③ 杜氏：杜預，字元凱，京兆杜陵（今陝西西安）人。西晉時期著
　　名的政治家、軍事家和學者。著有《春秋左氏經傳集解》及《春
　　秋釋例》等。

④ 平王：周平王姬宜臼，姬姓，名宜臼（一作宜咎），周幽王姬宮湦
　　之子，東周第一任君主。貳：一分為二。虢：虢公忌父，東周初
　　期西虢國國君。

⑤ 桓王：周桓王姬林，姬姓，名林，周平王姬宜臼之孫，東周第二
　　任君主。畀：予，賜予。

⑥ 忿：生氣，恨。

⑦ 易：換，交換。

⑧ 勝：克制，制服。

⑨ 及泉之誓：指鄭莊公對其母親武姜發出「不及黃泉，無相見也」
　　的誓言。

⑩ 亂臣賊子：指不守君臣、父子之道的人。

⑪ 貶：指出缺點，給予不好的評價。

⑫ 姜氏：武姜，姜姓，名失考，申國國君之女，鄭武公的夫人，鄭
　　莊公和共叔段的母親。因鄭武公諡號是武，故稱武姜。

⑬ 考叔感而通之：在鄭莊公對其母親武姜發出「不及黃泉，無相見

也」的誓言後，潁考叔建議挖一條隧道，取名「黃泉」，安排鄭
莊公與武姜在「黃泉」見面，這就是後世聞名的「黃泉見母」。

⑭ 背：背叛。

⑮ 度德：指衡量自己的德行。

⑯ 不庭：指不朝於王庭，叛逆。

⑰ 王爵：君主制下的一種爵位，一般地位僅次於整個國家的君主，
高於公爵。這裏指魯國。

⑱ 許叔：許莊公姜弗，為春秋諸侯國許國君主之一。

⑲ 量力而行：指按照自己能力的大小去做，在符合自己能力的範圍
內做事。

⑳ 相時而動：指觀察時機，針對具體情況採取行動。

㉑ 中：心。

㉒ 區：區域。

㉓ 等威：指與一定的身份、地位相應的威儀。辨：區分。

㉔ 苟免：指苟且免於損害。

㉕ 悖理：指違背常理。

㉖ 公羊子：公羊高，戰國時齊國人。相傳是子夏（卜商）的弟子，
作《春秋公羊傳》，傳于公羊平。克段于鄢：《春秋》中的名篇。
主要講述魯隱西元年（前7），鄭莊公同其胞弟共叔段之間為了奪
國君之位而進行的一場政治鬥爭。

【譯文】

　　《左傳》記載了春秋各國的事情，在第一卷最先寫了鄭莊公，
之後記載他的行為尤其詳細，而每件事後面一定有「君子曰」開頭的
一段議論的話，只有詛咒射殺潁考叔那件事，認為他在政令和刑罰上
犯了錯，另外的都稱頌他的美德。杜預注釋時，又同意這個說法並讚
美他。

　　我考察他鄭莊公本來是周朝的卿士，因為周平王同時任用虢公來
分鄭莊公的權力，鄭莊公就要求王子狐到鄭國做人質，又因為周桓王

賜給虢公政權，鄭莊公就奪取了溫地的麥子和成周的莊稼。這是因為周王奪取了他的權力，不讓他執掌政權，他心中憤恨而不去朝見，抗拒天子的軍隊，還射傷了周王的肩膀。說天子不能再巡守各地，就用泰山之祊地換來許地的田畝。不能容忍他的母親，殘害他的弟弟，甚至在潁城發了不到黃泉不與母親相見的誓言。這樣看來，鄭莊公侍奉君主、侍奉父母的行為可以說是亂臣賊子了！但是《左傳》上卻沒有一句貶低他的話。

《左傳》上寫鄭莊公與姜氏的母子關係和之前一樣好，杜預注釋說：「莊公雖然在之前犯了錯，但沒有忘記孝心，所以潁考叔被感動而想辦法讓他們母子相見。」記載鄭莊公因為齊國人去朝見周王時，說：「這是有禮貌啊。」杜預注釋說：「莊公不因為虢公得到政權而背叛周王，所以還是禮貌地對待君主。」記載息侯去討伐鄭莊公時，說：「息侯沒有度量自己的德行。」杜預注釋說：「鄭莊公賢德。」記載鄭莊公把奪取的郜地與防地歸還魯國時，說：「這可以說正直啊。因為周王的命令去討伐叛逆的諸侯國，不貪圖奪取的土地，而用來慰勞受王爵的魯國。」記載鄭莊公派遣使者讓許叔居住在許地東部時，說：「這樣做是符合禮制的，莊公揣度自己的德行、衡量自己的能力去做事，根據時機而行動，可以說是知道禮義的。」記載周王與鄭莊公關係不好時，說：「雙方不能真心地相信彼此，交換人質也沒有用。」這真是把天子和諸侯混在一起，不再有上下等級威嚴的區別了。鄭莊公射傷周王的那天晚上，派祭足去慰問周王，杜預說：「鄭莊公的心意在於避免獲罪，周王討伐他是不對的。」這段話尤其違背道理。只有公羊高在「克段于鄢」這件事下面，寫了「極大地寫出了鄭莊公的罪惡」，寫得正確。

卷 七

女子夜績①

【原文】

《漢·食貨志》云:「冬,民既入,婦人相從②夜績,女工一月得四十五日。」謂一月之中,又得半夜,為四十五日也。必相從者,所以省費燎火③,同巧拙而合習俗④也。

《戰國策》甘茂亡秦出關⑤,遇蘇代⑥曰:「江上之貧女,與富人女會績而無燭,處女相與語,欲去之。女曰,妾以無燭故,常先至掃室布席,何愛⑦餘明之照四壁者?幸以賜妾。」以是知三代之時,民風和厚⑧勤樸如此,非獨女子也,男子亦然。

《豳風》「晝爾于茅,宵爾索綯」,言晝日往取茅歸,夜作綯索⑨,以待時用也。夜者日之餘,其為益多矣。

【註釋】

① 績:把麻搓撚成線或繩。這裏指紡織。
② 相從:指跟隨。
③ 燎火:指延燒著的火。
④ 同巧拙而合習俗:指相互取長補短,時間長了,就成為一種習俗。
⑤ 甘茂:姬姓,甘氏,名茂,下蔡(今安徽潁上)人。戰國中期秦國名將,後遭向壽、公孫奭讒毀,在攻魏國蒲阪時投向齊國。亡:逃走。
⑥ 蘇代:蘇秦族弟,東周洛陽人。戰國時縱橫家。
⑦ 愛:吝惜,吝嗇。

⑧ 和厚：指性情溫和敦厚。

⑨ 絢索：即繩索。

【譯文】

《漢書·食貨志》中說：「冬天，百姓在家裏過冬，婦女們聚集在一起，晚上紡織棉麻，這樣做一個月可以做四十五天的活。」這是說一個月中，每天白天又加上半個晚上，總共是四十五天的活。一定要聚集在一起，是為了節省燈火，相互取長補短，時間長了，就成為一種習俗。

《戰國策》中記載甘茂從秦國逃出關後，遇到蘇代，說：「長江上生活貧苦的婦女，和富有的婦女一起紡織，但沒有燭火，一起織布的女子們互相商量，想趕走她。這個貧困婦女說，我因為沒有燭火，所以經常先到這裏打掃房間、佈置座席，你們為什麼要吝惜照在四邊牆壁上的餘光呢？希望能把餘光賜予我。」因此可以知道夏、商、周三代時，民風淳厚樸素到這種地步，不是只有女子是這樣，男子也是這樣。

《詩經·豳風》中有「晝爾于茅，宵爾索綯」的句子，說的是男子白天去把茅草採回來，晚上做成繩子，以備將來之用。晚上是白天的延續，它的好處有很多啊。

淮南王

【原文】

漢淮南厲王①死，民作歌以諷②文帝曰：「一尺布，尚可縫，一斗粟，尚可舂，兄弟二人不相容。」此《史》《漢》所書也。高誘作《鴻烈解敍》，及許叔重③注文，其辭乃云：「一尺繒，好童童，一升粟，飽蓬蓬，兄弟二人不能相容。」殊為不同，後人但引尺布斗粟之喻

容齋續筆 卷七

二二九

耳。

　　厲王子安④復為王，招致賓客方術之士，作為《內書》二十一篇，《外書》甚眾；又有《中篇》八卷，言神仙黃白⑤之術。《漢書·藝文志·淮南內》二十一篇，《淮南外》三十三篇，列於雜家，今所存者二十一卷，蓋《內篇》也。

　　壽春有八公山，正安所延致⑥客之處，傳記不見姓名，而高誘敘以為蘇飛、李尚、左吳、田由、雷被、毛被、伍被、晉昌等八人，然唯左吳、雷被、伍被見於史。雷被者，蓋為安所斥⑦，而亡之長安上書者，疑不得為賓客之賢也。

【註釋】

① 淮南屬王：劉長，沛（今江蘇豐縣）人，漢高祖劉邦少子，母趙姬。西漢初年諸侯王。

② 諷：諷刺。

③ 許叔重：許慎，字叔重，東漢時期汝南郡召陵縣（今屬河南漯河）人。東漢著名經學家、文字學家。著有《說文解字》《五經異義》《淮南鴻烈解詁》等書。

④ 厲王子安：劉安，漢高祖劉邦之孫，淮南屬王劉長之子。西漢時期的思想家、文學家，曾招賓客及方術之士數千人，編寫《鴻烈》，亦稱《淮南子》。

⑤ 黃白：指術士所謂煉丹化成金銀的法術。

⑥ 延致：指招徠，邀請。

⑦ 斥：驅逐。

【譯文】

　　西漢淮南屬王劉長死後，百姓作了首歌謠來諷刺漢文帝，說：「一尺布，尚可縫，一斗粟，尚可舂，兄弟二人不相容。」這是《史記》《漢書》中多記載的。高誘寫了《鴻烈解敘》，等到許慎為他注釋時，這首歌謠竟然變成：「一尺繒，好童童，一升粟，飽蓬蓬，兄

弟二人不能相容。」很是不同，後來的人只引用「一尺布一斗粟」的比喻。

厲王的兒子劉安繼承淮南王之位，招致賓客方術，編著《淮南子》一書，其中《內書》二十一篇，《外書》很多；另外還有《中篇》八卷，寫的是神仙和煉丹的法術。《漢書·藝文志》中記載《淮南子·內篇》二十一篇，《外篇》三十三篇，排列在雜家內，現在所存的二十一卷，是《內篇》。

壽春有座八公山，正是劉安邀請八位門客的地方，傳記中沒有記載他們的名字，但是高誘在《鴻烈解敘》中認為是蘇飛、李尚、左吳、田由、雷被、毛被、伍被、晉昌等八人，然而只有左吳、雷被、伍被可以在史料中見到。雷被，大概就是被劉安驅逐後，逃到長安上書告密的人，我懷疑他沒有成為賓客的賢德品質。

五十弦瑟

【原文】

李商隱詩云「錦瑟無端五十弦」，說者以為錦瑟者，令狐丞相待兒小名①，此篇皆寓言，而不知五十弦所起。劉熙②《釋名》箜篌云：「師延所作靡靡③之樂，蓋空國之侯所作也。」段安節④《樂府錄》云：「箜篌乃鄭、衛之音，以其亡國之聲，故號空國之侯，亦曰坎侯。」吳兢⑤《解題》云：「漢武依琴造坎侯，言坎坎應節也。後訛⑥為箜篌。」予按《史記·封禪書》云：「漢公孫卿⑦為武帝言：『太帝使素女鼓五十弦瑟⑧，悲，帝禁不止，故破其瑟為二十五弦。』於是武帝益召歌兒，作二十五弦及空侯。」應劭⑨曰：「帝令樂人侯調始造此器。」《前漢·郊祀志》備書此事，言「空侯瑟自此起。」顏師古⑩不引劭所注，然則二樂本始⑪，曉然⑫可考，雖劉、吳博洽⑬，亦不深究，且「空」元非國名，其說尤穿鑿⑭也。《初學記》《太平御覽》編載樂事，

亦遺而不書。《莊子》言「魯遽調瑟，二十五弦皆動」，蓋此云。《續漢書》云「靈帝胡服作箜篌」，亦非也。

【註釋】

① 令狐丞相：令狐德棻，宜州華原（今陝西銅川）人。唐初政治家、史學家。侍兒：指使女，女婢。

② 劉熙：或稱劉熹，字成國，北海（今山東昌樂）人。東漢經學家、訓詁學家。著有《釋名》和《孟子注》，其中《釋名》是我國重要的訓詁著作，在後世有很大影響。

③ 靡靡：指柔弱，頹靡。

④ 段安節：齊州臨淄（今山東淄博）人。唐代著名的音樂理論家，著有《樂府雜錄》一書，記述了唐代以前的音樂情況，對後世影響很大。

⑤ 吳兢：汴州浚儀（今河南開封）人。唐朝著名史學家，武周時入史館，修國史。編著有《樂府古體要解》《唐春秋》《唐書備闕記》等書。

⑥ 訛：錯誤。

⑦ 公孫卿：齊人，西漢武帝時方士。

⑧ 太帝：姬姓，為上古五帝之一。鼓：彈或拉。

⑨ 應劭：字仲瑗，汝南郡南頓縣（今河南項城）人。東漢學者，著有《漢官儀》《風俗通義》等書。

⑩ 顏師古：名籀，字師古，雍州萬年人。唐初儒家學者，經學家、語言文字學家、歷史學家。著有《漢書注》。

⑪ 本始：指原始，本初。

⑫ 曉然：形容明白的樣子。

⑬ 博洽：指學識廣博。

⑭ 穿鑿：指牽強附會。

【譯文】

　　李商隱的詩中說「錦瑟無端五十弦」，解釋的人認為錦瑟是唐代丞相令狐德棻一個女婢的小名，這首詩都是寓言，但不知道五十弦的來源。劉熙在《釋名》中解釋箜篌時說：「師延所創作的頹靡的音樂，大概是空國的諸侯所寫的。」段安節在《樂府錄》中說：「箜篌是鄭、衛的音樂，因為它是亡國的樂曲，所以叫作空國之侯，也叫坎侯。」吳兢在《解題》中說：「漢武帝按照古琴創造了坎侯，指的是坎坎的聲音符合節律。後來錯傳為箜篌。」我考察《史記·封禪書》中說：「西漢公孫卿向漢武帝說：『太帝讓素女彈奏五十弦瑟，彈得很悲傷，太帝悲哀不能停止，所以把瑟改為二十五弦。』於是漢武帝又召歌唱的人，創作了二十五弦和空侯。」應劭說：「漢武帝讓樂人侯調最初創造了這件樂器。」《前漢·郊祀志》詳細地記載了這件事，說「空侯瑟從這時才有。」顏師古沒有引用應劭的注釋，既然這樣，那麼這兩件樂器從那時候開始是清楚明白，可以考證的。即使像劉熙、吳兢見識廣博，也沒有去深入探究，而且「空」本來就不是國名，這個說法尤其牽強。《初學記》《太平御覽》中記載的音樂方面的事，也遺漏了這些，沒有寫上去。《莊子》說「魯遽調瑟，二十五弦皆動」，說的就是這個。《續漢書》說「靈帝胡服作箜篌」，也是不對的。

卷 八

韓嬰①詩

【原文】

　　《前漢書·儒林傳》敘《詩》云，漢興，申公②作《魯詩》，后蒼③作《齊詩》，韓嬰作《韓詩》。又云，申公為《詩》訓故④。而齊轅固、燕韓生皆為之傳⑤，或取《春秋》，采雜說，咸非其本義與不得已，《魯》最為近之。嬰為文帝博士，景帝時至常山太傅，推⑥詩人之意，作《外傳》數萬言，其語頗與齊、魯間殊⑦，然歸一⑧也。武帝時，與董仲舒⑨論於上前，精悍⑩分明，仲舒不能難。其後韓氏有王吉、食子公、長孫順之學。《藝文志》，《韓家詩經》二十八卷，《韓故》三十六卷，《內傳》四卷，《外傳》六卷，《韓說》四十一卷。今惟存《外傳》十卷。

　　慶曆中，將作監主簿李用章序之，命工刊刻於杭，其末又題云：「蒙文相公改正三千餘字。」予家有其書，讀首卷第二章，曰：「孔子南游適⑪楚，至於阿谷，有處子佩璜而浣者⑫。孔子曰：『彼婦人其可與言矣乎！』抽觴以授子貢⑬，曰：『善為之辭。』子貢曰：『吾將南之楚，逢天暑，願乞一飲以表我心。』婦人對曰：『阿谷之水流而趨海，欲飲則飲，何問婦人乎？』受子貢觴，迎流而挹⑭之，置之沙上，曰：『禮固不親授。』孔子抽琴去其軫⑮，子貢往請調其音。婦人曰：『吾五音不知，安能調琴？』孔子抽絺⑯五兩以授子貢，子貢曰：『吾不敢以當子身，敢置之水浦⑰。』婦人曰：『子年甚少，何敢受子？子不早去，今竊有狂夫⑱守之者矣。』《詩》曰：『南有喬木，不可休息。漢有遊女，不可求思。』此之謂也。」觀此章，乃謂孔子見處女而教子貢以微詞三挑之⑲，以是說《詩》，可乎？其謬戾⑳甚

矣，他亦無足言。

【註釋】

① 韓嬰：西漢燕（今屬河北）人，是西漢「韓詩學」的創始人。

② 申公：申培公，姓申名培，亦稱申公，西漢時魯（郡治在今山東曲阜一帶）人。西漢初期儒家學者、經學家，西漢今文《詩》學中「魯詩學」之開創者。

③ 后蒼：字近君，東海郡郯（今山東郯城）人。西漢經學家。精通五經，在《齊詩》的研究上造詣很深，東漢學者應劭稱他是《齊詩》的最早傳人之一。

④ 訓故：即訓詁，指解釋古代漢語典籍中的字句。

⑤ 轅固：又名轅固生，西漢齊睡縣（今山東棲霞）人。早年是清河王劉乘的太傅，景帝時為《詩經》博士。轅固是西漢《齊詩》詩派。傳：替經書作注的著作。一般由他人記述。

⑥ 推：尋求，探索。

⑦ 間殊：不同。

⑧ 歸一：指統一，一致。

⑨ 董仲舒：廣川郡（今河北衡水）人，漢代思想家、哲學家、政治家、教育家。著有《天人三策》《春秋繁露》，被譽為公羊大師、儒家大儒。

⑩ 精悍：指文筆等精練鋒利。

⑪ 適：往，歸向。

⑫ 處子：指未出嫁的女性。佩瑱：指戴著玉耳環。瑱：古時的一種耳飾。浣：洗衣服。

⑬ 抽觴：指拿出酒杯。觴：古代的一種盛酒器具。子貢：端木賜，字子貢，古同子贛，春秋末年衛國（今河南鶴壁）人。孔子的得意門生，孔門十哲之一。孔子曾稱其為「瑚璉之器」。

⑭ 把：把液體盛出來。

⑮ 軫：絃樂器上系弦線的小柱。可轉動以調節弦的鬆緊。

⑯ 綌：葛布的統稱。葛之細者曰絺，粗者曰綌。

⑰ 浦：水濱。

⑱ 狂夫：古代婦女對自己丈夫的謙稱。

⑲ 微詞：指含有深意的話語。挑：挑撥，挑動。

⑳ 謬戾：指悖謬乖戾。

【譯文】

《前漢書·儒林傳》中　述《詩經》時說，漢代興起，申公寫了《魯詩》，后蒼寫了《齊詩》，韓嬰寫了《韓詩》。又說，申公是為《詩經》做詞句解釋的。而齊國的轅固、燕國的韓生都是作傳，或者取自《春秋》，選取各種說法，都不是它們的本來意思，只有《魯詩》最接近原意。韓嬰是漢文帝時的博士，漢景帝時官做到了常山太傅，他揣測詩人的意思，寫了幾萬字的《外傳》，他的語句與齊詩、魯詩有很大不同，但主旨是一樣的。漢武帝時，他與董仲舒在皇上面前議論，精闢明白，董仲舒不能難住他。後來繼承韓氏學說的有王吉、食子公、長孫順等學派。《藝文志》中記載《韓家詩經》有二十八卷，《韓故》三十六卷，《內傳》四卷，《外傳》六卷，《韓說》四十一卷。現在只存有《外傳》十卷。

慶曆年間，將作監主簿李用章給《韓詩》寫了序，讓杭州的工匠刊刻出來，在末尾又題字說：「承蒙文相公改正三千多字。」我家有這部書，閱讀第一卷第二章，上面說：「孔子向南邊遊歷到達楚國，走到阿谷這個地方，有個年輕女子帶著耳環在洗衣服。孔子說：『那個婦人，可以和她說話嗎？』說完拿出一隻酒杯給子貢，說：『要好好地和她說。』子貢說：『我們將要到南邊的楚國，碰上天氣炎熱，請允許我敬您一杯水，來表示我們的誠心。』婦人回答說：『阿谷的水流向大海，你們想喝就喝，為什麼要問我這個婦人？』說完接過子貢的酒杯，走到上游盛了一杯水，放在沙土上，說：『出於禮節，我就不親自遞給您了。』孔子拿出琴，去掉其中一個軫（調弦鬆緊的木座），子貢又拿著琴請婦人調音。婦人說：『我不通五音，怎麼能調

琴呢？』孔子又拿出五兩粗細葛布交給子貢，子貢說：『我不敢把東西當面遞給您，就把它放在水邊。』婦人說：『您年紀還很小，我怎麼敢接受呢？您還是早些離去吧，現在我有個丈夫守著啊。』《詩經》中說：『南有喬木，不可休息。漢有遊女，不可求思。』說的就是這個道理。」我看了這章，說的竟然是孔子看到年輕女子而教子貢多次用隱含深意的話去挑逗她，像這樣來解釋《詩經》，可以嗎？這是非常錯誤的，其他的也不值得提。

五行衰絕字[1]

【原文】

　　木絕於申，故枡字之訓為木自斃[2]。水土絕於巳，故汜[3]字之訓，《說文》以為窮瀆[4]，圯字之訓為岸圯及覆[5]。火衰於戌，故烕[6]為滅。金衰於丑，故鈕為鍵閉[7]。制字之義昭[8]矣。

【註釋】

① 五行：指金、木、水、火、土。五行相生相剋，五行相生的規律是木生火、火生土、土生金、金生水、水生木。相克的規律是木克土、土克水、水克火、火克金、金克木。五行與天干地支都有對應關係，天干中的甲乙屬木，丙丁屬火，戊己屬土，庚辛屬金，壬癸屬水。地支中的子、亥屬水，寅、卯屬木，巳、午屬火，申、酉屬金，辰、戌、丑、未屬陰土。衰絕：指衰落滅絕。

② 枡：樹木自死而倒下。訓：解釋詞的意義。

③ 汜：不流通的小溝渠。

④ 窮瀆：指水流的盡頭。窮：盡。瀆：水溝，小渠，亦泛指河川。

⑤ 圯：堤壩。岸圯及覆：指岸堤和堤面。

⑥ 烕：通「滅」，消滅。

⑦ 鍵閉：指鎖鑰。一說門閂。

⑧ 昭：明顯，顯著。

【譯文】

木為申金所克，所以神字的解釋是樹木自己死去。水土為巳火所克，所以汜字的解釋，《說文解字》上認為是水流的盡頭，圮字的解釋是岸堤和堤面。火被戌制伏，所以烕就是滅的意思。金被丑制伏，所以鈕就是鎖閉的意思。創造漢字的意思很明顯了。

蕭何紿①韓信

【原文】

黥布為其臣賁赫告反②，高祖以語蕭相國，相國曰：「布不宜有此，恐仇怨妄誣③之，請繫赫，使人微④驗淮南。」布遂反。韓信為人告反，呂后欲召，恐其不就⑤，乃與蕭相國謀，詐令人稱陳豨⑥已破，紿信曰：「雖病強入賀。」信入，即被誅。信之為大將軍，實蕭何所薦，今其死也，又出其謀，故俚語有「成也蕭何，敗也蕭何」之語。何尚能救黥布，而翻⑦忍於信如此？豈非以高祖出征，呂后居內，而急變⑧從中起，己為留守，故不得不亟誅之，非如布之事尚在疑似之域也⑨。

【註釋】

① 紿：通「詒」，欺騙。

② 黥（布：英布，六縣（今安徽六安）人，因受秦律被施以黥刑，又稱黥布。原為項羽麾下大將，後叛楚歸漢。漢朝建立後封淮南王。前196年起兵反漢，因謀反罪被殺。賁赫：淮南王英布屬中大夫。英布認為自己的愛姬與賁赫私通，要把賁赫下獄，賁赫就逃

到漢廷，報告英布將要謀反的消息。

③ 妄誣：指以不實之詞冤枉別人。

④ 微：暗中察訪。

⑤ 就：就範。指強迫被支配和受控制。

⑥ 陳豨：宛朐（今山東菏澤）人，秦漢之際漢王劉邦部將。漢高祖十年（前197），與王黃等人一同反叛，自立為代王。

⑦ 翻：表示轉折，相當於「反而」「卻」。

⑧ 急變：指緊急或出人意料的事變。

⑨ 疑似：指似是而非或是非不明。域：地區，區域。

【譯文】

黥布被臣屬賁赫控告謀反，漢高祖把這件事告訴給蕭相國，相國說：「黥布不應該有謀反這種事，恐怕是他的仇人胡亂污蔑他的，請您抓了賁赫，讓人暗中去淮南考驗黥布。」於是黥布就真的謀反了。韓信被人誣告謀反，呂后想召見他，又擔心他不就範，就與蕭相國密謀，讓人假稱陳豨已經被攻破，並欺騙韓信說：「即使生著病，也請您勉強進宮祝賀。」韓信一進宮，就被殺了。韓信做大將軍，其實是蕭何薦舉的，現在他被殺，又出自蕭何的計謀，所以民間有句諺語說「成也蕭何，敗也蕭何」。蕭何尚且能救黥布，卻忍心這麼對韓信？難道不是因為漢高祖出征，呂后掌管朝政，變故突然發生，蕭何自己作為留守的臣子，所以不得不趕緊誅殺韓信，不像黥布的事情那樣還處在懷疑的境地。

孫權稱至尊

【原文】

陳壽①《三國志》，固多出於一時②雜史，然獨《吳書》稱孫權為

至尊，方在漢建安③為將軍時，已如此，至於諸葛亮、周瑜，見之於文字間亦皆然。

周瑜病困④，與權書曰：「曹公在北，劉備寄寓，此至尊垂慮之日也。」魯肅破曹公還，權迎之，肅曰：「願至尊威德加乎四海。」呂蒙遣鄧玄之說⑤郝普曰：「關羽在南郡，至尊身自臨之。」又曰：「至尊遣兵，相繼於道。」蒙謀取關羽，密陳⑥計策，曰：「羽所以未便⑦東向者，以至尊聖明，蒙等尚存也。」陸遜謂蒙曰：「下⑧見至尊，宜好為計。」甘寧欲圖荊州，曰：「劉表慮既不遠，兒子又劣，至尊當早規⑨之。」權為張遼掩襲⑩，賀齊曰：「至尊人主，常當持重。」權欲以諸葛恪典掌軍糧，諸葛亮書與陸遜曰：「家兄年老，而恪性疏⑪，糧穀軍之要最，足下⑫特為啟至尊轉之。」遜以白權。

凡此之類，皆非所宜稱，若以為陳壽作史虛辭，則魏、蜀不然也。

【註釋】

① 陳壽：字承祚，巴西郡安漢縣（今四川南充）人。三國時蜀漢及西晉時著名史學家。著有《三國志》。

② 一時：指一代，當代。

③ 建安：東漢末年漢獻帝的第五個年號。這個時期朝廷的政治大權主要由曹操掌握。

④ 病困：指病情嚴重。

⑤ 說：用話勸說別人，使他聽從自己的意見。

⑥ 陳：陳設，陳列。

⑦ 便：便利，方便。

⑧ 下：稱呼自己的謙辭。

⑨ 規：謀劃。

⑩ 掩襲：指突然襲擊。

⑪ 性疏：指性情粗疏。

⑫ 足下：古代下稱上或同輩相稱的敬辭。

【譯文】

　　陳壽編寫的《三國志》，本來大多來源於當時的雜史，但是只有《吳書》上稱呼孫權為至尊，當孫權在東漢建安年間做將軍時，已經這樣叫了，至於諸葛亮、周瑜，在文字中見到的，也都是這樣稱呼孫權。

　　周瑜病重時，寫給孫權的信中說：「曹操在北邊，劉備藉口駐紮在荊州，這是至尊您要考慮的事情啊。」魯肅攻破曹操回來，孫權迎接他，魯肅說：「希望至尊您的威名恩德遍佈天下。」呂蒙派遣鄧玄之去勸說郝普時說：「關羽在南郡，至尊離他很近，就像親自面對著他。」又說：「至尊派了兵，已經相繼出發。」呂蒙謀劃攻打關羽，秘密地佈置計策，說：「關羽之所以沒有很順利地向東拓展，是因為至尊聖明，我等還存在。」陸遜對呂蒙說：「我見到至尊了，應該好好為他謀劃。」甘寧想謀劃奪取荊州，說：「既然劉表考慮事情不太長遠，兒子又沒有才能，至尊您應當早早謀劃這件事。」孫權被張遼暗中偷襲，賀齊說：「至尊是君主，應該保持穩重。」孫權想讓諸葛恪掌管軍糧，諸葛亮寫信給陸遜說：「我的兄長諸葛瑾年紀大了，而且他的兒子諸葛恪性情粗疏，糧穀是軍隊最要緊的事情，他不適合掌管。特地請您向至尊轉達我的意思。」陸遜把這話稟告了孫權。

　　所有這些例子，都不是適宜的稱呼，如果認為陳壽用虛假的言辭寫作史書，那寫魏國、蜀國時就不是這樣了。

詩詞改字

【原文】

　　王荊公絕句云：「京口瓜洲一水間，鍾山只隔數重山。春風又綠江南岸，明月何時照我還。」吳中士人家藏其草①，初云「又到江南岸」，圈去到字，注曰不好，改為過，復圈去而改為入，旋②改為

滿，凡如是十許③字，始定為綠。

黃魯直詩：「歸燕略無三月事，高蟬正用一枝鳴。」用字初曰抱，又改曰占、曰在、曰帶、曰要，至用字始定。予聞於錢伸仲大夫如此。今豫章所刻本，乃作「殘蟬猶占一枝鳴」。

向巨原云：「元不伐家有魯直所書東坡《念奴嬌》，與今人歌不同者數處，如浪淘盡為浪聲沉，周郎赤壁為孫吳赤壁，亂石穿空為崩雲，驚濤拍岸為掠岸，多情應笑我早生華髮為多情應是笑我生華髮，人生如夢為如寄。」不知此本今何在也？

【註釋】

① 草：文書的底稿，初稿。

② 旋：立即，隨即。

③ 許：表示約略估計的數量。

【譯文】

王荊公有首絕句說：「京口瓜洲一水間，鐘山只隔數重山。春風又綠江南岸，明月何時照我還。」吳地有個讀書人家裏收藏著王荊公寫這首詩時的草稿，最初寫的是「又到江南岸」，圈掉「到」字，注釋說不好，改成「過」，又圈掉，改成「入」，不久又改成「滿」，像這樣總共改了十來個字，才決定用「綠」。

黃魯直的詩說：「歸燕略無三月事，高蟬正用一枝鳴。」「用」這個字最初是「抱」，又改成「占」「在」「帶」「要」，到「用」字才確定下來。我是從錢伸仲大夫那裏聽來的。現在豫章所刻的本子，卻寫成「殘蟬猶占一枝鳴」。

向巨原說：「元不伐家中有黃魯直所寫的蘇東坡的《念奴嬌》，和現在人所傳唱的有幾處不同，比如『浪淘盡』為『浪聲沉』，『周郎赤壁』為『孫吳赤壁』，『亂石穿空』為『亂石崩雲』，『驚濤拍岸』為『驚濤掠岸』，『多情應笑我早生華髮』為『多情應是笑我生華髮』，『人生如夢』為『人生如寄』。」不知道這個本子現在在哪里。

卷　九

三家七穆

容齋續筆　卷九

【原文】

　　春秋列國卿大夫世家之盛，無越魯三家、鄭七穆者①。魯之公族，如臧氏、展氏、施氏、子叔氏、叔仲氏、東門氏、邱氏之類固多，唯孟孫、叔孫、季孫實出於桓公，其傳序累代②，皆秉③國政，與魯相為久長。若揆④之以理，則桓公⑤弒兄奪國，得罪於天，顧⑥使有後如此。鄭靈公⑦亡，無嗣，國人立穆公⑧之子子良，子良辭以公子堅長。乃立堅，是為襄公。襄公將去⑨穆氏，子良爭之，願與偕⑩亡。乃舍之，皆為大夫。其後位卿大夫而傳世者，罕、駟、豐、印、游、國、良，故曰七穆。然則諸家不逐而獲存，子良之力也。至其孫良霄乃先覆族⑪，而六家為卿如故，此又不可解也。

【註釋】

① 越：度過，超出。魯三家：又稱魯三桓，指魯國卿大夫孟孫氏、叔孫氏和季孫氏。鄭七穆：春秋時期鄭國七個卿大夫家族的合稱，包括駟氏、罕氏、國氏、良氏、印氏、游氏、豐氏，他們都是鄭穆公的後代。

② 傳序累代：指父死子繼，世代相傳。

③ 秉：掌握，主持。

④ 揆：測度。

⑤ 桓公：魯桓公，姬姓，名允，魯惠公之子，魯隱公之弟，春秋時期魯國第十五位國君。其子慶父、叔牙、季友分別為三桓孟孫、叔孫、季孫之祖，三桓後日漸做大，影響到了魯君的權威。

⑥ 顧：文言連詞，但、但看。

⑦ 鄭靈公：姬姓，鄭氏，名夷，故稱公子夷，鄭穆公之子，春秋時
　 鄭國第十二任第十位君主，鄭襄公之兄。後因開玩笑惹惱了公子
　 宋而被殺，在位不足一年。

⑧ 穆公：鄭穆公，姬姓，鄭氏，名蘭，故稱公子蘭，鄭文公庶子，
　 母燕姞，春秋時期鄭國第十一任第九位君主。

⑨ 去：除掉，減掉。

⑩ 偕：一同，一塊兒。

⑪ 覆族：指滅族。

【譯文】

　　春秋時期，各個諸侯國卿大夫世家最興盛的，沒有超過魯國三
家、鄭國七穆的。魯國的公族，像臧氏、展氏、施氏、子叔氏、叔仲
氏、東門氏、邱氏之類的本來就很多，只有孟孫、叔孫、季孫三家確
實是魯桓公的後代，他們一代代流傳下來，都執掌魯國的政權，與魯
國同樣長久。如果揣度其中的道理，那麼就是魯桓公殺了兄長奪取國
家，得罪了上天，不應該有後代，但是反而讓他這樣世代相承。鄭靈
公死後，沒有繼承人，鄭國人擁立穆公的兒子子良做君主，子良以公
子堅年紀比自己大為藉口來推辭。於是立堅為君主，這就是鄭襄公。
襄公想要除掉穆氏，子良勸諫，稱願意和穆氏一起滅亡。襄公就放棄
了這個想法，之後穆氏世代都是鄭國大夫。在這以後官居卿大夫而世
代相傳的，有罕、駟、豐、印、游、國、良七家，所以稱七穆。既然
這樣，那麼各家沒有被驅逐而得以保存，是因為子良的力量。可是到
子良的孫子良霄時，他們這一族就先覆滅了，而其他六家卻還是像以
前一樣做卿大夫，這又不能解釋了。

有扈氏①

【原文】

　　《夏書·甘誓》，啟②與有扈大戰於甘，以其「威侮五行，怠棄三正，天用剿絕其命」為辭③，孔安國④傳云：「有扈與夏同姓，恃親而不恭。」其罪如此耳。而《淮南子·齊俗訓》曰：「有扈氏為義而亡，知義而不知宜也。」高誘注云：「有扈，夏啟之庶兄也。以堯、舜舉賢，禹獨與子，故伐啟。啟亡之。」此事不見於他書，不知誘何以知之？傳記散軼⑤，其必有以為據矣。莊子以為「禹攻有扈，國為虛厲⑥」非也。

【註釋】

① 有扈氏：夏朝時期一個部落或酋邦。
② 啟：也稱夏啟，禹的兒子，夏朝的第二任君王。
③ 威侮五行：指侮辱五常。怠棄三正：指拋棄三綱。怠棄：荒廢。用：因，因為。剿絕：指討伐，消滅。
④ 孔安國：字子國，孔子十代孫，西漢魯人，西漢經學家。整理有《古文尚書》。
⑤ 散軼：指散失。
⑥ 虛厲：指田舍荒廢，百姓滅絕。

【譯文】

　　《夏書·甘誓》中記載，夏啟和有扈氏在甘地大戰，用他「侮辱五常，拋棄三綱，上天因此讓我消滅他」作為藉口，孔安國解釋說：「有扈氏與夏啟同姓，他依仗自己的親族身份而不恭敬。」他的罪過就是這些罷了。但《淮南子·齊俗訓》中說：「有扈氏因為仁義而死，只知道仁義而不知道怎樣是適度的。」高誘注釋說：「有扈氏，是夏啟的庶兄。因為堯、舜推舉賢人做君主，大禹偏偏把王位傳給了兒

子，所以討伐夏啟。夏啟消滅了有扈氏。」這件事沒有在別的書上見到過，不知道高誘是怎麼知道的。傳記都散佚了，他一定是有依據的。莊子認為「大禹攻打有扈氏，國家因此敗落」是不對的。

漢景帝

【原文】

漢景帝為人，甚有可議。晁錯為內史，門東出，不便，更穿一門南出，南出者，太上皇廟壖垣①也。丞相申屠嘉②聞錯穿宗廟垣，為奏請誅錯。錯恐，夜入宮上謁，自歸。上至朝，嘉請誅錯。上曰：「錯所穿非真廟垣，乃外壖垣，且又我使為之，錯無罪。」臨江王榮③以皇太子廢為王，坐④侵太宗廟壖地為宮，詣中尉府對簿責訊⑤，王遂自殺。兩者均為侵宗廟，榮以廢黜失寵，至於殺之，錯方貴幸，故略⑥不問罪，其不公不慈如此！及用袁盎一言，錯即夷族，其寡恩⑦忍殺復如此。

【註釋】

① 壖垣：指宮廟外牆之外的空地。壖：城郭旁、宮殿宇外或河邊的空地。垣：外牆。

② 申屠嘉：西漢時梁郡（今河南商丘）人，官至宰相。

③ 臨江王榮：劉榮，漢武帝劉徹的兄長，曾被其父漢景帝立為太子，後被廢。

④ 坐：因，由於。

⑤ 對簿：指受審問。古代審訊時，依據狀文核對事實，故稱對簿。責訊：指追究訊問。

⑥ 略：全，皆。

⑦ 寡恩：指缺少恩惠。

【譯文】

　　漢景帝的為人，頗有爭議。晁錯做內史時，門從東邊開，不方便，就又在南邊開了一扇門。從南門出去，是太上皇廟的外牆。丞相申屠嘉聽說晁錯穿過宗廟的牆，就上奏請求誅殺晁錯。晁錯很害怕，晚上進宮去拜見景帝，然後自己回來。第二天景帝上朝，申屠嘉請求誅殺晁錯。景帝說：「晁錯穿過的不是真正的廟牆，是宗廟的外牆，而且還是我指使他這麼做的，晁錯沒有犯罪。」臨江王劉榮是被廢黜了的皇太子，因為侵佔太宗廟宇的地方建造宮室，景帝就去到中尉府指責他的行為，臨江王於是自殺。這兩人都侵犯了宗廟，劉榮因為遭廢黜失去景帝的寵愛，到了被殺的地步，晁錯剛剛受寵，地位尊貴，所以完全沒有被問罪，這是多麼不公平不慈愛啊！等到後來因為袁盎一句話，晁錯就被滅族，這又是多麼寡恩殘忍啊！

蕭何先見①

【原文】

　　韓信從項梁②，居戲下③，無所知名。又屬④羽，數以策干⑤羽，羽弗用，乃亡歸漢。陳平事項羽，羽使擊降河內，已而漢攻下之。羽怒，將誅定河內者。平懼誅，乃降漢。信與平固能擇所從，然不若蕭何之先見。何為泗水卒史事，第一。秦御史欲入言召何，何固請，得毋行。則當秦之未亡，已知其不能久矣，不待獻策弗用，及懼罪且誅，然後去之也。

【註釋】

① 先見：指預見，預料未發生的事情。
② 項梁：秦國下相（今江蘇宿遷）人，楚國貴族後代，項羽的叔父，秦末著名起義軍首領之一。

③ 戲下：指在主帥的旌麾之下，引申為部下。戲：通「麾」。

④ 屬：歸屬，隸屬。

⑤ 干：求，求取。

【譯文】

　　韓信跟著項梁時是項梁部下，沒有人知道他的名字。後來跟著項羽，韓信幾次拿著計策求項羽重用，項羽都沒有採用，最後就逃走歸附了漢王劉邦。陳平侍奉項羽，項羽讓他去攻打河內，沒有取勝，不久漢王劉邦攻下了河內。項羽很生氣，要誅殺決定攻打河內的人。陳平害怕被殺，就投降了漢王劉邦。韓信和陳平固然也算是善於選擇可跟從的人，但是不如蕭何有先見之明。蕭何做泗水卒史時，辦事辦得最好。秦國御史想向上面推薦蕭何，蕭何堅決推辭，御史才沒有這麼做。就是說在秦國還沒有滅亡的時候，蕭何就已經知道它不能長久了，沒有等到獻策不被採用、害怕被誅殺，然後才逃走啊。

卷　十

經傳^①煩簡

【原文】

　　《左傳》：蔡聲子謂楚子木曰：「善為國者，賞不僭而刑不濫^②。賞僭則懼及淫人^③；刑濫則懼及善人。若不幸而過，寧^④僭無濫，與其失善，寧其利淫。」其語本於《大禹謨》「罪疑^⑤惟輕，功疑惟重，與其殺不辜，寧失不經^⑥」也。晉叔向詒鄭子產書曰^⑦：「先王議事以制，誨之以忠，聳^⑧之以行，教之以務^⑨，使之以和，臨之以敬^⑩，蒞^⑪之以強，斷^⑫之以剛，猶求聖哲之上^⑬，明察之官，忠信之長^⑭，慈惠之師。」其語本於《呂刑》「惟良折獄^⑮，哲人^⑯惟刑」也。旨意則同，而經傳煩簡為不侔矣。

【註釋】

① 經傳：指儒家經典和解釋經典的傳。

② 僭：過分。濫：過度。

③ 淫人：指邪惡的人，不正派的人。

④ 寧：寧可，寧願。

⑤ 疑：不明白的，不能斷定。

⑥ 不經：指不合常法。

⑦ 叔向：羊舌肸，字叔向，春秋時期晉國大夫，歷仕悼公、平公、昭公三世，執掌晉國國政近50年，與鄭國的子產、齊國的晏嬰齊名。詒：給予。子產：姬僑，公孫氏，名僑，字子產，號成子，春秋時期鄭國人，傑出的政治家、思想家，相簡公。

⑧ 聳：勸勉。

⑨ 務：事務。這裏指手工技藝。

⑩ 敬：肅，嚴肅。

⑪ 蒞：治理，管理。

⑫ 斷：判斷，裁決。

⑬ 上：指居於上位的宰相。

⑭ 長：指年長而德高的人。

⑮ 惟良折獄：指判決案件一定要公平正直。折獄：指判決訴訟案件。

⑯ 哲人：指制裁犯罪者。哲：通「折」，判決。

【譯文】

　　《左傳》中記載：蔡聲子對楚子木說：「善於治理國家的人，賞賜不過分，刑罰不過度。賞賜過分就怕賞到壞人，刑罰過度就怕罰到好人。如果不幸犯了錯，寧可過分賞賜也不能過度刑罰，與其失去好人，寧可利於壞人。」這句話來源於《尚書·大禹謨》「罪責不確定時一定要輕判，功勞不確定時一定要重賞，與其殺害無辜的人，寧可放過不符合法度的壞人」。晉國的叔向寫給鄭國的子產一封信，上面說：「先王根據法制議論事務，忠誠地教誨臣民，根據行為獎勵他們，用技藝教化他們，平和地使用他們，嚴肅地對待他們，嚴格地治理他們，剛直地判決案件，還要尋求聖賢的宰相，能明察的官吏，忠信的長者，慈惠的老師。」這句話來源於《尚書·呂刑》中「判決案件一定要公平正直，制裁犯罪的人一定要用刑罰」這句話。經文和傳文旨意相同，但繁瑣和簡潔是不能相比的。

曹參^①不薦士

【原文】

　　曹參代蕭何為漢相國，日夜飲酒不事事^②，自云：「高皇帝與何定天下，法令既明，遵而勿失，不亦可乎！」是則然矣，然以其時考之，承暴秦之後，高帝創業尚淺，日不暇給^③，豈無一事可關心者哉？其初相齊，聞膠西蓋公善治黃、老言^④，使人厚幣^⑤請之。蓋公為言治道貴清淨而民自定。參於是避^⑥正堂以舍之，其治要用黃、老術。故相齊九年，齊國安集^⑦。然入相漢時，未嘗引蓋公為助也。齊處士東郭先生、梁石君隱居深山，蒯徹^⑧為參客，或謂徹曰：「先生之於曹相國，拾遺舉過^⑨，顯賢^⑩進能，二人者，世俗所不及，何不進之於相國乎？」徹以告參，參皆以為上賓。徹善齊人安其生^⑪，嘗幹項羽，羽不能用其策。羽欲封此兩人，兩人卒不受。凡此數賢，參皆不之用，若非史策失其傳，則參不薦士之過多矣。

【註釋】

① 曹參：字敬伯，沛人。西漢開國功臣，是繼蕭何後的漢代第二位相國，贊成蕭何的治國理念，有「蕭規曹隨」之稱。

② 事事：指治事，做事。

③ 日不暇給：指天天沒有時間，比喻因事物所困而繁忙。

④ 蓋公：今安丘人，西漢著名學者。事不詳。黃：指道教始祖黃帝。老：指先秦諸子百家中道家創始人老子。

⑤ 厚幣：指豐厚的禮物。

⑥ 避：遜讓。

⑦ 安集：指安定。

⑧ 蒯徹：蒯通，本名蒯徹，范陽（今河北保定）人，因避漢武帝之諱而改名為通。蒯通辯才無雙，善於陳說利害，曾為韓信謀士，先後獻滅齊之策和三分天下之計。韓信死後蒯徹被劉邦捉拿後釋

放，後成為相國曹參的賓客。

⑨ 拾遺舉過：指補充他人所遺漏的事物，指出他人的過錯。

⑩ 顯賢：指進用賢才。

⑪ 安其生：安期生，亦稱安期、安其生，人稱千歲翁，安丘先生，琅邪阜鄉人。師從河上公，黃老道家哲學傳人，方仙道的創始人。

【譯文】

　　曹參代替蕭何成為西漢的宰相，每天從早到晚喝酒，不做事，他自己說：「漢高祖與蕭何平定天下，法令已經很賢明，我遵循這些法令不犯錯，不也可以了嗎！」這話當然是對的，但考察那個時候，是在殘暴的秦國統治結束後不久，漢高祖創下帝業時間還很短，每天都有忙不完的事情，哪裡能說沒有一件事值得他關心的呢？曹參當初擔任齊國宰相時，聽說膠州西部的蓋公精通黃老的主張，就派人帶著厚禮去請。蓋公對他說治理國家最重要的是清靜無為，讓百姓自己安定下來。曹參於是就退出正堂，讓蓋公居住，治理國家時使用黃老的主張。所以他任齊國宰相九年，齊國安定和平。但他進入漢朝做宰相時，不曾帶著蓋公來說明他。齊國的隱士東郭先生、梁石君隱居在深山，蒯徹是曹參的門客，有人對蒯徹說：「先生您與曹相國交好，為他指出過錯、推舉賢人，東郭先生、梁石君這兩人，是一般人比不上的，您為什麼不把他們舉薦給相國呢？」於是蒯徹就把這兩人推薦給曹參，曹參把他們都尊為上賓。蒯徹與齊國的安其生關係很好，他們曾經向項羽進獻過計策，項羽卻沒有採用他們的計策。後來項羽想分封他們兩個，但這兩人都沒有接受。這幾位賢人，曹參都沒有重用，如果不是史料有錯誤的話，那曹參不推薦賢人的罪過就大了。

漢武留意①郡守

【原文】

　　漢武帝天資高明②，政自己出，故輔相之任，不甚擇人，若但使之奉行文書而已。其於除用郡守，尤所留意。莊助③為會稽太守，數年不聞問，賜書曰：「君厭承明之廬④，懷故土，出為郡吏。間者⑤，闊⑥焉久不聞問。」吾丘壽王⑦為東郡都尉，上以壽王為都尉，不復置太守，詔賜璽書曰：「子在朕前之時，知略輻湊⑧，及至連十餘城之守，任四千石之重⑨，職事並廢，盜賊從橫⑩，甚不稱在前時，何也？」汲黯⑪拜淮陽太守，不受印綬，上曰：「君薄⑫淮陽邪？吾今召君矣，顧⑬淮陽吏民不相得，吾徒⑭得君重，臥而治之⑮。」觀此三者，則知郡國之事無細大，未嘗不深知之，為長吏⑯者常若親臨其上，又安有不盡力者乎？惜其為征伐、奢侈所移⑰，使民間不見德澤，為可恨耳！

【註釋】

① 留意：指留心，注意。

② 高明：指高超明智。

③ 莊助：嚴助，本名莊助，西漢中期會稽郡吳縣（今江蘇蘇州）人，西漢著名辭賦家。

④ 承明之廬：指漢承明殿旁屋，侍臣值宿所居。

⑤ 間者：近來，不久前。

⑥ 闊：離別，分離。

⑦ 吾丘壽王：字子贛，趙人。他曾跟董仲舒學習《春秋》，著作有《吾丘壽王》六篇、《虞丘說》一篇、《吾丘壽王賦》十五篇。

⑧ 知略：指智慧與謀略。輻湊：即輻輳，形容人或物聚集像車輻集中於車轂一樣。

⑨ 四千石之重：指兼任郡縣的都尉和太守。西漢時都尉和太守的俸

祿都是兩千石。

⑩ 從橫：即縱橫，指肆意橫行，無所顧忌。從：通「縱」。

⑪ 汲黯：字長孺，濮陽（今河南濮陽）人，西漢名臣，官至主爵都
尉，位列九卿。汲黯為人耿直，好直諫廷諍，漢武帝稱其為「社
稷之臣」。後犯小罪被免官，居田園數年，召拜淮陽太守。

⑫ 薄：輕視。

⑬ 顧：顧慮，考慮。

⑭ 徒：只，僅僅。

⑮ 臥而治之：指躺著就把政事處理好了。用以稱頌政清事簡。

⑯ 長吏：稱地位較高的縣級官吏。

⑰ 移：改變，變化。

【譯文】

　　漢武帝天資聰穎，政事都是自己處理的，所以宰相的任命，選擇
時都不是很在意，似乎只是讓他們奉行公文罷了。而他對於選擇任用
郡守的官員，尤其注意。莊助做會稽太守，幾年都沒有問候漢武帝，
漢武帝寫了一封信說：「你厭倦了京城的生活，懷念故土，所以就去
做了會稽太守。轉眼間，分別後已經很久沒有收到你的問候了。」吾
丘壽王做東郡都尉，漢武帝任命壽王做都尉，就不再設置太守了，寫
了一封加蓋玉璽的信給他說：「你在我面前做官時，智謀很多，等到
去治理十幾個城池，肩負著都尉和太守的職責，卻荒廢了這兩處政
務，使得盜賊橫行，與在京城時非常不相符，這是為什麼？」汲黯被
任命為淮陽太守，卻沒有接受印綬，漢武帝說：「你看不上淮陽嗎？
我現在任命你做太守，是因為考慮到淮陽的官民關係不好，所以只想
借助你的名聲，輕鬆地治理好淮陽。」看這三件事，就知道郡縣的事
情不管大小，漢武帝沒有不深切知道的，做地方長官的人時常能感覺
到就像皇上親自在他面前，又哪裡會有不竭盡全力的呢？只可惜漢武
帝被到處征伐、奢侈的生活改變，使百姓見不到他的德澤，實在讓人
遺憾啊！

孫堅①起兵

容齋續筆　卷十

【原文】

　　董卓盜國柄，天下共興義兵②討之，惟孫堅以長沙太守先至，為卓所憚，獨為有功。故裴松之③謂其最有忠烈之稱。然長沙為荊州屬部，受督於刺史王睿④。睿先與堅共擊零、桂賊，以堅武官，言頗輕之。及睿舉兵欲討卓，堅乃承案行⑤使者，詐檄⑥殺之，以償曩⑦忿。南陽太守張咨⑧，鄰郡二千石也，以軍資不具之故，又收斬之。是以區區⑨一郡將，乘一時兵威，輒害方伯、鄰守，豈得為勤王⑩乎？劉表⑪在荊州，乃心王室，袁術⑫志於逆亂，堅乃奉其命而攻之，自速⑬其死，皆可議也。

【註釋】

① 孫堅：吳始祖武烈皇帝孫堅，字文台，吳郡富春（今浙江富陽）人，東漢末年將領、軍閥，三國中吳國的奠基人。後與劉表作戰時陣亡。

② 義兵：指以恢復被推翻的王朝為宗旨而組織起來的軍隊。

③ 裴松之：字世期，河東聞喜（今山西聞喜）人，南朝宋著名史學家，為《三國志》作注。與兒子裴駰、曾孫裴子野被稱為史學三裴。

④ 王睿：字通曜，琅邪臨沂（今山東臨沂）人，東漢大臣。

⑤ 案行：指巡視。

⑥ 詐檄：指虛假的文告、文書。檄：特指聲討的文告。

⑦ 曩：從前，過去的。

⑧ 張咨：字子議，潁川（今河南禹州）人。東漢末期官員，董卓掌權期間擔任南陽太守。

⑨ 區區：小，少。形容微不足道。

⑩ 勤王：指君主制國家中君王有難，臣下起兵救援君王。

⑪ 劉表：字景升，山陽郡高平（今山東微山）人。東漢末年名士，漢室之後，漢末群雄之一。王睿死後代為荊州刺史，後又受命為荊州牧，佔據荊州，先殺孫堅，後又常抗曹操。

⑫ 袁術：字公路，汝南汝陽（今河南商水）人，袁紹之弟，曾與孫堅共破董卓，稱雄淮南，稱帝，建號仲氏。

⑬ 速：招致。

【譯文】

董卓竊取國家的大權，天下共同發動義軍討伐他，只有孫堅以長沙太守的身份最先到達，為董卓所忌憚，獨有大功勞。所以裴松之稱頌他最忠烈。但是長沙是荊州所屬的郡縣，受刺史王睿的督察指揮。王睿開始時和孫堅一起攻打零陵、桂陽的賊人，因為孫堅是武官，王睿言語上非常輕視孫堅。等到王睿發兵想討伐董卓時，孫堅就假託案行使者的命令，殺了王睿，報了自己之前受到輕視的仇。南陽太守張咨，是相鄰郡縣的二千石官，因為沒有準備軍費，又被孫堅收押斬殺。孫堅憑藉一個小小的郡縣將領之位，趁著一時的軍威，就殺害了地方長官、鄰郡的太守，這難道也算能勤王嗎？劉表在荊州，心繫漢家王室，袁術一心犯上作亂，孫堅卻尊奉袁術的命令去攻打劉表，自己招致了死亡，這些都是值得討論的地方。

孫權封兄策

【原文】

孫權即帝位，追尊兄策為長沙王，封其子為吳侯，按孫氏奄①有江、漢，皆策之功，權特承之耳，而報之之禮不相宜稱②。故陳壽評云：「割據江東，策之基兆③也，而權尊崇未至，子止侯爵，於義儉④矣。」而孫盛⑤乃云：「權遠思盈虛⑥之數，正本⑦定名，防微⑧於未

兆，可謂為之於未有，治之於未亂。」其說迂謬⑨如此。漢室中興，出於伯升⑩，光武感其功業之不終，建武二年，首封其二子為王，而帝子之封，乃在一年之後。司馬昭繼兄師秉魏政⑪，以次子攸為師後，常云：「天下者景王之天下。」欲以大業歸攸。以孫權視之，不可同日論⑫也。

【註釋】

① 奄：覆蓋。

② 宜稱：指合適，相宜。

③ 基兆：指根本，基礎。

④ 儉：薄，少。

⑤ 孫盛：字安國，太原中都（今山西平遙）人，東晉中期史學家、名士、官員，著有《魏氏春秋》二十卷、《魏氏春秋異同》八卷、《晉陽秋》三十二卷，今僅存佚文。

⑥ 盈虛：指盈滿或虛空，發展變化。

⑦ 正本：指端正其本源、根本。

⑧ 防微：指在錯誤或壞事剛萌發時，就加以制止。微：小，細小。

⑨ 迂謬：指迂腐荒謬。

⑩ 伯升：即劉，字伯升，南陽蔡陽人，漢景帝之子長沙定王劉發之後，東漢光武帝劉秀的兄長。新朝末年，他與劉秀等率數千人起義，號春陵軍，自稱柱天都部，後加入綠林軍。劉秀建立東漢後，追諡他為齊武王。

⑪ 司馬昭：字子上，河內溫縣（今河南溫縣）人，三國時期曹魏權臣，西晉王朝的奠基人之一。師：即司馬師，字子元，河內溫縣（今河南溫縣）人，三國時期曹魏權臣，官至大將軍，西晉王朝的奠基人之一，司馬昭的兄長。

⑫ 同日論：即同日而語，指同一事物在不同時間比較。

【譯文】

　　孫權登上帝位，追尊兄長孫策為長沙王，分封他的兒子為吳侯，我考察孫氏擁有江漢地區，都是孫策的功勞，孫權只是繼承它罷了，但孫權回報給孫策的禮節不相稱。所以陳壽在《三國志》中評論說：「割據江東，是孫策奠定的基業，但孫權對孫策的尊崇不夠，孫策的兒子也只是獲封了侯爵，從情義上來說太薄了。」但孫盛卻說：「孫權思慮久遠，知道盈虛轉換的規律，端正根本，確定名稱，在預兆出現前防範禍患的苗頭，可以稱得上是在還沒發生時就做好了準備，在還沒混亂時就治理好了。」他的說法迂腐荒謬到這種地步。漢朝中興，是劉伯升的功勞，光武帝感懷他功業還沒成功就被殺了，在建武二年，首先封他的兩個兒子為諸侯王，而他自己兒子的分封，竟然在一年以後。司馬昭繼承兄長司馬師執掌魏國政權，把自己第二個兒子司馬攸過繼給司馬師做後人，經常說：「這個天下是景王司馬師的天下。」還想著把天下大業交給司馬攸。孫權和他們不能相提並論啊。

賊臣遷都

【原文】

　　自漢以來，賊臣竊國命，將欲移鼎[1]，必先遷都以自便。董卓以山東兵起，謀徙都長安，驅民數百萬口，更相蹈藉[2]，悉燒宮廟、官府、居家，二百里內無復雞犬。高歡[3]自洛陽遷魏於鄴，四十萬戶狼狽就道[4]。朱全忠自長安遷唐於洛，驅徙士民，毀宮室百司，及民間廬舍，長安自是丘墟[5]。卓不旋踵[6]而死，曹操迎天子都許，卒覆[7]劉氏。魏、唐之祚[8]，竟為高、朱所傾。凶盜設心積慮[9]，由來一揆[10]也。

【註釋】

① 移鼎：遷移九鼎，比喻政權的改易。

② 蹴藉：指踐踏，踩。

③ 高歡：北齊高祖高歡，字賀六渾，原籍渤海蓨縣（今河北景縣），東魏權臣，北齊王朝奠基人，史稱齊神武帝。永熙三年（534）十月，高歡逼走孝武帝，立元善見為帝，是為孝靜帝，遷都鄴城，史稱東魏。

④ 狼狽就道：指倉皇上路。就道：上路、動身的意思。

⑤ 丘墟：指廢墟，荒地。

⑥ 旋踵：指調轉腳跟，比喻時間極短。

⑦ 卒覆：指最終覆滅。

⑧ 祚：帝位。

⑨ 設心積慮：即處心積慮。形容用盡心思地謀劃。

⑩ 一揆：指同一道理，一個模樣。揆：道理，準則。

【譯文】

　　從漢代以來，賊臣竊取國家大權，想要奪得天下，一定要先遷都來方便自己稱帝。董卓在山東起兵謀反，計畫遷都到長安，驅逐百姓幾百萬人入關，百姓互相踩踏，死傷無數。董卓下令焚燒了舊都中所有的宮廟、官府、民居，方圓兩百里內不再有雞犬存活。高歡把東魏的都城從洛陽遷到鄴城，四十萬戶人家倉皇上路。朱全忠把唐朝的都城從長安遷到洛陽，驅逐遷徙官民，燒毀宮室官府，以及百姓的房屋，長安從此成為廢墟。董卓遷都後沒過多久就死了，曹操迎接東漢天子在許地建都，最後覆滅了劉氏天下。東魏、唐朝的國運，終究被高歡、朱全忠傾覆。兇惡的奸賊用盡心思謀劃，為了達到自己的目的，從來都是一樣的。

卷十一

孫玉汝

【原文】

　　韓莊敏公①縝字玉汝，蓋取君子以玉比德，縝密以栗②，及王欲玉汝③之義，前人未嘗用，最為古雅④。按唐《登科記》，會昌四年及第進士有孫玉汝。李景讓為御史大夫，劾罷侍御史孫玉汝。會稽《大慶寺碑》，咸通十一年所立，云衢州刺史孫玉汝記。榮王宗綽書目，有《南北史選練》十八卷，云孫玉汝撰。蓋其人也。

【註釋】

① 韓莊敏公：韓縝，字玉汝，北宋名臣，諡莊敏，封崇國公。
② 栗：堅實。
③ 王欲玉汝：指君王像珍愛玉那樣地珍愛你。出自《詩經·大雅·民勞》中「王欲玉女，是用大諫」。
④ 古雅：指雅致而有古典風味。

【譯文】

　　韓莊敏公，名縝，字玉汝，大概是取君子用玉來比喻德行，縝密而堅實，以及君王想把你比作玉的意思，前人不曾使用過，是最古雅的。我考察唐代的《登科記》，會昌四年及第的進士中有個叫孫玉汝的。李景讓做御史大夫時，彈劾罷免了侍御史孫玉汝。會稽的《大慶寺碑》，是咸通十一年所立的，上面寫著衢州刺史孫玉汝記。榮王趙宗綽的書目中，有《南北史選練》十八卷，說是孫玉汝撰寫。大概指的是同一個人。

唐人避諱

【原文】

　　唐人避家諱甚嚴，固有出於禮律①之外者。李賀②應進士舉，忌之者斥其父名晉肅③，以晉與進字同音，賀遂不敢試。韓文公作《諱辯》，論之至切④，不能解眾惑也。《舊唐史》至謂韓公此文，為文章之紕繆⑤者，則一時橫議⑥可知矣。杜子美有《送李二十九弟晉肅入蜀》詩，蓋其人云。裴德融諱「皋」，高鍇以禮部侍郎典⑦貢舉，德融入試，鍇曰：「伊⑧諱『皋』，向某下⑨就試，與及第，困一生事。」後除屯田員外郎，與同除郎官一人，同參右丞盧簡求⑩。到宅，盧先屈⑪前一人入，前人啟云：「某與新除屯田裴員外同祗候⑫。」盧使驅使官⑬傳語曰：「員外是何人下及第？偶有事，不得奉見。」裴蒼遽⑭出門去。觀此事，尤為乖剌⑮。鍇、簡求皆當世名流，而所見如此。《語林》載崔殷夢知舉⑯，吏部尚書歸仁晦托弟仁澤，殷夢唯唯⑰而已。無何，仁晦復詣托之，至於三四。殷夢斂色端笏⑱，曰：「某見進表讓⑲此官矣。」仁晦始悟己姓，殷夢諱也。按《宰相世系表》，其父名龜從，此又與高相類。且父名晉肅，子不得舉進士，父名皋，子不得於主司⑳姓高下登科，父名龜從，子不列姓歸人於科籍㉑，揆㉒之禮律，果㉓安在哉？後唐天成㉔初，盧文紀為工部尚書，新除郎中於鄴公參㉕，文紀以父名嗣業，與同音，竟不見。鄴憂畏太過，一夕雉經㉖於室。文紀坐謫石州司馬。此又可怪也。

【註釋】

① 禮律：指禮法與刑律。

② 李賀：字長吉，唐代河南福昌（今河南洛陽）人，家居福昌昌谷，後世稱其為李昌谷，有「詩鬼」之稱。

③ 忌：嫉妒，憎恨。斥：責備。

④ 至切：指深切到極點。

⑤ 紕繆：指錯誤。

⑥ 橫議：肆意發表言論，非難。

⑦ 典：主持，主管。

⑧ 伊：表示第三人稱，相當於「她」「他」「彼」。

⑨ 某下：稱呼自己的謙辭。

⑩ 盧簡求：字子臧，唐時蒲州人，父親盧綸是唐著名大曆十才子中
　　成就較大者。

⑪ 屈：委屈。

⑫ 祗候：指恭候。

⑬ 驅使官：指受差遣、役使的人。

⑭ 蒼遽：即倉遽，指匆忙，急迫。

⑮ 乖剌：指不合常規。

⑯ 知舉：「知貢舉」的省稱，指特命主掌貢舉考試。

⑰ 唯唯：指應而不置可否的樣子。

⑱ 斂色：指斂容正色，端正容色。端笏：拿著笏板。笏：古代大臣
　　上朝拿著的手板，用玉、象牙或竹片製成，上面可以記事。

⑲ 讓：辭讓。

⑳ 主司：指科舉的主試官。

㉑ 科籍：指登科錄之類。

㉒ 揆：揣度，估量。

㉓ 果：究竟，到底。

㉔ 天成：五代後唐明宗李嗣源時的年號。

㉕ 公參：指官員赴任後到上司處參拜。

㉖ 鏌經：指自縊。鏌：通「」，指用來牽牛的牛鼻繩。

【譯文】

　　唐人避家諱非常嚴格，甚至有超出禮制之外的。李賀去考進士，
嫉恨他的人指責他不避父親晉肅的諱，因為晉與進字讀音相同，李賀
就不敢參加考試。韓愈寫的《諱辯》，議論這種情況非常深刻，但還

是不能說服被迷惑的眾人。《舊唐史》上甚至說韓愈這篇文章是一篇觀點錯誤的文章，那麼當時的人反對韓愈的情況就可以知道了。杜甫有首《送李二十九弟晉肅入蜀》詩，指的大概就是李賀的父親。裴德融因為父親的名字而諱「皋」，高鍇以禮部侍郎的身份主持貢舉，裴德融參加考試，高鍇說：「他諱『皋』字，又在我主持下考試，如果考中了，那這件事一生都要受困。」後來裴德榮擔任屯田員外郎，和另一位一同擔任郎官的人一起去參見右丞盧簡求。到了盧家，盧簡求先讓擔任郎官的人進去，這個擔任郎官的人回稟說：「我和新擔任屯田員外郎的裴德榮一起敬候您的接見。」盧簡求讓跑腿的人傳話說：「員外是哪個門下考中舉人的？我有事，不能接見你。」裴德榮趕緊走出門去。從這件事來看，尤其不合常理。高鍇、盧簡求都是當時的名人，但他們的見識竟然這麼迂腐。《語林》上記載崔殷夢主持科舉，吏部尚書歸仁晦托他關照弟弟仁澤，崔殷夢只是含糊點頭罷了。沒過多久，歸仁晦又去拜見崔殷夢托他照顧弟弟，總共去了三四次。崔殷夢嚴肅地拿出笏板，說：「我現在就上奏辭去這個官職吧。」歸仁晦這才醒悟過來自己的姓正好是崔殷夢的家諱。我考察《宰相世系表》，崔殷夢的父親名叫龜從，這個事例又與高鍇那件事相似。父親名叫晉肅，兒子就不能考進士，父親名皋，兒子就不能在姓高的主考官門下考中進士，父親名龜從，兒子就不錄取姓歸的人，從禮律上考察，道理在哪裡呢？後唐明宗天成初年，盧文紀擔任工部尚書，新任命的郎中于鄴去參見他，盧文紀因為父親名叫嗣業，與於鄴同音，始終不願見他。於鄴太過擔憂，竟然在一天晚上在房間裏上吊自盡了。盧文紀因此被貶謫到石州做司馬。這又是一件奇怪的事啊。

唐帝稱太上皇

【原文】

　　唐諸帝稱太上皇者，高祖、睿宗、明皇、順宗凡四君①。順宗以病廢②之故，不能臨政③；高祖以秦王殺建成、元吉；明皇幸蜀，為太子所奪；唯睿宗上畏天戒，發於誠心，為史冊所表④。然以事考之，睿宗以先天⑤元年八月，傳位於皇太子，猶五日一受朝，三品以上除授，及大刑政皆自決之。故皇帝之子嗣直、嗣謙、嗣升封王，皆以上皇誥而出命⑥。又遣皇帝巡邊⑦。二年七月甲子，太平公主⑧誅，明日乙丑，即歸政⑨。然則猶有不獲已⑩也。若夫與堯、舜合其德⑪，則我高宗皇帝、至尊壽皇聖帝為然。

【註釋】

① 睿宗：唐睿宗李旦，初名李旭輪，唐高宗李治第八子，武則天幼子。他一生兩度登基，二讓天下，在位時間8年。690年，讓位於母后武則天，被封為皇嗣。710年，再度即位。712年，禪位於子李隆基（唐玄宗），稱太上皇，諡號玄真大聖大興孝皇帝。順宗：唐順宗李誦，唐德宗李適長子。805年八月，禪位給太子李純，自稱太上皇。806年，李誦駕崩，諡號至德大聖大安孝皇帝。

② 病廢：指因病殘廢或有殘疾。

③ 臨政：指處理政務。

④ 表：表彰，顯揚。

⑤ 先天：唐玄宗李隆基即位後的第一個年號，始於712年八月，終於713年十一月，共計一年多。

⑥ 出命：指下達命令。

⑦ 巡邊：指巡查邊防。

⑧ 太平公主：唐高宗李治與武則天的小女兒，生平極受父母兄長尤其是其母武則天的寵愛，權傾一時。713年因涉嫌謀反，被唐玄宗

發兵擒獲，賜死於家中。

⑨ 歸政：指交還政權。

⑩ 不獲已：即不得已。

⑪ 若夫：句首語氣詞，用在句首或段落的開始，表示另提一事，可以翻譯為「至於」，並無實際意思。合：匹配。

【譯文】

　　唐代所有皇帝中被稱為太上皇的，有高祖、睿宗、玄宗、順宗，總共四個。唐順宗是因為得病失去聲音，不能治理朝政；唐高祖是因為秦王李世民殺了李建成、李元吉，不得不讓位；唐玄宗是因為安史之亂巡幸蜀地，皇位被太子奪取；只有唐睿宗是畏懼上天的懲罰，從自己內心出發誠心禪讓帝位的，為史書所稱頌。但是根據事實來考證，唐睿宗在先天元年八月，把帝位傳給皇太子後，還是五天上一次朝，三品以上官員的任用，以及大的刑罰政事都是自己決定的。所以皇帝的兒子嗣直、嗣謙、嗣升被封為王，都是用太上皇的誥命冊封的。太上皇還派遣皇帝巡視邊境。先天二年甲子日，太平公主被殺，第二天乙丑日，太上皇就把政權歸還給皇帝。這樣看來，唐睿宗讓位還是因為不得已啊。至於能夠與堯、舜的德行相匹敵，那麼只有我朝的高宗皇帝和至尊壽皇聖帝才可以。

楊倞①注《荀子》

【原文】

　　唐楊倞注《荀子》，乃元和②十三年。然《臣道篇》所引：「《書》曰，從命而不拂，微諫而不倦，為上則明，為下則遜。」注以為《伊訓篇》，今元③無此語。《致士篇》所引曰：「義刑義殺，勿庸以即，汝惟曰未有順事。」注以為《康誥》，而不言其有不同者。

【註釋】

① 楊倞：唐憲宗年間弘農（今河南靈寶）人，楊汝士之子，大理評事，著有《荀子注》一書，是現今流傳《荀子》的最早注本。

② 元和：唐憲宗李純的年號，共使用15年，他在位期間唐朝出現短暫的統一，史稱「元和中興」。

③ 元：原來，本來。

【譯文】

　　唐代楊倞注釋《荀子》，是在元和十三年。但是《荀子·臣道篇》中引用的：「《書》曰，從命而不拂，微諫而不倦，為上則明，為下則遜。」注釋認為是出自《尚書·伊訓篇》，現在的《尚書》中沒有這句話。《荀子·致士篇》引用說：「義刑義殺，勿庸以即，汝惟曰未有順事。」注釋認為是出自《尚書·康誥》，但沒有說兩處有些不同。

楊國忠[①]諸使

【原文】

　　楊國忠為度支郎，領[②]十五餘使。至宰相，凡領四十餘使。第署[③]一字不能盡，胥吏因是恣為奸欺[④]。新、舊《唐史》皆不詳載其職。按其拜相制前銜[⑤]云：「御史大夫判度支，權知太府卿事，兼蜀郡長史，劍南節度支度、營田等副大使，本道兼山南西道採訪處置使，兩京太府、司農、出納、監倉、祠祭、米炭、宮市、長春九成宮等使，關內道及京畿採訪處置使，拜右相兼吏部尚書、集賢殿崇文館學士、修國史、太清太微宮使。」自餘所領，又有管當租庸、鑄錢等使。以是觀之，概可見矣。宮市之事，咸謂起於德宗貞元[⑥]。不知天寶中已有此名，且用宰臣充使也。韓文公作《順宗實錄》，但云：「舊事，宮中有要市[⑦]外物，令官吏主之，與人為市，隨給其直[⑧]，貞元末以

宦者為使。」亦不及天寶時已有之也。

【註釋】

① 楊國忠：本名楊釗，唐朝蒲州永樂（今山西永濟）人，唐中期權
　臣、奸臣。楊玉環得寵於唐玄宗之後，楊國忠升任宰相，與安祿
　山有矛盾，最終導致了安史之亂的爆發。而他與太子李亨（唐肅
　宗）的矛盾使得他最終被殺。

② 領：兼任。

③ 第署：指府第和官署。

④ 胥吏：舊時官府中辦理文書的小官吏。恣為奸欺：指放肆地行奸
　詐、欺騙之事。恣：放縱，無拘束。

⑤ 前銜：指過去的官銜。

⑥ 貞元：指唐德宗李適的年號，共使用21年。

⑦ 市：買。

⑧ 直：通「值」，價值。

【譯文】

　　楊國忠做度支郎時，兼任十五個職務。等到做了宰相，總共兼任
了四十個職務。他的府第和官署很多，管理不過來，因此各府的小吏
們都放肆欺負百姓。《新唐書》《舊唐書》中都沒有詳細地記載他的
職務。我考察了任命楊國忠為宰相的制書，之前他的頭銜是：「御史
大夫判度支，權知太府卿事，兼蜀郡長史，劍南節度支度、營田等副
大使，本道兼山南西道採訪處置使，兩京太府、司農、出納、監倉、
祠祭、米炭、宮市、長春九成宮等使，關內道及京畿採訪處置使，任
命右相後兼吏部尚書、集賢殿崇文館學士、修國史、太清太微宮
使。」其他所兼任的，還有管當租庸、鑄錢等職務。由此看來，大概
可以瞭解他所擔任的職務了。宮市的事情，都說是在德宗貞元年間興
起的，卻不知道在天寶年間已經有這個名號，而且讓宰相擔任這個職
務。韓愈寫了《順宗實錄》，只說：「以前的舊例，宮中需要到外面

買東西，讓官吏負責這件事，和別人做買賣，隨便地給他些錢，貞元末年派宦官擔任這個職務。」也沒有說到天寶年間已經有這個職務了。

東坡自引所為文

【原文】

　　東坡為文潞公作《德威堂銘》，云：「元祐之初，起①公以平章軍國重事，期年②，乃求去，詔曰：『昔西伯③善養老，而太公④自至。魯穆公無人子思⑤之側，則長者去之。公自為謀則善矣，獨不為朝廷惜乎！』又曰：『唐太宗以干戈之事，尚能起李靖⑥於既老，而穆宗、文宗以燕安⑦之際，不能用裴度⑧於未病。治亂之效，於斯可見。』公讀詔聳然⑨，不敢言去。」按此二詔，蓋元祐二年三月潞公乞致仕⑩不允批答，皆坡所行也。又《繳還乞罷青苗狀》云：「近日謫降呂惠卿告詞云⑪，首建青苗，次行助役。」亦坡所作。《張文定公墓志》載嘗論次其文凡三百二十字，結之云：「世以軾為知言⑫。」又述諫用兵云：「老臣且死，見先帝地下，有以藉口⑬矣。」亦其所作也。並引責呂惠卿詞亦然。乾道中，邁直翰苑，答陳敏步帥詔云：「亞夫持重⑭，小⑮棘門、霸上之將軍；不識⑯將屯，冠⑰長樂、未央之衛尉。」後為敏作神道碑⑱，亦引之，正以公為法也。

【註釋】

① 起：舉用。

② 期年：指一周年。

③ 西伯：指周文王。周王朝的奠基者。

④ 太公：指姜太公望，呂尚。傳姜太公72歲時垂釣於渭水之濱，得見求賢若渴的西伯侯姬昌（周文王），受到重用，輔佐文王之子武

王姬發伐紂滅商，建立周王朝。

⑤ 子思：孔伋，字子思，孔子的嫡孫、孔鯉的兒子。春秋時期著名的思想家。

⑥ 李靖：字藥師，雍州三原（今陝西三原）人，隋末唐初將領，是唐朝文武兼備的著名軍事家，後封衛國公，世稱李衛公。635年，吐谷渾進犯涼州，這時年逾花甲的李靖受命掛帥出征，率軍大敗吐谷渾。

⑦ 燕安：指安寧太平。

⑧ 裴度：字中立，河東聞喜（今山西聞喜）人，唐代中期傑出的政治家、文學家。封晉國公，世稱「裴晉公」，諡號文忠。

⑨ 聳然：敬畏的樣子。

⑩ 致仕：指交還官職，即辭官。

⑪ 謫降：古代指官吏被降職並調至邊遠之地。呂惠卿：字吉甫，號恩祖，泉州南安水頭鎮樸里人，北宋宰相，政治改革家，為推動王安石變法做出了許多貢獻。

⑫ 知言：指善於辨析他人之言辭。

⑬ 藉口：指借別人的話作為依據。

⑭ 持重：指行事慎重。

⑮ 小：使動用法，使……小。這裏指通過對比，使得棘門、霸上將軍的不足處顯現出來。

⑯ 不識：指程不識，漢武帝時的大將。

⑰ 冠：超出眾人，居於首位。

⑱ 敏：陳敏，字元功，贛之石城（今屬江西）人。南宋將領。神道碑：指的是立於墓道前記載死者生平事蹟的石碑。多記錄死者生平年月、所做貢獻等。

【譯文】

蘇東坡為文潞公寫《德威堂銘》，說：「元祐初年，潞公被起用為平章軍國重事，滿一年後，就請求離去，皇上下詔說：『從前周文

王善待老人，而姜太公自己來投奔他。魯穆公沒有派人在子思身邊伺候，那年長有德的人就離開他。您為自己打算是很好的了，但難道不為朝廷可惜嗎！』又說：『唐太宗因為有戰事，尚且能起用年老的李靖，而唐穆宗、文宗在和平安定的時候，還不能任用沒生病的裴度。國家治理的好壞，從這裏就可以看出來。』潞公讀了詔書後很是敬畏，不敢再說離職。」我考察這兩封詔書，大概是元祐二年三月文潞公請求辭官回家，皇帝沒有答應的批示，都是蘇東坡撰寫的。另外《繳還乞罷青苗狀》中說：「近來貶謫呂惠卿的誥命說，呂惠卿首先執行青苗法，接著又推動助役法。」也是蘇東坡所寫的。《張文定公墓志》上記載，他曾經對張方平所寫的文章論定次第，總共三百二十個字，結尾說：「世人認為蘇東坡是能知道皇帝的真實想法的。」另外記述勸諫用兵時說：「老臣我就要死了，將來在地下見到先帝，就有話可以說了。」也是蘇東坡自己寫的。而且他引用斥責呂惠卿的話也是這樣。乾道年間，我任翰林院學士，答覆陳敏步帥的詔書說：「周亞夫謹慎穩重，顯出棘門、霸上將軍的不足；程不識率軍駐守邊疆，在長樂、未央的衛尉中屬第一。」後來為陳敏作神道碑時，也引用了這句話，正是仿效蘇東坡的做法。

卷十二

唐制舉①科目

【原文】

　　唐世制舉，科目猥②多，徒異其名爾，其實與諸科等也。張九齡③以道侔伊、呂策高第④，以《登科記》及《會要》考之，蓋先天元年九月，明皇初即位，宣勞使所舉諸科九人，經邦治國、材可經國、才堪刺史、賢良方正與此科各一人，藻思清華、興化變俗科各二人。其道侔伊、呂策問殊平平⑤，但云：「興化致理⑥，必俟得人；求賢審官⑦，莫先任舉⑧。欲遠循漢、魏之規，復存州郡之選，慮⑨牧守之明，不能必鑒。」次及「越騎伿飛⑩，皆出畿甸⑪，欲均井田於要服⑫，遵丘賦於革車⑬」，並安人重穀⑭，編戶⑮農桑之事，殊不及為天下國家之要道⑯。則其所以待伊、呂者亦狹矣⑰。九齡於神龍二年中材堪經邦科，本傳不書，計亦此類耳。

【註釋】

① 制舉：即制科，歷代臨時設置的考試科目。

② 猥：眾，多。

③ 張九齡：字子壽，一名博物，唐朝韶州曲江（今廣東韶關）人，唐朝開元年間名相、詩人，諡文獻，世稱「張曲江」或「文獻公」。

④ 高第：指科舉考試名列前茅。

⑤ 平平：指普通，平常。

⑥ 興化致理：指振興治理國家。

⑦ 審官：指選拔官吏。

⑧ 任舉：指委任舉薦，引薦保舉。

⑨ 慮：憂慮。

⑩ 越騎伕飛：泛指能騎善射勁勇過人的騎兵。伕飛：即伕非，春秋楚國勇士。後亦泛指勇士。

⑪ 畿甸：指京城郊外的地方。

⑫ 要服：古代五服之一。古代王畿以外按距離分為五服，相傳一千五百里至二千里為要服。泛指邊遠地區。

⑬ 丘賦：春秋鄭國的軍賦制度。革車：古代兵車的一種。這裏代指士兵。

⑭ 安人重穀：指安定百姓、重視農耕。

⑮ 編戶：指編入戶籍的普通人家。

⑯ 要道：指重要的道理、方法。

⑰ 伊、呂：指伊尹、呂尚。商伊尹輔商湯，西周呂尚佐周武王，皆有大功，後因並稱伊呂泛指輔弼重臣。

【譯文】

　　在唐代的科舉制度中，臨時開考的科目眾多，有些只是名字不同罷了，實際上考的內容和別的科目相同。張九齡在「道侔伊、呂策」的科目上高中，根據《登科記》和《會要》來考察，大概是先天元年九月，唐玄宗剛即位時，宣勞使所選拔的各科人才有九人，經邦治國、材可經國、才堪刺史、賢良方正和道侔伊、呂策科各一人，藻思清華、興化變俗科各兩人。皇帝制定道侔伊、呂策的問題非常一般，只說：「振興治理國家，一定要得到人才；尋求賢才、選拔官員，沒有不先保舉引薦的。要想遵循遙遠的漢魏時期的法規，恢復州郡選拔人才的制度，又擔心地方長官的能力，不一定能鑒別人才。」又說到「越騎、伕飛等官軍，都外出到京城郊外地區，想要在邊遠地區平均井田，讓士兵耕種來繳納賦稅」，以及安定百姓，重視農耕，編入戶籍的百姓從事農桑的事情，完全算不上是國家最要緊的事情。這樣看來，朝廷針對伊尹、呂尚所出的問題也太狹窄了。張九齡在神龍二年

考中材堪經邦科，他的傳記上沒寫，估計也是這種類型的科目罷了。

列子書事

【原文】

　　《列子》書事，簡勁宏妙①，多出《莊子》之右②。其言惠盎見宋康王③，王曰：「寡人之所說④者，勇有力也，客將何以教寡人？」盎曰：「臣有道於此，使人雖勇，刺之不入，雖有力，擊之弗中。」王曰：「善，此寡人之所欲聞也。」盎曰：「夫刺之不入，擊之不中，此猶辱也。臣有道於此，使人雖有勇弗敢刺，雖有力弗敢擊。夫弗敢，非無其志⑤也。臣有道於此，使人本無其志也。夫無其志也，未有愛利⑥之心也。臣有道於此，使天下丈夫女子莫不歡然皆欲愛利之，此其賢⑦於勇有力也，四累⑧之上也。」觀此一段語，宛轉四反⑨，非數百言曲而暢之不能了⑩，而潔淨粹白⑪如此，後人筆力，渠⑫複可到耶！三不欺之義，正與此合。不入不中者，不能欺也；弗敢刺擊者，不敢欺也；無其志者，不忍欺也。魏文帝⑬論三者優劣，斯言足以蔽⑭之。

【註釋】

① 簡勁宏妙：指簡練有力、雄勁高妙。
② 右：古代崇右，故以右為上，為高。
③ 惠盎：宋國（今河南商丘）人，惠施的近支族人，戰國時政治家、辯客和哲學家。宋康王：也稱宋王偃、宋獻王，子姓，戴氏，名偃，戰國時期宋國最後一任國君。
④ 說：通「悅」，喜歡。
⑤ 志：心意，想法。
⑥ 愛利：指愛護、加惠於他人。

⑦ 賢：良，好。

⑧ 四累：指前面說到的四種情況。

⑨ 反：重複。

⑩ 曲：迂曲，婉轉。暢：盡情，痛快。了：明白，知道。

⑪ 粹白：指純潔。

⑫ 渠：通「詎」，豈，哪裡。

⑬ 魏文帝：曹丕，字子桓，三國時期著名的政治家、文學家，曹魏的開國皇帝。

⑭ 蔽：概括。

【譯文】

　　《列子》記載事情，簡潔有力，氣勢宏大玄妙，大多勝過《莊子》。它寫惠盎去拜見宋康王，康王說：「我所喜歡的，是勇猛有力的人，您將有什麼要教誨我的？」惠盎說：「我這兒有個辦法，能讓人雖然勇猛，但刺他時刺不進，雖然有力，但擊打他擊不中。」康王說：「很好，這是我想要聽的。」惠盎說：「刺他時刺不進、擊打他擊不中，這還是受辱了。我這兒有個辦法，能讓人雖然勇猛卻不敢刺，雖然有力卻不敢擊打。不敢這麼做，不是他沒有這種想法。我這兒有個辦法，能讓人本來就沒有這種想法。沒有這種想法，但還沒有愛護別人的心。我這兒有個辦法，能讓天下的男女沒有不高興去愛護別人的，這比勇猛有力要好啊，是前面四種情況中最好的。」觀察這一段話，婉轉遞進了四次，一般人沒有幾百個字是說不清楚的，他卻簡潔純粹到這種地步，後人的寫作功力，哪裡可以到達這種境界啊！三不欺的道義，正好與這段論述相合。刺不進、擊不中的人，不能欺騙；不敢刺、不敢擊的人，不敢欺騙；沒有這種想法的人，不忍心欺騙。魏文帝評論這三種情況的好壞，這段話已經足夠概括了。

天生對偶①

【原文】

　　舊說以紅生白熟、腳色手紋、寬焦薄脆之屬，為天生偶對。觸類而索之②，得相傳名句數端③，亦有經前人紀載者，聊疏於此④，以廣多聞。如「三川太守，四目老翁」「相公公相子，人主主人翁」「泥肥禾尚瘦，晷短夜差長」「斷送一生唯有，破除萬事無過」「北斗七星三四點，南山萬壽十千年」「迅雷風烈風雷雨，絕地天通天地人」「筵上枇杷，本是無聲之樂；草間蚱蜢，還同不系之舟」，皆絕工⑤者。又有用書語兩句而證⑥以俗諺者，如「堯之子不肖，舜之子亦不肖」，諺曰「外甥多似舅」「吾力足以舉百鈞，而不足以舉一羽」，諺曰「便重不便輕」之類是也。

【註釋】

① 對偶：一種修辭方法，用對稱的字句加強語言的效果。
② 觸類：指接觸相類事物。索：搜尋。
③ 端：項目。
④ 聊：姑且。疏：分條記錄或分條陳述。
⑤ 工：細緻，精巧。
⑥ 證：驗證，證實。

【譯文】

　　傳統的說法認為「紅生白熟」「腳色手紋」「寬焦薄脆」之類的是天生的對偶。接觸類似的事物後去尋找，得到流傳下來的幾個名句，也有被前人記載過的，姑且都寫在這裏，來增廣見聞。比如「三川太守，四目老翁」「相公公相子，人主主人翁」「泥肥禾尚瘦，晷短夜差長」「斷送一生唯有，破除萬事無過」「北斗七星三四點，南山萬壽十千年」「迅雷風烈風雷雨，絕地天通天地人」「筵上枇杷，

本是無聲之樂；草間蚱蜢，還同不系之舟」，都是非常工整的。還有用兩句書面語，後面加上一句諺語來說明的，比如「堯之子不肖，舜之子亦不肖」，諺語說「外甥多似舅」「吾力足以舉百鈞，而不足以舉一羽」，諺語說「便重不便輕」之類的就是這樣。

崔斯立①

【原文】

崔立之，字斯立，在唐不登顯仕②，他亦無傳，而韓文公推獎之備至③。其《藍田丞壁記》云：「種學績文④，以蓄⑤其有，泓涵演迤⑥，日大以肆⑦。」其《贈崔評事》詩云：「崔侯文章苦捷敏，高浪駕天輸不盡。頃從關外來上都，隨身卷軸車連軫。朝為百賦猶鬱怒，暮作千詩轉遒緊。才豪氣猛易語言，往往蛟螭雜螻蚓。」其《寄崔二十六》詩云：「西城員外丞，心跡兩崛奇。往歲戰詞賦，不將勢力隨。傲兀坐試席，深叢見孤羆。文如翻水成，初不用意為。四坐各低面，不敢捩眼窺。佳句喧眾口，考官敢瑕疵？連年收科第，若摘頷底髭。」其美之如是。但記云「貞元初，挾⑧其能，戰藝於京師，再進再屈於人」，而詩以為「連年收科第」，何其自為異也？予按杭本韓文，作「再屈千人」，蜀本作「再進屈千人」，《文苑》亦然。蓋他本誤以千字為於也。又《登科記》「立之以貞元三年第進士，七年，中宏詞科」，正與詩合。觀韓公所言，崔作詩之多可知矣，而無一篇傳於今，豈非螻蚓⑨之雜，唯敏速⑩而不能工邪？

【註釋】

① 崔斯立：字立之，又字行堅，行二十六，故又稱崔二十六，唐代博陵（今河北定縣）人，能詩，有逸句。
② 顯仕：指高官，顯宦。

③ 推獎：指推許獎譽。備至：指非常。

④ 種學績文：指培養學識，積累文才。績：成就。

⑤ 蓄：積聚。

⑥ 泓涵：水深廣的樣子。比喻學問淵博。演迤：指文章氣勢流轉綿長。

⑦ 日大以肆：指每天都有進步，並且漸漸顯露出來。

⑧ 挾：懷抱，懷有。

⑨ 螻蚓：指平庸無能。

⑩ 敏速：指敏捷，迅速。

【譯文】

　　崔立之，字斯立，在唐代沒有擔任顯赫的官職，在史書中沒有傳記，但是韓愈非常推崇他。在韓愈的《藍田丞壁記》中說：「崔立之學習勤奮，積蓄知識，文章氣勢綿延廣大，每天都有進步，漸漸顯露出來。」在韓愈的《贈崔評事》詩中說：「崔侯文章苦捷敏，高浪駕天輸不盡。頃從關外來上都，隨身卷軸車連軫。朝為百賦猶鬱怒，暮作千詩轉道緊。才豪氣猛易語言，往往蛟螭雜螻蚓。」在他的《寄崔二十六》詩中說：「西城員外丞，心跡兩崛奇。往歲戰詞賦，不將勢力隨。傲兀坐試席，深叢見孤羆。文如翻水成，初不用意為。四坐各低面，不敢撥眼窺。佳句喧眾口，考官敢瑕疵？連年收科第，若摘頷底髭。」讚美崔立之到這種地步。但是在《藍田丞壁記》中說「貞元初年，崔立之憑藉自己的才能，在京師與文人爭高下，結果兩進再屈於人」，但詩中又認為「連年收科第」，為什麼韓愈自己寫的卻有出入？我考察杭本的《藍田丞壁記》，上面寫作「再屈千人」，蜀本寫作「再進屈千人」，《文苑》也是這樣寫的。大概是其他的本子錯把「千」字寫成「於」了。另外《登科記》中記載「立之在貞元三年考中進士，七年，考中宏詞科」，正好與詩相合。從韓愈所寫的詩文來看，崔立之作詩很多就可以知道了，但沒有一篇流傳到現在，難道不是因為他夾雜了很多品質很差的詩，只追求數量而不追求品質嗎？

卷十三

下第^①再試

【原文】

太宗雍熙^②二年，已放^③進士百七十九人，或云：「下第中甚有可取者。」乃令復試，又得洪湛^④等七十六人，而以湛文采遒麗^⑤，特升正榜第三。端拱^⑥元年，禮部所放程宿第二十八人^⑦，進士葉齊^⑧打鼓論榜，遂再試，復放三十一人，而諸科因此得官者至於七百。一時待士可謂至矣。然太平興國末，孟州進士張兩光，以試不合格，縱酒大罵於街衢^⑨中，言涉指斥，上怒斬之，同保九輩永不得赴舉^⑩。恩威並行，至於如此。「張兩」，館本作「張雨」。

【註釋】

① 下第：科舉時代指殿試或鄉試沒考中。

② 雍熙：宋太宗的第二個年號，共使用4年。

③ 放：放榜。

④ 洪湛：字惟清，升州上元（今江蘇南京）人。著有《龆年集》十卷。

⑤ 遒麗：指剛健秀美。

⑥ 端拱：宋太宗的第三個年號，共使用2年。

⑦ 程宿：字莘十，衢州（今浙江衢州）人，宋太宗端拱元年（988）戊子科狀元。第：等。

⑧ 葉齊：字思可，建安（今福建建甌）人，北宋端拱年間進士。

⑨ 街衢：指鬧市。

⑩ 保：宋以後地方實行保甲制，若干甲為一保。赴舉：唐宋時指鄉

貢入京參加禮部試。

【譯文】

　　宋太宗雍熙二年，已經放榜錄取進士一百七十九人，有人說：「落榜的人中還有很多值得錄取的。」於是太宗就下令再考，又錄取洪湛等七十六人，而且因為洪湛文采剛健秀美，特意升他為正榜第三名。端拱元年，禮部已經放榜錄取了程宿等二十八人，但進士葉齊又擊鼓論榜，於是又再考，又放榜錄取了三十一人，而且各科因此得到官職的達到了七百人。當時對待士人可以說重視到極點了。但是太平興國末年，孟州進士張兩光，因為考試不合格，喝醉後在鬧市上大罵，言語涉嫌指責朝廷，皇上發怒下令斬了他，和他同保的人九代之內永遠不能參加進士考試。恩威並施，到了這種地步。「張兩」，館本作「張雨」。

貞元制科①

【原文】

　　唐德宗貞元十年，賢良方正科十六人，裴垍為舉首②，王播③次之，隔一名而裴度、崔群、皇甫鎛繼之④。六名之中，連得五相，可謂盛矣！而邪正夐⑤不侔。度、群同為元和宰相，而鎛以聚斂⑥賄賂亦居之，度、群極陳其不可，度恥其同列，表求自退，兩人竟為鎛所毀⑦而去。且三相同時登科，不可謂無事分⑧，而玉石雜糅，薰蕕⑨同器，若默默充位，則是固寵患失，以私妨公，裴、崔之賢，誼⑩難以處也。本朝韓康公、王岐公、王荊公亦同年聯名⑪，熙寧間，康公、荊公為相，岐公參政，故有「一時同榜用三人」之語，頗類此云。

① 貞元：唐德宗李適的年號，共使用21年。制科：即制舉，又稱大科、特科，封建王朝臨時設置的考試科目。目的在於選拔各種特殊人才。

② 裴垍：字弘中，絳州聞喜（今山西聞喜）人，唐代著名宰相。舉首：指科舉考試的第一名。

③ 王播：字明揚，太原（今山西太原）人，長慶初，歷進中書侍郎同中書門下平章事，太和初拜左僕射，封太原郡公。

④ 崔群：字敦詩，號養浩，唐代貝州武城（今山東武城）人，貞元十二年（817）為宰相。皇甫鎛：唐代貞元間進士，官至宰相。

⑤ 敻：遠。

⑥ 聚斂：指搜刮財貨。

⑦ 毀：譭謗。

⑧ 事分：指職分，名分。

⑨ 薰蕕：指香草和臭草。比喻善惡、賢愚、好壞等。

⑩ 誼：合宜的道德、行為或道理。

⑪ 韓康公：韓絳，字子華，開封雍丘（今河南杞縣）人，封康國公。宋仁宗慶曆二年（1042）高中進士甲科第三名探花，榜眼是王珪，第四名是王安石。王岐公：王珪，字禹玉，北宋名相，著名文學家，封岐國公。

【譯文】

　　唐德宗貞元十年，賢良方正科錄取了十六人，裴垍是第一名，王播是第二名，裴度、崔群、皇甫鎛分別是第四、第五、第六名。前六名之中，接連出現五名宰相，可以說是盛事了！但這五人正邪遠遠不能相比。裴度、崔群同時是元和時期的宰相，而皇甫鎛因為聚斂財物、收受賄賂也處在宰相的官位上，裴度、崔群極力向皇帝陳述皇甫鎛不能做宰相，裴度認為與皇甫鎛同時擔任宰相很恥辱，上奏請求辭職，裴度、崔群最終因為皇甫鎛的詆毀而離職。三位宰相同時考中進

士，不能說沒有情分，但玉石夾雜在一起，好的壞的放在同一個器物裏，如果默默地處在相位上，那就是鞏固自己的榮寵害怕失去，因為私心妨礙公務，像裴度、崔群這麼賢德，應該是很難這樣去做的。本朝的韓康公、王岐公、王荊公也是同年考中進士的，熙寧年間，韓康公、王荊公做了宰相，王岐公做參知政事，所以有「一時同榜用三人」這樣的話，與元和年間的事情很相似。

金花帖子①

【原文】

　　唐進士登科，有金花帖子，相傳已久，而世不多見。予家藏咸平元年孫僅榜盛京所得小錄②，猶用唐制，以素綾③為軸，貼以金花，先列主司四人銜，曰：翰林學士給事中楊，兵部郎中知制誥李，右司諫直史館梁，秘書丞直史館朱，皆押字④。次書四人甲子⑤，年若干，某月某日生，祖諱某，父諱某，私忌⑥某日。然後書狀元孫僅，其所紀與今正同。別用高四寸綾，闊⑦二寸，書「盛京」二字，四主司花書⑧於下，粘於卷首，其規範如此，不知以何年而廢也。但此榜五十人，自第一至十四人，惟第九名劉燁為河南人，餘皆貫⑨開封府，其下又二十五人亦然。不應都人士中選若是之多，疑亦外方人寄名托籍⑩，以為進取之便耳。四主司乃楊礪、李若拙、梁顥、朱台符⑪，皆只為同知舉。

【註釋】

① 金花帖子：指唐宋以來科舉考試登第者的榜帖。
② 咸平：宋真宗的年號，共使用6年。孫僅：字鄰幾，北宋大臣，著有文集五十卷。
③ 素綾：用純桑蠶絲做原料的絲織品，質地輕薄，用於裱畫裱圖。

④ 押字：即簽字。

⑤ 甲子：指年紀。

⑥ 私忌：即私家的忌日。指父母及祖父母、曾祖父母忌日。

⑦ 闊：寬。

⑧ 花書：指花押，舊時公文契約上的草書簽名或代替簽名的特定符號。

⑨ 貫：原籍，出生地。

⑩ 外方：指外地，遠方。寄名托籍：指假託戶籍。

⑪ 楊礪：字汝礪，京兆鄠（今陝西戶縣）人，宋太祖建隆元年（960）庚申科狀元，是宋朝的第一個狀元。李若拙：字藏用，京兆萬年（今陝西西安）人，宋太祖時進士。梁顥：鄆州須城（今山東東平）人，宋太宗雍熙二年（985）乙酉科狀元。朱台符：字拱正，眉山（今屬四川眉山）人，太宗淳化三年（992）進士。

【譯文】

　　唐代進士考中進士，有金花帖子，流傳已經很久了，但世上很少能看到。我家收藏有咸平元年孫僅在盛京考中時所得的小錄，還是使用唐代的制度，用素綾做軸，貼上金花，先列出四個主考官的官銜，寫著：翰林學士給事中楊，兵部郎中知制誥李，右司諫直史館梁，秘書丞直史館朱，都簽了名字。接著寫四位主考官的年齡，某年某月生，祖父的名字，父親的名字，私家的忌日。然後寫狀元孫僅，上面所記載的與現在的完全相同。另外用長四寸、寬二寸的綾子，寫上「盛京」兩個字，下面是四位主考官的花書，粘在卷首，規範就是這樣，不知道在哪年廢除了。但是這張榜文中的五十人，從第一到第十四名，只有第九名劉燁是河南人，其餘都寫的是開封府的籍貫，下面的另外二十五人也是這樣。京都中的讀書人考中的不應該有這麼多，我懷疑也是外地人假託的京城戶籍，方便在仕途上晉升罷了。四位主考官是楊礪、李若拙、梁顥、朱台符，當時都只擔任同知舉。

太史日官①

【原文】

　　《周禮》春官之屬曰：「太史掌建邦之六典②，以逆③邦國之治。正歲年以序事④，頒之於官府及都鄙⑤，頒告朔⑥於邦國。」「小史掌邦國之志⑦，奠⑧系世，辨昭穆⑨。」鄭氏注云：「太史，日官也。」引《左傳》「天子有日官，諸侯有日御⑩」為說。志，謂記也。史官主書，《國語》所謂《鄭書》及《帝系》《世本》之屬是也，小史主定之。然則周之史官、日官，同一職耳。故司馬談⑪為漢太史令，而子長以為「文史星曆近乎卜祝之間⑫，固主上所戲弄，倡優⑬畜之，流俗之所輕也。」今太史局正星曆卜祝輩所聚，其長曰太史局令，而隸秘書省，有太史案主之，蓋其源流有自來矣。

【註釋】

① 日官：指古代掌天象曆數之官。

② 六典：古代漢民族六方面的治國之法。即治典、教典、禮典、政典、刑典、事典。

③ 逆：迎接。這裏指迎合、滿足。

④ 正：通「整」，整理，端正。歲年：指古代的紀年法。中數曰歲，朔數曰年。一歲為三百六十五日四分之一，一年為三百五十四日。序事：指安排事項，使有條理。

⑤ 頒：發行，發佈。都鄙：京城和邊邑。借指全國。

⑥ 告朔：古代天子每年冬季以明年朔政分賜諸侯，諸侯於月初祭廟受朔政。

⑦ 志：記載的文字。

⑧ 奠：建立。

⑨ 昭穆：宗法制度對宗廟或墓地輩次排列的規則和次序。

⑩ 日御：原指古代漢族神話中為太陽駕車的神。後亦指古代掌記天

象曆數之官。

⑪ 司馬談：夏陽（今陝西韓城）人，西漢史學家，司馬遷之父。

⑫ 子長：司馬遷，字子長，中國西漢偉大的史學家、文學家、思想家。創作了中國第一部紀傳體通史《史記》。卜祝：專管占卜、祭祀的人。

⑬ 倡優：古代稱以音樂歌舞或雜技戲謔娛人的藝人。

【譯文】

　　《周禮》春官之屬中說：「太史掌管建立國家的六種典章制度，來滿足治理國家的需要。調整曆法來安排各項事務，並頒佈於官府乃至全國，每個月要在國內頒佈朔日。」「小史掌管國家的史志，確定王室的世系流傳，辨明宗廟的昭穆次序。」鄭玄注釋說：「太史，是日官。」並引用《左傳》上「天子有日官，諸侯有日御」的說法來解釋。志，就是記。史官主管史書，《國語》中所說的《鄭書》及《帝系》《世本》之類的就是，小史主管制定史書。既然這樣，那麼周代的史官、日官，就是同一個職位了。所以司馬談做漢代的太史令，而他的兒子司馬遷卻認為「文史星曆接近於卜祝的職務，本來就是給君主戲弄的，就像蓄養的倡優一樣，是為一般人所輕視的。」現在的太史局正是星曆卜祝之類的人所聚集的地方，他們的官長叫作太史局令，隸屬於秘書省，有太史案主管，這種做法是有根源的了。

雨水清明

【原文】

　　曆家以雨水為正月中氣①，驚蟄為二月節，清明為三月節，穀雨為三月中氣。而漢世之初，仍②周、秦所用，驚蟄在雨水之前，穀雨在清明之前，至於太初③，始正之云。

【註釋】

① 曆家：專門觀測推算曆象的人。中氣：古代曆法以太陽曆二十四
　氣配陰曆十二個月，陰曆每月二氣，在月初的叫節令，在月中以
　後的叫中氣。

② 仍：因襲，沿襲。

③ 太初：漢武帝的第七個年號，共使用4年。

【譯文】

　　推算曆法的人認為雨水是正月的中氣，驚蟄是二月的節令，清明
是三月的節令，穀雨是三月的中氣。但漢代初年，還是沿襲周秦時所
用的曆法，驚蟄在雨水之前，穀雨在清明之前，到了太初年間才調整
過來的。

卷十四

陳涉不可輕

【原文】

揚子《法言》:「或問陳勝吳廣,曰:『亂。』曰:『不若是則秦不亡。』曰:『亡秦乎?恐秦未亡而先亡矣。』」李軌①以為:「輕用其身,而要②乎非命之運,不足為福先③,適足以為禍始④。」予謂不然。秦以無道毒⑤天下,六王皆萬乘之國⑥,相踵⑦滅亡,豈無孝子慈孫、故家遺俗⑧?皆奉頭鼠伏⑨。自張良狙擊之外,更無一人敢西向窺其鋒者⑩。陳勝出於戍卒⑪,一旦奮發不顧,海內豪傑之士,乃始雲合回應,並起而誅之。數月之間,一戰失利,不幸隕命於御者⑫之手,身雖已死,其所置遣侯王將相竟⑬亡秦。項氏之起江東,亦矯⑭稱陳王之令而度江。秦之社稷為墟,誰之力也?且其稱王之初,萬事草創⑮,能從陳餘⑯之言,迎孔子之孫鮒⑰為博士,至尊為太師,所與謀議,皆非庸人崛起者可及,此其志豈小小者哉!漢高帝為之置守塚⑱於碭,血食⑲二百年乃絕。子雲指以為亂,何邪?若乃殺吳廣,誅故人,寡恩忘舊,無帝王之度,此其所以敗也。

【註釋】

① 李軌:字處則,甘肅武威人,為人機智多謀,能言善辯。隋唐時期甘肅河西地區割據者,曾稱帝,後兵敗於唐。

② 要:通「徼」,探求,求取。

③ 福先:福澤的先兆。

④ 禍始:指災禍的開端。

⑤ 毐：害，傷害。

⑥ 萬乘之國：泛指大國。

⑦ 相踵：指相繼。

⑧ 故家遺俗：指世家大族所遺留下來的風俗習慣。

⑨ 奉頭鼠伏：指抱著頭，像老鼠那樣屈服。奉：通「捧」。

⑩ 窺：伺機圖謀。鋒：銳利的情勢。

⑪ 戍卒：指戍守的兵卒。

⑫ 御者：指車夫。

⑬ 竟：到底，終於。

⑭ 矯：假託，詐稱。

⑮ 草創：指開始創建。

⑯ 陳餘：大樑（今河南開封）人，魏國名士，性格高傲，與張耳為刎頸之交，大澤鄉起義之後，同投奔陳勝。

⑰ 鮒：孔鮒，鮒甲，字子魚，亦字甲，山東曲阜人，孔子的八世孫，居於魏國，晚年投奔陳勝。

⑱ 守塚：指守墓。

⑲ 血食：鬼神享受牲牢的祭祀。古代殺牲取血以祭，故稱。

【譯文】

　　揚雄的《法言》中說：「有人問我陳勝、吳廣是怎樣的人，我說：『亂臣。』那人又說：『他們不作亂，秦國就不會滅亡。』我說：『他們滅亡秦國了嗎？恐怕是秦國還沒滅亡，而他們先滅亡了。』」李軌認為：「陳勝、吳廣輕易地拿自身去作亂，想要尋求命中註定之外的運道，不僅不能成為福澤的先兆，恰好足夠成為禍患的開端。」我認為他們說的不對。秦國憑藉無道荼毒天下，齊、楚、燕、趙、魏、韓六國都是擁有萬輛兵車的大國，一個接一個地被滅亡，難道這些國家都沒有孝子賢孫和遺留下來的家訓嗎？他們都抱著頭老鼠似的屈服于秦國。除了張良狙擊過秦始皇，其他沒有一個人敢面向西邊挑戰秦國的鋒芒。陳勝出身於普通戍卒，一旦奮不顧身反對秦國，海內的豪傑

士人就開始像雲一樣聚集起來響應他，共同誅殺秦國。幾個月之間，因為一次戰役的失敗，不幸死在一個車夫的手上，他自身雖然已經死去，但他所設置派遣的王侯將相最終滅亡了秦國。項羽在江東興起，也是假稱陳王的命令而渡過長江的。秦國的社稷成為廢墟，是誰的力量呢？況且陳勝最初稱王時，萬事都開始創建，能聽從陳餘的話，迎孔子的孫子孔鮒為博士，甚至尊奉他為太師，他們一起謀劃的事情，都不是平庸的人崛起後可以做到的，由此看來，陳勝的志向難道能說不大嗎？漢高帝為陳勝在碭地設置守墓的人家，祭祀了兩百年才斷絕。揚雄（字子雲）指斥陳勝是亂臣，是為什麼呢？至於殺害吳廣，誅殺故友，寡恩忘舊，沒有帝王的氣度，這是他之所以失敗的原因。

詩要點檢[①]

【原文】

作詩至百韻，詞意既多，故有失於點檢者。如杜老《夔府詠懷》，前云，「滿坐涕潺湲」，後又云，「伏臘涕漣漣」。白公《寄元微之》，既云，「無杯不共持」，又云，「笑勸迂辛酒」「華樽逐勝移」「觥飛白玉卮」「飲訝《卷波》遲」「歸鞍酩酊馳，酡顏烏帽側，醉袖玉鞭垂」「白醪充夜酌」「嫌醒自啜醨」「不飲長如醉」，一篇之中，說酒者十一句。東坡賦中隱堂五詩各四韻，亦有「坡垂似伏鰲」「崩崖露伏龜」之語，近於意重。

【註釋】

① 點檢：指檢查。

【譯文】

作詩的韻部有一百多種，而且詞意又很繁多，所以有些就缺少檢

查，出現錯誤。比如杜甫的《夔府詠懷》詩，前面說「滿坐涕潺湲」，後面又說「伏臘涕漣漣」。白居易的《寄元微之》詩，已經說了「無杯不共持」，又說「笑勸迂辛酒」「華樽逐勝移」「觥飛白玉卮」「飲訝《卷波》遲」「歸鞍酩酊馳，酡顏烏帽側，醉袖玉鞭垂」「白醪充夜酌」「嫌醒自啜醨」「不飲長如醉」，一篇中，說酒的有十一句。蘇東坡吟詠中隱堂的五首詩各首都是四個韻，也有「坡垂似伏鼇」「崩崖露伏龜」這樣的句子，接近於意思重複。

塚宰①治內

【原文】

《周禮·天官·塚宰》，其屬有宮正，實掌王宮之戒令糾禁②。內宰以陰禮教六宮③，以陰禮教九嬪④。蓋宮中官之長也。故自後、夫人之外，九嬪、世婦、女御以下⑤，無不列於屬中。後世宮掖⑥之事，非上宰可得而聞也。《禮記·內則》篇記男女事父母、舅姑⑦，細瑣畢載，而首句云：「後王命塚宰，降德於眾兆民⑧。」則以其治內故也。

【註釋】

① 塚宰：即太宰。殷商置，位次三公，為六卿之首。太宰原為掌管王家財務及宮內事務的官。周武王死時，成王年少，周公曾以塚宰之職攝政。
② 糾禁：指糾察和禁絕。
③ 陰禮：指婦女應遵守的禮儀。六宮：古代后妃所住的地方。
④ 九嬪：指封建社會帝王之妾，等級位於后妃之下，而在其他侍妾之上。
⑤ 世婦：妃嬪稱號。女御：掌管后妃依照尊卑的次序侍寢于天子的事務，遇祭祀等事，輔助或隨從世婦。

⑥ 宮掖：指皇宮。

⑦ 舅姑：指公婆。

⑧ 兆民：泛指眾民，百姓。

【譯文】

《周禮·天官·塚宰》中記載，他的屬官有宮正，實際掌管著王宮的戒令、糾察和禁絕。內宰用婦女應遵守的禮制教化六宮，用婦女應遵守的禮制教化九嬪。大概是宮中官的首腦。所以除了王后、夫人，九嬪、世婦、女御以下，沒有不把內宰列在自己的屬官中的。後代宮內的事，不是宰相可以過問的。《禮記·內則》篇中記載男女侍奉父母、公婆的條文，瑣碎的細微處也都記載了，而這篇的第一句說：「王后和王命令塚宰，降德給億萬民眾。」就是宰相當時治理內宮的緣故。

李長吉①詩

【原文】

李長吉有《羅浮山人詩》云：「欲剪湘中一尺天，吳娥莫道吳刀澀。」正用杜老《題王宰畫山水圖歌》，「焉得並州快剪刀，剪取吳松半江水」之句。長吉非蹈襲②人後者，疑亦偶同③，不失自為好語也。

【註釋】

① 李長吉：李賀，字長吉，唐代河南福昌（今河南洛陽）人，有「詩鬼」之稱。

② 蹈襲：指因循，沿襲。

③ 偶同：指偶然有些相同。

【譯文】

　　李賀有首《羅浮山人詩》說：「欲剪湘中一尺天，吳娥莫道吳刀澀。」用的正是杜甫《題王宰畫山水圖歌》中「焉得並州快剪刀，剪取吳松半江水」這句。李賀不是抄襲別人的人，我懷疑純粹是湊巧相似，不失為自己創作的好句子。

子夏①經學

【原文】

　　孔子弟子唯子夏於諸經獨有書，雖傳記雜言未可盡信，然要為與他人不同矣。於《易》則有傳，於《詩》則有序。而《毛詩》之學，一雲，子夏授高行子，四傳而至小毛公②；一云，子夏傳曾申，五傳而至大毛公。於《禮》則有《儀禮·喪服》一篇，馬融、王肅諸儒多為之訓說③。於《春秋》，所云「不能贊一辭」，蓋亦嘗從事④於斯矣。公羊高⑤實受之於子夏，穀梁赤⑥者，《風俗通》亦云子夏門人。於《論語》，則鄭康成以為仲弓、子夏等所撰定也⑦。後漢徐防⑧上疏曰：「《詩》《書》《禮》《樂》，定自孔子，發明章句⑨，始於子夏。」斯其證云。

【註釋】

① 子夏：卜商，字子夏，尊稱「卜子」或「卜子夏」，春秋末年晉國溫地（今河南溫縣）人，一說衛國人。「孔門十哲」之一，七十二賢之一。

② 小毛公：漢代趙人毛萇。毛亨與毛萇俱傳《詩經》，世稱大、小毛公。

③ 馬融：字季長，扶風茂陵（今陝西興平）人，東漢時期著名經學家，一生注書甚多，注有《孝經》《論語》《詩》《周易》《三禮》《尚

書》《列女傳》《老子》《淮南子》《離騷》等書，皆已散佚。王肅：字子雍，東海郡郯縣（今山東郯城）人，三國時曹魏著名經學家，注有《詩》《周易》《禮記》《尚書》等。

④ 從事：指參與做某事。

⑤ 公羊高：《春秋公羊傳》的作者，戰國時齊國人，相傳是子夏弟子。

⑥ 穀梁赤：《春秋穀梁傳》的作者，戰國經學家，相傳為子夏弟子。

⑦ 鄭康成：鄭玄，字康成，北海高密（今山東濰坊）人，東漢末年儒家學者、經學大師。遍注儒家經典。仲弓：冉雍，字仲弓，春秋末期魯國陶（今山東菏澤）人，孔子弟子，與冉耕（伯牛）、冉求（子有）皆在「孔門十哲」之列，世稱「一門三賢」，享儒教祭祀。

⑧ 徐防：字謁卿，後漢沛國鈺（今安徽濉溪）人，後漢大臣。

⑨ 發明章句：指闡發義理、注釋解釋。發明：指闡述，闡發。章句：剖章析句，是經學家解說經義的一種方式。泛指書籍注釋。

【譯文】

　　孔子的弟子中只有子夏關於各種經書都有自己的文章，即使傳記雜言不能全部相信，但可以說明他與別人是不同的。在《易經》中有傳，在《詩經》中有序。而《毛詩》這門學問，一種說法是，子夏教授給高行子，經過四次流傳到小毛公；另一種說法是，子夏傳給曾申，經過五次流傳到大毛公。在《禮》中有《儀禮·喪服》一篇文章，馬融、王肅各位儒者大多為他注釋解釋。在《春秋》中，所說的「不能贊一辭」，大概也曾經研究過這部書。公羊高實際上是受到子夏的教授，穀梁赤，《風俗通》上也說他是子夏的門人。至於《論語》，鄭康成認為是仲弓、子夏等人編撰的。後漢徐防上奏說：「《詩經》《尚書》《禮》《樂經》，從孔子開始制定，而闡發義理、注釋解釋開始於子夏。」這是證明啊。

卷 十 五

李林甫秦檜①

【原文】

　　李林甫為宰相，妒賢嫉能②，以裴耀卿③、張九齡在己上，以李適之④爭權，設詭計去之。若其所引用⑤，如牛仙客⑥至終於位，陳希烈⑦及見其死，皆共政六七年。雖兩人伴食⑧諂事，所以能久，然林甫以忮心⑨賊害，亦不朝慍暮喜⑩，尚能容之。秦檜則不然，其始也，見其能助我，自冗散⑪小官，不三二年至執政。史才由御史檢法官超⑫右正言，遷諫議大夫，遂簽書樞密。施鉅由中書檢正、鄭仲熊由正言，同除權吏部侍郎。方受告正謝，施即參知政事，鄭為簽樞。宋樸為殿中侍御史，欲驟⑬用之，令台中⑭申稱本台缺檢法主簿，須長貳乃可辟⑮。即就狀⑯奏除侍御史，許薦舉，遽拜中丞，謝日除簽樞，其捷如此。然數人者不能數月而罷。

　　楊願⑰最善佞，至飲食動作悉效之。秦嘗因食，噴嚏失笑⑱，願於倉卒⑲間，亦陽⑳噴飯而笑，左右侍者哂㉑焉。秦察其奉己㉒，愈喜。既歷歲㉓亦厭之，諷御史排擊而預告之㉔，願涕淚交頤㉕。秦曰：「士大夫出處㉖常事耳，何至是？」願對曰：「願起賤微，致㉗身此地，已不啻㉘足，但受太師生成㉙恩，過於父母，一旦別去，何時復望車塵馬足㉚邪？是所以悲也。」秦益憐之，使以本職奉祠㉛，僅三月起知宣州。李若穀罷參政，或曰：「胡㉜不效楊原仲之泣？」李河北人，有直氣㉝，笑曰：「便打殺我，亦撰㉞眼淚不出。」秦聞而大怒，遂有江州居住之命。

　　秦嘗以病謁告㉟，政府獨有余堯弼，因奏對，高宗訪㊱以機務一二，不能答。秦病癒入見，上曰：「余堯弼既參大政，朝廷事亦宜使

之與聞。」秦退，扣[37]余曰：「比日[38]榻前所詢何事？」余具以告。秦呼省吏取公牘閱視，皆已書押[39]。責之曰：「君既書押了，安得言弗知？是故欲相賣[40]耳！」余離席辯析，不復應。明日台評交章[41]。

　　段拂為人憒憒[42]，一日，秦在前開陳[43]頗久，遂俯首瞌睡。秦退始覺，殊窘怖，上猶慰撫之，且詢其鄉里。少頃，還殿廊幕中。秦閉目誦佛，典客贊揖[44]至三，乃答。歸政事堂，窮詰[45]其語，無以對，旋遭劾，至於責居。

　　湯思退[46]在樞府，上偶回顧，有所問。秦是日所奏，微不合。即云：「陛下不以臣言為然，乞問湯思退。」上曰：「此事朕豈不曉，何用問他湯思退？」秦還省見湯，已不樂，謀去之。會其病，迫於亡[47]，遂免。考其所為，蓋出傴月堂之上也。

【註釋】

① 李林甫：小字哥奴，祖籍隴西，唐朝宗室、宰相。李林甫府中有一個形如傴月的廳堂，名為月堂。他每次要構陷大臣，都要在堂中苦思中傷之法。如果他高興地走出來，那就意味著被構陷的人要家破人亡。秦檜：字會之，籍貫江寧（今江蘇南京），南宋著名奸臣、主和派代表人物。宋高宗紹興年間兩次拜相，前後執政19年，深得高宗寵信。

② 妒賢嫉能：對品德、才能比自己強的人心懷怨恨。

③ 裴耀卿：字煥之，絳州稷山（今山西稷山）人，唐朝宰相。

④ 李適之：原名昌，祖籍隴西成紀（今甘肅天水），唐朝宗室、宰相。

⑤ 引用：指引薦任用。

⑥ 牛仙客：涇州鶉觚（今甘肅靈台）人，唐朝宰相。

⑦ 陳希烈：宋州（今河南商丘）人，唐朝宰相。

⑧ 伴食：指陪著別人吃飯。此處是對任職不管事或能力低下的高官的諷刺。

⑨ 忮心：指嫉恨之心，妒忌之心。

⑩ 朝慍暮喜：早上生氣晚上高興，比喻喜怒無常。慍：生氣。

⑪ 冗散：指閒散多餘。

⑫ 超：跳過，躍過。

⑬ 驟：迅疾。

⑭ 台中：指禦史台。

⑮ 長貳：指官位的正副職。辟：徵召來授予官職。

⑯ 就狀：指隨著奏章順便上奏。就：依照現有情況或趁著當前的便利，順便。

⑰ 楊願：字原仲，南宋官員，依附秦檜。

⑱ 失笑：指忍不住發笑，不自主地發笑。

⑲ 倉卒：亦作「倉猝」，匆忙急迫。

⑳ 陽：通「佯」，假裝。

㉑ 哂：譏笑。

㉒ 奉己：指奉養自己，這裏指迎合自己。

㉓ 曆歲：指經過一年。

㉔ 諷：用含蓄的話勸告或譏刺。排擊：指排斥，抨擊。預：事前。

㉕ 交頤：指滿腮。頤：面頰，腮。

㉖ 出處：指出仕和隱退。

㉗ 致：求取，獲得。

㉘ 不啻：指不僅，何止。

㉙ 生成：指養育。

㉚ 車塵馬足：指代車騎。敬稱對方時亦用之。

㉛ 奉祠：宋代設宮觀使、判官、都監、提舉、提點、主管等職，以安置五品以上不能任事或年老退休的官員等。他們只領官俸而無職事。因宮觀使等職原主祭祀，故亦稱奉祠。

㉜ 胡：文言疑問代詞，為什麼。

㉝ 直氣：即正氣。

㉞ 撰：製造。

㉟ 謁告：指請假。

㊱ 訪：廣泛地徵求意見。

㊲ 扣：求教，探問。

㊳ 比日：近日，近來。

㊴ 書押：指簽名或畫押。

㊵ 相賣：指互相出賣、背叛。

㊶ 台評：指御史台的彈劾。交章：指官員交替地向皇帝上書奏事。

㊷ 憒憒：昏庸，糊塗。

㊸ 開陳：指陳述。

㊹ 贊揖：指通報作揖。

㊺ 窮詰：指深入追問。

㊻ 湯思退：字進之，號湘水，南宋宰相。

㊼ 迫於亡：指接近死亡。迫：逼近。

【譯文】

　　李林甫做宰相時，嫉妒有才能的人，因為裴耀卿、張九齡的資歷在他之上，李適之和自己爭權，就設下詭計把他們排擠出宰相的位置。至於他自己薦舉的官員，比如牛仙客最終死在官位上，陳希烈到李林甫死的時候還在官位上，他們都與李林甫一起共事六七年。雖然這兩個人善於迎合獻媚，但他們之所以能久在官位，也是因為李林甫雖會因嫉妒殘害別人，但也不是喜怒無常的人，還能容忍他們。秦檜卻不是這樣，剛開始，看到別人能幫助他，他就會把這個人從閒散的小官在兩三年之內提拔到執掌政權的官位上。比如史才由御史檢法官越過右正言，升任為諫議大夫，於是就做了簽書樞密院事。施鉅由中書檢正、鄭仲熊由正言，同時被任命為吏部侍郎。他們剛接受誥命謝恩時，施鉅就被提拔為參知政事了，鄭仲熊成為簽書樞密院事。宋樸為殿中侍御史，秦檜想要快速提拔他，就讓御史臺上奏申請說本台缺一個檢法主簿，一定要本台的正副長官才能推薦。秦檜就趁著御史臺上奏時推薦宋樸做侍御史，皇帝同意了他薦舉的人，於是就任命宋樸做御史中丞，而宋樸在謝恩的那天就被任命為簽書樞密院事，快到這

種地步。但是這幾個人不到幾個月就被秦檜罷免了。

　　楊願最善於諂媚，甚至飲食動作都效仿秦檜。秦檜曾經在吃飯時，因為打了個噴嚏而不自覺發笑，楊願就在突然之間，也假裝噴飯而笑，左右侍奉的人都嘲笑他。秦檜察覺到楊願故意討好，就更加歡喜。但是經過一年後，也厭煩了他，含蓄地勸告御史去彈劾楊願，但自己又事先告訴了他這件事，楊願聽到後流著眼淚痛哭。秦檜說：「士大夫升遷或貶謫都是常事罷了，怎麼傷心到這種地步？」楊願回答說：「我出身低賤，現在能處在這個位置，已經很滿足了，只是受到太師您提拔，恩德已超過了父母，一旦我離去，什麼時候再能看到您的車騎啊？因此悲傷啊。」秦檜就更加憐惜他了，讓他在本職任宮觀使之類的閒職，才過三個月又提拔他做了宣州知府。李若穀被罷免參知政事後，有人說：「您為什麼不效仿楊願去秦檜面前哭呢？」李若穀是河北人，有正直的氣節，笑著說：「就是殺了我，也流不出一滴眼淚來。」秦檜聽說後非常生氣，於是就有了讓李若穀到江州去居住的命令。

　　秦檜曾經因為生病而告假，朝政只有余堯弼一人處理，在上朝時，高宗詢問他一兩件機密大事，但余堯弼不能回答。秦檜病好後進宮拜見高宗，高宗說：「余堯弼既然參與處理國家大事，朝廷的事也應該讓他知道。」秦檜退下後，詢問余堯弼說：「前幾天皇上在床前問你什麼事？」余堯弼告訴他實情。秦檜叫省吏取來公文閱讀，發現上面都已經畫了押。就責備余堯弼說：「你既然已經畫了押，怎麼能說不知道？這是故意想要出賣我罷了！」余堯弼離開席位辯解，秦檜不再理他。第二天御史台的官員相繼彈劾余堯弼。

　　段拂為人昏庸糊塗，有一天上朝時，秦檜在前面陳述事情，說了很久，段拂就低下頭打瞌睡。秦檜退下後段拂才驚醒過來，他非常窘迫又非常害怕，高宗還安慰他，而且問他鄉里的情況。不多久，段拂回到殿廊幕中。秦檜閉著眼睛唱誦佛經，典客官作揖請示了好幾次，秦檜才回應。秦檜回到政事堂，詢問段拂剛才自己說了什麼，段拂沒法回答，之後不久就遭到彈劾，以至於被責罰離職家居。

湯思退在樞密院時，高宗有次偶然回頭，問了他一些事情。而秦檜這天所上奏的，與湯思退說的有些不同。秦檜說：「陛下您不認為我的話是對的，那請您去問湯思退吧。」高宗說：「這件事我難道不知道嗎，哪裡還要問他湯思退？」秦檜回到相府看見湯思退，已經很不高興了，謀劃著擠走他。這時剛好自己生病了，已近病危，於是就放過了湯思退。考察秦檜的所作所為，他的惡毒超出偃月堂主李林甫很多啊。

紹聖①廢春秋

【原文】

五聲②本於五行，而徵音廢。四瀆③源於四方，而濟水絕。《周官》六典所以布治④，而司空之書亡。是固出於無可奈何⑤，非人力所能力也。乃若《六經》載道，而王安石欲廢《春秋》。紹聖中，章子厚⑥作相，蔡卞⑦執政，遂明下詔罷此經，誠萬世之罪人也。

【註釋】

① 紹聖：宋哲宗趙煦的第二個年號，共使用4年。

② 五聲：又叫「五音」，古代指宮、商、角、徵、羽五個音。

③ 四瀆：古代對四條獨流入海的大河的稱呼，即長江、黃河、淮河、濟水。

④ 布治：指施政。

⑤ 無可奈何：指感到沒有辦法，只有這樣了。

⑥ 章子厚：章惇，字子厚，號大滌翁，浦城（今屬福建南平）人，北宋傑出的政治家、改革家、書法家。

⑦ 蔡卞：字元度，興化仙遊（今屬福建莆田）人。北宋書法家、宰相，蔡京之弟，王安石之婿。

【譯文】

　　五聲來源於五行，但徵音已經廢除了。四瀆來源於四方，但濟水已經斷絕了。《周官》中記載的六典是用來治理國家的，但關於司空的書已經丟失了。這固然是出於無可奈何，不是人力所能挽回的。《六經》記載了各種道理，但王安石想要廢除《春秋》。紹聖年間，章子厚做宰相，蔡卞掌管國家政權，於是就明確下詔廢除這本經書，實在是萬世的罪人啊。

書籍之厄①

【原文】

　　梁元帝②在江陵，蓄古今圖書十四萬卷，將亡之夕盡焚之。隋嘉則殿有書三十七萬卷，唐平王世充③，得其舊書於東都，浮舟溯河④，盡覆於砥柱⑤，貞觀、開元募借繕寫⑥，兩都各聚書四部⑦。祿山之亂，尺簡⑧不藏。代宗、文宗時，復行搜採，分藏於十二庫。黃巢之亂，存者蓋甚少。昭宗又於諸道求訪，及徙洛陽，蕩然無遺⑨。今人觀漢、隋、唐《經籍》《藝文志》，未嘗不茫然⑩太息也。

　　晁以道⑪記本朝王文康初相周世宗，多有唐舊書，今其子孫不知何在。李文正所藏既富，而且辟學館以延學士大夫⑫，不待⑬見主人，而下馬直入讀書。供牢餼以給其日力⑭，與眾共利之。今其家僅有敗屋數楹⑮，而書不知何在也！宋宣獻⑯家兼有畢文簡、楊文莊二家之書，其富蓋有王府不及者。元符中，一夕災為灰燼。以道自謂家五世於茲⑰，雖不敢與宋氏爭多，而校讎是正⑱，未肯自遜⑲。政和甲午⑳之冬，火亦告譴㉑。唯劉壯輿家於廬山之陽㉒，自其祖凝之以來，遺子孫者唯圖書也，其書與七澤㉓俱富矣。於是為作記。今劉氏之在廬山者不聞其人，則所謂藏書殆亦羽化㉔。乃知自古到今，神物亦於斯文為靳靳也㉕。宣和殿、太清樓、龍圖閣御府所儲，靖康蕩析㉖之

餘，盡歸於燕，置之秘書省，乃有幸而得存者焉。

【註釋】

① 厄：困苦，災難。

② 梁元帝：蕭繹，字世誠，小字七符，自號金樓子，南蘭陵（今江蘇常州）人，南北朝時期梁代皇帝。梁元帝是一個愛好讀書與藏書的君主，有大量的學術著作及藏書。

③ 王世充：字行滿，本來姓支，是西域的胡人，寄居新豐（今陝西臨潼），隋朝末年起兵群雄之一。619年，王世充自立稱帝，國號鄭，年號開明。後被李世民擊敗。

④ 溯河：指逆流而上。

⑤ 砥柱：山名，位於河南三門峽以東黃河急流中，形似柱石。

⑥ 募借繕寫：指號召募捐，不願捐的就借來派人抄寫。

⑦ 四部：古代圖書分類名稱。將群書分為甲、乙、丙、丁或經、史、子、集四類。

⑧ 尺簡：指極少量的簡策、書籍。

⑨ 蕩然無遺：形容原有的東西完全失去或毀壞。

⑩ 茫然：指惘然，失意的樣子。

⑪ 晁以道：字以道、伯以，因慕司馬光之為人，自號景迂生，南宋官員、詩人。

⑫ 辟：開發建設。延：引進，請。

⑬ 待：需要。

⑭ 牢饎：指祭祀用的牛羊豕等祭品。這裏指食物。日力：泛指時間、光陰。

⑮ 楹：量詞。計算房屋多少的單位，一列為一楹。

⑯ 宋宣獻：宋綬，字公垂，趙州平棘（今河北趙縣）人，北宋著名學者、藏書家，諡號「宣獻」。

⑰ 茲：這個，此。這裏指藏書。

⑱ 校讎是正：指校勘、校正。

⑲ 遜：指辭讓，退讓。

⑳ 政和甲午：宋徽宗政和四年。

㉑ 告譴：指宣示譴責。

㉒ 劉壯輿：劉義仲，字壯輿，號浪漫翁，筠州高安（今屬江西）人，北宋藏書家。他繼承父親藏書之志，藏書多至萬餘卷，晁說之為之作有《劉氏藏書記》。陽：山南水北為陽。

㉓ 七澤：相傳古時楚有七處沼澤。後以「七澤」泛稱楚地諸湖泊。

㉔ 羽化：道教徒眾死亡的婉辭，這裡指書籍毀滅。

㉕ 斯文：指文化或文人。靳靳：吝嗇的樣子。

㉖ 蕩析：指動盪離散。

【譯文】

梁元帝在江陵時，收藏了古今圖書十四萬卷，在他就要滅亡前的那天晚上全部燒毀了它們。隋朝的嘉則殿有藏書三十七萬卷，唐朝平定王世充後，在東都得到他的舊書，在裝上船運回去的路上，全部傾覆在三門峽一帶。貞觀、開元年間號召百姓捐書，不願捐的就派人借來抄寫，得到了大量的書籍，兩個都城各自按照經、史、子、集四部分收藏。安史之亂過後，一點書籍都沒有留下來。唐代宗、文宗時，又到處搜採書籍，分別收藏在十二庫中。黃巢之亂過後，留存下來的很少。唐昭宗又在各個州縣求訪，等到遷都洛陽時，又全部毀滅不見了。現在的人翻閱漢、隋、唐的書籍及《經籍志》或《藝文志》時，沒有不歎息的。

晁以道記載說本朝王文康開始做周世宗的宰相時，還有很多唐朝的舊書，現在他的子孫不知道在哪裡。李文正收藏的書籍非常豐富，而且還開闢學館來請士大夫閱讀學習，士大夫們不需要拜見主人，下了馬直接就可以進去讀書。還提供食物給讀書的人，來節省他們的時間，和眾人共同利用這些藏書。現在他家只有幾間破敗的房屋，不知道那些藏書在哪裡！宋宣獻公家兼有畢文簡、楊文莊兩家的藏書，存書豐富程度大概王府也比不過他。元符年間，一夜間被燒為灰燼。晁

以道說自家五代都收藏書籍，雖然不敢和宋氏相比，但在校勘整理方面，不肯承認比別人差。政和四年的冬天，也因為大火燒毀了。只有住在廬山南面的劉壯輿家，從他的先祖劉凝之以來，留給子孫的只有圖書，他家的書和七大湖的水一樣豐富。於是我為他家寫了篇文章來紀念。現在沒有聽說劉家還有人在廬山，那麼之前所說的藏書大概也已經毀滅了。由此可見，自古到今，神靈對於讀書人也太吝嗇了啊。宣和殿、太清樓、龍圖閣等皇家書庫所收藏的書籍，經過靖康年間戰亂的動盪離散之後，剩下的全部送到了燕京，收藏在秘書省，這是有幸保存下來的珍貴圖書。

卷十六

高德儒

【原文】

　　唐高祖起兵太原，使子建成、世民將兵①擊西河郡，執②郡丞高德儒，世民數之曰：「汝指野鳥為鸞③，以欺人主取高官，吾興義兵，正為誅佞人耳。」遂斬之，自餘不戮一人。讀史不熟者，但以為史氏虛設此語④，以與指鹿為馬作對耳⑤。按隋大業十一年，有二孔雀飛集⑥寶城朝堂前，親衛校尉高德儒等十餘人見之，奏以為鸞，時孔雀已飛去，無可得驗⑦。詔以德儒誠心冥會⑧，肇⑨見嘉祥，擢⑩拜朝散大夫，餘人皆賜束帛；仍於其地造儀鸞殿。距此時才二年餘。蓋唐溫大雅⑪所著《創業起居注》載之，不追書前事故⑫也。《新唐書·太宗紀》，但書云：「率兵徇⑬西河，斬其郡丞高德儒。」尤為簡略，賴《通鑒》盡紀其詳。范氏⑭《唐鑒》只論其被誅一節云。

【註釋】

① 將兵：指率領軍隊。

② 執：捕捉，逮捕。

③ 鸞：鳥名，鳳凰的一種，雄性的長生鳥。

④ 史氏：指史家，史官。虛設：指虛撰，空談。

⑤ 指鹿為馬：指著鹿說是馬。比喻故意顛倒黑白，混淆是非。《史記·秦始皇本紀》：「趙高欲為亂，恐群臣不聽，乃先設驗，持鹿獻於二世，曰：『馬也。』二世笑曰：『丞相誤邪？謂鹿為馬。』」問左右，左右或默，或言馬以阿順趙高。」對：對照。

⑥ 集：停留。

⑦ 驗：檢查，檢驗。

⑧ 冥會：指暗合。

⑨ 肇：引起，引發。

⑩ 擢：提拔，提升。

⑪ 溫大雅：字彥弘，並州祁縣（今山西祁縣）人，隋末唐初思想家、
史學家。

⑫ 事故：指緣故，原因。

⑬ 徇：巡行。

⑭ 范氏：指范祖禹，字淳甫，一字夢得，成都華陽人，著名史學
家，「三范修史」中「三范」之一。他著有《唐鑒》十二卷、《帝學》
八卷、《仁宗政典》六卷。

【註釋】

　　唐高祖在太原起兵，派兒子李建成、李世民率領軍隊去攻打西河
郡，擒獲了郡丞高德儒，李世民責備他說：「你指著野鳥說是鸞，靠
著欺騙君主來獲得高官，我發動仁義的軍隊，正是為了誅殺你這樣奸
佞的人罷了。」於是就斬了他，除此之外沒有再殺一人。閱讀史書不
熟的人，只認為寫史書的人虛構了這些話，來和指著鹿說是馬的秦朝
趙高做對照罷了。我考察隋朝大業十一年，有兩隻孔雀飛到宮城朝堂
前面停下，親衛校尉高德儒等十多個人看到了，上奏說是鸞，當時孔
雀已經飛走，沒辦法驗證。隋煬帝下詔說因為高德儒誠心暗合，才迎
來了祥瑞，於是提拔他擔任朝散大夫，其他人都賜予了絲帛；皇帝還
下令在孔雀停留的地方建造了儀鸞殿。這件事距離高德儒被殺才過了
兩年多。唐代溫大雅所寫的《創業起居注》上記載了高德儒被殺的
事，但沒有追述之前的緣故。《新唐書‧太宗紀》上面只寫道：「太宗
巡行西河郡，斬殺了那裏的郡丞高德儒。」尤其簡略，全靠《資治通
鑒》記錄了詳細的情況。范祖禹的《唐鑒》中只論述了高德儒被殺這
一件事。

唐朝士俸微

【原文】

　　唐世朝士俸錢至微，除一項之外，更無所謂料券、添給之類者。白樂天為校書郎，作詩曰：「幸逢太平代，天子好文儒。小才難大用，典校在秘書。俸錢萬六千，月給亦有餘。遂使少年心，日日常晏如。」及為翰林學士，當遷官，援姜公輔①故事，但乞兼京兆府戶曹參軍，既除此職，喜而言志②，至云：「詔授戶曹掾，捧詔感君恩。弟兄俱簪笏，新婦儼衣巾。羅列高堂下，拜慶正紛紛。喧喧車馬來，賀客滿我門。置酒延賀客，不復憂空樽。」而其所得者，亦俸錢四五萬，廩祿③二百石而已。今之主簿、尉，占優饒④處，固有倍蓰⑤於此者矣，亦未嘗以為足，古今異宜⑥，不可一概⑦論也。楊文公⑧在真宗朝為翰林學士，而云：「虛忝甘泉之從臣，終作若敖之餒鬼。」蓋是時尚為鮮薄⑨，非後來比也。

【註釋】

① 姜公輔：字德文，祖籍甘肅天水，愛州人，唐朝左相。姜公輔於唐德宗時登進士第，為校書郎，應制策科高等，授右拾遺，召入翰林院為學士，兼京兆尹戶曹參軍。

② 言志：指詩歌。

③ 廩祿：指祿米。

④ 優饒：指富裕肥沃。

⑤ 蓰：五倍。

⑥ 異宜：指所宜各不相同。

⑦ 一概：指同一標準，一律。

⑧ 楊文公：楊億，字大年，建州浦城（今屬福建南平）人，北宋文學家。楊億卒諡文，人稱楊文公。

⑨ 鮮薄：指稀少。

【譯文】

　　唐代在朝官員的俸祿非常少，除了這一項，更沒有所說的料券、添給之類的補貼。白居易做校書郎時，寫詩說：「幸逢太平代，天子好文儒。小才難大用，典校在秘書。俸錢萬六千，月給亦有餘。遂使少年心，日日常晏如。」等到他做翰林學士時，在升官之前，援引姜公輔的舊例，只請求兼任京兆府戶曹參軍的官職，被任命擔任這個官職後，高興地寫了首詩，甚至說：「詔授戶曹掾，捧詔感君恩。弟兄俱簪笏，新婦儼衣巾。羅列高堂下，拜慶正紛紛。喧喧車馬來，賀客滿我門。置酒延賀客，不復憂空樽。」但他所得到的，也就是俸祿四五萬、廩祿二百石罷了。現在郡縣的主簿、尉，佔據富裕肥沃的地區，俸祿本來就有白居易俸祿的幾倍了，但他們也不覺得滿足，古今所適宜的情況不同，不能用同一個標準來看待。楊文公在宋真宗時是翰林學士，只說：「虛忝甘泉之從臣，終作若敖之餒鬼。」大概當時崇尚的是俸祿少，不是後來可以比擬的。

酒肆旗望①

【原文】

　　今都城與郡縣酒務，及凡鬻②酒之肆，皆揭③大簾於外，以青白布數幅④為之，微者隨其高卑小大，村店或掛瓶瓢，標帚稈⑤，唐人多詠於詩。然其制蓋自古以然矣，《韓非子》云：「宋人有酤⑥酒者，斗概⑦甚平，遇客甚謹⑧，為酒甚美，懸幟⑨甚高，而酒不售，遂至於酸。」所謂懸幟者此也。

【註釋】

① 肆：店鋪。旗望：指酒旗。
② 鬻：賣。

③ 揭：高舉。

④ 幅：量詞，用於布帛、圖畫等。

⑤ 標：標立。帚稈：指掃帚杆。

⑥ 酤：賣酒。

⑦ 斗概：指酒斗和刮平斗、斛用的小木板。

⑧ 遇：對待，款待。謹：鄭重，恭敬。

⑨ 懸幟：指懸掛旗幟。

【譯文】

　　現在都城和郡縣的酒務，以及凡是賣酒的酒肆，都在門外掛著一幅大簾，用幾幅青白布做成，小的店酒簾的高低大小很隨意，村店有的掛著酒瓶或酒瓢，有的掛著掃帚杆，唐代人有很多在詩中吟詠這種情況的。但這個規矩大概自古以來就是這樣了，《韓非子》中說：「宋國有個賣酒的人，盛酒的器具非常公平，對待客人非常恭敬，釀的酒非常美味，酒旗懸掛得非常高，酒卻賣不出去，以至於變酸了。」上面所說的懸掛的酒旗就是這個酒簾。

月中桂兔

【原文】

　　《酉陽雜俎·天咫篇》，載月星神異數事。其命名之義，取《國語》楚靈王曰「是知天咫，安知民則」之說。其紀月中蟾桂①，引釋氏②書，言須彌山南面有閻扶樹，月過樹，影入月中。或言月中蟾桂，地影也；空處，水影也。予記東坡公《鑒空閣詩》云：「明月本自明，無心孰為鏡。掛空如水鑒，寫此山河影。我觀大瀛海，巨浸與天永。九州居其間，無異蛇盤鏡。空水兩無質，相照但耿耿。妄雲桂兔蟆，俗說皆可屏。」正用此說。其詩在集中，題為《和黃秀才》。頃③予

遊南海，西歸之日，泊舟④金利山下，登崇福寺，有閣枕⑤江流，標⑥曰「鑒空」，正見詩牌揭其上⑦，蓋當時臨賦⑨處也。

【註釋】

① 蟾桂：指漢族神話中的月裏蟾蜍和丹桂。

② 釋氏：佛姓釋迦的略稱。亦指佛或佛教。

③ 頃：剛才。

④ 泊舟：指停船。

⑤ 枕：靠近，臨。

⑥ 標：題寫。

⑦ 牌：旌表紀念的建築物。這裏指石碑。揭：發表，公佈。

【譯文】

　　《酉陽雜俎·天咫篇》上記載了關於日月星辰的一些神奇的事情。「天咫」這個名字的含義，是取自《國語》中楚靈王所說的「是知天咫，安知民則」這句話。書中記載月中的蟾蜍和桂樹時，引用了佛家的經書，說須彌山南面有棵閻扶樹，月亮經過這棵樹時，樹影映到了月亮中。有的人說月中的蟾蜍和桂樹，是陸地的影子；空白的地方，是水的影子。我記得蘇東坡在《鑒空閣詩》中說：「明月本自明，無心孰為鏡。掛空如水鑒，寫此山河影。我觀大瀛海，巨浸與天永。九州居其間，無異蛇盤鏡。空水兩無質，相照但耿耿。妄雲桂兔蟆，俗說皆可屏。」正是引用了這種說法。這首詩在文集中，題為《和黃秀才》。最近我去南海遊歷，返回時，把船停在金利山下，登上崇福寺，看到有間佛閣靠近江流，題名為「鑒空」，恰好看到蘇東坡的這首詩題寫在石碑上，這大概是他當時登臨賦詩的地方啊。

忠臣名不傳

容齋續筆　卷十六

【原文】

　　古今忠臣義士，其名載於史策者，萬世不朽[1]，然有不幸而泯沒[2]無傳者。南唐後主，淫於浮圖氏[3]，二人繼踵而諫，一獲徒[4]，一獲流。歙人汪煥為第三諫，極言[5]請死，云：「梁武事佛，刺血寫佛經，散髮與僧踐[6]，捨身為佛奴，屈膝[7]禮和尚，及其終也，餓死於台城。今陛下事佛，未見刺血、踐髮、捨身、屈膝，臣恐他日猶不得如梁武之事。」後主覽書，赦而官之。又有淮人李雄，當王師吊伐[8]，出守西偏，不遇其敵[9]。雄以國城重圍，不忍端坐[10]，遂東下以救之，陣於溧陽，與王師遇，父子俱沒，諸子不從行者亦死他所，死者凡八人。李氏訖亡[11]，不沾[12]褒贈，其事僅見於《吳唐拾遺錄》。頃嘗有旨合九朝國史為一書，他日史官為列之於《李煜傳》，庶[13]足以慰二人於泉下。歐陽公作《吳某墓誌》云：「李煜時，為彭澤主簿，曹彬破池陽，遣使者招降[14]郡縣，其令欲以城降，某曰：『吾能為李氏死爾。』乃殺使者，為煜守。煜已降，某為遊兵執送軍中，主將責以殺使者，曰：『固當如是。』主將義而釋之。」其事雖粗見[15]，而集中只云「諱某」，為可惜也。如靖康之難，朱昭等數人死于震武城之類，予得朱弁[16]所作《忠義錄》於其子柈，乃為作傳於四朝史中，蓋惜其無傳也。

【註釋】

① 萬世不朽：指永遠不可磨滅。朽：磨滅。

② 泯沒：指埋沒，掩蓋。

③ 淫：沉涵，沉浸。浮圖氏：梵語音譯，對佛或佛教徒的稱呼。

④ 徒：刑罰名。將罪犯拘禁於一定場所，剝奪其自由，並強制其勞動的刑罰。

⑤ 極言：指竭力陳說。

⑥ 踐：通「剪」，滅除。

⑦ 屈膝：指下跪。

⑧ 吊伐：指慰問受苦的百姓，討伐有罪的統治者。

⑨ 不遇其敵：指沒有遇到能打敗他的敵人。

⑩ 端坐：指安然坐著不管。

⑪ 訖亡：指全部滅亡。訖：盡，都。

⑫ 沾：受賞。

⑬ 庶：也許，或許。

⑭ 招降：指號召、勸諭敵人投降。

⑮ 粗見：指略微可以瞭解到。

⑯ 朱弁：字少章，號觀如居士，婺源（今屬江西）人，朱熹叔祖，南宋官員、文學家。

【譯文】

　　古今的忠臣義士，名字記載在史書上的，就能永遠不被磨滅，但也有些人不幸被埋沒，他們的名字沒有流傳下來。南唐後主李煜迷信佛教，有兩位大臣相繼勸諫，但一個被處以徒刑，一個被流放。歙人汪煥是第三個勸諫的人，他懷著必死的決心竭力勸諫，說：「梁武帝侍奉佛祖，刺出自己的血來寫佛經，讓僧人為自己剃髮，出家做佛的奴僕，跪著禮待和尚，而等到他被侯景圍困住時，只能餓死在台城。現在陛下您侍奉佛祖，沒有刺血寫佛經，讓僧人剃髮，捨身出家，跪著禮待和尚，我擔心以後您的下場會比梁武帝還不如。」李煜看了這份奏疏，赦免了他，並且授予他官職。還有個淮人李雄，當我們宋朝的軍隊去討伐南唐時，他鎮守西部邊境，沒有碰到能打敗他的敵人。李雄因為南唐都城被重重圍困，不忍心坐著不管，就率軍去東邊救援，在溧陽擺下陣勢，和宋朝的軍隊交戰，父子倆都戰死了，而沒有跟著到東邊的各個兒子也都戰死在別的地方，死去的總共是父子八人。李家的人全部戰死後，沒有得到一點賞賜和讚譽，這件事只能在《吳唐拾遺錄》中見到。不久前，皇帝曾下詔要會合九朝的國史編成

一部書，以後，如果編寫史書的人能把他們列在《李煜傳》的後面，也許能夠告慰這兩人的亡魂了。歐陽修寫的《吳某墓誌》上說：「李煜在位時，吳某是彭澤主簿，曹彬攻破池陽後，派遣使者來招降各個郡縣，彭澤縣令想要獻上城池投降，吳某說：『我能為了李氏而死。』於是殺了使者，為李煜堅守彭澤。李煜投降後，吳某被遊兵押送到宋軍軍營中，宋軍的主將指責他殺了使者，他說：『本來就該這樣做。』主將認為他講道義就放了他。」這件事雖然大概可以瞭解到，但集中只說「諱某」，沒有準確的名字，實在值得惋惜。比如靖康之難中，朱昭等幾人死在震武城也是這樣，我從朱弁的兒子朱㭿手中得到朱弁所寫的《忠義錄》，就為朱昭等人在四朝史書中寫了傳記，這是因為我對他們的事蹟沒有流傳下來感到惋惜啊。

唐人酒令①

【原文】

　　白樂天詩：「鞍馬呼教住，骰盤喝遣輸。長驅波卷白，連擲采成盧。」注云：骰盤、卷白波、莫走鞍馬，皆當時酒令。予按皇甫松②所著《醉鄉日月》三卷，載骰子令云：聚十隻骰子齊擲，自出手六人，依采③飲焉。堂印④，本采人勸合席；碧油，勸擲外三人。骰子聚於一處，謂之酒星，依采聚散。骰子令中，改易不過三章，次改鞍馬令，不過一章。又有旗幡令、閃壓令、拋打令。今人不復曉其法矣，唯優伶⑤家，猶用手打令以為戲云。

【註釋】

① 酒令：漢族民間風俗之一，是酒席上的一種助興遊戲，由來已久，最早誕生於西周，完備於隋唐。

② 皇甫松：字子奇，自號檀欒子，睦州新安（今浙江淳安）人，唐

代詩人。

③ 依采：指依次投擲。

④ 堂印：指骰子擲出雙重四的情況。

⑤ 優伶：古代以樂舞諧戲為業的藝人的統稱。

【譯文】

　　白居易的一首詩寫到：「鞍馬呼教住，骰盤喝遣輸。長驅波卷白，連擲采成盧。」注釋說：散盤、卷白波、莫走鞍馬，都是當時的酒令。我考察皇甫松所寫的三卷《醉鄉日月》，上面記載骰子令說：聚十隻骰子一起投擲，從投擲的人開始六個人，依次投擲來勸酒。當投出堂印時，投擲的人就要勸合席喝酒；投出碧油時，投擲的人要勸沒投的三人喝酒。骰子會聚在同一個地方，叫作酒星，依照投擲的先後聚散。骰子令中，改變不能超過三次，接著改為鞍馬令，不超過一次。還有旗幡令、閃壓令、拋打令。現在的人不再知道它們的規則了，只有一些表演或歌唱的人，還用手打令來遊戲勸酒。

容

齋

三

筆

【原文】

　　王右將軍逸少^①，晉、宋間第一流人也。遺情軒冕^②，擺落世故^③，蓋其生平雅懷。自去會稽內史，遂不肯復出。自誓於父母墓下，詞致確苦^④。予味^⑤其言而深悲之。又讀所與謝萬石^⑥書云：「坐而獲逸，遂其宿心^⑦。比嘗與安石^⑧東遊山海，頤養^⑨閒暇之餘，欲與親知^⑩時共歡宴，銜杯引滿^⑪，語田里所行，故以為撫掌^⑫之資，其為得意，可勝言^⑬邪！常依依陸賈、班嗣之處世^⑭，老夫志願盡於此也。」按是時逸少春秋才五十餘耳，史氏不能賞取^⑮其高，乃屑屑以為坐王懷祖之故^⑯，待之淺矣。予亦從會稽解組^⑰還里，於今六年，仰瞻昔賢，猶駑蹇之視天驥^⑱，本非倫擬^⑲，而年齡之運，逾七望八^⑳，法當掛神虎之衣冠^㉑，無假^㉒於誓墓也。幸方寸未渠昏^㉓，於寬閑寂寞之濱^㉔，窮勝^㉕樂時之暇，時時捉筆^㉖據几，隨所趣^㉗而志之，雖無甚奇論，然意到即就，亦殊自喜。於是《容齋三筆》成累月矣，稚子云：「不可無序引。」因據寫所懷，併發逸少之孤標^㉘，破《晉史》之妄，以詔兒侄，冀為《四筆》他日嘉話^㉙。慶元二年六月晦日序。

【註釋】

① 王右將軍逸少：王羲之，字逸少，琅邪（今山東臨沂）人，東晉時期著名書法家，有「書聖」之稱，曾為會稽內史，領右將軍。

② 遺情軒冕：指不留戀官位。遺情：即無情，無動於衷。軒冕：古時大夫以上官員的車乘和冕服，借指官位爵祿。

③ 擺落世故：指擺脫世俗。

④ 確苦：指竭力堅持。

⑤ 味：體會，研究。

⑥ 謝萬石：謝萬，字萬石，陳郡陽夏（今河南太康）人，東晉名士，謝安之弟。

⑦ 遂其宿心：指實現了一直以來的心願。遂：成功，實現。宿心：指本來的心意，向來的心願。

⑧ 安石：謝安，字安石，陳郡陽夏（今河南太康）人，東晉著名政治家。

⑨ 頤養：保護調養。

⑩ 親知：指親戚朋友。

⑪ 銜杯引滿：指歡暢地喝酒。引滿：指斟酒滿杯而飲。

⑫ 撫掌：指笑談。

⑬ 勝言：指用語言來表達。

⑭ 依依：形容思慕懷念的心情。陸賈：漢初楚國人，西漢思想家、政治家、外交家，早年追隨劉邦，因能言善辯常出使諸侯國，對安定漢初局勢做出極大的貢獻。劉邦死後，呂后掌權，陸賈就稱病辭官，隱居在家。班嗣：扶風安陵（今陝西咸陽）人，班固的伯父，班彪之兄，尊崇道家，為人灑脫自然。

⑮ 賞取：指欣賞。

⑯ 屑屑：指瑣屑，猥瑣。王懷祖：王述，字懷祖，太原晉陽（今山西太原）人，東晉官員。《晉書·王羲之傳》云：「時驃騎將軍王述少有名譽，與羲之齊名，而羲之甚輕之，由是情好不協。」記載了王羲之與王述之間的恩怨糾葛。

⑰ 解組：指解下印綬，即辭去官職。

⑱ 駑蹇：指劣馬。天驥：駿馬的美稱。

⑲ 倫擬：指比較，比拼。

⑳ 逾七望八：指超過七十，接近八十。逾：越過，超過。望：接近。

㉑ 掛神虎之衣冠：比喻辭官。相傳南朝梁陶弘景曾在神武門掛衣冠而上書辭祿。神虎：即神虎門，是南朝建康皇宮西首宮門名。

㉒ 假：借用，利用。

㉓ 渠昏：指非常糊塗。渠：通「鉅」，大。

㉔ 濱：通「瀕」，靠近，臨近。

㉕ 窮勝：指遍訪美景。

㉖ 捉筆：即執筆。

㉗ 趣：志趣。

㉘ 孤標：形容人品行高潔。

㉙ 冀：希望。嘉話：指善言，有教益的話。

【譯文】

　　右將軍王羲之，是晉宋年間最風流的人物。不留戀官位，擺脫世俗，大概是因為他生平高雅的情懷。《晉書》中說王羲之自從被罷免了會稽內史，就不肯再出來做官。他在父母的墓前發誓，說很很堅定。我體味這些話而感到深切的悲哀。又讀了他寫給謝萬的信，上面說：「因此獲得安逸的生活，終於實現了自己一直以來的心願。近來我曾經和安石遊歷東邊的山山水水，保養身體空閒的時候，想與親朋好友時常一起歡聚，舉起酒杯斟滿喝盡，說些山野田間的事情，作為笑談的內容，非常滿足，哪裡能用言語說盡呢！時常思慕陸賈、班嗣的生活狀態，我的志向就在這上面啊。」我考察當時王羲之才五十多歲罷了，寫史的人不能欣賞他的高雅心志，竟然猥瑣地認為是王述的緣故，把他看得太淺薄了。我也從會稽辭職回到家鄉，到現在已經六年了，仰慕以前的賢人，就像劣馬仰慕駿馬一樣，本來就不能和他相比，而且年齡已經七十多歲了，按理應當辭官回鄉，不用假託在墓前發誓了。幸虧我的思想還沒昏庸糊塗，在清閒無聊的時候，遊覽勝景愉悅之餘，時常拿筆坐在書桌前，隨意地想到哪兒寫到哪兒，雖沒有什麼奇特的論述，但想到的都寫成了，也感到特別高興。在這本《容齋三筆》寫成的幾個月後，孩子說：「不能沒有序文。」我就根據實情寫了自己的想法，並且宣揚王逸少高潔的品行，破除《晉史》中的虛妄，來告誡子侄之輩，希望能為《四筆》提供以後的善言。慶元二年六月晦日序。

卷　一

武成之書

【原文】

　　孔子言：「周之德，其可謂至德也已矣。三分天下有其二，以服事殷。」所謂服事者，美其能於紂之世盡臣道也。而《史記·周本紀》云西伯蓋受命之年稱王，而斷虞芮之訟①，其後改法度，制正朔②，追尊古公、公季為王③。是說之非，自唐梁肅至於歐陽、東坡公、孫明復皆嘗著論④，然其失自《武成》始也。孟子曰：「吾於《武成》，取二三策而已矣。」今考其書，云「大王肇基⑤王跡，文王誕膺⑥天命，以撫方夏」，及武王自稱曰「周王發」，皆紂尚在位之辭。且大王居邠，猶為狄所迫逐，安有「肇基王跡」之事？文王但稱西伯，焉得言「誕膺天命」乎？武王未代商，已稱周王，可乎？則《武成》之書不可盡信，非止「血流漂杵⑦」一端也。至編簡舛誤⑧，特其小小者云。

【註釋】

① 斷虞芮之訟：指決斷虞國、芮國的訴訟。

② 正朔：指曆法的第一天。每個朝代的曆法不同，修改正朔，就表示改朝換代。

③ 古公：又稱「古公亶父」，本名姬亶，「亶」後加一個「父」字，是尊稱，古代周族的傑出首領，周文王的祖父。因戎狄威逼，古公率眾由豳遷到岐山下的周原（在今陝西岐山北），建築城邑房屋，設立官吏，改革戎狄風俗，開墾荒地，發展農業生產，使周族逐漸強盛起來，奠定了周人滅商的基礎。公季：季歷，姬姓，

季是排行，尊稱公季、王季，周文王之父。

④ 梁肅：字敬之，一字寬中，安定（今甘肅涇川）人，唐代散文家。
孫明復：孫復，字明復，號富春，晉州平陽（今山西臨汾）人。
北宋理學家、教育家。

⑤ 肇基：指開始建立基礎，打基礎。

⑥ 誕膺：指大受。膺：接受，承當。

⑦ 血流漂杵：指血流成河，長杆兵器都漂了起來。形容戰死的人很
多。杵：搗物的棒槌。這裏指古代戰車上所用的一種長杆兵器。
此典故來自於孟子對《武成》的評價，「盡信《書》，則不如無
《書》。吾於《武成》，取二三策而已矣。仁人無敵於天下，以至
仁伐至不仁，而何其血之流杵也」。

⑧ 舛誤：指錯誤，錯亂。

【譯文】

　　孔子說：「周國的德行，大概可以說是最高的德行了吧。擁有了
三分之二的天下，還能尊奉殷朝。」這裏所說的「尊奉」，是讚美周
國能在商紂王在位時盡臣子的道義。但《史記·周本紀》中說西伯在
接受天命那年就稱王了，並掌握決斷虞國、芮國訴訟的權力，之後修
改法度，制定正月朔日，追尊古公、公季為王。這種錯誤的說法，從
唐代的梁肅到歐陽修、蘇東坡、孫復都曾經論述過，然而它的錯誤是
從《武成》開始的。孟子說：「我從《武成》中，只取十分之二三罷
了。」現在考察《武成》這篇文章，上面說「太王亶父開始奠定王業，
周文王大受天命，來平定中原」，以及武王自稱為「周王發」，都是
商紂王還在位時的話。而且大王亶父住在邠地，還被少數民族驅逐逼
迫，哪裡有「奠定王業」的事情？周文王只稱「西伯」，哪裡能說「大
受天命」呢？武王還沒取代商朝，已經稱為周王，可能嗎？由此看
來，《武成》這篇文章不能完全相信，不是只在「血流漂杵」這一件
事上。至於編纂的錯亂，只是其中小小的錯誤罷了。

漢將軍在御史上

【原文】

　　《漢書·百官公卿表》，御史大夫掌副丞相，位①上卿，銀印青綬；前後左右將軍亦位上卿，而金印紫綬。故《霍光傳》所載群臣連名奏曰，丞相敞、大將軍光、車騎將軍安世、度遼將軍明友、前將軍增、後將軍充國、御史大夫誼，且云群臣以次上殿。然則凡雜②將軍，皆在御史大夫上，不必前後左右也。

【註釋】

① 位：官階品級。

② 雜：各種。

【譯文】

　　《漢書·百官公卿表》上記載，御史大夫執掌副丞相的職位，品位是上卿，印章是銀質的，綬帶是青色的；前、後、左、右各路將軍的品位也是上卿，但是印章是金質的，綬帶是紫色的。所以《霍光傳》上所記載的群臣聯名上奏時的順序是，丞相楊敞、大將軍霍光、車騎將軍張安世、度遼將軍范明友、前將軍韓增、後將軍趙充國、御史大夫蔡誼，而且還說群臣按照這個順序上朝。既然這樣，那麼凡是有將軍頭銜的，都在御史大夫之上，不用分前後左右了。

上元^①張燈

【原文】

上元張燈，《太平御覽》所載《史記·樂書》曰：「漢家祀太一^②，以昏時^③祠到明。」今人正月望日^④夜遊觀燈，是其遺事，而今《史記》無此文。唐韋述^⑤《兩京新記》曰：「正月十五日夜，敕金吾弛禁^⑥，前後各一日以看燈。」本朝京師增為五夜，俗言錢忠懿納土^⑦，進錢買兩夜，如前史所謂買宴之比。初用十二、十三夜，至崇寧^⑧初，以兩日皆國忌^⑨，遂展^⑩至十七、十八夜。予按國史，乾德^⑪五年正月，詔以朝廷無事，區宇乂安^⑫，令開封府更增十七、十八兩夕。然則俗雲因錢氏及崇寧之展日，皆非也。太平興國五年十月下元^⑬，京城始張燈如上元之夕，至淳化元年六月，始罷中元^⑭、下元張燈。

【註釋】

① 上元：節日名。俗以農曆正月十五日為上元節，也叫元宵節。

② 太一：東皇太一，簡稱太一，又稱太乙，有些文獻中寫作泰一，是《九歌》中所描寫的天帝。

③ 昏時：天剛黑的時候，黃昏。

④ 望日：夏曆每月十五，天文學上指月亮圓的那一天。

⑤ 韋述：京兆萬年（今陝西西安）人，唐代大臣，著名史學家。著有《唐職儀》三十卷、《高宗實錄》三十卷、《西京新記》五卷、《禦史台記》十卷、《開元譜》二十卷。

⑥ 敕：皇帝下命令。金吾：指禁軍，衛軍。弛禁：指解除禁令，放寬禁令。

⑦ 錢忠懿：吳越忠懿王錢俶，初名弘俶，小字虎子，改字文德，五代十國時期吳越國最後一位君主。納土：指獻納土地，歸附。

⑧ 崇寧：宋徽宗趙佶的第二個年號，取繼承宋神宗常法熙寧之意，共使用5年。

⑨ 國忌：指皇帝或皇后的忌日。

⑩ 展：延緩，放寬期限。

⑪ 乾德：北宋太祖趙匡胤的年號，共使用6年。

⑫ 區宇：指廣闊的區域或範圍。這裏指國內。乂安：指太平，安定。

⑬ 下元：指下元節，中國民間傳統節日，農曆十月十五。

⑭ 中元：指農曆七月十五。這一天是漢族人祭祀亡故親人、緬懷祖先的日子。

【譯文】

上元節要掛燈籠，《太平御覽》上記載《史記·樂書》中說：「漢朝祭祀東皇太一，從黃昏時一直祭祀到第二天天亮。」現在的人正月十五晚上遊玩看燈會，就是祭祀東皇太一遺留下來的風俗，但現在的《史記》上沒有這篇文章。唐代韋述的《兩京新記》中說：「正月十五晚上，皇上下令讓金吾解除禁令，十五前後各一日讓百姓用來看燈會。」本朝京城燈會增加為五個晚上，民間流行的說法是錢俶進獻了領土，捐錢買了兩個晚上，就像前史所說的花錢買酒宴一樣。最初用的是正月十二、十三的晚上，到了崇寧初年，因為這兩天都是國忌日，於是就延伸調整到正月十七、十八晚上。我考察國史，發現乾德五年正月，皇帝下詔說因為朝廷沒有戰事，國內安定，就命令開封府另外增加正月十七、十八兩個晚上。這樣看來，民間傳說因為錢氏和崇寧年間延展的時間，都是不對的。太平興國五年十月下元節，京城開始張掛燈籠就像上元節的晚上一樣，到淳化元年六月，才廢除中元節、下元節張掛燈籠的習俗。

七夕①用六日

【原文】

太平興國三年七月，詔：「七夕嘉辰，著於甲令②。今之習俗，多用六日，非舊制也，宜復用七日。」且名為七夕而用六，不知自何時始。然唐世無此說，必出於五代耳。

【註釋】

① 七夕：又名乞巧節，始於漢朝，相傳農曆七月初七夜或七月初六夜婦女在庭院向織女星乞求智巧，故稱為「乞巧」。後又被賦予牛郎織女的傳說使其成為極具浪漫色彩的節日之一。

② 甲令：指朝廷頒發的重要法令。

【譯文】

太平興國三年七月，皇帝下詔說：「七夕這個美好的日子，應當著錄在重要的法令中。現在的習俗，大多採用七月初六，不是以前的舊制，應該恢復用七月初七。」名字叫七夕，卻用七月初六，不知道從什麼時候開始的。然而唐代沒有這種說法，一定是出於五代了。

宰相參政員數

【原文】

太祖登極①，仍用周朝范質、王溥、魏仁浦三宰相，四年，皆罷，趙普獨相。越②三月，始創參知政事之名，而以命薛居正、呂餘慶，後益以劉熙古，是為一相三參。及普罷去，以居正及沈義倫為相，盧多遜參政。太宗即位，多遜亦拜相。凡六年，三相而無一參。

自後頗以二相二參為率③。至和④二年，文彥博為昭文相，劉沆為史館相，富弼為集賢相，但用程戡一參。唯至道⑤三年呂端以右僕射獨相，而戶部侍郎溫仲舒、禮部侍郎王化基、工部尚書李至、禮部侍郎李沆四參政，前後未之有也。

【註釋】

① 登極：指皇帝即位。

② 越：經過。

③ 率：規格，標準。

④ 至和：宋仁宗趙禎的一個年號，共使用3年。

⑤ 至道：宋太宗的最後一個年號，共使用3年。

【譯文】

　　宋太祖登上皇位，還是任用後周范質、王溥、魏仁浦三位宰相，四年後，他們都被罷免，趙普一個人做宰相。過了三個月，才開創出參知政事這個名稱，並任命薛居正、呂餘慶擔任這個職位，後來增加了劉熙古，這就是一相三參。等到趙普被罷免相位，皇帝任命薛居正和沈義倫為宰相，盧多遜為參知政事。太宗即位後，盧多遜也被任命為宰相。總共六年，有三位宰相而沒有一位參知政事。之後多以兩位宰相兩位參知政事為標準。至和二年，文彥博做昭文相，劉沆做史館相，富弼做集賢相，只任用程戡一個參知政事。只有至道三年呂端在右僕射的官位上一個人擔任宰相，而戶部侍郎溫仲舒、禮部侍郎王化基、工部尚書李至、禮部侍郎李沆四個人擔任參知政事，這是之前之後都沒有的情況。

卷 二

漢宣帝不用儒

【原文】

漢宣帝不好儒，至云俗儒①不達時宜，好是古非今②，使人眩於名實③，不知所守，何足委任。匡衡為平原文學④，學者多上書薦衡經明⑤，當世少雙，不宜在遠方。事下蕭望之、梁丘賀⑥。望之奏衡經學精習，說有師道⑦，可觀覽。宣帝不甚用儒，遣衡歸故官。司馬溫公謂俗儒誠不可與為治，獨不可求真儒⑧而用之乎？且是古非今之說，秦始皇、李斯⑨所禁也，何為而效之邪？既不用儒生而專委中書宦官，弘恭、石顯因以擅政事⑩，卒為後世之禍，人主心術⑪，可不戒哉！

【註釋】

① 俗儒：指淺陋而迂腐的儒士。

② 是古非今：指對古代的事物採取肯定的態度，對現代事物採取否定的態度。

③ 眩：迷惑，迷亂。名實：古代哲學範疇。名：指名詞、概念，實：指實際存在的事物。

④ 匡衡：字稚圭，東海郡承縣（今山東棗莊）人，西漢經學家，官至丞相。曾以「鑿壁偷光」的苦讀事蹟名世，為後世學習的榜樣。文學：指西漢時期學校的負責人。

⑤ 經明：指通曉經學的要旨。

⑥ 蕭望之：字長倩，東海蘭陵（今山東蘭陵）人。蕭何的六世孫，歷任大鴻臚、太傅等職。梁丘賀：西漢時今文《易》學「梁丘學」

之開創者。

⑦ 師道：指師法，師承。

⑧ 真儒：指真正的儒者。

⑨ 李斯：字通古，戰國末期楚國上蔡（今河南上蔡）人。秦代著名的政治家、文學家和書法家，曾拜荀卿為師，是法家的代表人物。

⑩ 弘恭、石顯：西漢元帝時的兩個佞臣。擅：獨攬，專。

⑪ 心術：指主意，計策。

【譯文】

　　漢宣帝不喜歡儒家，甚至說淺陋而迂腐的儒士不通達時宜，喜歡肯定古代的東西而反對現在的東西，讓人對名稱和實際感到迷惑，不知道應該信守什麼，這哪裡能夠交托重任呢。匡衡是當時平原郡學校的教官，讀書人大多上書舉薦稱匡衡通曉經學的旨意，在當代沒有人比得上，不應該留在遠處。漢宣帝就把匡衡放在蕭望之、梁丘賀的屬下做事。蕭望之上奏說匡衡對經學非常精通，學說有師承，值得參閱。漢宣帝不太採用儒家的主張，就把匡衡遣回了平原郡擔任原來的官職。司馬溫公說淺陋而迂腐的儒士實在不值得和他一起治理國家，難道就不值得尋求真正的儒士來任用嗎？況且儒士喜歡肯定古代的東西而反對現在的東西的這種說法，是秦始皇、李斯禁用儒家的藉口，為什麼要效仿他們呢？既然不任用儒生，卻專門委任中書宦官，所以弘恭、石顯因此專擅政事，最終成為漢朝後世的禍患，君主打算採用哪種治國方法，可以不借鑒漢宣帝這種情況嗎！

國家府庫

【原文】

　　真宗嗣位之初，有司所上天下每歲賦入大數[1]，是時，至道三年也，凡收穀二千一百七十萬碩[2]，錢四百六十五萬貫，絹、綢一百九十萬匹，絲、棉六百五十八萬兩，茶四十九萬斤，黃蠟[3]三十萬斤。自後多寡不常[4]，然大略具此。方國家全盛，民力充足，故於征輸[5]未能為害。今之事力[6]，與昔者不可同日而語[7]，所謂緡錢[8]之入，殆過十倍。民日削月朘[9]，未知救弊之術，為可慮耳。黃蠟一項，今不聞有此數。

【註釋】

① 大數：指大概的數目。
② 碩：通「石」。
③ 黃蠟：即蜂巢入水鍋加熱熔化而成的蜂蠟，色黃，故稱。
④ 常：一定。
⑤ 征輸：指徵收賦稅。
⑥ 事力：指能力，力量。
⑦ 同日而語：指相提並論。把不同的人或不同的事放在一起談論或看待。
⑧ 緡錢：指以千文結紮成串的銅錢，漢代作為計算稅課的單位。後泛指稅金。
⑨ 日削月朘：指日日削減，月月縮小。形容逐漸縮小。也指時時受到搜刮。

【譯文】

　　宋真宗繼位初年，有關部門所上報的國內每年賦稅收入的大概數目如下，當時是至道三年，總共收入穀物二千一百七十萬石，錢財四

百六十五萬貫，絹、綢一百九十萬匹，絲、棉六百五十八萬兩，茶四十九萬斤，蜂蠟三十萬斤。此後多少沒有規定，但大概都有這個數目。那時正當國家全盛，民力充足，所以征繳賦稅不會成為禍害。現在百姓的實力，與以前完全不能相比，但是所說的賦稅收入，大概超過了十倍。百姓時時受到搜刮，但君主和臣子們還不知道採取一些挽救的措施，實在值得擔心啊。就是蜂蠟這一個項目，現在已經沒有聽說有三十萬斤這個數目了。

進士訴黜落①

【原文】

天禧②三年，京西轉運使胡則③言滑州進士楊世質等訴本州黜落，即取元試卷，付許州通判崔立看詳④，立以為世質等所試，不至紕繆⑤，已牒滑州依例解發⑥。詔轉運司具析⑦不先奏裁直令解發緣由以聞，其試卷仰⑧本州繳進。世質等仍未得解發。及取到試卷，詔貢院定奪，乃言詞理低次⑨，不合充薦，復黜之，而劾胡則、崔立之罪。蓋是時貢舉條制猶未堅定⑩，故有被黜而來訴其枉⑪者。至於省試亦然，如葉齊⑫之類，由此登第。後來無此風矣。

【註釋】

① 訴：控告。黜落：指科場除名落第，落榜。
② 天禧：宋真宗的年號，共使用5年。
③ 胡則：字子正，永康胡庫（今浙江永康）人，被百姓稱為「胡公大帝」，北宋官員。宋端洪二年（989）胡則考取進士，為婺州有史以來第一個取得進士功名的文人。
④ 看詳：指審閱研究。
⑤ 紕繆：指錯誤。

⑥ 牒：通常由官方頒發的證明某事的文件。解發：即發解。唐宋時，應貢舉合格者，謂之選人，由所在州郡發遣解送至京參與禮部會試，稱「發解」。

⑦ 具析：指解釋清楚。

⑧ 仰：舊時公文用語。上行文中用在「請、祈、懇」等字之前，表示恭敬。

⑨ 低次：指等級低劣。

⑩ 堅定：指確定，不動搖。

⑪ 枉：受委屈，冤枉。

⑫ 葉齊：字思可，建安（今福建建甌）人，宋太宗端拱元年（988）中進士。當年科舉錄取了以程宿為首的28人後，物議喧然，認為天下大有遺才。於是，宋太宗下令在崇政殿復試落第舉子，又錄取了99人。但葉齊還是擊鼓告狀，認為取士不公，宋太宗就下令在武成王廟再次復試未入選舉子，又錄取了31人為進士，以葉齊居其首。

【譯文】

　　天禧三年，京西轉運使胡則說滑州參加考試的進士楊世質等人，上訴滑州官府將他們的試卷故意刷掉落選，並立即拿出原來的試卷，交給許州通判崔立詳細查看，崔立認為楊世質等人考試時所寫的試卷，還不至於會出錯誤，胡則就已經通知滑州官府按照規定解發到京城。宋真宗下詔讓轉運司胡則解釋清楚沒有把事情先上奏朝廷，就直接裁決讓官府解發到京城的原因，這些試卷可以等待滑州繳進。雖然有胡則的通知，但楊世質等人的試卷仍然沒有得到解發。等到朝廷收到楊世質等人的試卷，就馬上命令貢院定奪，最後結果是楊世質等人的試卷言辭低劣，不符合推薦的條件，又被刷掉了，貢院還彈劾胡則、崔立的罪過。大概當時貢舉的制度還沒有確定，所以有被刷掉而又來上訴說自己是冤枉的。至於省試也有這種情況，比如葉齊這類人，就是因此考中的。後來沒有這種風氣了。

後漢書載班固文

【原文】

　　班固著《漢書》，製作之工，如《英》《莖》《咸》《韶》，音節超詣①，後之為史者，莫能及其彷彿②，可謂盡善矣。然至《後漢》中所載固之文章，斷然③如出兩手。觀《謝夷吾傳》云，第五倫為司徒，使固作奏薦之，其辭至有「才兼四科，行包九德」之語。其他比喻，引稷、契、咎繇、傅說、伊、呂、周、召、管、晏，以為一人之身，而唐、虞、商、周聖賢之盛者，皆無以過。而夷吾乃在《方術傳》中，所學者風角占候而已④，固之言，一何⑤太過歟？

【註釋】

① 超詣：指高深玄妙，高超脫俗。

② 彷彿：指相似，近似。

③ 斷然：指截然，界線分明的樣子。

④ 風角：古代占卜之法。以五音占四方之風而定吉凶。占候：指古代星占家視天象變化以附會人事，預言吉凶。

⑤ 一何：指何其，多麼。

【譯文】

　　班固創作的《漢書》，製作很精妙，比如《英》《莖》《咸》《韶》這些樂曲，音節描述達到了很高的造詣，後代寫作史書的人沒有能與他相仿的，可以說是完美了。但是至於《後漢書》中所記載的班固的文章，完全就像出自兩個人。《謝夷吾傳》中說，第五倫擔任司徒，讓班固寫奏摺舉薦謝夷吾，他的用辭甚至有「才兼四科，行包九德」這樣的語句。其他的比喻，引用了後稷、契、咎繇、傅說、伊尹、呂尚、周公、召公、管仲、晏嬰等人的美德，加到謝夷吾一人的身上，而且唐、虞、商、周幾個朝代的聖賢中最優秀的，也都不能超過他。

但是謝夷吾是被列在《方術傳》中的，所學的只是看風水占卜罷了，班固對他的讚美，難道不是太過分了嗎？

趙充國馬援[①]

【原文】

前漢先零羌犯塞，趙充國平之，初置金城屬國，以處降羌，西邊遂定。成帝命揚雄頌其圖畫[②]，至比周之方、虎[③]。後漢光武時，西羌入居塞內，來歙[④]奏言，隴西侵殘，非馬援莫能定。乃拜援太守，追討之。羌來和親[⑤]，於是隴右清靜[⑥]。而自永平[⑦]以後，訖於靈帝[⑧]，十世之間，羌患未嘗少息。故范曄[⑨]著論，以為：「二漢禦戎之方，為失其本。先零侵境，趙充國遷之內地；當煎[⑩]作寇，馬文淵徙之三輔[⑪]。貪其暫安之勢，信其馴服之情，計日用之權宜[⑫]，忘經世[⑬]之遠略，豈夫識微[⑭]者之為乎？」援徙當煎於三輔，不見其事。《西羌傳》云，援破降先零，徙置天水、隴西、扶風三郡，事已具《援傳》。然援本傳，蓋無其語，唯段紀明與張奐爭討東羌奏疏[⑮]，正謂趙、馬之失，至今為梗[⑯]。充國、文淵，為漢名臣，段貶之如此，故曄據而用之，豈其然乎？

【註釋】

① 趙充國：字翁孫，隴西上邽（今甘肅天水）人。西漢著名將領，麒麟閣十一功臣之一。宣帝時，採用趙充國的計策平定羌人叛亂，並進行屯田，迫使諸羌投降。馬援：字文淵，扶風茂陵（今陝西楊淩西北）人。西漢末至東漢初年著名軍事家，東漢開國功臣之一。漢光武帝時曾大破羌人，撫平羌亂。

② 圖畫：指謀劃。

③ 方、虎：指方叔、召伯虎，為周宣王時賢臣，有中興之功。

④ 來歙：字君叔，南陽新野（今河南新野南）人。東漢初期名將、戰略家。

⑤ 和親：指封建王朝利用婚姻關係與邊疆各族統治者結親和好。

⑥ 清靜：指安定，太平。

⑦ 永平：東漢明帝劉莊的年號，共使用18年。

⑧ 靈帝：漢靈帝劉宏。東漢末代皇帝，昏庸無能。

⑨ 范曄：字蔚宗，順陽（今河南南陽）人。南朝宋史學家、文學家。

⑩ 當煎：指當煎羌，是古代羌人部落之一。

⑪ 三輔：又稱「三秦」，指西漢武帝至東漢末年，治理長安京畿地區的三位元官員京兆尹、左馮翊、右扶風，同時指這三位元官員管轄的地區京兆、左馮翊、右扶風三個地方。隋唐以後稱「輔」。

⑫ 日用：指日常，平時。權宜：指暫時適宜的措施。

⑬ 經世：指治理國事。

⑭ 識微：指看到細小的情況。

⑮ 段紀明：即段潁，字紀明，武威姑臧（今甘肅武威）人。東漢時期名將。張奐：字然明，敦煌淵泉（今甘肅安西）人。東漢時期名將、學者。

⑯ 梗：阻塞，妨礙。

【譯文】

西漢時先零羌族侵犯邊境，趙充國平定了他們，開始在金城設置屬國，來安排投降的羌族人，於是西邊就安定了。漢成帝命令揚雄歌頌趙充國設置屬國這個謀劃，甚至把他比作周朝的方叔、召伯虎。東漢光武帝在位時，西羌族進入並居住在邊境內，來歙上奏說，隴西地區被羌族侵犯摧殘，除了馬援不能平定。於是光武帝就任命馬援做太守，追擊羌族。最後羌族來請求和親，於是隴右就安定下來。但是從永平年間之後，到漢靈帝在位時，十代皇帝間，羌族侵擾的憂患沒有稍微平息過。所以范曄寫文章評論，認為：「兩漢抵禦北方少數民族的方法，沒有抓住根本。先零羌族侵犯邊境，趙充國把投降的羌族人

遷到內地；當煎作亂的時候，馬援又把他們遷到了三輔地區。貪圖暫時安寧的形勢，相信他們能被馴服，考慮著不斷採用權宜的計策，而忘記了治理國事的長遠計畫，這難道是只看到小處的人所能考慮到的嗎？」馬援把當煎遷到三輔地區，在史書上沒有記載這件事的。《西羌傳》中說，馬援攻破並招降了先零族人，把他們遷到天水、隴西、扶風三郡，這件事已經具體寫在《馬援傳》中了。但是馬援本傳中，卻沒有這段記載，只有段紀明與張奐爭論討伐東羌族的奏疏上，正面提到了趙充國、馬援的失誤，到現在還是禍患。趙充國、馬援，是漢代的名臣，段紀明貶低他們到這種地步，所以范曄把它作為依據而引用，難道事實真的是這樣的嗎？

卷 三

陳季常

【原文】

　　陳慥①字季常，公弼之子，居於黃州之岐亭，自稱「龍丘先生」，又曰「方山子」。好賓客，喜畜聲妓②，然其妻柳氏絕凶妒③，故東坡有詩云：「龍丘居士亦可憐，談空說有夜不眠。忽聞河東師子吼，拄杖落手心茫然。」河東師子，指柳氏也。坡又嘗醉中與季常書云：「一絕乞秀英君。」想是其妾小字。黃魯直元祐中有與季常簡曰：「審④柳夫人時須醫藥，今已安平否？公暮年來想漸求清淨之樂，姬媵⑤無新進矣，柳夫人比⑥何所念以致疾邪？」又一帖云：「承諭⑦老境情味，法當如此，所苦既不妨⑧遊觀山川，自可損⑨藥石，調護起居飲食而已。河東夫人亦能哀憐老大⑩，一任放不解事邪⑪？」則柳氏之妒名，固彰著於外，是以二公皆言之云。

【註釋】

① 陳慥：字季常，眉州青神（今屬四川）人，陳希亮第四子。陳希亮，字公弼，眉州青神（今屬四川）人。北宋官員。

② 聲妓：舊時宮廷及貴族家中的歌姬舞女。

③ 凶妒：指蠻橫善妒。

④ 審：知道。

⑤ 姬媵：指妾。

⑥ 比：近來。

⑦ 承諭：指承蒙曉諭。敬稱。

⑧ 不妨：指可以，無妨礙。

⑨ 損：減少。

⑩ 老大：指年老。

⑪ 一任：指聽憑。不解事：指不懂事。

【譯文】

　　陳慥，字季常，是陳公弼的兒子，居住在黃州的岐亭，自稱「龍丘先生」，又叫作「方山子」。陳慥喜歡結交賓客，愛好蓄養樂伎，但他的妻子柳氏格外蠻橫善妒，所以蘇東坡有首詩中說：「龍丘居士亦可憐，談空說有夜不眠。忽聞河東師子吼，拄杖落手心茫然。」河東師子，指的就是柳氏。蘇東坡曾經又在喝醉後寫信給陳慥，說：「寫一首絕句希望能求得秀英君。」想來是他小妾的名字。黃庭堅元祐年間曾寫信給陳慥，說：「我知道柳夫人時常需要用藥，現在已經恢復安康了嗎？您晚年想逐漸尋求清淨的樂趣，沒有新納姬妾了，柳夫人近來擔心什麼以至於生病啊？」還有一帖寫到：「承蒙您告訴我老境的情趣，本來就應該這樣，苦悶時既然可以遊觀山川，自然可以減少藥石，只要調養起居飲食就好了。河東夫人也能哀憐您年紀大了，完全放任您不懂事的行為嗎？」由此看來，柳氏善於嫉妒的名聲，本來就彰顯在外了，因此蘇東坡和黃庭堅都說到了她。

其言明且清

【原文】

　　《禮記·緇衣》篇：「詩云，昔吾有先正，其言明且清。國家以寧，都邑以成，庶民以生。誰能秉國成？不自為正，卒勞百姓。」鄭氏注不言何詩。今《毛詩·節南山》章但有下三句而微不同。《經典釋文》云：「從第一句至庶民以生五句，今詩皆無此語，或皆逸詩也。」予按《文選》張華①《答何劭》詩曰：「周任有遺規，其言明且清。」

然則周任所作也。而李善②注曰：「《子思子》詩云，昔吾有先正，其言明且清。」世之所存《子思子》亦無之，不知善何所據？意③當時或有此書，善必不妄也，特不及周任遺規之義，又不可曉。

【註釋】

① 張華：字茂先，范陽方城（今河北固安）人，西晉時期政治家、文學家、藏書家。

② 李善：江都（今江蘇揚州）人，唐代學者，注釋了《文選》。

③ 意：料想，猜想。

【譯文】

　　《禮記·緇衣》篇說：「有首詩說，『昔吾有先正，其言明且清。國家以寧，都邑以成，庶民以生。誰能秉國成？不自為正，卒勞百姓。』」鄭玄注釋中沒有說是什麼詩。現在《毛詩·節南山》一章只有那首詩的下面三句，而且有些不同。《經典釋文》中說：「從第一句到『庶民以生』這五句，現在的詩中都沒有這些詩句，或許都是逸詩啊。」我考察《文選》上張華《答何劭》這首詩說：「周任有遺規，其言明且清。」由此看來，這首詩就是周任所作的。但李善卻注釋說：「《子思子》詩說：『昔吾有先正，其言明且清。』」世上所存的《子思子》中也沒有這句詩，不知道李善是依據什麼這麼說的。我猜想當時或許有這本書，李善一定不會胡亂寫的，只是沒有涉及「周任遺規」的含義，我們又不能知曉。

公孫五樓①

【原文】

　　南燕慕容超②嗣位之後，悉以國事付公孫五樓，燕業③為衰。晉

劉裕④伐之，或曰：「燕人若塞⑤大峴之險，堅壁清野⑥，大軍深入，將不能自歸。」裕曰：「鮮卑貪婪，不知遠計，謂我不能持久，不過進據臨朐，退守廣固，必不能守險清野。」超聞有晉師，引群臣會議，五樓曰：「吳兵輕果⑦，利在速戰，不可爭鋒⑧，宜據大峴，使不得入。各命守宰，依險自固，焚蕩資儲⑨，芟⑩除禾苗，使敵無所資。彼僑軍⑪無食，可以坐制⑫。若縱使入峴，出城逆戰⑬，此下策也。」超不聽。裕過大峴，燕兵不出，喜形於色⑭，遂一舉滅燕。觀五樓之計，正裕之所憚也。超平生信用五樓，獨於此不然，蓋天意也。五樓亦可謂智士，足與李左車比肩⑮。後世奸妄擅國，以誤大事者多矣，無所謂五樓之智也。

【註釋】

① 公孫五樓：十六國時期南燕將軍。

② 慕容超：字祖明，十六國時期南燕最後一位皇帝。

③ 業：已經。

④ 劉裕：宋武帝劉裕，字德輿，小名寄奴，南北朝時期政治家、改革家、軍事家。劉裕代晉自立，國號「宋」，其政權史稱劉宋或南朝宋。

⑤ 塞：阻隔，堵住。

⑥ 堅壁清野：作戰時的一種策略，堅守據點，轉移周圍的人口、牲畜、財物、糧食，毀掉附近的房屋、樹木等，使敵人攻不下據點，也搶不到東西。

⑦ 輕果：指輕捷果敢。

⑧ 爭鋒：指爭勝，交兵作戰。

⑨ 焚蕩資儲：指燒光儲備的物資。

⑩ 芟：剷除雜草。

⑪ 僑軍：指南北朝時以僑居江南的北方人編成的軍隊。

⑫ 坐制：指輕易制敵。

⑬ 逆戰：指迎戰。

⑭ 喜形於色：指內心的喜悅之情表現在臉上，形容抑制不住內心的喜悅。

⑮ 李左車：西漢柏（今邢臺隆堯）人，秦漢之際謀士，著有兵書《廣武君略》一部。比肩：指並列，居同等地位。

【譯文】

　　南燕慕容超繼位元後，把國事全部交給公孫五樓處理，當時南燕國勢已經衰弱了。晉國的劉裕去討伐南燕，有人建議說：「南燕若派兵據守大峴山的天險，堅守堡壘、轉移糧食財物，晉國大軍深入南燕境內，就回不來了。」劉裕說：「鮮卑人貪婪，不知道從長遠考慮，說我們的軍隊不能持久，但他們只不過會選擇進據臨朐，退守首都廣固罷了，一定不會據守天險、轉移糧食。」慕容超聽說晉國軍隊來討伐，召見群臣一起商議，公孫五樓說：「吳兵輕捷果敢，擅長快速作戰，我們不能和他們交戰，應該據守大峴山，讓他們不能進入。命令各地的守軍，憑藉天險固守自己的城池，燒光儲備的物資，清除禾苗，使敵人不能獲得資助。等他們遠征的軍隊再沒有糧食，我們就可以輕鬆地制伏他們了。像放縱他們進入大峴山，我們的軍隊出城迎戰，這是下策啊。」慕容超沒有聽從公孫五樓的計策。劉裕經過大峴山，燕兵沒有出來阻攔，劉裕高興的心情掛在臉上，於是一舉消滅了南燕國。觀察公孫五樓的計策，正是劉裕所害怕的。慕容超平生都信任公孫五樓，唯獨在這件事上沒有相信他，大概是天意啊。公孫五樓也可以說是有智慧的謀士了，足夠與李左車相比。後來的人奸詐虛偽、專擅國政，從而貽誤大事的臣子非常多，沒有像公孫五樓那樣有智慧的啊。

薦士稱字著年

【原文】

　　漢、魏以來諸公上表薦士，必首及本郡名，次著其年，又稱其字。如漢孔融①薦禰衡表云「處士平原禰衡，年二十四，字正平」，齊任昉②為蕭揚州作薦士表云「秘書丞琅邪王暕，年二十一，字思晦」「前候官令東海王僧孺，年三十五，字僧孺」是也。唐以來乃無此式③。

【註釋】

① 孔融：字文舉，魯國（今山東曲阜）人，孔子第19世孫，東漢末年文學家，「建安七子」之一。孔融能詩善文，代表作是《薦禰衡表》。

② 任昉：字彥升，小字阿堆，樂安郡博昌（今山東壽光）人，南朝宋國著名文學家、地理學家、藏書家，「竟陵八友」之一。

③ 式：特定的規格。

【譯文】

　　漢、魏以來各位大臣上表推薦士人，一定最先說到本郡的名稱，接著寫年齡，接著稱呼他的字。比如漢代孔融在推薦禰衡的表文中說「處士平原禰衡，年二十四，字正平」，南朝齊國的任昉在為蕭揚州作薦士表時說「秘書丞琅邪王暕，年二十一，字思晦」「前候官令東海王僧孺，年三十五，字僧孺」就是這種格式。唐代以來就沒有這種樣式了。

兄弟邪正

【原文】

　　王安石引用小人，造作新法，而弟安國①力非之。韓絳附會安石制置三司條例以得宰相②，而弟維③力爭之。曾布當元符、靖國之間④，陰禍⑤善類，而弟肇移書力勸之⑥。兄弟邪正之不同如此。

【註釋】

① 安國：王安國，字平甫，王安石同母弟，北宋著名詩人。

② 韓絳：字子華，開封雍丘（今河南杞縣）人，北宋官員。附會：指依附，附和。

③ 維：韓維，字持國，開封雍丘（今河南杞縣）人。與韓絳、韓縝等為兄弟。北宋官員。

④ 曾布：字子宣，曾鞏之弟，北宋中期宰相，王安石變法的重要支持者。元符：宋哲宗趙煦的第三個年號，共使用3年。靖國：建中靖國，是北宋徽宗趙佶的年號，共使用1年。

⑤ 陰禍：指暗中殘害。

⑥ 肇：曾肇，字子開，號曲阜先生，建昌南豐（今屬江西）人，曾鞏異母弟，北宋政治家、詩人。移書：指官吏書函往來。

【譯文】

　　王安石任用小人，創造了新法，而他的弟弟王安國極力反對。韓絳附和王安石制定佈置三司的改革條例而得到了宰相的職位，但韓絳的弟弟韓維和他極力抗爭。曾布在元符、建中靖國年間，暗中殘害忠良，但曾布的弟弟曾肇卻寫信極力勸阻他。兄弟邪正不同竟可以到這種地步。

卷　四

銀牌使者

【原文】

　　金國每遣使出外，貴者佩金牌，次佩銀牌，俗呼為金牌、銀牌郎君。北人以為契丹時如此，牌上若篆①字六七，或云阿骨打②花押也。殊不知此本中國之制，五代以來，庶事③草創，凡乘置奉使④於外，但給樞密院牒。國朝太平興國三年，因李飛雄矯⑤乘廄馬，詐稱使者，欲作亂，既捕誅之，乃詔自今乘驛者，皆給銀牌，國史雲始復舊制，然則非起於虜也。端拱二年複詔：「先是馳驛使臣給篆書銀牌，自今宜罷之，複給樞密院牒。」

【註釋】

① 篆：雕刻。
② 阿骨打：完顏阿骨打，漢名旻，女真族，金朝開國皇帝，傑出的政治家、軍事家。
③ 庶事：指萬事。
④ 乘置奉使：指派遣出使國外的使者。
⑤ 矯：假託，詐稱。

【譯文】

　　金國每次派遣使者出使國外，身份尊貴的佩帶金牌，身份差一點的佩帶銀牌，人們通常稱為金牌、銀牌郎君。北邊的人認為契丹人統治時是這樣的，金銀牌上好像篆刻了六七個字，有人說是完顏阿骨打的簽字。竟然不知道這原本是中原國家的制度，五代以來，我朝萬事

剛開始建立，凡是要派遣使者出使國外，只給樞密院下公文。本朝太平興國三年，因為李飛雄騙取官府的車馬，假稱是使者，想要進宮作亂，他被捕殺後，皇帝就下詔說從今以後在外的使者，都發給銀牌，國史上說開始恢復舊制，既然這樣，那麼這個制度就不是起源於少數民族了。端拱二年又下詔說：「先前給外出使者刻有篆書的銀牌，從現在開始應該廢除，重新恢復給樞密院的公文。」

省錢百陌①

【原文】

　　用錢為幣，本皆足陌②。梁武帝時，以鐵錢之故，商賈浸③以奸詐自破。嶺④以東，八十為百，名曰「東錢」；江、郢以上⑤，七十為百，名曰「西錢」；京師以九十為百，名曰「長錢」。大同⑥元年，詔通⑦用足陌，詔下而人不從，錢陌益少，至於末年，遂以三十五為百。唐之盛際，純用足錢。天祐⑧中，以兵亂窘乏⑨，始令以八十五為百。後唐天成⑩，又減其五。漢乾祐⑪中，王章為三司使，復減三。皇朝因漢制，其輸官⑫者，亦用八十，或八十五。然諸州私用，猶有隨俗至於四十八錢。太平興國二年，始詔民間緡錢，定以七十七為百。自是以來，天下承用，公私出納⑬皆然，故名「省錢」。但數十年來，有所謂「頭子錢」，每貫五十六，除中都及軍兵俸料⑭外，自餘州縣官民所當得，其出者每百才得七十一錢四分，其入者每百為八十二錢四分，元⑮無所謂七十七矣。民間所用，多寡又益不均云。

【註釋】

① 省錢：指不足一百當一百用的錢幣。陌：通「佰」，用於錢，指一百文。

② 足陌：古錢幣術語。錢幣交易中每吊錢一千文，每百文一枚不短

缺為足陌。

③ 浸：通「潛」，暗中。

④ 嶺：指萌渚嶺，又名渚嶺，屬於五嶺之一。

⑤ 上：指上游地區。

⑥ 大同：南朝梁武帝蕭衍的年號，共使用11年。

⑦ 通：統一。

⑧ 天祐：唐昭宗李曄開始使用的年號，天祐元年八月唐哀帝李柷即位沿用，共計4年。

⑨ 窘乏：指缺乏，窘困。

⑩ 天成：後唐明宗李嗣源的年號，共使用5年。

⑪ 乾祐：後漢高祖劉知遠開始使用的一個年號，乾祐元年二月後漢隱帝劉承祐即位沿用，一直到後漢滅亡，共計3年。

⑫ 輸官：指向官府繳納。

⑬ 出納：指支出與收入。

⑭ 軍兵俸料：指軍餉，給軍人的薪俸和給養。

⑮ 元：原來，本來。

【譯文】

　　用銅錢作為貨幣，本來都是足夠的一百文。梁武帝時，因為將銅錢改成鐵錢，商人們暗行奸詐，短缺錢幣，從而自己打破了原本一百文的規定。萌渚嶺以東地區，把八十文當作一百文，叫作「東錢」；長江、郢地的上游地區，把七十文當作一百文，叫作「西錢」；京城把九十文當作一百文，叫作「長錢」。大同元年，皇帝下令統一一百文一枚都不能缺，詔令頒佈後卻沒有人聽從，一百文短缺得更厲害了，甚至到了末年，就用三十五文當作一百文。唐代興盛的時候，完全使用足錢。天祐年間，因為戰亂，國家困窘貧乏，才下令把八十五文當作一百文。後唐天成年間，又減少五文。後漢乾祐年間，王章做三司使，又減少了三文。本朝沿襲後漢的制度，向官府交納賦稅，也用八十文，或八十五文的。但是各地州縣私下裏使用時，還有隨當地

習俗達到四十八文的。太平興國二年，皇帝才下令規定民間用繩子串銅錢，確定用七十七文當作一百文。從此以後，全國都承襲沿用，國家和個人支出或收入都是這樣，所以叫作「省錢」。但幾十年來，有所謂的「頭子錢」，每貫五十六文，除了國都及士兵的軍餉，其餘各州縣的官民所應該得到的，支出時每一百文才七十一文四分，收入時每一百文是八十二文四分，本來就沒有所說的七十七文了。民間所用的，多少又更加不平均了。

舊官銜冗贅①

【原文】

　　國朝官制，沿晚唐、五代餘習②，故階銜失之冗贅，予固已數書之。比得皇祐中李端願所書「雪寶山」三大字③，其左云：「鎮潼軍節度觀察留後、金紫光祿大夫、檢校刑部尚書、使持節華州諸軍事、華州刺史、兼御史大夫、上柱國。」凡四十一字。自元豐以後，更使名，罷文散階、檢校官、持節、憲銜、勳官，只云「鎮潼軍承宣使」六字，比舊省去三十五，可謂簡要。會稽禹廟有唐天復年越王錢鏐所立碑，其全銜九十五字，尤為冗也。

【註釋】

① 冗贅：指囉唆的，冗長的。

② 餘習：指沒有改掉的、遺留的習慣和風尚。

③ 皇祐：宋仁宗趙禎的年號，共使用6年。李端願：字公謹，北宋的官員。

【譯文】

　　本朝的官制，沿襲晚唐、五代留下來的習慣，所以官階頭銜的弊

病在於冗長累贅，我本來已經寫過好幾次了。比如皇祐年間李端願所寫的「雪竇山」三個大字，字的左邊題名是：「鎮潼軍節度觀察留後、金紫光祿大夫、檢校刑部尚書、使持節華州諸軍事、華州刺史，兼御史大夫、上柱國。」總共四十一字。從元豐年以後，改變使用的名稱，廢除文散階、檢校官、持節、憲銜、勳官，只說「鎮潼軍承宣使」六個字，比以前省去三十五個字，可以說簡單了。會稽大禹廟有唐代天復年間越王錢鏐所立的石碑，他的完整頭銜有九十五個字，尤其冗長。

宰相不次補[①]

【原文】

　　景德元年七月，宰相李沆[②]薨，時無他相，中書有參知政事王旦、王欽若，不次補。寇準為三司使，真宗欲相之，患其素剛[③]，難獨任，乃先以翰林侍讀學士畢士安[④]為參政，才一月，並命士安、準為相，而士安居上。旦、欽若各遷官而已。準在太宗朝已兩為執政，今士安乃由侍從超用，唯辟作福[⑤]，圖[⑥]任大臣，蓋不應循循[⑦]歷階而升也。

【註釋】

① 次補：指依次遞補。

② 李沆：字太初，洺州肥鄉（今屬河北）人，北宋時期名相、政治家、詩人。

③ 素剛：指向來剛直。

④ 畢士安：一名士元，字仁叟，一字舜舉，代州雲中（今山西大同）人，宋朝著名宰相。

⑤ 唯辟作福：指只有君王才能獨攬威權。出自《尚書·洪範》：「唯辟

作福，唯辟作威，唯辟玉食。」
⑥ 圖：謀劃，反復考慮。
⑦ 循循：指遵循規矩。

【譯文】

　　景德元年七月，宰相李沆去世，當時沒有別的宰相，中書有參知政事王旦、王欽若，沒有依次遞補。寇準是三司使，真宗想任他做宰相，但是擔心他向來剛直，很難一個人擔任宰相之職，就先任命翰林侍讀學士畢士安為參知政事，才過了一個月，同時任命畢士安、寇準為宰相，而畢士安處在上位。王旦、王欽若只不過各自升遷換了官職。寇準在宋太宗時已經兩次執掌朝政了，現在畢士安竟然從侍從破格任用，只有君主可以獨攬政權，謀劃任用大臣，不遵循規矩一步步按照官階來提升。

卷 五

王裒嵇紹^①

【原文】

　　舜之罪也殛鯀^②，其舉也興禹。鯀之罪足以死，舜徇^③天下之公議以誅之，故禹不敢怨，而終治水之功，以蓋^④父之惡。魏王裒、嵇紹，其父死於非命。裒之父儀^⑤，猶以為司馬昭安東司馬之故，因語言受害，裒為之終身不西向而坐^⑥。紹之父康以魏臣，鍾會譖之於昭^⑦，昭方謀篡^⑧魏，陰^⑨忌之，以故而及誅。紹乃仕於晉武之世，至為惠帝盡節^⑩而死。紹之事親，視王裒遠矣！溫公《通鑑》，猶取其蕩陰^⑪之忠，蓋不足道也。

【註釋】

① 王裒：字偉元，城陽營陵（今山東昌樂）人，西晉學者。因父為司馬昭所殺，王裒不臣西晉，三征七辟皆不就，隱居教授，善書。嵇紹：字延祖，譙國銍（今安徽淮北）人，曹魏中散大夫嵇康之子，西晉時期文學家。

② 殛：殺死，誅殺。鯀：上古時代漢族神話傳說人物，姒姓，字熙。帝顓頊之子、大禹之父，因治水失敗，被舜處死。

③ 徇：順從。

④ 蓋：遮蔽，掩蓋。

⑤ 儀：指王儀，三國時期曹魏人物。嘉平四年（252）的東興之戰中，王儀擔任司馬昭的參軍，東興之戰魏軍慘敗，司馬昭問眾人誰應負責，王儀說責在元帥。司馬昭怒曰：「司馬欲委罪於孤邪！」遂令人斬之。

⑥ 西向而坐：不朝向西面而坐，比喻不稱臣。因為晉國在西面，王裒不朝向西面而坐，即不向西晉稱臣。

⑦ 鍾會：字士季，潁川長社（今河南長葛）人，三國時期魏國名將、書法家。譖：無中生有地說人壞話。

⑧ 篡：指臣子奪取皇位。

⑨ 陰：暗中，暗地裏。

⑩ 盡節：指為保全節操而犧牲生命。

⑪ 蕩陰：指蕩陰之戰。永安元年（304）七月，東海王司馬越宣佈討伐成都王司馬穎，挾晉惠帝一同北征，兵到蕩陰（今河南湯陰）時被石超擊敗，惠帝面部受傷，身中三箭，被俘入鄴。惠帝受傷時，只有嵇紹莊重地端正冠帶，挺身保衛天子，最終為兵士所殺。其血濺到惠帝的衣服上，戰事平息後侍從欲浣洗御衣，惠帝說：「這是嵇侍中的血，不要洗去。」

【譯文】

　　舜的罪過在於殺了鯀，而這個舉措又使禹興起。鯀犯下的罪過足夠構成死罪了，舜順從天下公議殺了鯀，所以禹不敢怨恨舜，而且還完成了治水的功業，來彌補父親的罪過。魏國的王裒、嵇紹，他們的父親都死於意外的災禍。王裒的父親王儀，就因為做了司馬昭的安東司馬，由於說錯了話而被殺害，王裒因此終身不願做官。嵇紹的父親嵇康是魏國的臣子，鍾會向司馬昭進獻讒言，司馬昭當時正謀劃著篡奪魏國的皇位，暗中忌憚嵇康，因此殺了他。嵇紹卻在晉武帝時做官，甚至為晉惠帝保全節操而死。嵇紹對待父親，比王裒差遠了！司馬光在《資治通鑒》中還選取了他在蕩陰之戰中忠心的表現，這不值得稱道啊。

仁宗立嗣

【原文】

　　東坡作《范蜀公墓志》，云：「仁宗即位三十五年，未有繼嗣，嘉祐初得疾，中外危恐①。公獨上疏乞擇宗室賢者，異其禮物②，以繫③天下心。」凡章十九上。至元祐初，韓維上言，謂其首開建儲④之議，其後大臣乃繼有論奏。《司馬溫公行狀》云：「至和三年，仁宗始不豫⑤，國嗣未立，天下寒心⑥而不敢言，唯諫官范鎮⑦首發其議，光時為並州通判，聞而繼之。」按至和三年九月，改為嘉祐元年，歲在丁酉。而前此皇祐五年甲午，有建州人太常博士張述⑧者，以繼嗣未立，上疏曰：「陛下春秋⑨四十四，宗廟社稷之繼，未有托焉。以嫌疑⑩而不決，非孝也；群臣以諱避⑪而不言，非忠也。願擇宗親才而賢者，異其禮秩，試以職務，俾內外知聖心有所屬。」至和二年丙申，復言之。前後凡七疏，最後語尤激切⑫。蓋述所論乃在兩公之前，而當時及後來莫有知之者，為可惜也！

【註釋】

① 中外：指朝廷內外，中央和地方。危恐：指恐懼擔心。
② 異其禮物：指異于常人的禮儀待遇。
③ 繫：聯結。
④ 建儲：指確立皇太子。
⑤ 不豫：天子有病的諱稱。
⑥ 寒心：指戒懼，擔心。
⑦ 范鎮：字景仁，華陽（今四川成都）人，北宋文學家、史學家，翰林學士，曾參與修編《新唐書》。
⑧ 張述：字紹明，遂州小溪（今四川遂寧）人，北宋官員。
⑨ 春秋：指年齡。
⑩ 嫌疑：指懷疑，猜疑。

⑪ 諱避：指避諱，隱匿回避。

⑫ 激切：指激烈直率。

【譯文】

　　蘇東坡寫的《范蜀公墓志》上說：「宋仁宗即位三十五年，沒有繼承的子嗣，嘉祐初年生了病，朝廷內外都非常擔心。先生獨自上奏請求仁宗選擇宗室中賢德的人，給他異於常人的禮儀待遇，來聯結天下人的心。」總共上了十九道奏章。到元祐初年，韓維上奏進言，說他首先提出建立儲君的建議，之後才有大臣相繼上奏議論。《司馬溫公行狀》中說：「至和三年，宋仁宗開始生病，國家儲君還沒有確立，天下人心裏恐懼但不敢進言，只有諫官范鎮首先提出這個建議，我當時是并州通判，聽說這件事後就繼承他的想法上奏進言。」我考察至和三年九月，改為嘉祐元年，這一年是丁酉年。而之前皇祐五年甲午，就有個建州人太常博士叫張述的，因為儲君還沒確立，就上奏說：「陛下您已經四十四歲了，宗廟社稷的繼承，還沒有選定可託付的人。因為猜疑而不決定，這是不孝；群臣因為避諱而不進言，這是不忠。希望您能選擇宗親中有才能而有賢德的人，給他異於常人的禮儀待遇，把職務交給他處理來試探他，使朝廷內外都知道您心裏有選定的人。」至和二年丙申，又上奏進言。他前後總共上了七道奏章，最後一次語言尤其激烈懇切。張述提的建議在兩位先生之前，但當時及後來的人沒有知道這件事的，實在值得惋惜啊！

縛雞行

【原文】

　　老杜《縛雞行》一篇云：「小奴縛雞向市賣，雞被縛急相喧爭。家中厭雞食蟲蟻，不知雞賣還遭烹。蟲雞於人何厚薄？吾叱奴兒解其

縛。雞蟲得失無了時，注目寒江倚山閣。」此詩自是一段好議論，至結句①之妙，非他人所能跂及②也。予友李德遠嘗賦《東西船行》，全擬③其意。舉以相示云：「東船得風帆席高，千里瞬息輕鴻毛。西船見笑苦遲鈍，汗流撐折百張篙。明日風翻波浪異，西笑東船卻如此。東西相笑無已時，我但行藏任天理。」是時，德遠誦至三過④，頗自喜，予曰：「語意絕工，幾於得奪胎法⑤，只恐行藏任理與注目寒江之句，似不可同日語。」德遠以為知言⑥，銳⑦欲易之，終不能滿意也。

【註釋】

① 結句：指詩文結尾的句子。

② 跂及：指企及，趕得上，及得上。

③ 擬：仿照。

④ 過：次，遍。

⑤ 奪胎法：指奪胎換骨的詩文寫作方法，是以黃庭堅為首的江西詩派的主張。黃庭堅宣導以故為新，變俗為雅。「奪胎換骨」的精髓在於援用前人之語而另立新意。

⑥ 知言：指有見識的話。

⑦ 銳：急切。

【譯文】

　　杜甫有《縛雞行》一首詩說：「小奴縛雞向市賣，雞被縛急相喧爭。家中厭雞食蟲蟻，不知雞賣還遭烹。蟲雞於人何厚薄？吾叱奴兒解其縛。雞蟲得失無了時，注目寒江倚山閣。」這首詩自然是一段很好的議論，至於結尾的巧妙，不是他人所能趕得上的。我的友人李德遠曾經寫了首《東西船行》，完全仿照杜甫這首詩的意境。列舉出來給大家看：「東船得風帆席高，千里瞬息輕鴻毛。西船見笑苦遲鈍，汗流撐折百張篙。明日風翻波浪異，西笑東船卻如此。東西相笑無已時，我但行藏任天理。」當時，李德遠朗誦了三遍，自己覺得非常喜

歡,我說:「語意絕對工巧,幾乎達到了脫胎換骨的地步,只是恐怕你的『行藏任理』與杜甫的『注目寒江』那句詩,似乎不能相提並論。」李德遠認為我說的有道理,馬上想要改一改,但始終不能得到滿意的句子。

油污衣詩

【原文】

予甫①十歲時,過衢州白沙渡,見岸上酒店敗壁②間,有題詩兩絕,其名曰《犬落水》《油污衣》。《犬》詩太俗不足傳,獨後一篇殊有理致③。其詞云:「一點清油污白衣,斑斑駁駁使人疑。縱饒洗遍千江水,爭似當初不汙時。」是時甚愛其語,今六十餘年,尚歷歷④不忘,漫志⑤於此。

【註釋】

① 甫:剛剛,才。
② 敗壁:指破敗的牆壁。
③ 理致:指義理情致。
④ 歷歷:指清楚明白。
⑤ 漫志:指隨意地記錄。

【譯文】

我才十歲時,路過衢州白沙渡,看見岸上酒鋪破敗的牆壁間,有人題了兩首絕句,名字叫作《犬落水》《油污衣》。《犬落水》這首詩太俗不值得流傳,只有後一首特別有義理情致。詩中說:「一點清油污白衣,斑斑駁駁使人疑。縱饒洗遍千江水,爭似當初不汙時。」當時非常喜歡其中語句,現在過了六十多年,我還記得很清楚,沒有忘

記，隨便地記錄在這裏。

州郡書院

【原文】

　　太平興國五年，以江州白鹿洞①主明起為褒信主簿。洞在廬山之陽，嘗聚生徒數百人。李煜有國時，割善田數十頃，取其租廩②給之；選太學之通經③者，俾領洞事，日為諸生講誦。於是起建議以其田入官，故爵命之。白鹿洞由是漸廢。大中祥符二年，應天府民曹誠，即④楚丘戚同文舊居造舍百五十間，聚書數千卷，博延⑤生徒，講習甚盛。府奏其事，詔賜額⑥曰應天府書院，命奉禮郎戚舜賓主之，仍令本府幕職官提舉⑦，以誠為府助教。宋興，天下州府有學自此始。其後潭州又有嶽麓書院。及慶曆中，詔諸路州郡皆立學，設官教授，則所謂書院者當合而為一。今岳麓、白鹿復營之，各自養士⑧，其所廩給禮貌乃過於郡庠⑨。近者巴州亦創置，是為一邦而兩學矣。大學、辟雍⑩並置，尚且不可，是於義為不然也。

【註釋】

① 白鹿洞：指白鹿洞書院。位於江西廬山五老峰南麓，與湖南長沙的嶽麓書院、河南商丘的應天書院、河南登封的嵩陽書院，合稱為「中國四大書院」。

② 租廩：指田租米糧。

③ 通經：指通曉經學。

④ 即：接近，靠近。

⑤ 博延：指廣為延攬。

⑥ 額：牌匾。

⑦ 幕職：指地方長官的屬吏。提舉：指掌管。

⑧ 養士：指培養人才。

⑨ 廩給禮貌：指俸祿和禮遇。郡庠：即府學。

⑮ 辟雍：西周天子為教育貴族子弟設立的大學。

【譯文】

太平興國五年，以江州白鹿洞主明起做褒信主簿。白鹿洞在廬山的南面，曾經聚集有幾百名學生。李煜做南唐君主時，劃割出幾十頃良田，拿收上來的田租米糧供給書院；選擇太學中精通經學的人，讓他們主管白鹿洞的事務，每天為各位學生講課。在那時明起建議把這些田地收入官府，給他爵祿。白鹿洞從此就逐漸衰弱廢棄了。大中祥符二年，應天府的曹誠，靠著楚丘戚同文的舊居建造了一百五十間房屋，聚集了幾千卷的書籍，廣泛地招收邀請學生，講習經文，非常繁盛。應天府將這件事上奏，皇帝下詔賜給他「應天府書院」的匾額，命令奉禮郎戚舜賓主管，還下令應天府的屬官管理，讓曹誠做應天府的助教。宋朝興盛以來天下州府都設有學院，就是從這時候開始的。之後潭州又有嶽麓書院。等到慶歷年間，皇帝下令讓各路州郡都要設立學校，設置官員教授學生，於是所謂的書院就與府學合而為一了。現在嶽麓書院、白鹿洞書院又營建起來，各自培養讀書人，他們得到的俸祿和禮遇超過了當地郡縣設立的府學。近來巴州也創置了一所學院，這是一個地區有兩種學院了。大學、辟雍同時設置，尚且不行，這在義理上也是不對的。

卷 六

杜詩誤字

【原文】

　　李適之在明皇朝為左相，為李林甫所擠去位，作詩曰：「避賢初罷相，樂聖且銜杯。為問門前客，今朝幾個來？」故杜子美《飲中八仙歌》云：「左相日興費萬錢，飲如長鯨吸百川，銜杯樂聖稱避賢。」正詠適之也。而今所行本誤以「避賢」為「世賢」，絕無意義，兼^①「世」字是太宗諱，豈敢用哉？《秦州雨晴》詩云：「天永秋雲薄，從西萬里風。」謂秋天遼永^②，風從萬里而來，可謂廣大。而集中作「天水」，此乃秦州郡名，若用之入此篇，其致思^③淺矣。《和李表丈早春作》云：「力疾坐清曉，來詩悲早春。」正答其意，而集中作「來時」，殊失所謂和篇^④本旨。

【註釋】

① 兼：表示另一方面，可譯為「還」「同時」。
② 遼永：指遼闊久遠。
③ 致思：指情致思想。
④ 和篇：指唱和詩。

【譯文】

　　李適之在唐玄宗時是左相，被李林甫排擠而離開相位，他寫了首詩說：「避賢初罷相，樂聖且銜杯。為問門前客，今朝幾個來？」所以杜甫的《飲中八仙歌》中說：「左相日興費萬錢，飲如長鯨吸百川，銜杯樂聖稱避賢。」吟詠的正是李適之。但現在所通行的本子上錯誤

地把「避賢」寫成「世賢」，完全沒有意義，而且「世」字是唐太宗的名諱，杜甫哪裡敢使用呢？《秦州雨晴》詩中說：「天永秋雲薄，從西萬里風。」說的是秋天遼闊遠大，風從萬里而來，可以稱得上廣大。但詩集中寫作「天水」，這是秦朝時的州郡名，如果把它用在這首詩中，那其中的情致思想就太淺薄了。《和李表丈早春作》中說：「力疾坐清曉，來詩悲早春。」回答的正是這個意思，但詩集中寫作「來時」，完全失去這首唱和詩原來的旨趣了。

擇福莫若重

【原文】

《國語》載范文子曰：「擇福莫若重，擇禍莫若輕。」且士君子樂天知命①，全身遠害，避禍就福，安有迨②於禍至擇而處之之理哉？韋昭③注云：「有兩福擇取其重，有兩禍擇取其輕。」蓋以不幸而與禍會，勢不容但已④，則權其輕重，順受其一焉。《莊子·養生主》篇云：「為善無近名，為惡無近刑。」夫孳孳⑤為善，君子之所固然，何至於縱意為惡，而特以不麗於刑為得計哉⑥？是又有說矣，其所謂惡者，蓋與善相對之辭，雖於德為愆義⑦，非若小人以身試禍自速百殃之比也⑧。故下文云：「可以全生，可以保身，可以盡年⑨。」其旨昭矣。

【註釋】

① 樂天知命：相信宿命論的人認為自己的一切都由命運支配，於是安於自己的處境，沒有任何憂慮。
② 迨：等到，達到。
③ 韋昭：韋曜，本名韋昭，字弘嗣，吳郡雲陽（今江蘇丹陽）人，三國時期著名史學家、東吳四朝重臣。

④ 但已：指什麼也沒做就此甘休。

⑤ 孳孳：通「孜孜」，努力不懈。

⑥ 麗：施，加。得計：計謀得以實現。

⑦ 怨義：指違反道義。

⑧ 以身試禍：指試著親身去做觸犯法律的事，明知故犯。速：招
致。殃：禍害，災難。

⑨ 盡年：指終其天年。

【譯文】

　　《國語》上記載范文子說：「選擇福不如重，選擇禍不如輕。」
況且士人君子都安於自己的處境，沒有任何憂慮。保全自身遠離災
害，避開禍患靠近福澤，哪裡有等著發生災禍甚至選擇處在災禍中的
道理啊？韋昭注釋說：「有兩種福就選擇其中重的，有兩種災禍就選
擇其中輕的。」大概是因為不幸遭遇災禍，形勢不允許就這樣結束，
那就權衡輕重，順從接受其中的一種。《莊子·養生主》篇中說：「做
善事不要追求名聲，做惡事不至於面對刑戮。」努力地做好事，是君
子理應要做的事情，哪裡至於肆意做壞事，而又只把不遭受刑罰當作
計謀得到實現呢？這又有另外一種說法了，這句話中所說的惡，是與
善相對的言辭，雖然對德來說是違反道義的，但是不能與小人拿性命
去觸犯刑法而自己招致各種災禍相比的。所以下文說：「可以保全生
命，可以保全自身，可以享盡天年。」它的主旨已經昭明瞭。

用人文字之失

【原文】

　　士人為文，或采已用語言，當深究其旨意，苟失之不考，則必詒
①論議。紹興七年，趙忠簡公②重修《哲錄》，書成，轉特進，制詞③

云：「唯宣仁之誣謗未明，致哲廟之憂勤不顯。」此蓋用范忠宣[4]遺表中語，兩句但易兩字，而甚不然，范之辭云：「致保佑之憂勤不顯。」專指母后以言，正得其實。今以保佑為哲廟，則了非本意矣。紹興十九年，予為福州教授，為府作《謝曆日表》，頌德一聯云：「神祇祖考，既安樂於太平，歲月日時，又明章於庶證。」至乾道中，有外郡亦上表謝曆，蒙其採取用之，讀者以為駢麗[5]精切，予笑謂之曰：「此大有利害，今光堯在德壽，所謂『考』者何哉？」坐客皆縮頸[6]，信[7]乎不可不審也。

【註釋】

① 詒：遺留。

② 趙忠簡公：趙鼎，字元鎮，號得全居士，南宋解州聞喜東北（今屬山西）人，宋高宗時政治家、名相、詞人，諡忠簡。

③ 制詞：指詔書，詔書上的文辭。

④ 范忠宣：范純仁，字堯夫，北宋大臣，人稱「布衣宰相」，范仲淹次子，諡忠宣。

⑤ 駢麗：即駢儷，指對偶藻飾之辭。

⑥ 縮頸：指縮著脖子，比喻畏懼的樣子。

⑦ 信：果真，的確。

【譯文】

讀書人寫文章，有時採用已經使用過的語言，應當深入研究它的旨意，如果沒有深入考察而犯錯，那就一定會留話柄給別人議論了。紹興七年，趙鼎重新修撰《哲錄》，編寫完成後，轉升為特進官，他在制詞中說：「唯宣仁之誣謗未明，致哲廟之憂勤不顯。」這大概是引用范純仁遺表中的話語，兩句中只改了兩個字，但意思就非常不同了，范純仁遺表中說：「致保佑之憂勤不顯。」「保佑」是專門針對母后來說的，正符合實際情況。現在把「保佑」改成「哲廟」，那就完全不是原來的意思了。紹興十九年，我做福州教授，為福州知府寫

了《謝曆日表》，頌揚他德行的一聯說：「神祇祖考，既安樂於太平，歲月日時，又明章於庶證。」到乾道年間，有外郡的官員也上表謝曆，承蒙他採用我的話，讀者認為對偶精切，我笑著說：「這裏面的利害關係很重大，現在趙光堯還在德壽宮，他所說的『考』是什麼意思呢？」在座的賓客都縮著脖子，不知道怎麼回答。引用句子時確實不能不審查清楚啊。

白公夜聞歌者

【原文】

　　白樂天《琵琶行》，蓋在潯陽江上為商人婦所作。而商乃買茶於浮梁，婦對客奏曲，樂天移船，夜登其舟與飲，了無所忌[1]，豈非以其長安故倡女[2]，不以為嫌[3]邪？集中又有一篇題云《夜聞歌者》，時自京城謫潯陽，宿於鄂州，又在《琵琶》之前。其詞曰：「夜泊鸚鵡洲，秋江月澄澈。鄰船有歌者，發調堪愁絕！歌罷繼以泣，泣聲通復咽。尋聲見其人，有婦顏如雪。獨倚帆檣立，娉婷十七八。夜淚似真珠，雙雙墮明月。借問誰家婦，歌泣何淒切？一問一沾襟，低眉終不說。」陳鴻[4]《長恨傳序》云：「樂天深於詩，多於情者也，故所遇必寄之吟詠，非有意於漁色[5]。」然鄂州所見，亦一女子獨處，夫不在焉，瓜田李下[6]之疑，唐人不譏也。今詩人罕談此章，聊[7]複表出。

【註釋】

① 了無所忌：指完全沒有什麼忌諱。

② 倡女：指以歌舞娛人的婦女。亦指賣身的娼妓。

③ 嫌：避忌。

④ 陳鴻：字大亮，唐代文人、官員，著有傳奇小說《長恨歌傳》。

⑤ 漁色：指獵取美色。

⑥ 瓜田李下：經過瓜田，不要彎下身來提鞋，免得人家懷疑摘瓜；
走過李樹下面，不要舉起手來整理帽子，免得人家懷疑摘李子。
比喻容易引起嫌疑之處，或指引起嫌疑而又難以辯解的場合。

⑦ 聊：姑且。

【譯文】

　　白居易的《琵琶行》，是在潯陽江上為一個商人婦所作的。那個
商人去了浮梁買茶，婦人對著賓客演奏琵琶曲，白居易移船，在晚上
登上婦人的船，和她一起喝酒，完全沒有什麼忌諱，難道不是因為她
本來是長安的倡女，所以認為不需要避嫌嗎？白居易的詩集中還有一
篇詩題目叫《夜聞歌者》，當時白居易從京城被貶謫到潯陽，晚上住
在鄂州，事情發生在寫《琵琶行》之前。詩句是：「夜泊鸚鵡洲，秋
江月澄澈。鄰船有歌者，發調堪愁絕！歌罷繼以泣，泣聲通復咽。尋
聲見其人，有婦顏如雪。獨倚帆檣立，娉婷十七八。夜淚似真珠，雙
雙墮明月。借問誰家婦，歌泣何凄切？一問一沾襟，低眉終不說。」
陳鴻的《長恨傳序》上說：「白居易擅長寫詩，大多是出自真情，所
遇到的事情一定要寄託在詩句上來表達，不是有意為了獵取美色。」
但白居易在鄂州所見的，也是一個女子獨處，她的丈夫不在，容易產
生瓜田李下的嫌疑，但唐代人不譏笑他。現在的詩人很少談論這首
詩，我姑且再寫出來。

減損入官人

【原文】

　　唐開元十七年，國子祭酒楊瑒①上言：「省司奏限天下明經、進
士及第，每年不過百人，竊見流外出身②，每歲二千餘人，而明經、
進士，不能居其什一，則是服勤道業③之士，不如胥吏之得仕也。若

以出身人太多，則應諸色④裁損，不應獨抑⑤明經、進士。」當時以其言為然。淳熙九年，大減任子⑥員數，是時，吏部四選開具以三年為率⑦，文班進士大約三四百人，任子文武亦如之。而恩幸流外，蓋過二千之數，甚與開元類⑧也。

【註釋】

① 楊瑒：字瑤光，華州華陰（今陝西渭南）人，唐代官員。
② 竊：私下，私自。多用作謙辭。流外：指未入九品的官吏。
③ 服勤道業：指勤奮學習學問、道法。
④ 色：種類。
⑤ 抑：壓制，抑制。
⑥ 任子：指憑藉父兄而得官的制度。
⑦ 四選：宋代銓選官員的制度。元豐前以審官東院、審官西院、流內銓、三班院四個官署分掌銓選，故稱四選。元豐改革官制，更名隸屬吏部。開具：指開列。率：規格，標準。
⑧ 恩幸：指帝王的寵倖。類：相似。

【譯文】

　　唐代開元十七年，國子祭酒楊瑒上奏說：「省司官員上奏要限制天下通過明經、進士考試考中的人數，每年不超過一百人，我私下裏看到不在九品官職之內出身的士人，每年有兩千多人，但明經、進士兩科考試考中的人，數量不能達到前者的十分之一，那麼勤苦學習道法的讀書人，還比不上小官吏升官快啊。如果因為這類出身的人太多，那就應該裁減各種人員，而不應該獨獨壓制明經、進士兩科的士人。」當時的人都認為他的話很對。淳熙九年，壓制了大批憑藉父兄而得官的人員，當時，吏部四選開列的都以三年為限定，文班進士大約有三四百人，憑藉父兄而得官的文武官員也按照這個標準。而恩惠施加給不在九品官職之內出身的士人，大概超過了兩千的數目，與開元年間非常相似。

唐昭宗贈諫臣官

【原文】

　　唐僖宗①幸蜀，政事悉出內侍田令孜②之手。左拾遺孟昭圖、右補闕常濬上疏論事，昭圖坐貶，令孜遣人沉之於蟆頤津，賜濬死。《資治通鑑》記其事，予讀《昭宗實錄》，即位之初，贈昭圖起居郎，濬禮部員外郎，以其直諫被戮，故褒③之。方時艱危④，救亡不暇，而初政⑤及此，《通鑑》失書之，亦可惜也！

【註釋】

① 唐僖宗：李儇，初名李儼。唐朝第十八位皇帝（武則天除外），在位13年。

② 田令孜：字仲則，本姓陳，四川人。唐末當權宦官。在黃巢起義軍進逼長安時，他挾持唐僖宗逃往四川。

③ 褒：讚揚，誇獎。

④ 艱危：指艱難危急。

⑤ 初政：指開始執政。

【譯文】

　　唐僖宗巡幸蜀地，國家大事都出自內侍田令孜一人之手。左拾遺孟昭圖、右補闕常濬上奏書議論政事，孟昭圖因此被貶官，田令孜派人在蟆頤津把孟昭圖淹死，判處常濬死罪。《資治通鑑》記載了這件事，我讀《昭宗實錄》，唐昭宗即位初年，贈孟昭圖為起居郎，常濬為禮部員外郎，因為他們剛直勸諫而被殺，所以褒獎他們。當時形勢非常艱難危險，挽救國家危亡還來不及，但唐昭宗剛即位就能想到要褒獎這兩人，《資治通鑑》沒有記載這件事，也實在讓人惋惜啊！

卷　七

赦恩[①]為害

【原文】

　　赦過宥[②]罪，自古不廢，然行之太頻[③]，則惠奸長惡[④]，引小人於大譴之域[⑤]，其為害固不勝言矣。唐莊宗[⑥]同光二年大赦，前云：「罪無輕重，常赦所不原[⑦]者，咸赦除之。」而又曰：「十惡五逆、屠牛、鑄錢、故殺人、合造毒藥、持仗行劫、官典犯贓[⑧]，不在此限[⑨]。」此制正得其中。當亂離之朝，乃能如是，亦可取也，而今時或不然。

【註釋】

① 赦恩：即恩赦，指封建王朝遇皇帝登基或其他大典而赦免罪犯。
② 宥：寬容，饒恕。
③ 頻：重複，連續。
④ 惠奸長惡：指施加恩惠給奸邪，助長惡人。
⑤ 大譴：指大罪。域：範圍，境地。
⑥ 唐莊宗：後唐莊宗李存勖，李克用之子，沙陀人，本姓朱邪氏，小名亞子，923年在魏州（治所在河北大名）稱帝，國號唐，史稱後唐，以勇猛聞名。
⑦ 原：諒解，寬容。
⑧ 十惡五逆：佛教用語，指各種大罪。十惡：指造作殺生、偷盜、淫欲、妄語、兩舌、惡口、綺語、貪、嗔、癡。五逆：指殺父、殺母、出佛身血、殺阿羅漢、破和合僧。官典犯贓：指官吏貪贓枉法。
⑨ 限：限制，範圍。

【譯文】

　　赦免過失，饒恕罪行，自古以來都沒有廢除過，但施行得太頻繁，就會施加恩惠給奸邪，助長惡人，引導小人走向犯大錯的境地，它造成的危害已經不能一個個說清楚了。後唐莊宗同光二年大赦天下，前面說：「罪過無論輕重，一般赦免的政令所不能寬赦的，這次都赦免他們的罪過。」之後又說：「十惡五逆、屠殺耕牛、私鑄錢幣、故意殺人、合造毒藥、持仗搶劫、官吏貪贓枉法，不在這個赦免的範圍內。」這道詔書正符合赦免的宗旨。後唐莊宗處在混亂離散的朝代，還能這麼做，也有可取之處，而現在有時就不是這樣了。

光武苻堅

【原文】

　　漢光武建武三十年，群臣請封禪①泰山。詔曰：「即位三十年，百姓怨氣滿腹，吾誰欺，欺天乎？若郡縣遠遣吏上壽，盛稱虛美②，必髡③，令屯田④。」於是群臣不敢復言，其英斷⑤如此。然財⑥二年間，乃因讀《河圖會昌符》，詔索《河洛》讖文⑦言九世當封禪者，遂為東封⑧之舉，可謂自相矛盾⑨矣。苻堅禁圖讖⑩之學，尚書郎王佩讀讖，堅殺之，學讖者遂絕。及季年，為慕容氏所困，於長安自讀讖書，云：「帝出五將久長得。」乃出奔五將山，甫至而為姚萇⑪所執。始禁人為讖學，終乃以此喪身亡國。「久長得」之兆，豈非言久當為姚萇所得乎？又姚與遙同，亦久也。光武與堅非可同日語，特其事偶可議云。

【註釋】

① 封禪：指中國古代帝王在太平盛世或天降祥瑞之時祭祀天地的大型典禮。封為祭天，禪為祭地。

② 盛稱虛美：指大肆地稱頌虛假的美德。

③ 髡：古代剃去男子頭髮的一種刑罰。

④ 屯田：指利用戍卒或農民、商人墾殖荒地。漢以後歷代政府沿用
　此措施取得軍餉和稅糧。

⑤ 英斷：指英明果斷。

⑥ 財：通「才」，僅僅。

⑦ 讖文：指具有預示性質的圖錄或文字。讖：將要應驗的預言、預
　兆。

⑧ 東封：指帝王行封禪事，昭告天下太平。

⑨ 自相矛盾：比喻一個人說話、行動前後抵觸，不一致。

⑩ 圖讖：河圖、符命等有關王者受命徵驗的書籍，流行於東漢，多
　為預言或隱語。

⑪ 姚萇：後秦武昭帝姚萇，字景茂，南安赤亭（今甘肅隴西）人，
　羌族，十六國時期後秦政權的開國君主。

【譯文】

　　漢光武帝建武三十年，群臣請求他去泰山封禪。光武帝下詔說：
「我即位三十年，百姓有滿肚子的怨氣，我要欺騙誰啊，欺騙上天
嗎？如果郡縣從遠方派遣官吏來為我賀壽，大肆地稱頌虛假的美德，
那我一定會剃了他的頭髮，令他去屯田。」於是群臣不敢再提建議，
光武帝英明果斷到這種地步。但是才過了兩年，光武帝就因為讀了
《河圖會昌符》，就下詔索求《河洛》，上面預示的文字說九世應當封
禪，於是就有了去東邊泰山封禪的行動，可以說是自相矛盾了。苻堅
禁止被視為預言和隱語的圖讖之學，尚書郎王佩讀了讖書，苻堅殺了
他，學習圖讖的人就滅絕了。等到晚年被慕容氏圍困，苻堅在長安自
己讀起了讖書，上面說：「帝出五將久長得。」於是從五將山逃出去，
剛逃出就被姚萇擒獲了。苻堅最初禁止別人學習圖讖學，最終竟然因
此喪身亡國。「久長得」的預兆，難道不是說應當長久被姚萇擒獲
嗎？而且姚與遙同音，也是久的意思。光武帝與苻堅不能相提並論，

只是這兩件事偶爾可以放在一起議論罷了。

周武帝宣帝

【原文】

周武帝①平齊，中原盡入輿地②，陳國不足③平也，而雅志④節儉，至是愈篤⑤。後宮唯置妃二人，世婦三人，御妻三人，則其下保林、良使輩，度⑥不過數十耳。一傳而至宣帝⑦，奢淫酗縱⑧，自比於天，廣搜美女，以實後宮，儀同以上女不許輒⑨嫁，遂同時立五皇后。父子之賢否不同，一⑩至於此！

【註釋】

① 周武帝：北周武帝宇文邕，字禰羅突，鮮卑族，代郡武川（今內蒙古武川）人，南北朝時期北周第三位皇帝。

② 輿地：指大地，土地。

③ 不足：指不難。

④ 雅志：指平素的意願。

⑤ 篤：專一。

⑥ 度：估計，推測。

⑦ 宣帝：北周宣帝宇文贇，字乾伯，鮮卑族，南北朝時期北周第四位皇帝。宣帝即位之後，沉湎於酒色，北周國勢日漸衰落。

⑧ 酗縱：指縱酒。

⑨ 輒：專擅，擅自。

⑩ 一：乃，竟。

【譯文】

北周武帝平定北齊，中原地區全部成了他的領土，陳國就不難平

定了，他向來堅持節儉的品行，到這時心志就更加專一了。後宮只設置了兩名妃子、三個世婦、三個御妻，而以下保林、良使那類人，估計不超過幾十人罷了。等他傳位給宣帝後，宣帝卻驕奢淫逸，沉迷於酒色，把自己比作上天，廣泛地搜羅美女，來充實後宮，儀同三司官員以上的女兒不許擅自嫁人，於是同時立了五位皇后。父子的賢與惡不同，竟然相差到了這種地步！

五代濫刑

【原文】

　　五代之際，時君以殺為嬉①，視人命如草芥②，唐明宗頗有仁心，獨能斟酌③援救。天成三年，京師巡檢軍使渾公兒口奏：有百姓二人，以竹竿習④戰鬥之事。帝即傳宣令付石敬瑭⑤處置，敬瑭殺之。次日樞密使安重誨敷奏⑥，方知悉是幼童為戲。下詔自咎⑦，以為失刑，減常膳十日，以謝幽冤⑧；罰敬瑭一月俸；渾公兒削官、杖脊、配流登州；小兒骨肉⑨，賜絹五十匹，粟麥各百碩⑩，便令如法⑪埋葬。仍戒諸道州府，凡有極刑⑫，並須仔細裁遣⑬。此事見《舊五代史》，《新書》去之。

【註釋】

① 嬉：遊戲，玩耍。

② 草芥：指小草，比喻不足以珍惜的無價值的東西。

③ 斟酌：指反覆考慮，擇善而定。

④ 習：訓練，練習。

⑤ 石敬瑭：五代十國時期後晉開國皇帝，年輕時隸屬李嗣源帳下，後唐末帝李從珂繼位後，石敬瑭起兵造反，滅後唐，定都汴梁，改國號為「晉」，史稱後晉。

⑥ 數奏：指陳奏，向君上報告。

⑦ 自咎：指自責，歸罪於己。

⑧ 幽冤：指蒙受深冤的人。

⑨ 骨肉：比喻至親，親人。

⑩ 碩：通「石」。

⑪ 如法：指遵循法度，按照法律。

⑫ 極刑：即死刑，處決。

⑬ 裁遣：指裁斷處理。

【譯文】

　　五代的時候，當時的各位君主把殺人當作遊戲，看待人命就像看待草芥一樣，後唐明宗非常有仁愛之心，唯獨能夠想辦法援救世人。天成三年，京師巡檢軍使渾公兒親口上奏說：有兩個百姓，拿竹竿來演習戰鬥的情景。皇帝傳下命令把這兩人交給石敬瑭處置，石敬瑭就殺了他們。第二日樞密使安重誨向皇上稟告，這才知道原來是孩童做遊戲。明宗就頒佈詔令譴責自己，認為自己錯用了刑罰，減少十天的膳食，來向受冤屈的亡魂謝罪；並罰去石敬瑭一個月的俸祿；渾公兒被削去官職，施以杖刑，流放到登州；這兩個孩子的親人，賜給他們五十匹絹布，粟和麥各一百石，並且馬上下令按照法度埋葬。還告誡各個道州官府，凡是要處以死刑的，一定要仔細判決。這件事可以在《舊五代史》中見到，《新五代史》中刪去了這段記載。

卷 八

徽宗薦嚴疏文

【原文】

　　徽宗以紹興乙卯歲升遐①。時忠宣公奉使未反命②，滯留冷山，遣使臣沈珍往燕山，建道場③於開泰寺，作功德疏曰：「千歲厭世，莫遂乘雲之仙④，四海遏音⑤，同深喪考之戚⑥。況故宮為禾黍，改館徒饋於秦牢⑦，新廟遊衣冠，招魂漫歌⑧於楚些。雖置河東之賦，莫止江南之哀，遺民⑨失望而痛心，孤臣久縶唯歐血⑩。伏願盛德之祀，傳百世以彌昌，在天之靈，繼三後而不朽。」北人讀之亦墮淚，爭相傳誦。其後梓宮⑪南還，公已徙燕，率故臣之不忘國恩者，出迎於城北，搏膺大慟⑫，虜俗最重忠義，不以為罪也。

【註釋】

① 升遐：帝王死去的婉辭。

② 忠宣公：指洪皓，字光弼，饒州樂平（今江西樂平）人，南宋大臣。洪皓在南宋任禮部尚書時，出使金國，被扣留在荒漠十五年，堅貞不屈，艱苦備嘗，全節而歸，被譽為第二個蘇武，歸贈太師魏國公，卒諡「忠宣」。反命：指複命。

③ 道場：指供佛祭祀或修行學道的處所。這裏指為去世的親人所做的追思度亡道場。

④ 莫：通「謀」，謀劃。遂：通達。

⑤ 遏音：指帝王等死後停止一切娛樂活動。

⑥ 喪考：指父母死去。戚：憂愁，悲傷。

⑦ 饋：吃飯。秦牢：指金國的牢獄。

⑧ 招魂漫歌：即招魂歌。楚地尚巫，人死後唱招魂歌來安撫死者。

⑨ 遺民：指大動亂後遺留下來的百姓。

⑮ 繫：拘捕，拘禁。歐血：指吐血。

⑪ 梓宮：指皇帝、皇后的棺材。

⑫ 搏膺大慟：指捶著胸口哀痛得不得了。搏膺：捶擊胸口，表示憤怒、不平或哀痛。慟：極悲哀，大哭。

【譯文】

宋徽宗在紹興乙卯年去世。當時洪皓正奉命出使還沒回來覆命，滯留在冷山，他就派了個使臣沈珍去燕山，在開泰寺建了個道場，寫了篇功德奏疏說：「您年紀大了厭倦世俗，謀劃著登上天界的仙路，四海的人都停止娛樂，就像自己的父母死去一樣悲痛。而且舊宮殿已經長滿了禾黍野草，您改變住的地方還居於金國的牢獄中求食，新廟中飄蕩著您的衣冠，招魂歌在楚地到處傳唱。雖然免去了河東的賦稅，也不能終止江南百姓的哀傷，遺民失望而痛心，孤臣長久被拘繫只能哀痛到吐血。只希望因美好德行而享受到的祭祀，流傳百世而更加昌盛，您的英靈在天上，定能看到這美好德行延續三代也不會腐朽。」北方金國的人讀了也流淚，競相傳誦。之後徽宗的棺槨被送回南方，洪皓已經遷居到燕山，他率領沒有忘記國恩的老臣們，在城北出門迎接，捶著胸口哀痛得不得了，金國人向來最看重忠義，不認為他有罪過。

四六①名對

【原文】

四六駢儷②，於文章家③為至淺，然上自朝廷命令、詔冊，下而縉紳④之間箋書、祝疏，無所不用。則屬辭比事⑤，固宜警策⑥精切，

使人讀之激卬⑦，諷味⑧不厭，乃為得體⑨。姑摭前輩及近時綴緝工致者十數聯⑩，以詒同志⑪。

王元之⑫《擬李靖平突厥露布》，其敘頡利求降且復謀竄曰⑬：「阱中餓虎，暫為掉尾之求；上饑鷹，終有背人之意。」《蘄州謝上表》曰：「宣室鬼神之問，敢望生還；茂陵封禪之書，已期身後。」

范文正公微⑭時，嘗冒姓朱，及後歸本宗，作啟⑮曰：「志在逃秦，入境遂稱於張祿；名非霸越，乘舟偶效於陶朱。」用范雎、范蠡，皆當家故事⑯。

鄧潤甫⑰行《貴妃制》曰：「《關雎》之得淑女，無險詖私謁之心；《雞鳴》之思賢妃，有警戒相成之道。」

紹聖中，《百僚請御正殿表》曰：「皇矣上帝，必臨下而觀四方；大哉乾元，當統天而始萬物。」

東坡《坤成節疏》曰：「至哉坤元，德既超於載籍；養以天下，福宜冠於古今。」《慰國哀表》曰：「大哉孔子之仁，泫然流涕；至矣顯宗之孝，夢若平生。」《謝賜帶馬錶》曰：「枯羸之質，匪伊垂之而帶有餘；斂退之心，非敢後也而馬不進。」

王履道《大燕樂語》曰：「五百里采，五百里衛，外包有截之區；八千歲春，八千歲秋，上祝無疆之壽。」《除少宰餘深制》曰：「蓋四方其訓，以無競維人；必三後協心，而同底於道。」時並⑱蔡京為三相也。《執政以邊功轉官詞》曰：「唯皇天付予，庶其在此；率寧人有指，敢弗於從。」

翟公巽⑲行《外國王加恩制》曰：「宗祀明堂，所以教諸侯之孝；大竇四海，不敢遺小國之臣。」知越州日，以擅發常平倉米救荒降官，謝表曰：「敢效秦人，坐視越人之瘠；既安劉氏，理知晁氏之危。」

孫仲益⑳試詞科日，《代高麗國王謝賜燕樂表》曰：「玉帛萬國，干舞已格於七旬；簫韶九成，肉味遽忘於三月。」又曰：「蕩蕩乎無能名，雖莫見宮牆之美；欣欣然有喜色，咸豫聞管籥之音。」自中書舍人知和州，既壓境㉑，見任者拒不納㉒，以啟答郡僚曰：「雖文書銜

袖，大人不以為疑；然君命在門，將軍為之不受。」鄰郡不發上供錢米，受旨推究[23]，為平亭[24]其事，鄰守馳啟來謝，答之曰：「包茅不入，敢加問楚之師；輔車相依，自作全虞之計。」

汪彥章作《靖康冊康王文》曰：「漢家之厄十世，宜光武之中興；獻公之子九人，唯重耳之尚在。」為中書舍人試潭州，進士何烈卷子內稱臣及聖，問不舉覺[25]，坐罷職，謝表曰：「謂子路使門人為臣，雖誠悖理；而徐邈云酒中有聖，初亦何心？」又曰：「書馬者與尾而五，常負譴憂；網禽而去面之三，永銜生賜。」

宋齊愈[26]坐於金虜，立諸臣狀中，輒書「張邦昌」字，送御史台，責詞曰：「義重於生，雖匹夫不可奪志；士失其守，或一言幾於喪邦。」又曰：「眭孟五行之說，豈所宜言？袁宏九錫之文，茲焉安忍？」責張邦昌詞曰：「雖天奪其衷，坐愚至此；然君異於器，代匱可乎？」知徽州，其鄉郡也，謝啟曰：「城郭重來，疑千載去家之鶴；交遊半在，或一時同隊之魚。」

何掄除秘書少監，未幾，以口語[27]出守邛，謝啟曰：「雲外三山，風引舟而莫近；海濱八月，槎犯斗以空還。」

楊政[28]除太尉，湯岐公草制曰：「遠覽漢京，傳楊氏者四世；近稽唐室，書系表者七人。」謂楊震子秉、秉子賜、賜子彪，四世為太尉。李德裕辭太尉云：「國朝重惜此官，二百年間才七人。」其用事精確如此。

蔣子禮[29]拜右相，王詗賀啟曰：「早登黃閣，獨見明公之妙年；今得舊儒，何憂左轄之虛位？」皆用杜詩語「扈聖登黃閣，明公獨妙年」「左轄頻虛位，今年得舊儒」，亦可稱。

【註釋】

① 四六：代指駢文。駢文全篇以雙句為主，注重對偶聲律，多以四字、六字相間成句，故又稱「四六」。

② 駢儷：亦作「駢麗」，對偶句法。

③ 文章家：指工於文章的人。

④ 縉紳：舊時官宦的裝束，轉用為官宦的代稱。

⑤ 屬辭比事：指連綴文辭，排比事實，記載歷史。之後泛稱作文紀事。

⑥ 警策：形容文句精練扼要而含義深切動人。

⑦ 激卬：即激昂。指激勵，奮發振作。

⑧ 諷味：指諷誦玩味。

⑨ 得體：指言行得當、恰如其分。

⑩ 摭：拾取，摘取。綴緝：指編輯。

⑪ 同志：指志趣相同的人。

⑫ 王元之：王禹偁，字元之，濟州鉅野（今山東菏澤）人，北宋白體詩人、散文家、史學家。

⑬ 頡利：頡利可汗，突厥族，阿史那氏，名咄苾，啟民可汗之子，東突厥可汗。唐初連年侵唐邊地，殺掠吏民，劫奪財物。後唐太宗派李靖等出兵大敗頡利，平定了東突厥。竄：逃竄。這裏是指造反。

⑭ 微：卑賤。

⑮ 啟：書信。也指官方文件。

⑯ 當家：指本家，同宗。故事：指舊例。

⑰ 鄧潤甫：字溫伯，建昌（今屬江西黎川）人，北宋大臣。

⑱ 並：並且，連同。

⑲ 翟公巽：翟汝文，字公巽，潤州丹陽（今江蘇鎮江）人，北宋官員。

⑳ 孫仲益：孫覿，字仲益，號鴻慶居士，常州晉陵（今江蘇武進）人。孫覿善屬文，尤長四六，著有《鴻慶居士集》《內簡尺牘》等。

㉑ 壓境：指逼近邊境。

㉒ 見任者：指現任的官員。見：通「現」。納：收入，放進。

㉓ 推究：指審問查究。

㉔ 平亭：指研究斟酌，使得其平。

㉕ 舉覺：指發覺。

㉖ 宋齊愈：字文淵，號遲翁，北宋文人。

㉗ 口語：泛指言論或議論。

㉘ 楊政：字直夫，原州臨涇（今甘肅鎮原）人，南宋大將。

㉙ 蔣子禮：蔣芾，字子禮，常州宜興（今江蘇宜興）人，南宋宰相。

【譯文】

　　四六對偶句，對於擅長寫文章的人來說是非常簡單的，但是上自朝廷命令、詔冊，下到官紳之間的書信、賀語，沒有一處是不使用的。那麼作文紀事，本來應該扼要精切，讓人讀了振奮昂揚，諷諭玩味不感到厭倦，這樣才是讓人滿意的。姑且摘取前人及最近的人編寫的比較工整雅致的十幾句對偶，來贈給志同道合的人。

　　王禹偁《擬李靖平突厥露布》，其中　述頡利請求投降並且又謀劃造反的事情時說：「阱中餓虎，暫為掉尾之求；上饑鷹，終有背人之意。」他在《蘄州謝上表》中說：「宣室鬼神之問，敢望生還；茂陵封禪之書，已期身後。」

　　范仲淹地位卑賤時，曾經假稱自己姓朱，等到以後認回本來的宗族，寫了書信說：「志在逃秦，入境遂稱於張祿；名非霸越，乘舟偶效于陶朱。」採用范雎、范蠡改姓的故事，都是同宗的舊例。

　　鄧潤甫寫《貴妃制》說：「《關雎》之得淑女，無險詖私謁之心；《雞鳴》之思賢妃，有警戒相成之道。」

　　紹聖年間，《百僚請御正殿表》上說：「皇矣上帝，必臨下而觀四方；大哉乾元，當統天而始萬物。」

　　蘇東坡的《坤成節疏》中說：「至哉坤元，德既超於載籍；養以天下，福宜冠於古今。」《慰國哀表》中說：「大哉孔子之仁，泫然流涕；至矣顯宗之孝，夢若平生。」《謝賜帶馬錶》中說：「枯羸之質，匪伊垂之而帶有餘；斂退之心，非敢後也而馬不進。」

　　王履道的《大燕樂語》中說：「五百里采，五百里衛，外包有截之區；八千歲春，八千歲秋，上祝無疆之壽。」《除少宰餘深制》中說：「蓋四方其訓，以無競維人；必三後協心，而同底於道。」當時

連同蔡京在內共有三位宰相。《執政以邊功轉官詞》中說:「唯皇天付予,庶其在此;率寧人有指,敢弗於從。」

瞿汝文寫的《外國王加恩制》上說:「宗祀明堂,所以教諸侯之孝;大齎四海,不敢遺小國之臣。」在他做越州知府時,因為擅自發放常平的倉米去救荒而被降官,他上謝表時說:「敢效秦人,坐視越人之瘠;既安劉氏,理知晁氏之危。」

孫覿參加詞科考試時,寫了《代高麗國王謝賜燕樂表》說:「玉帛萬國,干舞已格於七旬;簫韶九成,肉味遽忘於三月。」還說:「蕩蕩乎無能名,雖莫見宮牆之美;欣欣然有喜色,咸豫聞管籥之音。」他從中書舍人的官職到和州擔任知府,已經走到和州邊境了,現任的官員拒絕他進入,他用書函答覆郡縣官吏說:「雖文書銜袖,大人不以為疑;然君命在門,將軍為之不受。」鄰近的郡縣不發上供的錢米,應該接受旨意追究他們的責任,為了平息這件事,鄰郡的長官騎馬寫信來謝罪,他回覆說:「包茅不入,敢加問楚之師;輔車相依,自作全虞之計。」

汪彥章寫的《靖康冊康王文》中說:「漢家之厄十世,宜光武之中興;獻公之子九人,唯重耳之尚在。」他做中書舍人去潭州做考官時,進士何烈的卷子中稱臣及聖,問他卻沒有發現,因此罷黜了職務,他上謝表說:「謂子路使門人為臣,雖誠悖理;而徐邈云酒中有聖,初亦何心?」還說:「書馬者與尾而五,常負譴憂;網禽而去面之三,永銜生賜。」

宋齊愈因為得罪金國人,在諸臣狀中就寫了「張邦昌」幾個字,送到了御史台,譴責說:「義重於生,雖匹夫不可奪志;士失其守,或一言幾於喪邦。」還說:「眭孟五行之說,豈所宜言?袁宏九錫之文,茲焉安忍?」責備張邦昌的詞說:「雖天奪其衷,坐愚至此;然君異於器,代匱可乎?」在徽州做知府時,因為徽州是他的故鄉,他上謝表說:「城郭重來,疑千載去家之鶴;交遊半在,或一時同隊之魚。」

何掄擔任秘書少監,沒過多久,因為說錯了話被外放出京城到邛

州做官，他上謝表說：「雲外三山，風引舟而莫近；海濱八月，槎犯斗以空還。」

楊政擔任太尉，湯岐公起草制書說：「遠覽漢京，傳楊氏者四世；近稽唐室，書系表者七人。」說的是楊震的兒子楊秉、楊秉的兒子楊賜、楊賜的兒子楊彪，四代都是太尉。李德裕辭去太尉的官職時說：「國朝重惜此官，二百年間才七人。」他採用典故精確到這種地步。

蔣芾擔任右相，王詞上賀表說：「早登黃閣，獨見明公之妙年；今得舊儒，何憂左轄之虛位？」都是引用杜甫詩中「扈聖登黃閣，明公獨妙年」「左轄頻虛位，今年得舊儒」這兩句，也值得稱道。

卷　九

樞密兩長官

【原文】

　　趙汝愚①初拜相，陳騤②自參知政事除知樞密院，趙辭不受相印，乃改樞密使，而陳已供職累日，朝論謂兩樞長，又名稱不同，為無典故③。按熙寧元年觀文殿學士新知大名府陳升之過闕④，留知樞密院。故事，樞密使與知院事不並置。時文彥博、呂公弼既為使⑤，神宗以升之三輔政，欲稍異其禮，且王安石意在抑彥博，故特命之。然則自有故事也。

【註釋】

① 趙汝愚：字子直，饒州餘幹（今江西上饒）人，南宋宗室名臣、學者。
② 陳騤：字叔進，台州臨海人，南宋官員。
③ 典故：指舊制、舊例。
④ 熙寧：北宋時宋神宗趙頊的一個年號，共使用10年。陳升之：字暘叔，初名旭，建州建陽（今福建建陽）人，北宋大臣。過闕：指超過待補的官額。
⑤ 文彥博：字寬夫，號伊叟，汾州介休（今山西介休）人，北宋時期著名政治家、書法家。呂公弼：字寶臣，壽州（今安徽鳳台）人，北宋大臣。

【譯文】

　　趙汝愚最初擔任丞相時，陳騤從參知政事升任知樞密院，趙汝愚

推辭不接受相印，於是改任他做樞密使，而陳駪已經擔任知樞密院好幾天了，朝臣議論時稱為兩樞長官，但名稱又不同，認為沒有典故來源。我考察熙寧元年觀文殿學士新任大名府知府的陳升之因為超過待補的官額，留任知樞密院。舊例是樞密使與知樞密院事不能同時設置。當時文彥博、呂公弼已經做了樞密使，神宗因為陳升之三次擔任輔政大臣，想要稍微對他有些不同的禮遇，而且王安石本意在於壓制文彥博，所以特意命陳升之知樞密院。既然是這樣，那麼自然有舊例了。

赦放①債負

【原文】

　　淳熙十六年二月《登極赦》：「凡民間所欠債負，不以久近多少，一切除放。」遂有方出錢旬日②，未得一息，而並本盡失之者，人不以為便。何澹③為諫大夫，嘗論其事，遂令只償本錢，小人無義，幾至喧噪④。紹熙五年七月覃赦⑤，乃只為蠲⑥三年以前者。按晉高祖天福六年八月，《赦》云：「私下債負取利及一倍者並放。」此最為得。又云：「天福五年終以前，殘稅並放。」而今時所放官物，常是以前二年為斷⑦，則民已輸納，無及於惠矣。唯民間房賃欠負，則從一年以前皆免。比之區區五代，翻⑧有所不若也。

【註釋】

① 放：免去，免除。

② 旬日：指十天。

③ 何澹：字自然，龍泉縣南上河村（今屬浙江麗水）人，南宋詩人，曾任兵部侍郎、右諫大夫等職。

④ 喧噪：指喧嘩，吵鬧。

⑤ 覃赦：即大赦。覃：延長，延及。

⑥ 蠲：除去，免除。

⑦ 斷：區分，劃分。

⑧ 翻：反而。

【譯文】

宋孝宗淳熙十六年二月《登極赦》說：「凡是民間所欠的債務，不論時間長短或錢財多少，全部都免除。」於是就有剛借出的錢不到十日，還沒得到一分利息，連帶本金都一起失去的人，天下人不認為這是合適的。何澹做諫大夫，曾經談到這件事，於是皇帝下令只償還本金，小人沒有道義，幾乎達到喧嘩的地步。紹熙五年七月皇帝大赦天下，才只是免除了三年以前的債務。我考察晉高祖天福六年八月，赦令上說：「私人欠的債務以及已經收取一倍利息的都免除。」這最合適。還說：「天福五年年終以前，殘留的賦稅也一起免除。」但現在所免除的官稅，時常是以前兩年為限，而百姓已經繳納給官府，沒有得到實惠啊。只有民間租房所欠的債務，是從一年以前都免除的。與小小的五代相比，反而有所不如啊。

學士中丞

【原文】

淳熙十四年九月，予以雜學士除翰林學士，蔣世修以諫議大夫除御史中丞，時施聖與在政府，語同列云：「此二官不常置，今咄咄逼人①，吾輩當自點檢②。」蓋謂其必大用也，已而皆不然。因考紹興中所除者，不暇縷述③，姑從壽皇聖帝以後，至於紹熙五年，枚數④之，為學士者九人，仲兄文安公、史魏公、伯兄文惠公、劉忠肅、王日嚴、王魯公、周益公及予⑤，其後李獻之也。二兄、史、劉、王、

周皆擢執政，日嚴以耆老拜端明致仕，唯予出補郡，獻之遂踵武⑥。為中丞者六人，辛企李、姚令則、黃德潤、蔣世修、謝昌國、何自然也。辛、姚、黃皆執政，唯蔣補郡，昌國徙權尚書，即去國⑦，自然以本生母憂持服云⑧。

【註釋】

① 咄咄逼人：指氣勢洶洶，盛氣淩人。

② 點檢：指反省，檢點。

③ 縷述：詳細陳述。

④ 枚數：指一一列舉。

⑤ 文安公：洪遵，字景嚴，南宋鄱陽（今江西鄱陽）人，洪邁的二哥，卒諡文安。著名的錢幣學家，對醫學也有研究。紹興十二年（1142）二月，洪遵與兄洪适同中博學宏詞科，洪遵第一為狀元，洪适第二為榜眼。文惠公：原名造，後更名适，字景伯，又字溫伯、景溫，洪邁的大哥，卒諡文惠。因晚年居住老家鄱陽盤州，故洪适又自號盤州老人，南宋鄱陽（今江西鄱陽）人。

⑥ 踵武：指踩著前人的足跡走，比喻效法或繼承前人的事業。

⑦ 去國：指離開京都或朝廷。

⑧ 憂：指父母之喪。持服：指守孝，服喪。

【譯文】

　　淳熙十四年九月，我在雜學士位上被任命為翰林學士，蔣世修在諫議大夫位上被任命為御史中丞，當時施聖與在朝廷任職，對同僚們說：「這兩個官職不常設置，現在形勢逼人，我們這些人應當自己反省一下。」大概是認為他們一定會被重用，之後卻都不是這樣。因為考察紹興年間被任命的人就太多了，沒有時間詳盡敘述，姑且從壽皇聖帝以後，到紹熙五年，一個個列舉出來，做翰林學士的有九人，分別是我的二哥洪遵、史魏公、我的大哥洪适、劉忠肅、王日嚴、王魯公、周益公和我，之後還有個李獻之。兩位哥哥、史魏公、劉忠肅、

王日嚴、周益公都被提拔為處理政務的大臣，王日嚴因為年老被任命為端明殿學士，後隱退，只有我外出補為地方官，李獻之就接續前人的事業。做御史中丞的有六人，分別是辛企李、姚令則、黃德潤、蔣世修、謝昌國、何自然。辛企李、姚令則、黃德潤都是主管朝政的大臣，只有蔣世修補為地方官，謝昌國遷為代理尚書，就離開了京城，何自然因為生母去世回家守喪。

周世宗好殺

【原文】

　　史稱周世宗用法太嚴，群臣職事，小有不舉[1]，往往置之極刑，予既書於《續筆》矣。薛居正[2]《舊史》記載其事甚備，而歐陽公多芟[3]去。今略記於此。樊愛能、何徽以用兵先潰，軍法當誅，無可言者。其他如宋州巡檢供奉官竹奉璘以捕盜不獲，左羽林大將軍孟漢卿以監納取耗[4]，刑部員外郎陳渥以檢田[5]失實，濟州馬軍都指揮使康儼以橋道不謹[6]，內供奉官孫延希以督修永福殿而役夫有就瓦中啖[7]飯者，密州防禦副使侯希進以不奉使者命檢視夏苗，左藏庫使符令光以造軍士袍襦[8]不辦，楚州防禦使張順以隱落[9]稅錢，皆抵[10]極刑，而其罪有不至死者。

【註釋】

① 不舉：指不舉辦，不進行。

② 薛居正：字子平，開封浚儀（今河南開封）人。北宋大臣、史學家。

③ 芟：刪除。

④ 取耗：指取用。

⑤ 檢田：指丈量田地。

⑥ 謹：謹嚴，嚴格。

⑦ 啖：吃或給人吃。

⑧ 袍襦：指長袍短襖。

⑨ 隱落：指隱瞞。

⑩ 抵：抵償。

【譯文】

　　史書上稱周世宗運用法度太嚴厲，群臣職務內的事情，稍微有些沒有辦到，往往就判處死刑，我已經在《續筆》中寫過了。薛居正《舊五代史》中記載這些事非常詳備，但歐陽修的《新五代史》中大多將其刪去了。現在簡略地記載在這裏。樊愛能、何徽因為帶兵打仗率先潰退，按照軍法應該誅殺，這沒有什麼可說的。其他如宋州巡檢供奉官竹奉璘因為捕不到盜賊，左羽林大將軍孟漢卿因為監督納稅而擅自拿來使用，刑部員外郎陳渥因為丈量田地與事實不符，濟州馬軍都指揮使康儼因為建造橋樑和道路不完備，內供奉官孫延希因為監督修建永福殿，但建造的工匠中有人用瓦來吃飯，密州防禦副使侯希進因為不奉使者的命令去檢視夏天禾苗的生長情況，左藏庫使符令光因為製造軍士長袍短襖的工作沒有完成，楚州防禦使張順因為隱瞞稅錢，都被下令用死刑來抵償罪過，但他們的罪過有的沒達到處以死刑的程度。

卷 十

唐夜試進士

【原文】

　　唐進士入舉場得用燭，故或者以為自平旦①至通宵。劉虛白②有「二十年前此夜中，一般燈燭一般風」之句，及三條燭盡之說。按《舊五代史·選舉志》云：「長興二年，禮部貢院奏當司奉堂帖夜試進士，有何條格③者。敕旨：『秋來赴舉，備有常程④，夜後為文，曾無舊制。王道以明規是設，公事須白晝顯行，其進士並令排門齊入就試，至閉門時試畢，內有先了⑤者，上曆畫時⑥，旋⑦令先出，其入策亦須晝試，應諸科對策，並依此例。』」則晝試進士，非前例也。清泰二年，貢院又請進士試雜文，並點門入省⑧，經宿⑨就試。至晉開運⑩元年，又因禮部尚書知貢舉竇貞固奏，自前考試進士，皆以三條燭為限，並諸色舉人有懷藏書冊不令就試。未知於何時複有更革⑪。白樂天集中奏狀云：「進士許用書冊，兼得通宵。」但不明言入試朝暮⑫也。

【註釋】

① 平旦：指太陽停留在地平線上，即清晨。
② 劉虛白：竟陵（今湖北天門）人，擢元和進士第，唐代詩人。
③ 條格：指法律條文。
④ 常程：指通常的程式。
⑤ 了：完結，結束。
⑥ 上曆畫時：指馬上記下時間。畫時：即時，立時。
⑦ 旋：立即，隨即。

⑧ 點門入省：指指定特別的官署衙門。

⑨ 經宿：指過一晚。

⑩ 開運：後晉出帝年號，共使用4年。

⑪ 更革：指變更改革。

⑫ 朝暮：指清晨和夜晚。

【譯文】

　　唐代進士進入舉士考場得用蠟燭，所以有的人認為是從清晨考到第二天早上。劉虛白有「二十年前此夜中，一般燈燭一般風」的詩句，和三支蠟燭燃盡的說法。我考察《舊五代史·選舉志》上說：「長興二年，禮部貢院上奏說本司奉宰相的命令在晚上考察進士，有一些規矩條目。皇上下旨說：『秋天來參加考試，準備有通常的程式，入夜後才寫文章，還沒有舊例。王道是按照明規來設立的，公事一定要在白天正大光明地實行，參加考試的人都要在門口排隊一起進去考試，等到關門時考試結束，其中有先考完的，馬上記下他的時間，就讓他先出去，他們入策也一定要白天考，應試各科對策，也一併按照這個慣例。』」那麼白天考察進士，不是舊例啊。清泰二年，貢院又請求讓進士考雜文，並且指定特別的官署部門，過一晚就考試。到後晉開運元年，又因為禮部尚書知貢舉竇貞固上奏，說之前進士考試，都用三支蠟燭作為時間期限，而且各個舉人有懷藏書冊的，就不讓他參加考試。不知道在什麼時候又有改變。白居易的文集中有奏狀說：「進士允許用書冊，而且要考一個通宵。」只是沒有明言進入考場的時間是早上還是晚上。

納綢絹尺度

【原文】

周顯德三年。敕①，舊制織造綢②、絹布、綾羅、錦綺③、紗縠④等，幅闊二尺起，來年後並須及二尺五分。宜令諸道州府，來年所納官絹，每匹須及一十二兩，其綢只要夾密停勻⑤，不定斤兩。其納官綢絹，依舊長四十二尺。乃知今之稅絹，尺度長短闊狹⑥，斤兩輕重，頗本於此。

【註釋】

① 敕：帝王的詔書、命令。

② 綢：指粗質絲織品。

③ 錦綺：指錦緞。綺：有文彩的絲織品。

④ 紗縠：指精細、輕薄的，有皺紋的絲織品。

⑤ 夾密停勻：指稀密均勻。停勻：均勻，勻稱。

⑥ 闊狹：指寬窄。

【譯文】

後周顯德三年，皇帝下詔，按照舊制織造的粗綢、絹布、綾羅、錦緞、縐紗等，幅寬兩尺以上，來年後一定要達到兩尺五分。應該下令各道州府，來年所上交的官絹，每匹一定要達到十二兩重，其中粗綢只要稀密均勻，不用確定斤兩。上交給官府的綢絹，按照舊例長四十二尺。這才知道現在上交給官府的絹，尺度長短寬窄，斤兩輕重，基本都來源於這個舊例。

禁中文書

【原文】

　　韓魏公為相，密與仁宗議定立嗣，公曰：「事若行，不可中止，陛下斷①自不疑。乞內中②批出。」帝意不欲宮人知，曰：「只中書行足矣。」淳熙十四年十月二十二日，壽皇聖帝自德壽持喪③還宮，二十五日有旨召對，與吏部尚書蕭燧④同引。中使先諭旨曰⑤：「教內翰留身。」既對，乃旋於東華門內行廊下夾一素幄御榻後出一紙，錄唐貞觀中太子承乾⑥監國事以相示。蕭先退，上與邁言，欲令皇太子參決萬几⑦，使條具⑧合行事宜。仍戒云：「進入文字須是密。」邁奏言：「當親自書寫實封，詣通進司。」上曰：「也只剪開，不如分付⑨近上一個內臣。」邁又言：「臣無由可與內臣相聞知⑩，唯御藥是學士院承受文字，尋常只是公家文書傳達，今則不可，欲俟檢索典故了日，卻再乞對面⑪納。」上曰：「極好。」於是七日間三得從容⑫。乃知禁廷機事，深畏漏泄如此。其詳見於所記見聞事實。

【註釋】

① 斷：一定，絕對。

② 內中：指皇宮中。

③ 持喪：指護喪，服喪。

④ 蕭燧：字照鄰，臨江軍（治所在清江縣，即今江西樟樹）人，宋朝大臣，諡號正肅。

⑤ 中使：宮中派出的使者。多指宦官。諭旨：指曉諭帝旨。

⑥ 承乾：李承乾，字高明，唐太宗李世民長子，母長孫皇后。唐太宗即位，立為太子，後與漢王李元昌、侯君集等人意圖逼宮，事敗被廢。

⑦ 萬几：指執政者處理的各種政務。

⑧ 條具：指分條陳述意見的呈文。

⑨ 分付：指囑咐，命令。

⑮ 無由：指沒有門徑或機會。聞知：指聽說，知道。

⑪ 對面：指當面。

⑫ 從容：指舉動。

【譯文】

　　韓魏公擔任丞相時，秘密地與宋仁宗商議確定繼承人，韓魏公說：「事情如果要做，就不能中止，陛下您絕對不能自己猶豫。請求您從宮中批出公文。」仁宗心裏不想讓宮裏的人知道，說：「只要中書省去辦就可以了。」淳熙十四年十月二十二日，壽皇聖帝從德壽宮服喪回到皇宮，二十五日有聖旨來召他進宮回話，與史部尚書蕭燧一同被引見。中使首先宣讀聖旨說：「教翰林留下來。」回話結束後，就馬上從東華門的內走廊下夾一白色帷帳，從御榻後拿出一張紙，上面寫著唐代貞觀年間太子承乾監理國事的事情。蕭燧先退出了，皇上與我說，想讓皇太子參與決議國家大事，使他分條陳述的文書都符合事情的法度。還告誡我說：「寫到文字裏一定要保密。」我上奏說：「我會親自書寫封閉嚴實，送到通進司。」皇上說：「到那裏也要剪開的，不如告訴親近的一個內臣。」我又說：「我沒有理由可以和內臣互相通消息，只有御藥是從學士院承受文字，其他尋常都只是公家文書傳達，現在就不能這麼做了，我想等檢索典故結束後，再請當面交納。」皇上說：「非常好。」於是七天內三次行動。才知道宮廷中機密的事情，非常害怕洩露出去，惶恐到這種地步。其中詳細的情形參見所記載的見聞事實。

卷十一

家諱中字

【原文】

　　士大夫除官，於官稱及州府曹局名犯家諱者聽①回避，此常行之法也。李燾仁甫之父名中，當贈中奉大夫，仁甫請於朝，謂當告家廟，與自身不同，乞用元豐以前官制，贈光祿卿。丞相頗欲許之。予在西垣②聞其說，為諸公言，今一變成式③，則他日贈中大夫，必為秘書監，贈太中大夫，必為諫議矣，決不可行。遂止。李願為江東提刑，以父名中，所部遂呼為通議，蓋近世率妄稱太中也。李自稱只以本秩④曰朝散。黃通老資政之子為臨安通判，府中亦稱為通議，而受之自如⑤。

【註釋】

① 聽：聽憑，任憑。
② 西垣：唐宋時中書省的別稱，因設於宮中西掖，故稱。
③ 成式：指舊有的法規。
④ 本秩：指本來的品級。
⑤ 自如：指自由，不受拘束。

【譯文】

　　士大夫擔任官職，對於官職名稱及州、府、曹、局的名稱中觸犯家諱的都聽憑各人進行回避，這是常用的法度。李燾，字仁甫，他的父親名叫李中，本來應該贈李燾中奉大夫的官職，李燾向朝廷上奏，說我應該去家廟祭告一下，與自身的名諱有不同，希望能用元豐以前

的官制，贈光祿卿。丞相很想答應他。我在中書省聽到這個說法，對各位同僚說，現在一旦改變原來的規矩，那麼以後贈中大夫，一定是秘書監，贈太中大夫，一定是諫議了，絕對不能這麼做。於是就停止了這件事。李願擔任江東提刑，因為父親名中，他的部下就稱呼他為通議，大概近年來大多胡亂稱呼提刑為太中了。李願自稱只按原來的品級稱為朝散。黃通老資政的兒子擔任臨安通判，府中的人也稱其子為通議，而其子接受自如，完全不避諱。

東坡三詩

【原文】

東坡初赴惠州，過峽山寺，不值①主人，故其詩云：「山僧本幽獨，乞食況未還。雲礁水自舂，松門風為關。石泉解娛客，琴築鳴空山。」既至惠州，殘臘②獨出，至棲禪寺，亦不逢一僧，故其詩云：「江邊有微行，詰曲背城市。平湖春草合，步到棲禪寺。堂空不見人，老稚掩關睡。所營在一食，食已寧復事。客行豈無得？施子淨掃地。風松獨不靜，送我作鼓吹。」後在儋耳③作《觀棋》詩，記遊廬山白鶴觀，觀中人皆闔戶④晝寢，獨聞棋聲，云：「五老峰前，白鶴遺址。長松蔭庭，風日清美。我時獨遊，不逢一士。誰歟棋者？戶外屨二。不聞人聲，時聞落子。」其寂寞冷落之味，可以想見，句語之妙，一至於此。

【註釋】

① 值：遇到，逢著。

② 殘臘：指農曆年底。

③ 儋耳：又名儋州，古地名，在今海南境內。蘇東坡晚年因新黨執政被貶惠州、儋州。

④ 闔戶：指閉門。

【譯文】

　　蘇東坡最初去惠州，經過峽山寺，沒有遇到主人，所以寫了首詩說：「山僧本幽獨，乞食況未還。雲碓水自舂，松門風為關。石泉解娛客，琴築鳴空山。」到了惠州後，他年底獨自出去，到了棲禪寺，也沒有遇到一個僧人，所以有首詩寫道：「江邊有微行，詰曲背城市。平湖春草合，步到棲禪寺。堂空不見人，老稚掩關睡。所營在一食，食已寧復事。客行豈無得？施子淨掃地。風松獨不靜，送我作鼓吹。」後來在儋耳寫了首《觀棋》詩，記載了遊覽廬山白鶴觀，觀中的人都關著門睡午覺，只聽到下棋的聲音，說：「五老峰前，白鶴遺址。長松蔭庭，風日清美。我時獨遊，不逢一士。誰歟棋者？戶外屨二。不聞人聲，時聞落子。」其中寂寞清冷的滋味，可以想見，語句的精妙，竟然到了這種地步。

卷十二

閔子不名

【原文】

　　《論語》所記孔子與人語及門弟子並對其人問答，皆斥①其名，未有稱字者，雖顏、冉高第②，亦曰回，曰雍，唯至閔子③，獨云子騫，終此書無損名。昔賢謂《論語》出於曾子、有子④之門人，予意亦出於閔氏。觀所言閔子侍側之辭，與冉有、子貢、子路不同，則可見矣。

【註釋】

① 斥：指出。
② 顏：顏回，字子淵，尊稱顏子，孔子最得意的門生。孔門七十二賢之首，孔門十哲之一。冉：冉雍，字仲弓，孔子弟子，與冉耕（伯牛）、冉求（子有）皆在孔門十哲之列，世稱「一門三賢」。高第：指得意門生，高才生。
③ 閔子：指閔損，字子騫，春秋時魯國人，孔子的弟子，素以德行著稱。
④ 有子：指有若，字子有，或云字子若，孔子弟子，享儒教祭祀。

【譯文】

　　《論語》中所記載的孔子與別人說話，以及門人弟子一起回答孔子提出的問題時，孔子都叫他們的名，沒有稱呼字的，即使是顏回、冉雍這樣的得意門生，孔子也喚他們回、雍，只有到了閔損，孔子唯獨叫他子騫，直到這本書的最後也沒有稱他為損的。過去的賢人認為

《論語》是出自曾子、有子的門人，我猜想也出自閔子的弟子。觀察書中所說閔子在孔子邊上服侍時說的話，與冉有、子貢、子路都不同，這就可以看出來了。

淵明孤松

【原文】

淵明詩文率皆紀實[①]，雖寓興[②]花竹間亦然。《歸去來辭》云：「景翳翳以將入，撫孤松而盤旋。」其《飲酒詩》二十首中一篇云：「青松在東園，眾草沒其姿。凝霜殄異類，卓然見高枝。連林人不覺，獨樹眾乃奇。」所謂孤松者是已，此意蓋以自況[③]也。

【註釋】

① 紀實：指記述實況。紀：通「記」，記錄。
② 寓興：指寄託興致。
③ 自況：指自比。

【譯文】

陶淵明的詩文都是記錄實事的，即使寄託興致於花竹間也是這樣。《歸去來兮辭》中說：「景翳翳以將入，撫孤松而盤旋。」《飲酒詩》二十首中有一首說：「青松在東園，眾草沒其姿。凝霜殄異類，卓然見高枝。連林人不覺，獨樹眾乃奇。」所說的都是孤松，這估計也是用孤松來比喻自己。

占測天星

【原文】

　　國朝星官曆翁之伎[①]，殊愧漢、唐，故其占測荒茫[②]，幾於可笑。偶讀《四朝史·天文志》云：「元祐八年十月戊申，星出東壁[③]西，慢流至羽林軍沒。主[④]擢用文士，賢臣在位。」「紹聖元年二月丙午，星出壁東，慢流入濁沒。主天下文章士登用，賢臣在位。」「元符元年六月癸巳，星出室[⑤]，至壁東沒。主文士入國，賢臣用。」「二年二月癸卯，星出靈台[⑥]，北行至軒轅[⑦]沒。主賢臣在位，天子有子孫之喜。」按是時宣仁上仙[⑧]，國是丕變[⑨]，一時正人以次竄斥[⑩]，章子厚[⑪]在相位，蔡卞[⑫]輔之，所謂四星之占，豈不可笑也！子孫之說，蓋陰詔劉后[⑬]云。

【註釋】

① 曆翁：指深諳曆數的人。伎：舊指醫卜曆算之類的方術。

② 愧：低於。荒茫：指渺茫，曠遠迷茫。

③ 東壁：二十八宿之一的壁宿，有東壁、西壁之分。

④ 主：預示。

⑤ 室：二十八宿之一。

⑥ 靈台：星名。《晉書·天文志上》云：「其西南角外三星曰明堂……明堂西三星曰靈台。」

⑦ 軒轅：星座名。共十七星，蜿蜒如龍，故稱。其第十四星為一等大星，因在五帝座之旁，故為女主象。後多借指皇后。

⑧ 宣仁：高太后，即北宋宣仁太后，亳州蒙城（今安徽蒙城）人，

英宗皇后，神宗時尊為皇太后，史稱宣仁聖烈皇后。上仙：死亡的婉辭。多指帝王。

⑨ 丕變：指大變。丕：大。

⑩ 正人：指嫡系親屬。這裏指正統的皇后。竄斥：指貶逐。

⑪ 章子厚：章惇，字子厚，號大滌翁，浦城（今福建蒲城）人，北宋大臣。章惇和蔡卞在北宋宣仁皇后死後，上奏追廢宣仁皇后以及宣仁皇后所立的孟皇后，並請求立劉賢妃為皇后。

⑫ 蔡卞：字元度，興化仙游（今福建仙遊）人，蔡京之弟，王安石之婿，北宋宰相、書法家。

⑬ 劉后：昭懷皇后劉氏，宋哲宗趙煦的第二任皇后。

【譯文】

　　本朝掌管星象和曆法官員的技術，遠遠比不上漢、唐時候的，所以他們占卜測算都虛無荒謬，幾乎讓人覺得可笑。我偶然翻閱《四朝史・天文志》，上面說：「元祐八年十月戊申日，星從東壁的西邊出現，慢慢運行到羽林軍所在的地方就隱沒了。預示著要提拔任用文人，賢臣在官位上。」「紹聖元年二月丙午日，星從壁東出現，慢慢運行到濁位就隱沒了。預示著天下擅長寫文章的人被提拔任用，賢臣在官位上。」「元符元年六月癸巳日，星從室出現，到壁東隱沒。預示著文人進入朝廷，賢臣被任用。」「元符二年二月癸卯日，星從靈台出現，向北運行到軒轅隱沒。預示著賢臣在官位上，皇上有關於子孫的喜事。」我考察當時宣仁皇后去世，國家的情形大變，一時間正統的皇后嫡親為地位低下的嬪妃所貶斥，章子厚在相位上，蔡卞輔佐他，所說的四星占卜，難道不可笑嗎！有子孫喜事的說法，大概是暗中巴結劉皇后的。

元豐庫

【原文】

　　神宗常憤北狄倔強[1]，慨然有恢復幽燕之志[2]，於內帑[3]置庫，自制四言詩曰：「五季失圖，獫狁孔熾。藝祖造邦，思有懲艾。爰設內府，基以募士。曾孫保之，敢忘厥志！」凡三十二庫，每庫以一字揭[4]之，儲積皆滿。又別置庫，賦詩二十字，分揭於上曰：「每虔夕惕心，妄意遵遺業。顧予不武資，何日成戎捷。」其用志如此，國家帑藏之富可知。熙寧元年，以奉宸庫珠子付河北緣邊[5]，於四榷場[6]鬻錢銀，準備買馬，其數至於二千三百四十三萬顆。乾道以來，有封樁、南庫所貯金銀楮券[7]，合為四千萬緡，孝宗尤所垂意[8]。入紹熙以來，頗供好賜之用，似聞日減於舊云。

【註釋】

① 倔強：指強硬直傲，不屈於人。

② 慨然：形容感情激昂。幽燕：後晉石敬瑭將中原北部屏障幽雲十六州割讓給契丹，至兩宋時期皆未收復，也成了兩宋滅亡的一個原因。

③ 內帑：指國庫。帑：指收藏錢財的府庫或錢財。

④ 揭：高舉。這裏指張貼。

⑤ 緣邊：即沿邊，指邊境。

⑥ 榷場：指遼、宋、西夏、金政權各在接界地點設置的互市市場。

⑦ 楮券：指宋、金、元時發行的紙幣。

⑧ 垂意：指關懷，關心。

【譯文】

　　宋神宗時常憤恨北方少數民族強硬不屈，慷慨振奮有收復幽燕等地的志氣，在宮內設立存放錢財的府庫，自己寫了首四言詩說：「五季失圖，獫狁孔熾。藝祖造邦，思有懲艾。爰設內府，基以募士。曾孫保之，敢忘厥志！」總共三十二個府庫，每個府庫上貼一個字，儲存都滿了。又另外設立了府庫，寫了首二十個字的詩，分別貼在上面，詩說：「每虞夕惕心，妄意遵遺業。顧予不武資，何日成戎捷。」他用心到這種地步，國家儲藏錢財的富裕程度可以知道了。熙寧元年，把奉宸庫內藏的珍珠交給黃河北邊的郡縣，讓他們去四個市場換成錢財，準備買馬，珍珠的數目達到了兩千三百四十三萬顆。乾道年間以來，有封樁、南庫所貯藏的金銀紙幣，總共有四千萬貫，宋孝宗尤其關心。進入紹熙年以來，全用作賞賜的花費了，聽說好像每天都比以前減少了。

卷十四

綠竹王芻[①]

【原文】

　　《隨筆》中載:「毛公釋綠竹王芻,以為北人不見竹,故分綠竹為二物,以綠為王芻。」熙寧初,右贊善大夫吳安度試舍人院,已入等[②]。有司以安度所賦《綠竹詩》,背[③]王芻古說,而直以為竹,遂黜不取。富韓公[④]為相,言:「《史記》敘載淇園之竹,正衛產也,安度語有據。」遂賜進士出身。予又記前賢所紀,仁宗時,賈邊試《當仁不避於師論》,以師為眾,謂其背先儒訓釋,特黜之。蓋是時士風淳厚[⑤],論者皆不喜新奇之說,非若王氏之學也。

【註釋】

① 王芻:植物名,菉草的別稱,又名藎草。
② 入等:唐宋時選官,考試書判合格者,稱為「入等」。
③ 背:違反。
④ 富韓公:富弼,字彥國,洛陽人,北宋名相。
⑤ 淳厚:指淳樸敦厚。形容人十分誠實,脾氣溫和性情憨厚。

【譯文】

　　《隨筆》中記載:「毛公解釋綠竹王芻,認為北方人看不到竹子,所以把綠竹分成兩種東西,認為綠竹是王芻。」熙寧初年,右贊善大夫吳安度在舍人院考試,已經考中了。主管官員認為吳安度所寫的《綠竹詩》,違背了古代對於王芻的說法,而直接認為就是竹子,於是就罷黜了他沒有錄取。當時富弼做宰相,說:「《史記》上　述淇

園的竹子，正是衛國所產的，吳安度的說法是有根據的。」於是就賜他進士出身。我還記得前輩所記載的，宋仁宗時，賈邊考試，題目是《當仁不避於師論》，把師解釋為眾，主管官員認為他的說法違背了先儒的解釋，特意罷黜了他。大概當時讀書人的風氣淳厚，議論的人都不喜歡新奇的說法，不像王安石的學說那樣。

衙參①之禮

【原文】

　　今監司、郡守初上事②，既受官吏參謁，至晡時③，僚屬復伺於客次④，胥吏列立廷下通刺⑤曰衙，以聽進退之命，如是者三日。如主人免此禮，則翌旦⑥又通謝刺。此禮之起，不知何時。唐岑參⑦為虢州上佐，有一詩，題為《衙郡守還》，其辭曰：「世事何反覆，一身難可料。頭白翻折腰，還家私自笑。所嗟無產業，妻子嫌不調。五斗米留人，東溪憶垂釣。」然則由來久矣。韓詩曰：「如今便別官長去，直到新年衙日來。」疑是謂月二日也。

【註釋】

① 衙參：指舊時官吏到上司衙門，排班參見，稟白公事。

② 上事：指接任，就職。

③ 晡時：十二時之一，又名日晡、夕食，指下午三時正至下午五時正。

④ 客次：指在外旅行所居的住處，客邸。

⑤ 通刺：指通報傳遞來訪者的姓名或名片。刺：名帖。

⑥ 翌旦：指第二天早上。

⑦ 岑參：唐代著名邊塞詩人，南陽（今河南南陽）人。代宗時，曾官嘉州刺史，世稱「岑嘉州」。岑參工詩，長於七言歌行，代表作

是《白雪歌送武判官歸京》。

　　現在監司、郡守最初上任處理政事時，接受官吏的參拜後，到午後三時，屬官同僚們在客房回稟，小吏們排著隊站在官署中通報自己的名字去拜見，聽從長官進退的命令，像這樣要進行三天。如果主人免去這個禮節，那麼第二天又要送來謝帖。這種禮節的起源，不知道是什麼時候。唐代的岑參做虢州上佐時，寫有一首詩，題目是《衙郡守還》，詩句說：「世事何反覆，一身難可料。頭白翻折腰，還家私自笑。所嗟無產業，妻子嫌不調。五斗米留人，東溪憶垂釣。」這樣看來，這種禮節的由來已經很久了。韓愈也有詩說：「如今便別官長去，直到新年衙日來。」可能是指正月初二。

賸^①字訓

【原文】

　　賸之義為送，《春秋》所書，晉人衛人來賸，皆送女也。《楚辭·九章》云：「波滔滔兮來迎，魚鱗鱗兮賸予。」其義亦同。《周易·咸》卦象曰：「咸其輔頰舌，賸口說也。」《釋文》云：賸，達也。九家^②皆作乘，而鄭康成、虞翻作賸^③，而亦訓為送云。

【註釋】

① 賸：本意為隨嫁。
② 九家：指淮南九家易學派，是淮南王劉安聘請擅長《易經》的九個人，編撰了《淮南九家易經》，署名《淮南九師書》。
③ 鄭康成：鄭玄，字康成，北海高密（今山東濰坊）人，東漢末年儒家學者、經學大師，著有《周易注》。虞翻：字仲翔，會稽余姚（今浙江餘姚）人，三國時期吳國學者、官員，尤其精通《易》學。

【譯文】

　　賸的含義是送，《春秋》上記載，晉人衛人來賸，都是說送來女子。《楚辭·九章》中說：「波滔滔兮來迎，魚鱗鱗兮賸予。」它的含義也是相同的。《周易·咸》卦象上說：「咸其輔頰舌，賸口說也。」《周易釋文》上說：賸，就是達。九家注釋都說是乘，但鄭玄、虞翻認為是賸，而且也注釋為送。

杯水救車薪[1]

容齋隨筆

【原文】

孟子曰：「仁之勝不仁也，如水勝火，今之為仁者，猶以一杯水救一車薪之火也，不熄，則謂之水不勝火。」予讀《文子》，其書有云：「水之勢[2]勝火，一勺不能救一車之薪；金之勢勝木，一刃不能殘一林；土之勢勝水，一塊不能塞一河。」文子[3]周平王時人，孟氏之言蓋本於此。

【註釋】

① 杯水救車薪：指用一杯水去救一車著了火的柴薪。比喻力量太小，解決不了問題。出自《孟子·告子上》。

② 勢：力量，威力。

③ 文子：辛氏，號計然，道家祖師，與孔子同時，著有《文子》一書。

【譯文】

孟子說：「仁義戰勝不仁不義，就像水戰勝火，現在行仁義的人，就像拿著一杯水去救一車柴薪燃起的火，火澆不滅，就說水不能戰勝火。」我讀《文子》時，書上有句話說：「水的力量可以戰勝火，但一勺水不能救一車柴薪燃起的火；金的力量可以戰勝木，但一把刀不能砍伐掉一片樹林；土的力量可以戰勝水，但一塊土不能阻塞一條河。」文子是周平王時的人，孟子的話大概來源於他。

卷十六

蹇氏父子

【原文】

　　蹇周輔①立江西、福建茶法，以害兩路。其子序辰②，在紹聖中，乞編類《元祐章疏案牘》，人為一帙③，置在二府。由是縉紳之禍，無一得脫。此猶未足言，及居元符遏密④中，肆音樂自娛。後守蘇州，以天寧節⑤與其父忌日同，輒於前一日設宴，及節日不張樂⑥。其無人臣之義如是，蓋舉世未聞⑦也。

【註釋】

① 蹇周輔：字磻翁，成都雙流人，北宋官員。
② 序辰：蹇序辰，字授之，成都雙流人，北宋官員。
③ 帙：書的卷冊、卷次。
④ 遏密：指為皇帝居喪期間。
⑤ 天寧節：指北宋宋徽宗的誕辰。
⑥ 張樂：指置樂，奏樂。
⑦ 舉世未聞：指全世界都沒聽過這樣的事。

【譯文】

　　蹇周輔制定了江西、福建的茶法，目的是為了危害這兩個地方。他的兒子蹇序辰，在紹聖年間請求編撰《元祐章疏案牘》，每個人編一帙，放置在二府中。從此政治風波迭起，沒有一個官員可以逃脫。這還未說盡，甚至在元符年間為皇帝居喪時，蹇序辰還肆意地歌舞娛樂。後來去鎮守蘇州，因為天寧節和他父親的忌日是同一天，他就在

前一天設宴，等到節日那天就不再奏樂慶賀。他沒有做臣子的道義到了如此地步，大概是全世界都沒聽過的。

紀年用先代名

【原文】

唐德宗以建中、興元之亂，思太宗貞觀、明皇開元為不可跂及[1]，故改年為貞元，各取一字以法象[2]之。高宗建炎之元[3]，欲法建隆而下字無所本。孝宗以來，始一切用貞元故事。隆興以建隆、紹興，乾道以乾德、至道，淳熙以淳化、雍熙，紹熙以紹興、淳熙，慶元以慶曆、元祐也。

【註釋】

[1] 跂及：即企及，趕得上。

[2] 法象：指效法，模仿。

[3] 元：帝王年號。

【譯文】

唐德宗因為建中、興元年間的戰亂，念及唐太宗貞觀年間和唐明皇開元年間的繁盛是不能趕上的，所以改年號為貞元，各取一個字來效法他們。宋高宗建炎的年號，是想效法建隆這個年號，但下一個字沒有來源出處。宋孝宗以來，開始一切都採用貞元這個年號的舊例。隆興本自於建隆、紹興，乾道本自於乾德、至道，淳熙本自於淳化、雍熙，紹熙本自於紹興、淳熙，慶元本自於慶曆、元祐。

容齋四筆

序

【原文】

　　始予作《容齋隨筆》，首尾十八年，《二筆》十三年，《三筆》五年，而《四筆》之成，不費一歲。身益老而著書益速，蓋有其說。曩自越府歸，謝絕外事，獨弄筆紀述之習，不可掃除。故搜采異聞，但緒①《夷堅志》，於議論雌黃②，不復關抱③。而稚子樏，每見《夷堅》滿紙，輒曰：「《隨筆》《夷堅》，皆大人素所遊戲④。今《隨筆》不加益，不應厚於彼而薄於此也。」日日立案旁，必俟草一則乃退。重逆⑤其意，則衷所憶而書之。樏嗜讀書，雖就寢猶置一編枕畔，旦則與之俱興。而天嗇其付⑥，年且弱冠⑦，聰明⑧殊未開，以彼其勤，殆必有日。丈夫愛憐少子，此乎見之。於是占抒為序，並獎其志云。慶元三年九月二十四日序。

【註釋】

① 緒：敘述。

② 雌黃：指亂改文字、亂發議論。

③ 關抱：指關懷，關心。

④ 遊戲：指有餘力而不經意為之。

⑤ 重逆：指竭力迎合。

⑥ 天嗇其付：指上天吝嗇給他福澤。

⑦ 弱冠：古代男子二十歲行冠禮，表示已經成人，但體還未壯，所以稱作弱冠。後泛指男子二十左右的年紀。

⑧ 聰明：指智慧才智。

　　原本我寫作《容齋隨筆》，前後總共十八年，《二筆》花了十三年，《三筆》花了五年，而《四筆》寫完，花了不到一年的時間。身體越老，而寫書更快，大概是有來由的。從前我從越州府回來，謝絕外面的俗事，只是拿筆記述的習慣，不能消除。所以搜羅奇異的見聞，只是為了寫《夷堅志》，至於亂發議論，不再關心了。但我的小兒子洪樞，每次看到《夷堅志》寫了很多，就說：「《隨筆》《夷堅志》，都是您平時空閒時所寫的。現在《隨筆》卻無進展，不應該厚待《夷堅志》而忽視《隨筆》啊。」他每天站在我的書桌邊，一定要等我草寫一篇才離去。為了迎合他的想法，我就搜集自己所能想到的寫下來。洪樞非常喜歡讀書，即使是睡覺也還要放一本書在枕頭邊，白天就和書本一起起來。但是上天吝嗇給他福澤，他就要二十歲了，智慧還未開啟，憑藉他的勤奮，大概總有一天會成才的。我愛憐年幼的孩子，從這裏就可以見到了。於是我抒發情感寫成這篇序文，同時也為了獎勵他的志向。慶元三年九月二十四日序。

卷 一

週三公不特置

【原文】

　　周成王董正治官①，立太師、太傅、太保，茲惟三公，而云：「官不必備，唯其人。」以書傳②考之，皆兼領六卿，未嘗特置也。周公③既為師，然猶位塚宰，《尚書》所載召公④乙太保領塚宰，芮伯⑤為司徒，彤伯⑥為宗伯，畢公⑦乙太師領司馬，衛侯⑧為司寇，毛公⑨乙太傅領司空是已。其所次第唯以六卿為先後，而師傅之尊乃居太保下也。

【註釋】

① 周成王：姬誦，周武王姬發之子，母邑姜（齊太公呂尚之女），西周王朝第二位君主。董正：指督察整頓。

② 書傳：指有關《尚書》經義的傳述解釋。

③ 周公：姓姬名旦，是周文王姬昌第四子，周武王姬發的弟弟，西周初期傑出的政治家、軍事家、思想家、教育家。輔佐周成王兩次東征，平定三監之亂，創制禮樂，加強了周王朝的統治。

④ 召公：又作邵公、召康公。姓姬名奭，周武王的同姓宗室。

⑤ 芮伯：指芮良夫，姬姓，字良夫，西周時期周朝的卿士，芮國國君。

⑥ 彤伯：周成王的一個兒子，封邑在彤，建立彤國，史稱彤伯。

⑦ 畢公：姬姓，名高，周文王姬昌第十五子，周武王姬發異母弟。周武王滅商朝後，受封於畢地，史稱畢公高。

⑧ 衛侯：姬姓，名封，周文王第九子，周武王同母弟，初受封於康

國，故稱康叔。後因參與平定三監之亂而改封於殷商故都朝歌，建立衛國，是為衛侯。周成王年長後被提拔為司寇。

⑨ 毛公：姬姓，名鄭，周文王之子，周武王之弟，周朝建立後受封于毛國，是為毛公。

【譯文】

周成王整頓官制，設立太師、太傅、太保，這就是三公，而且說：「官職不一定要多，只要有合適的人才就好了。」通過書傳來考察，這三公都兼領六卿的職務，從來沒有特意設置。周公已經是太師了，但還在宰相的職位上，《尚書》所記載的召公在太保的職位上兼領塚宰，芮伯做司徒，彤伯做宗伯，畢公在太師的職位上兼領司馬，衛侯做司寇，毛公在太傅的職位上兼領司空都是這種情況。他們所排列的順序只是依照六卿的高下為先後，而太師、太傅的尊位排在太保之下。

犀　舟

【原文】

張衡①《應間》云：「犀舟勁楫。」《後漢》注引《前書》「羌戎弓矛之兵，器不犀利。」《音義》曰：「今俗謂刀兵利為犀。犀，堅也。」「犀舟」，甚新奇，然為文者，未嘗用，亦慮②予所見之不博也。

【註釋】

① 張衡：字平子，南陽西鄂（今河南南陽）人，東漢時期偉大的天文學家、數學家、發明家、地理學家、文學家。

② 慮：擔憂。

　　張衡《應間》中說：「犀舟勁楫。」《後漢書》注釋引用《前漢書》中「羌戎弓矛之兵，器不犀利」這句話。《音義》上說：「今俗謂刀兵利為犀。犀，堅也。」「犀舟」，非常新奇，但以往寫文章的人，還沒有使用過，也恐怕是我的見聞不夠廣博吧。

卷 二

城狐社鼠

【原文】

「城狐不灌，社鼠不熏。」謂其所棲穴者得所憑依，此古語也，故議論者率指人君左右近習①為城狐社鼠。予讀《說苑》所載孟嘗君②之客曰：「狐者人之所攻也，鼠者人之所熏也。臣未嘗見稷狐③見攻，社鼠見熏，何則？所托者然也。」稷狐之字，甚奇且新。

【註釋】

① 近習：指君主寵愛親信的人。
② 孟嘗君：田文，又稱薛公，號孟嘗君，戰國四君子之一，門下有食客數千。
③ 稷狐：指棲於稷廟中的狐。

【譯文】

「城狐不灌，社鼠不熏。」說的是狐狸、老鼠他們所棲息的洞穴有可以依憑的東西，這是古語，所以議論的人都指責君主左右的近臣是城狐社鼠。我讀《說苑》，上面記載孟嘗君的賓客曾說：「狐狸，是人所要狩獵的；老鼠，是人所要用煙熏的。我還從來沒見過稷狐被攻打，社鼠被煙熏，這是為什麼呢？是因為他們有所依託。」稷狐這個說法，非常新奇。

北人重甘蔗

【原文】

　　甘蔗只生於南方，北人嗜之，而不可得。魏太武①至彭城，遣人於武陵王處求酒及甘蔗。郭汾陽在汾上，代宗賜甘蔗二十條。《子虛賦》所云：「諸柘巴且。」諸柘者，甘柘②也。蓋相如③指言楚雲夢之物。漢《郊祀歌》「泰尊柘漿」，亦謂取甘蔗汁以為飲。

【註釋】

① 魏太武：北魏太武帝拓跋燾，北魏第三位皇帝。

② 甘柘：同「甘蔗」。

③ 相如：司馬相如，字長卿，巴郡安漢縣（今四川南充）人。西漢辭賦家，其代表作為《子虛賦》。

【譯文】

　　甘蔗只生在南方，北方人非常喜愛吃，但不能得到。北魏太武帝到達彭城，派人到武陵王那裏去尋求酒和甘蔗。郭汾陽在汾上，唐代宗賜給他二十根甘蔗。《子虛賦》上所說的「諸柘巴且」，諸柘，就是甘蔗。大概司馬相如指出這是楚國雲夢（即是今天的湖北江漢平原一帶）那裏的東西。漢代《郊祀歌》中說「泰尊柘漿」，說的也是取甘蔗汁作為飲料。

卷　三

韓公稱李杜

【原文】

《新唐書·杜甫傳·贊》曰：「昌黎韓愈於文章重許可①，至歌詩，獨推曰：⑥李杜文章在，光焰萬丈長。⑥誠可信云。」予讀韓詩，其稱李、杜者數端，聊疏②於此。《石鼓歌》曰：「少陵無人謫仙死，才薄將奈石鼓何？」《酬盧雲夫》曰：「高揖群公謝名譽，遠追甫白感至。」《薦士》曰：「勃興得李杜，萬類困凌暴。」《醉留東野》曰：「昔年因讀李白杜甫詩，長恨二人不相從。」《感春》曰：「近憐李杜無檢束，爛漫長醉多文辭。」並《唐》志所引，蓋六用之。

【註釋】

① 許可：指或許可以。
② 疏：分條記錄或分條陳述。

【譯文】

《新唐書·杜甫傳·贊》中說：「韓愈在寫文章方面值得推崇，至於詩歌，唯獨推崇說：『李杜文章在，光焰萬丈長。』的確值得相信啊。」我讀韓愈的詩，他稱頌李白、杜甫的有好多處，姑且分條記載在這裏。《石鼓歌》中說：「少陵無人謫仙死，才薄將奈石鼓何？」《酬盧雲夫》中說：「高揖群公謝名譽，遠追甫白感至。」《薦士》中說：「勃興得李杜，萬類困凌暴。」《醉留東野》中說：「昔年因讀李白杜甫詩，長恨二人不相從。」《感春》中說：「近憐李杜無檢束，爛漫長醉多文辭。」加上《新唐書·志》中所引用的，大概六處用到這些詩。

祝不勝詛①

【原文】

　　齊景公②有疾，梁丘據③請誅祝史。晏子④曰：「祝有益也，詛亦有損。聊、攝以東，姑、尤以西，其為人也多矣。雖其善祝，豈能勝億兆⑤人之詛？」晉中行寅⑥將亡，召其太祝欲加罪。曰：「子為我祝，齋戒不敬，使吾國亡。」祝簡對曰：「今舟車飾，賦斂厚，民怨謗詛多矣。苟以為祝有益於國，則詛亦將為損，一人祝之，一國詛之，一祝不勝萬詛，國亡不亦宜乎，祝其何罪？」此二說若出一口，真藥石⑦之言也。

【註釋】

① 祝：禱告，向鬼神求福。詛：詛咒。

② 齊景公：姜姓，呂氏，名杵臼，春秋時期齊國君主。

③ 梁丘據：齊侯姜尚後裔，春秋時期齊國的大夫，深受齊景公的賞識，後受封於山東梁丘，為梁丘姓始祖。

④ 晏子：名嬰，字仲，謚平，習慣上多稱平仲，夷維（今山東高密）人，春秋時期著名政治家、思想家、外交家。

⑤ 億兆：指庶民百姓。

⑥ 中行寅：荀寅，即中行文子，春秋時晉國六卿之一。晉定公時中行氏與范氏為趙、魏、韓、智四氏攻伐，中行寅與范吉射被迫出逃，其地為其他四卿瓜分。

⑦ 藥石：指藥劑和砭石。泛指藥物。

　　齊景公生了病，梁丘據請求誅殺祝史。晏子說：「禱祝有好處，詛咒也會有損害。聊、攝以東地區，姑、尤以西地區，詛咒您的人很多了。即使祝史擅長禱祝，難道能勝過幾億人的詛咒嗎？」晉國的中行寅就要死去了，他召見太祝，想要處罰他。說：「你為我禱祝，齋戒不恭敬，使我的國家滅亡。」祝簡回答說：「現在舟車裝飾豪華，賦斂深重，百姓怨恨詛咒你的人很多了。如果你認為禱祝對國家有好處，那麼詛咒也將有害，一個人禱祝，一國的人詛咒，一祝不能戰勝萬詛，國家滅亡不也是應該的嗎，負責禱祝的人有什麼罪？」這兩段話就像從一個嘴巴裏說出來一樣，實在是像藥石一樣的話啊。

卷 四

杜韓用歇後語

【原文】

杜、韓二公作詩，或用歇後語，如「淒其望呂葛」「仙鳥仙花吾友于」「友于皆挺拔」「再接再礪乃」「僮僕誠自鄶」「為爾惜居諸」「誰謂貽厥無基趾」之類是已。

【譯文】

杜甫、韓愈兩位先生寫詩，有時運用歇後語，比如「淒其望呂葛」「仙鳥仙花吾友于」「友于皆挺拔」「再接再礪乃」「僮僕誠自鄶」「為爾惜居諸」「誰謂貽厥無基趾」之類的就是這樣。

唐明皇賜二相物

【原文】

唐玄宗以李林甫為右相，顓①付大政，而左相牛仙客、李適之、陳希烈前後同列，皆拱手②備員。林甫死，楊國忠代之，其寵遇愈甚。天寶十三載，上御③躍龍殿門，張樂宴群臣，賜右相絹一千五百匹、彩羅三百匹、彩綾五百匹，而賜左相絹三百，羅、綾各五十而已。其多寡不侔，至於五倍。如希烈庸才，知上恩意，安得不奴事之乎？宜其甘心臣於祿山④也。

【註釋】

① 顓：通「專」，專擅。

② 拱手：妥協地，順從地。

③ 御：特指皇帝駕臨。

④ 祿山：安祿山，營州（今遼寧朝陽）人，本姓康，名軋犖山。其
　　父可能是康姓胡人，母阿史德氏是個突厥族巫婆。安祿山後來成
　　為楊貴妃養子，亦是安史之亂的禍首。

【譯文】

　　唐明皇讓李林甫擔任右相，專門把大政交托給他，而左相牛仙
客、李適之、陳希烈先後和他處在相同的官位上，都是順從於他的預
備人員。李林甫死後，楊國忠取代了他的位置，而楊國忠得到的寵信
就更加厲害了。天寶十三年，皇上親自去到躍龍殿門，置辦宴席宴請
群臣，賜給右相一千五百匹絹，三百匹彩羅，五百匹彩綾，而賜給左
相三百匹絹，彩羅、彩綾各五十匹罷了。多寡的不同，甚至達到了五
倍。像陳希烈這樣平庸的人，知道皇上的心意，哪裡會不像奴隸一樣
侍奉楊國忠呢？他甘心臣服於安祿山也是應該的啊。

卷 五

禽畜菜茄色不同

【原文】

　　禽畜、菜茄之色，所在不同，如江浙間，豬黑而羊白，至江、廣、吉州以西，二者則反是。蘇、秀間，鵝皆白，或有一斑褐①者，則呼為雁鵝，頗異而畜之。若吾鄉，凡鵝皆雁也。小兒至取浙中白者飼養，以為湖沼觀美②。浙西常茄皆皮紫，其皮白者為水茄。吾鄉常茄皮白，而水茄則紫。其異如是。

【註釋】

① 斑褐：指褐色的斑點。
② 觀美：指美麗的景觀。

【譯文】

　　禽畜、蔬菜的顏色，產地不同，顏色就不同。比如江浙間，豬是黑的，羊是白的，到江州、廣州、吉州以西地區，兩者的顏色就反過來了。蘇州、秀州地區，鵝都是白的，偶爾有一隻身上長了褐色的斑點，就稱其為雁鵝，認為它奇特而畜養它。像在我的家鄉，凡是鵝都長有褐色斑點，我的小兒子甚至拿浙中白色的鵝來飼養，作為湖澤上美麗的景觀。浙西的茄子一般都是紫色的皮，皮白的是水茄。我的家鄉一般茄子皮是白的，而水茄皮是紫的。各種不同竟可以到這種地步。

勇怯無常①

【原文】

「民無常勇，亦無常怯，有氣則實，實則勇，無氣則虛，虛則怯，怯勇虛實，其由甚微，不可不知。勇則戰，怯則北②，戰而勝者，戰其勇者也，戰而北者，戰其怯者也。怯勇無常，倏忽③往來，而莫知其方，惟聖人獨見其所由然④。」此《呂氏春秋·決勝》篇之語，予愛而書之。

【註釋】

① 無常：指事物變化不定。

② 北：打了敗仗往回逃。

③ 倏忽：指頃刻，極短的時間。

④ 由然：指原委，來由。

【譯文】

「人沒有永久勇敢的，也沒有永久膽怯的。有精氣就內心充實，內心充實就勇敢；沒有精氣就內心空虛，內心空虛就膽怯。膽怯和勇敢，空虛和充實，其中的緣由非常細微，不能不知道。勇敢就能戰鬥，膽怯就會失敗，戰鬥而獲勝，是因為作戰時勇敢，戰鬥而失敗，是因為作戰時膽怯。膽怯和勇敢不能長久，忽然來去，而不知道它們變化的方法，唯獨聖人能知道其中的緣由。」這是《呂氏春秋·決勝》篇中的話，我喜愛就寫下來了。

卷 六

扁字二義

【原文】

　　扁音薄典切①，《唐韻》二義：其一曰扁署②門戶，其一曰姓也，此外無他說。案《鶡冠子》云：「五家為伍，十伍為里。四里為扁，扁為之長，十扁為鄉。其上為縣為郡。其不奉上令者，以告扁長。」蓋如遂、黨、都、保之稱。諸書皆不載。

【註釋】

① 切：古代的一種注音法，也叫反切。基本規則是用兩個漢字相拼給另一個漢字注音，切上字取聲母，切下字取韻母和聲調。

② 署：簽名，簽署。

【譯文】

　　扁的讀音是薄典切，《唐韻》上記載有兩個含義：一是說在門戶上題字，一是說姓，除此之外沒有其他的說法。我考察《鶡冠子》上說：「五家為一伍，十伍為一里。四里為一扁，每扁設一個扁長，十扁為一鄉。扁的上一級就是縣或是郡。有人不尊奉上級命令的，就告訴扁長。」大概就像遂、黨、都、保這樣的稱呼。各書中都沒有記載。

卷　七

替戾岡

【原文】

　　坡公游鶴林、招隱，有岡字韻詩，凡作七首，最後云：「背城借一吾何敢，切勿樽前替戾岡。」小兒問三字所出，按《晉書·佛圖澄傳》，澄[1]能聽鈴音以知吉凶，往投石勒[2]。及劉曜[3]攻洛陽，勒將救之，其群下咸諫，以為不可。勒以訪澄，澄曰：「相輪鈴音云：『秀支替戾岡，僕谷劬禿當。』此羯語也。秀支，軍也。替戾岡，出也。僕谷，劉曜胡位也。劬禿當，捉也。此言軍出捉得曜也。」勒遂擒曜。坡公正用此云。

【註釋】

① 澄：佛圖澄，竺佛圖澄大師，西域人，本姓帛（以姓氏論，應是龜茲人）。晉懷帝永嘉四年（310）來到洛陽，時年已七十九。能誦經數十萬言，知見超群，學識淵博，在他門下受業追隨者常有數百。

② 石勒：字世龍，小字匐勒，羯族，上黨武鄉（今山西榆社）人，十六國時期後趙建立者，史稱後趙明帝，也是中國歷史上唯一的一個奴隸皇帝。

③ 劉曜：前趙昭文帝，字永明，匈奴人，前趙最後一位皇帝。

　　蘇東坡遊覽鶴林、招隱時，有寫岡字韻的詩，總共寫了七首，最後一首說：「背城借一吾何敢，切勿樽前替戾岡。」我的小兒子問我「替戾岡」三個字的出處，我考察《晉書·佛圖澄傳》，上面記載佛圖澄能聽鈴音來知曉吉凶，他去投奔石勒。等到劉曜攻打洛陽時，石勒打算去救援，但他的下屬們都勸諫，認為不能去救。石勒去拜訪佛圖澄，佛圖澄說：「相輪的鈴音說：『秀支替戾岡，僕谷劬禿當。』這是羯族的語言。秀支，是指軍隊。替戾岡，是指出動。僕谷，是指劉曜的名號。劬禿當，是指捉拿。這是說軍隊出動就能捉拿劉曜啊。」石勒於是就擒獲了劉曜。蘇東坡用的正是這個典故。

卷 八

得意失意詩

【原文】

　　舊傳有詩四句誇世人得意者云:「久旱逢甘雨,他鄉見故知。洞房花燭夜,金榜掛名時。」好事者續以失意四句曰:「寡婦攜兒泣,將軍被敵擒。失恩宮女面,下第舉人心。」此二詩,可喜可悲之狀極矣。

【譯文】

　　過去世上流傳有四句詩用來誇耀世人得意時的處境,說:「久旱逢甘雨,他鄉見故知。洞房花燭夜,金榜掛名時。」多事的人又接了四句失意的詩,說:「寡婦攜兒泣,將軍被敵擒。失恩宮女面,下第舉人心。」這兩首詩,可喜可悲的狀態描寫到極點了。

項韓兵書

【原文】

　　漢成帝時,任宏論次兵書為四種①,其《權謀》中有《韓信》三篇,《形勢》中有《項王》一篇,前後《藝文志》載之,且云:「漢興,張良、韓信序次兵法,凡百八十二家,刪取要用,定著三十五家。諸呂用事②而盜取之。」項、韓雖不得其死③,而遺書可傳於後者,漢世不廢,今不復可見矣。

【註釋】

① 任宏：西漢時人，曾任步兵校尉。論次：指論定編次。

② 用事：指當權執政。

③ 不得其死：指人不得善終。

【譯文】

　　漢成帝時，任宏談論到的兵書有四種，在他的《權謀》中有《韓信》三篇，《形勢》中有《項王》一篇，《前漢書》和《後漢書》的《藝文志》中都有記載，而且說：「漢代興起後，張良、韓信整理編寫兵法，總共有一百八十二家，通過刪選，確定寫了三十五家。呂氏把持朝政時盜取了這些兵書。」項羽、韓信雖然不得善終，但遺留下來的兵書可以流傳到後世，漢代沒有被廢棄，現在已不再能見到了。

卷　九

南舟北帳

【原文】

頃①在豫章，遇一遼州僧於上藍，與之閒談，曰：「南人不信北方有千人之帳，北人不信南人有萬斛之舟，蓋土俗②然也。」《法苑珠林》云：「山中人不信有魚大如木，海上人不信有木大如魚。胡人見錦，不信有蟲食樹吐絲所成。吳人身在江南，不信有千人氈帳③，及來河北，不信有二萬碩船。」遼僧之談合於此。

【註釋】

① 頃：剛才，最近。

② 土俗：指當地的習俗。

③ 氈帳：指毛氈製的帳篷，古代北方遊牧民族以之為居室、以毛氈製帷幔。

【譯文】

最近我在豫章上藍，遇到一個遼州僧人，與他閒談，說：「南方人不相信北方有可以容納一千人的帳蓬，北方人不相信南方有可以裝載一萬斛糧食的船，大概是因為當地風俗是這樣的。」《法苑珠林》上說：「山中的人不相信有像樹一樣大的魚，海邊的人不相信有像魚一樣大的樹。北方少數民族看見錦緞，不相信是蟲吃了樹葉吐絲所織成的。吳地的人長在江南，不相信有可以容納一千人的帳篷，等到來了河北，不相信有可以裝載兩萬石糧食的船。」與遼州僧人的談話和這個記載相符。

更 衣①

【原文】

　　雅志堂後小室，名之曰「更衣」，以為姻賓憩息地②。稚子數請所出，因錄班史語示之。《灌夫傳》：「坐乃起更衣。」顏注：「更，改也。凡久坐者皆起更衣，以其寒暖或變也。」「田延年起，至更衣。」顏注：「古者延賓③必有更衣之處。」《衛皇后傳》：「帝起更衣，子夫侍，尚衣。」

【註釋】

① 更衣：指換衣服或換衣服的地方，後引申為上廁所的委婉說法。
② 姻賓：指親戚朋友。憩息：指休息。
③ 延賓：指請客。

【譯文】

　　雅志堂後面的小屋，名叫「更衣」，作為親戚朋友休息的地方。小兒子好幾次問我「更衣」的出處，於是我記錄班固在《漢書》中的話給他看。《灌夫傳》中說：「坐乃起更衣。」顏師古注釋說：「更，就是改變。凡是坐久了的人都要起來換衣服，因為天氣寒冷還是暖和或許發生了變化。」「田延年起，至更衣。」顏師古注釋說：「古代的人請客，一定有換衣服的地方。」《衛皇后傳》：「帝起更衣，子夫侍，尚衣。」

卷　十

青蓮居士

【原文】

　　李太白《贈玉泉仙人掌茶詩序》云：「荊州玉泉寺近清溪諸山，往往有乳窟①。其水邊處處有茗草羅生②，枝葉如碧玉，唯玉泉真公常採而飲之。余游金陵，見宗僧中孚，示予茶數十片，其狀如手，名為『仙人掌茶』，蓋新出乎玉泉之山，曠古未覿③，因持以見遺，兼贈詩，要予答之，遂有此作。後之高僧大隱，知仙人掌茶發乎中孚禪子及青蓮居士李白也。」太白之稱，但有「謫仙人」爾，「青蓮居士」，獨於此見之，文人未嘗引用，而仙人掌茶，今池州九華山中亦頗有之，其狀略如蕨拳④也。

【註釋】

① 乳窟：指石鐘乳叢生的洞穴。
② 羅生：指叢生。羅：散佈。
③ 曠古未覿：指自古以來沒人見到過。曠古：自古所無，空前。
　　覿：見，相見。
④ 蕨拳：指蕨芽。因其端捲曲如拳，故名。

【譯文】

　　李白《贈玉泉仙人掌茶詩序》中說：「荊州玉泉寺附近，有清溪及群山，山中往往有鐘乳石叢生的洞穴。水邊到處長著茗草，它的枝葉就像碧玉一樣，只有玉泉寺的真公時常採茗草來泡茶喝。我去金陵遊玩，見到高僧中孚，他給我幾十片茶，它們的形狀就像手一樣，名

叫『仙人掌茶』，大概是從玉泉山新采來的，自古以來沒人見到過，因此他特地拿來送給我，還贈了一首詩，要我回覆他，於是有了這首詩。後來高僧大隱，知道仙人掌茶起源於中孚禪子及青蓮居士李白。」對李白的稱呼只有「謫仙人」，「青蓮居士」這個稱號，只在這裏見到過，文人不曾引用過，而仙人掌茶，現在池州九華山中也有很多，它的形狀大略像蕨菜芽。

賞魚袋出處

【原文】

《隨筆》書衡山《唐碑》別駕賞魚袋，云「名不可曉」，今按《唐職林·魚帶門》敘金玉銀鐵帶，及金銀魚袋云：「開元敕，非灼然[1]有戰功者，餘不得輒[2]賞魚袋。」斯明文也。

【註釋】

① 灼然：指明顯的樣子。
② 輒：專擅，專權。

【譯文】

《隨筆》上寫到衡山唐代《南嶽真君碑》中有別駕賞魚袋，當時說「名不可曉」，現在我考察《唐職林·魚帶門》上記述金玉銀鐵帶，以及金銀魚袋時說：「開元年間的敕令，不是有顯赫戰功的人，其餘的人不能得到賞魚袋。」這裏已經說得很明確了。

卷 十 一

常 何

【原文】

　　唐太宗貞觀五年，以旱，詔文武官極言得失。時馬周[1]客游長安，舍於中郎將常何[2]之家。何武人，不學，不知所言，周代之陳便宜[3]二十餘條。上怪其能，以問何。對曰：「此非臣所能，家客馬周為臣具草[4]耳。」上即召周與語，甚悅，以何為知人[5]，賜絹三百匹。常何後亦不顯，莫知其所以進。予案《李密[6]傳》，密從翟讓[7]與張須陀戰，率驍勇常何等二十人為遊騎[8]，遂殺須陀，常何之名蓋見於此，唐史亦採於劉仁軌[9]《行年河洛記》也。

【註釋】

① 馬周：字賓王，唐初宰相。因代常何上疏20餘事而深得太宗賞識，累官至中書令。

② 常何：早年參加瓦崗軍，跟隨李密擊殺隋朝大將張須陀。入唐後官至中郎將，在玄武門事變中就是他將玄武門關閉而使李世民順利剷除了李建成和李元吉。

③ 便宜：指有利國家，合乎時宜之事。

④ 具草：指擬稿，起草。

⑤ 知人：指能鑒察人的品行、才能。

⑥ 李密：隋末群雄之一，率瓦崗軍屢敗隋軍，威震天下。後投降李唐，不久又叛唐自立，被殺。

⑦ 翟讓：瓦崗軍原首領，後被李密設計殺害。

⑧ 遊騎：指擔任巡邏突擊的騎兵。

⑨ 劉仁軌：字正則，汴州尉氏（今河南尉氏）人，唐朝名將。

【譯文】

　　唐太宗貞觀五年，因為乾旱，下詔讓文武官員盡情討論政策的利弊得失。當時馬周遊歷到長安，住在中郎將常何的家裏。常何是個武人，沒有學問，不知道說什麼，馬周代他陳述了二十多條有利於國家的意見。皇上奇怪常何突然展現的才能，就問常何是怎麼回事。常何回答說：「討論政策不是我所擅長的，這些是我家的客人馬周替我起草的。」皇上馬上召見馬周，和他說話，相談甚歡。皇帝認為常何是個善於發現人才的人，就賜給他三百匹絹。常何後來也未顯達，不知道憑藉什麼被提拔。我考察《唐書·李密傳》，李密跟隨翟讓與張須陀交戰，率領勇士常何等二十個人為巡邏突襲的騎兵，於是就殺了張須陀，常何的名字在這裏可以見到。唐史上的記載也是取自劉仁軌的《行年河洛記》。

樞密行香①

【原文】

　　唐世樞密使專以內侍為之，與它使均稱內諸司，五代以來始參用②士大夫，遂同執政。案《實錄》所載景德二年三月元德皇后③忌，中書、樞密院文武百官，並赴相國寺行香。初樞密院言：「舊例國忌行香，唯樞密使、副依內諸司例不赴，恐有虧恭恪④。今欲每遇大忌日，與中書門下同赴行香。」從之。樞密使副、翰林、樞密直學士並赴，自茲始也。然則樞密之同內諸司久矣。隆興以來，定朝臣四參⑤之儀，自宰臣至於郎官、御史，皆班列殿庭拜舞⑥，唯樞密立殿上不預，亦此意云。

【註釋】

① 行香：古代禮拜神佛的一種儀式。

② 參用：指選用。

③ 元德皇后：元德皇后李氏，又稱元德李皇后。元德皇后是宋太宗的妃嬪，真定人，乾州防禦使李英之女。

④ 恭恪：指恭敬謹慎。

⑤ 四參：指朝廷四參官。「四參官」指宰執、侍從、武臣正任、文臣卿監員郎監察禦史以上。

⑥ 拜舞：指下跪叩首之後舞蹈而退，是古代朝拜的禮節。

【譯文】

　　唐代樞密使專門讓內侍來擔任，與其他的使都稱為內諸司，五代以來才選用士大夫，於是地位和宰相一樣。我考察《實錄》中記載景德二年三月元德皇后忌日那天，中書、樞密院的文武百官，一起到相國寺上香。開始，樞密院提出：「按照舊例，國家的忌日上香，只有樞密使、樞密副使，依照內諸司的舊例不用去上香，擔心有損於恭敬嚴謹。現在打算每次遇到大忌日，樞密使、樞密副使與中書門下的官員一同去上香。」皇上答應了這個提議。樞密使、樞密副使、翰林院官和樞密直學士一起去上香，從這裏開始。由此看來，樞密使與內諸司的地位相同已經很久了。隆興年間以來，確定朝臣四參的禮儀，從宰相到郎官、御史，都按品級在殿上排列參拜，只有樞密使站在殿上不加入參拜，也是這個意思。

卷十二

詞臣益輕

【原文】

　　治平以前，謂翰林學士及知制誥為兩制，自翰林罷補外①者，得端明殿學士，謂之換職。熙寧之後，乃始為龍圖，紹興以來愈不及矣。修起居注者序遷②知制誥，其次及辭不為者，乃為待制，趙康靖、馮文簡、曾魯公、司馬公、呂正獻公是也。學士闕③，則次補，或為宰相所不樂者，猶得侍讀學士，劉原甫是也。在職未久而外除者，為樞密直學士，韓魏公是也；亦為龍圖直學士，歐陽公是也。後來褒擢④者，僅得待制，王時亨是也。餘以善去⑤者，集英修撰而止耳。

【註釋】

① 補外：指京官調往外地就職。
② 序遷：指按等級次第升遷。
③ 闕：指職位或官位的空缺。
④ 褒擢：指褒獎晉升。
⑤ 善去：指平安離職。

【譯文】

　　治平年間以前，稱翰林學士和知制誥為兩制，從翰林學士任上罷免而外補地方官的，可以得到端明殿學士的職位，叫作換職。熙寧年間以後，才開始賜其龍圖閣學士之位，紹興年間以來更加比不上以前了。編修起居注的官員按照次序升任為知制誥，次一等的以及辭職不

做的官員，就被任命為待制，趙康靖、馮文簡、曾魯公、司馬公、呂正獻公就是這樣。學士的職位有空缺，就依次遞補，有的官員沒有被宰相喜歡，只能得到侍讀學士之位，劉原甫就是這樣。在職不久而調任外地的官員，可以得到樞密直學士之位，韓魏公就是這樣；也有得到龍圖直學士之位的，歐陽公就是這樣。後來褒獎提拔的官員，只能得到待制之位，王時亨就是這樣。其他因為平安離職的，只能得到集英殿修撰之位罷了。

夏英公[①]好處

【原文】

　　夏英公既失時譽[②]，且以《慶曆聖德頌》之故，不正之名愈彰，然固自有好處。夏羌[③]之叛，英公為四路經略安撫招討使，韓魏公[④]副之。賊犯山外，韓公令大將任福自懷遠城趨得勝寨，出賊後，如未可戰，即據險置伏，要[⑤]其歸，戒之至再。又移檄[⑥]申約，苟違節度[⑦]，雖有功亦斬。福竟為賊誘[⑧]，沒於好水川，朝論歸咎於韓。英公使人收散兵[⑨]，得韓檄於福衣帶間，言罪不在韓，故但奪[⑩]一官。英公此事賢矣，而後來士大夫未必知也，予是以表出之。

【註釋】

① 夏英公：夏竦，字子僑，北宋大臣、古文字學家。曾封英國公，故稱夏英公。

② 時譽：指當時的聲譽。

③ 夏羌：指西夏的羌族。

④ 韓魏公：韓琦，字稚圭，自號贛叟，相州安陽（今河南安陽）人，北宋政治家、詞人。

⑤ 要：通「邀」，中途攔截。

⑥ 移檄：古代官方文書移和檄的並稱，多用於徵召、曉諭和聲討。

⑦ 節度：指調度，指揮。

⑧ 誘：欺騙，誘騙。

⑨ 散兵：指潰散的士兵。

⑩ 奪：喪失，削除。

【譯文】

夏竦已經失去了當時的聲譽，而且因為《慶曆聖德頌》，不正直的名聲更加彰顯了，但是他本人自然也有些長處。西夏羌人反叛時，夏竦擔任四路經略安撫招討使，韓琦是他的副手。賊人侵犯山外，韓琦命令大將任福從懷遠城趕到得勝寨，從賊人的後方出擊，如果形勢還不能交戰，就靠著天險設置埋伏，在賊人回來的時候中途攔截，再三告誡任福要這麼做。還下達文書申明之前的約定，如果違背指揮，即使有功勞也要處斬。任福最終被賊人誘惑，死在了好水川，朝廷定罪的時候把罪責歸在韓琦身上。夏竦派人找回潰散的士兵，並在任福的衣帶裏面得到韓琦給任福的文書，於是上書說罪責不在韓琦身上，所以只免去了韓琦一個官職。夏竦這件事做得很好，但後來的士大夫不一定知道這件事，我因此記錄出來。

卷十三

房玄齡名字

【原文】

　　《舊唐書》目錄書房元齡，而本傳云房喬字玄齡，《新唐書》列傳房玄齡字喬，而《宰相世系表》玄齡字喬松，三者不同。趙明誠《金石錄》得其神道碑①，褚遂良書，名字與《新史》傳同。予記先公自燕還，有房碑一冊，于志寧②撰，乃玄齡字喬松，本欽宗在東宮時所藏，其後猶有一印，曰「伯志西齋」。今亦不存矣。

【註釋】

① 趙明誠：字德甫，密州諸城（今屬山東）人，宋代著名的金石學家，是宋代詞人李清照的丈夫。神道碑：指的是立於墓道前記載死者生平事蹟的石碑。多記錄死者生平年月、所作貢獻等。

② 于志寧：字仲謐，雍州高陵（今陝西高陵）人，唐朝宰相。

【譯文】

　　《舊唐書》目錄中寫著房元齡，但他的本傳中寫的是房喬，字玄齡，《新唐書》列傳上寫的是房玄齡，字喬，而《宰相世系表》中寫玄齡，字喬松，三個地方都不同。趙明誠寫《金石錄》時找到房玄齡的神道碑，是褚遂良寫的，名字和《新唐書》列傳上的相同。我記得我的父親從燕京回來，得到房玄齡的一冊碑文，是于志寧撰寫的，上面寫著玄齡，字喬松，本來是宋欽宗還在東宮時所收藏著的，後面還有一個印章，寫著「伯志西齋」。這碑文現在也不存在了。

執政贈三代不同

【原文】

文臣封贈①三代，自初除執政外，凡轉廳皆不再該②，唯知樞密院及拜相乃復得之。然舊法又不如是。歐陽公作程文簡公琳父神道碑，歷敘③恩典曰：「琳④參知政事，贈為太子少師。在政事遷左丞系轉一官。又贈太子太師。罷為資政殿學士，又贈太師、中書令。為宣徽北院使，又贈兼尚書令。」則是轉官與罷政亦襃贈，而自宮師得太師中令，更為超越。它或⑤不然。

【註釋】

① 封贈：古代對有功諸臣曾祖父母、祖父母、父母及妻子授封榮典。存者稱封，已死稱贈。
② 轉廳：指改換官署，喻指遷升官職。該：包容，包括。
③ 歷敘：指一一敘述。
④ 琳：程琳，字天球，永寧軍博野（今河北博野）人。北宋大臣，諡文簡。
⑤ 它或：指其他的人。

【譯文】

文職大臣封贈三代，最初除了宰相，凡是轉到別的職務時都不再包括進封贈的範圍了，只有知樞密院以及擔任宰相時才能再得到封贈。但是以前的法度又不像這樣。歐陽修寫程文簡公琳父神道碑時，一個個敘述朝廷的恩典說：「程琳是參知政事，贈他的父親為太子少師。由參知政事改任左丞是轉升了一個官職。又贈他的父親為太子太師。程琳被罷免為資政殿學士，又贈他的父親為太師、中書令。程琳為宣徽北院使，又贈他的父親兼尚書令。」那麼以前是轉遷官職與罷免官職時也要封贈賞賜，而從太子少師到太師中令，更是超越等級的。其他人沒有這樣的。

卷十四

梁狀元八十二歲

【原文】

　　陳正敏①《遁齋閑覽》：「梁灝八十二歲，雍熙二年狀元及第。其謝啟云：『白首窮經，少伏生之八歲；青雲得路，多太公之二年。』後終秘書監，卒年九十餘。」此語既著，士大夫亦以為口實②。予以國史考之，梁公字太素，雍熙二年，廷試甲科，景德元年，以翰林學士知開封府，暴疾③卒，年四十二。子固亦進士甲科，至直史館，卒年三十三。史臣謂：「梁方當委遇④，中途夭謝⑤。」又云：「梁之秀穎⑥，中道而摧。」明白如此，遁齋之妄不待攻⑦也。

【註釋】

① 陳正敏：自號遁翁，延平（今屬福建）人，北宋文人，著有《遁
　　齋閑覽》《劍溪野語》等。

② 口實：引申為定論。

③ 暴疾：指突然發病。

④ 委遇：指信任，禮遇。

⑤ 夭謝：即夭折。

⑥ 秀穎：指優秀聰穎。

⑦ 不待攻：指不攻自破。形容論點站不住腳，經不起反駁或攻擊。

【譯文】

　　陳正敏《遁齋閑覽》中記載：「梁灝八十二歲，雍熙二年考中狀元。他的謝表中說：『頭髮白了還在研究經書，比精通《尚書》的伏

生小了八歲；在青雲中找到官路，比姜太公還大兩歲。」後來在秘書監任上去世，活了九十多歲。」這段話著錄出來後，士大夫也認為是事實。我根據國史來考察，梁灝，字太素，雍熙二年殿試考中甲科，景德元年以翰林學士的身份擔任開封知府，突然發病去世了，年紀只有四十二歲。他的兒子梁固也考中進士甲科，在史館任職，去世時年紀是三十三歲。史臣說：「梁灝正受到皇上禮遇時，期間突然去世了。」還說：「梁灝優秀聰穎，但是人生走了一半就去世了。」明白到這種地步，《逎齋閑覽》這本書的荒謬便經不起攻擊了。

太宗恤民

【原文】

　　曾致堯①為兩浙轉運使，嘗上言：「去歲所部②秋租，唯湖州一郡督納及期③，而蘇、常、潤三州，悉有逋負④，請各按賞罰。」太宗以江、淮頻年水災，蘇、常特甚。致堯所言，刻薄⑤不可行，因詔戒之，使倍加安撫，勿得騷擾。是事必已編入《三朝寶訓》中，此國史本傳所載也。

【註釋】

① 曾致堯：字正臣，撫州南豐（今江西撫州）人，曾鞏、曾布的祖父，北宋官員，散文家。

② 部：管轄。

③ 及期：指到時候。

④ 負：欠（錢）。

⑤ 刻薄：指冷酷無情。

　　曾致堯擔任兩浙轉運使時，曾經上奏說：「去年我管轄地區秋天的租稅，只有湖州一個郡在監督下按時繳納，而蘇、常、潤三州，都有欠缺，我請求各自按照法度進行賞罰。」唐太宗認為江、淮地區連年發生水災，蘇州、常州特別嚴重。曾致堯所說的太冷酷無情，其請求不能實行，於是下詔告誡他，讓他加倍安撫百姓，不能騷擾他們。這件事一定已經編入《三朝寶訓》中了，這是國史裏曾致堯的本傳中所記載的。

卷十五

教官掌箋奏

【原文】

　　所在州郡，相承以表奏書啟委教授①，因而餉②以錢酒。予官福州，但為撰公家謝表及祈謝晴雨文，至私禮箋啟小簡皆不作。然遇聖節③樂語嘗為之，因又作他用者三兩篇，每以自愧。鄒忠公④為潁昌教授，府守范忠宣公屬撰興龍節致語⑤，辭不為。范公曰：「翰林學士亦作此。」忠公曰：「翰林學士則可，祭酒、司業則不可。」范公敬謝之。前輩風節⑥，可畏可仰如此。

【註釋】

① 教授：學官名，宋代各路的州、縣學均置教授，掌管學校課試等事。
② 餉：招待，供給或提供。
③ 聖節：指皇帝的生日。
④ 鄒忠公：鄒浩，字志完，自號道鄉居士，常州晉陵（今江蘇常州）人，諡忠。
⑤ 范忠宣公：范純仁，字堯夫，參知政事范仲淹次子，北宋大臣，人稱「布衣宰相」，諡忠宣。屬：通「囑」，叮囑，囑咐。興龍節：即皇帝的誕日。致語：指古代宮廷藝人在演出開始時說唱的頌詞。
⑥ 風節：指風骨氣節。

【譯文】

全國的州郡，互相承襲把表奏、書啟一類的事情交托給教授，並用錢酒作為酬勞。我在福州做官時，只替公家撰寫謝表及祈雨謝晴的文書，至於私人的禮箋、信件、小簡之類的都不寫。但遇到天子誕辰等高興時也曾經寫過，同時又寫了兩三篇用在其他地方的，每次想起來都覺得羞愧。鄒浩是潁昌教授，知府范純仁囑咐他撰寫興龍節的致辭，他推辭不寫。范純仁說：「翰林學士也寫這類文章。」鄒浩說：「翰林學士可以寫，祭酒、司業就不可以寫。」范純仁恭敬地道歉。前人的風骨氣節，值得敬仰到這種地步。

三給事相攻

【原文】

元祐中，王欽臣[1]仲至，自權工部侍郎除給事中，為給事姚勔[2]所駁而止。大觀[3]中，陳亨伯[4]自左司員外郎擢給事中，為權官蔡薿所沮而出[5]。政和[6]末，伯祖仲達在東省[7]，以疾暫謁告[8]兩日，張天覺[9]復官之命，過門下第四廳，給事方會論為畏繳駁之故[10]，所以託病，遂罷知滁州。

【註釋】

① 王欽臣：字仲至，應天宋城（今河南商丘）人，北宋藏書家、圖書館官員。

② 姚勔：字輝中，山陰（今浙江紹興）人，宋代官員。

③ 大觀：宋徽宗趙佶的年號，共使用4年。

④ 陳亨伯：陳遘，字亨伯，零陵（今湖南永州）人，有文武才幹，宋朝抗金將領。

⑤ 蔡薿：字文饒，河南開封（今河南開封）人，北宋官員。沮：阻

止。

⑥ 政和：宋徽宗趙佶的年號，共使用8年。

⑦ 東省：指門下省。

⑧ 謁告：指請假。

⑨ 張天覺：即張商英，字天覺，號無盡居士，蜀州新津（今四川崇慶）人，北宋官員。

⑩ 方會：字子元，福建莆田人，北宋官員。繳駁：指駁還。

【譯文】

　　元祐年間，王欽臣從權工部侍郎被提拔為給事中，被給事姚勔駁回而未能成行。大觀年間，陳遘從左司員外郎提拔為給事中，被掌權的大臣蔡薿阻止而被貶出京城。政和末年，我的伯祖洪仲達在門下省任職，因為生病暫時請假兩天，張商英簽署了回復官職的命令，經過門下省第四廳時，給事方會說洪仲達因為害怕奏事被駁回，所以藉口說生病，於是我伯祖被罷免出京做了滁州知州。

卷十六

親王帶將仕郎

【原文】

薛氏①《五代史》，梁太祖②開平元年五月，皇第五男友雍封賀王。及友珪篡位③，以將仕郎試秘書省校書郎賀王友雍為銀青光祿大夫、檢校工部尚書兼御史大夫。以親王而階將仕郎，仍試銜④初品，雖典章掃地⑤之時，恐不應爾也。

【註釋】

① 薛氏：薛居正，字子平，開封浚儀（今河南開封）人。北宋大臣、史學家。
② 梁太祖：後梁太祖朱溫，又名朱全忠、朱晃，宋州碭山（今安徽碭山）人，五代梁朝第一位皇帝。
③ 篡位：指奪取君位。
④ 試銜：指古代朝廷授予官吏虛銜，未授正命。
⑤ 掃地：比喻名譽、威信等全部喪失。

【譯文】

薛居正的《舊五代史》中記載，後梁太祖開平元年五月，太祖朱溫的第五個兒子朱友雍被封為賀王。等到朱友珪篡奪了皇位，任命將仕郎試秘書省校書郎賀王朱友雍為銀青光祿大夫、檢校工部尚書兼御史大夫。憑藉親王的官階而做將仕郎，還是試銜初等的品級，即使是在典章制度掃地時，恐怕也不應該是這樣的。

容

齋

五

筆

天慶諸節

【原文】

　　大中祥符[①]之世，諛佞[②]之臣，造為[③]司命天尊下降及天書等事，於是降聖、天慶、天祺、天貺諸節並興。始時京師宮觀每節齋醮[④]七日，旋減為三日、一日，後不復講[⑤]。百官朝謁之禮亦罷。今中都未嘗舉行，亦無休假，獨外郡必詣天慶觀朝拜，遂休務[⑥]，至有前後各一日。此為敬事司命過於上帝矣，其當寢[⑦]明甚，惜無人能建白[⑧]者。

【註釋】

① 大中祥符：北宋真宗趙恒的一個年號，共使用9年。
② 諛佞：指奉承獻媚。
③ 造為：指製作，創造。
④ 齋醮：道教儀式。道士們身著金絲銀線的道袍，手持各異法器，吟唱著古老的曲調，在壇場裏翩翩起舞，猶如演出一場折子戲，這就是道教齋醮科儀，俗稱「道場」，也就是法事。
⑤ 講：講究，注重。
⑥ 休務：指停止公務。
⑦ 寢：停止，平息。
⑧ 建白：指提出建議或陳述主張。

【譯文】

　　大中祥符年間，一些奸佞諂媚的臣子，製造司命天尊下降及天書等事，於是降聖、天慶、天祺、天貺等各種節日都興起了。開始時京

師的宮觀每到節日都要齋醮七日，後來減為三日、一日，最後就不再舉行了。百官朝謁的禮儀也免除了。現在國都內不曾舉行這種節日，也沒有休假，唯獨外地的郡縣一定要去天慶觀朝拜，於是就暫停職務，甚至有前後各一日的。這是恭敬地侍奉司命超過上天了，這種活動應該禁止是明顯的了，可惜沒人能提出這個建議。

五經秀才

【原文】

唐楊綰[①]為相，以進士不鄉舉[②]，但試辭賦浮文[③]，非取士之實，請置《五經》秀才科。李棲筠、賈至以綰所言為是，然亦不聞施行也。

【註釋】

① 楊綰：字公權，華州華陰（今陝西華陰）人，唐代名相。
② 鄉舉：指鄉貢、鄉試中試。
③ 浮文：指華而不實的文辭。

【譯文】

唐代楊綰擔任宰相，認為進士不經過鄉舉，只是考試辭賦那樣華麗的文辭，不符合取士的實際，請求設置《五經》秀才的科目。李棲筠、賈至認為楊綰所說的很有道理，但也沒聽說施行。

卷 二

二叔不咸①

【原文】

《左氏傳》載富辰之言曰：「昔周公吊②二叔之不咸，故封建③親戚，以藩屏④周。」士大夫多以二叔為管、蔡。案《蔡仲之命》云：「群叔流言，乃至辟⑤管叔於商，囚蔡叔，降霍叔為庶人。」蓋三叔⑥也。杜預注以為周公傷夏、殷之叔世⑦，疏其親戚，以至滅亡，故廣封其兄弟。是以方敘說管、蔡、郕、霍十六國，其義昭然。所言親戚者，指兄弟耳。

【註釋】

① 咸：和睦。

② 吊：哀傷，悲憫。

③ 封建：指封邦建國。古代帝王把爵位、土地分賜親戚或功臣，使之在各自區域內建立邦國。

④ 藩屏：指捍衛。

⑤ 辟：法，刑。指死刑。

⑥ 三叔：武王滅商後，讓商紂王的兒子武庚統治殷商故地，讓自己的弟弟管叔、蔡叔、霍叔駐守在殷都周圍的邶、鄘、衛三國，以監視武庚，史稱「三監」。周武王死後，周成王年幼，由周公輔政，三叔懷疑周公要篡位，幫助武庚叛亂，史稱「三監之亂」。後被周公平定。周公平定叛亂後，誅殺了武庚和管叔，將蔡叔流放，將霍叔貶為庶人。

⑦ 傷：哀傷，悲傷。叔世：指末世，衰亂的時代。

【譯文】

《左氏傳》中記載富辰的話說：「從前，周公痛惜二叔不和睦，所以把親戚分封出去，來捍衛周國。」士大夫大多認為二叔是管叔、蔡叔。我考察《蔡仲之命》上說：「群叔散佈謠言，才導致管叔在商地被處死，蔡叔被囚禁，降霍叔為平民。」大概是這三叔。杜預注釋認為周公對夏代、殷代這衰亡時期疏遠他們的親戚，從而導致滅亡的事情進行了反思，所以廣泛地分封他的兄弟。因此方才說到的管、蔡、郇、霍等十六國，分封的意義是很顯然的。所說的親戚，指的是兄弟罷了。

慶善橋

【原文】

饒州學非范文正公①所建，予既書之矣。城內慶善橋之說，亦然。比②因郡人修橋，拆去舊石，見其上鐫③云：「康定庚辰。」案范公以景祐乙亥為待制，丙子知開封府，黜知饒州，後徙潤、越，至庚辰歲乃復職，帥④長安，既去此久矣。

【註釋】

① 范文正公：范仲淹，字希文，北宋著名的思想家、政治家、軍事家、文學家。宋仁宗慶曆三年（1043）出任參知政事，上疏《答手詔條陳十事》，主持「慶曆新政」。

② 比：近日。

③ 鐫：雕刻，鑿。

④ 帥：通「率」，全，都。

【譯文】

　　饒州學院不是范仲淹所建的，我已經寫過了。城內有慶善橋的說法，也是這樣。最近因為郡縣百姓修這座橋，拆去舊的石頭，看見上面鐫刻說：「康定庚辰。」我考察范仲淹在景祐乙亥年是待制，丙子年做開封府知府，被罷黜後做了饒州知州，後來遷徙到潤州、越州，到庚辰年才恢復官職，都在長安，已經離開這裏很久了。

卷　三

石尤風

容齋五筆　卷三

【原文】

　　石尤風，不知其義，意其為打頭逆風①也。庸人詩好用之。陳子昂②《入峽苦風》云：「故鄉今日友，歡會坐應同。寧知巴峽路，辛苦石尤風。」戴叔倫③《送裴明州》云：「瀟水連湘水，千波萬浪中。知君未得去，慚愧石尤風。」司空文明④《留盧秦卿》云：「知有前期在，難分此夜中。無將故人酒，不及石尤風。」計南朝篇詠，必多用之，未暇憶也。

【註釋】

① 打頭逆風：指頂頭吹來的風。

② 陳子昂：字伯玉，梓州射洪（今四川射洪）人，唐代詩人。

③ 戴叔倫：字幼公（一作次公），潤州金壇（今屬江蘇）人，唐代詩人。

④ 司空文明：司空曙，字文初（一作文明），廣平（今河北廣平）人，唐代詩人，大曆十才子之一。

【譯文】

　　石尤風，不知道它的含義，意思大概是頂頭風。一般的人寫詩喜歡引用它。陳子昂《入峽苦風》中說：「故鄉今日友，歡會坐應同。寧知巴峽路，辛苦石尤風。」戴叔倫《送裴明州》中說：「瀟水連湘水，千波萬浪中。知君未得去，慚愧石尤風。」司空文明《留盧秦卿》中說：「知有前期在，難分此夜中。無將故人酒，不及石尤風。」估計南朝的詩詞中，一定使用得很多，沒有時間記下來。

卷　四

韓文稱名

【原文】

　　歐陽公作文，多自稱予，雖說君上處亦然，《三筆》嘗論之矣。歐公取法於韓公，而韓不然。《滕王閣記》《袁公先廟》為尊者所作，謙而稱名，宜也。至於《徐泗掌書記壁記》《科斗書後記》《李虛中墓誌》之類，皆曰愈，可見其謙以下人①。後之為文者所應取法也。

【註釋】

① 下人：指居於人之後，對人謙讓。

【譯文】

　　歐陽修寫文章，大多自稱「予」，即使說到皇上的時候也是這樣，《三筆》中曾經說到過了。歐陽修效法韓愈，韓愈卻不是這樣。《滕王閣記》《袁公先廟》是為尊敬的人所寫的，謙虛地自稱名字，是應該的。至於《徐泗掌書記壁記》《科斗書後記》《李虛中墓誌》之類的文章，都自稱「愈」，可見他是謙虛地把自己放在別人之後。後代寫文章的人應該效法他啊。

卷　五

桃花笑春風

【原文】

　　王荊公集①《古胡笳詞》一章云：「欲問平安無使來，桃花依舊笑春風。」後章云：「春風似舊花仍笑，人生豈得長年少？」二者貼合，如出一手，每②歎其精工。其上句蓋用崔護③詩，後一句久不見其所出。近讀范文正公《靈岩寺》一篇云：「春風似舊花猶笑。」以「仍」為「猶」，乃此也。李義山④又有絕句云：「無賴夭桃面，平明露井東。春風為開了，卻擬笑春風。」語意兩極其妙。

【註釋】

① 集：收集抄錄有關資料並編印成書。

② 每：常常，經常。

③ 崔護：字殷功，博陵（今河北定州）人，唐代詩人。

④ 李義山：李商隱，字義山，號玉谿（谿）生，又號樊南生。晚唐著名詩人。

【譯文】

　　王安石輯錄的《古胡笳詞》，第一章中說：「欲問平安無使來，桃花依舊笑春風。」後一章說：「春風似舊花仍笑，人生豈得長年少？」兩句詩貼切吻合，就像同一個人寫的一樣，我常常讚歎它們的精巧。上一句引用的是崔護的詩，後一句很久都找不到出處。近來讀了范仲淹《靈岩寺》，其中有一句說：「春風似舊花猶笑。」把「仍」改為「猶」，就是這句詩。李義山還有首絕句說：「無賴夭桃面，平明露井東。春風為開了，卻擬笑春風。」語意各自都很精妙。

卷 六

玉堂殿閣

【原文】

漢谷永①對成帝問曰：「抑損椒房、玉堂之盛寵。」顏師古注：「椒房，皇后所居。玉堂，嬖幸②之舍也。」按《漢書·李尋傳》：「久汙玉堂之署。」注：「玉堂殿在未央宮。」翼奉疏曰③：「孝文帝時，未央宮又無高門、武台、麒麟、鳳凰、白虎、玉堂、金華之殿。」《三輔黃圖》曰：「未央宮有殿閣三十二，椒房、玉堂在其中。」《漢宮閣記》云：「未央宮有玉堂、宣室閣。」又引《漢書》「建章宮南有玉堂，璧門三層，台高二十丈，玉堂內殿十二門階，階皆玉為之。又有玉堂、神明堂二十六殿。」然今《漢書·郊祀志》但云「建章宮南有玉堂璧門」，而無它語。晉灼④注揚雄《解嘲》「上玉堂」之句，曰「《黃圖》有大玉堂、小玉堂殿」，而今《黃圖》無此文。國朝太宗淳化中，賜翰林「玉堂之署」四字，其後以最下一字犯廟諱⑤，故元符中只云「玉堂」。紹興末，學士周麟之⑥又乞高宗御書「玉堂」二字，揭於直廬⑦，麟之跋語⑧，自有所疑。已而議者皆謂玉堂乃殿名，不得以為臣下直舍，當如承明故事，請曰「玉堂之廬」可也。今翰林但扁⑨摛文堂三字，示不敢居，然則其為禁內宮殿明白，有殿、有閣、有台。谷永以配椒房言之，意當日亦嘗為燕遊⑩之地，師古直⑪以為嬖幸之舍，與前注自相舛異⑫，大誤矣！

【註釋】

① 谷永：字子雲，長安人，西漢儒者。為光祿大夫，屢次應詔對策。針對成帝荒淫好色，敢於直言進諫。

② 嬖幸：指被寵愛的姬妾或侍臣。

③ 翼奉：字少君，東海下邳（今江蘇睢寧）人，西漢經學家。疏：
　　注釋，解釋。

④ 晉灼：晉代河南人，古音韻學家，著有《漢書音義》。

⑤ 廟諱：指皇帝父祖的名諱。

⑥ 周麟之：字茂振，海陵（今江蘇海陵）人，南宋官員。

⑦ 直廬：舊時侍臣值宿之處。

⑧ 跋語：指在書畫、文集等後的題詞。

⑨ 扁：在門戶上題字。

⑩ 燕遊：指閒遊，漫遊。

⑪ 直：只，僅僅。

⑫ 舛異：指違背，矛盾。

【譯文】

　　漢代的谷永回答漢成帝的問話說：「應該減少一些對椒房、玉堂的寵愛。」顏師古注釋說：「椒房，是皇后居住的宮殿。玉堂，是受寵姬妾居住的宮殿。」我考察《漢書·李尋傳》，上面說：「久汙玉堂之署。」注釋說：「玉堂殿在未央宮。」翼奉注釋說：「孝文帝時，未央宮還沒有高門、武台、麒麟、鳳凰、白虎、玉堂、金華這些宮殿。」《三輔黃圖》上說：「未央宮有三十二座殿閣，椒房、玉堂在其中。」《漢宮閣記》上說：「未央宮有玉堂、宣室閣。」又引用《漢書》上「建章宮的南邊有玉堂，壁門有三層，台高二十丈，玉堂內殿有十二級臺階，臺階都用玉做成。還有玉堂殿、神明堂等二十六座宮殿」這段話。但現在《漢書·郊祀志》只說「建章宮的南邊有玉堂壁門」，而沒有其他的話。晉灼在注釋揚雄《解嘲》中「上玉堂」這句話時，說「《黃圖》有大玉堂、小玉堂殿」，但現在的《黃圖》中沒有這些話。本朝太宗淳化年間，賜給翰林院「玉堂之署」四個字，之後因為最後一個字觸犯了廟諱，所以元符年間只稱「玉堂」。紹興末年，學士周麟之又請求高宗御筆書寫「玉堂」兩個字，掛在直廬上，

麟之在寫跋語時，自己也產生了疑問。之後議論的人都說玉堂是殿名，不能作為臣子辦公官署的名字，應當按照承明舊制，請求叫作「玉堂之廬」就可以了。現在翰林院只題了「摛文堂」三個字，表示不敢居內，既然這樣，那麼「玉堂」作為皇宮內宮殿的名字就明白了，它有殿、有閣、有台。谷永用它來與椒房相配敘述，估計當時也曾經是皇帝遊玩的地方，顏師古只認為是受寵姬妾的住所，與前面的注釋自相矛盾了，實在是大錯啊！

卷 七

國初文籍

【原文】

　　國初承五季①亂離之後，所在書籍印板至少，宜其焚煬蕩析②，了無孑遺③。然太平興國中編次《御覽》，引用一千六百九十種，其綱目④並載於首卷，而雜書、古詩賦又不及具錄，以今考之，無傳者十之七八矣，則是承平⑤百七十年，翻不若極亂之世。姚鉉⑥以大中祥符四年，集《唐文粹》，其序有云：「況今歷代墳籍⑦，略無亡逸。」觀鉉所類文集，蓋亦多不存，誠為可歎！

【註釋】

① 五季：即後梁、後唐、後漢、後周五代、宋葉紹翁《南屏興教磨崖》：「錢塘自五季以來，無干戈之禍。」

② 焚煬：即焚燒。蕩析：引申為消滅，毀滅。

③ 孑遺：指遺留，殘存。

④ 綱目：指大綱和細目。這裏指目錄。

⑤ 承平：持久太平。

⑥ 姚鉉：字寶之，廬州合肥（今安徽合肥）人，北宋官員，著有《唐文粹》。

⑦ 墳籍：指古代典籍。

【譯文】

　　本朝初年接續五代戰亂之後，所留存下來的書籍印板非常少，應該是由於焚燒毀棄，完全沒有遺留下來。但是太平興國年間編寫的《太平御覽》，引用了一千六百九十種文集，它的目錄一同記載在第一卷中，而雜書、古詩賦還來不及全部記錄進去，從現在留下的目錄來考察，沒有流傳下來的有十分之七八，那麼宋朝太平了一百七十年，反而不如混亂的時代。姚鉉在大中祥符四年，編修了《唐文粹》，他的序文中有說：「何況現在歷代的典籍，大多沒有亡佚。」我翻閱姚鉉所編類的文集，大概也有很多沒有留存下來，實在值得歎息！

卷 八

天將富此翁

【原文】

唐劉仁軌①任給事中，為宰相李義府②所惡，出為青州刺史。及代還③，欲斥以罪，又坐漕船覆沒免官。其後百濟④叛，詔以白衣檢校帶方州刺史⑤。仁軌謂人曰：「天將富貴此翁邪！」果削平⑥遼海。白樂天有《自題酒庫》一篇，云：「身更求何事，天將富此翁。此翁何處富，酒庫不曾空。」注云：「劉仁軌詩：『天將富此翁。』以一醉為富也。」然則唐史以此為仁軌之語，而不言其詩，為未審耳。

【註釋】

① 劉仁軌：字正則，汴州尉氏（今河南尉氏）人，唐朝政治家、唐朝名將。與新羅聯兵，在白江口之戰大敗日本，百濟的聯軍。

② 李義府：瀛州饒陽（今河北饒陽）人，唐朝宰相。李義府任相期間，廣結朋黨，賣官鬻爵，權勢熏天，多有不法之行。

③ 代還：指朝臣出任外官者重新被調回朝廷任職。

④ 百濟：又稱南扶餘，是扶餘王尉仇台南下在朝鮮半島西南部原馬韓地區建立起來的國家。

⑤ 白衣：此處指受處分官員的身份。帶：兼管。

⑥ 削平：指平定，消滅。

【譯文】

　　唐代劉仁軌擔任給事中時，被宰相李義府厭惡，貶出京城去做青州刺史。等到劉仁軌任滿重新被調回京城時，李義府想要加罪於他，他便又因為漕船覆沒而被罷免官職。之後百濟人反叛朝廷，皇上下詔讓劉仁軌以罪官的身份臨時擔任方州刺史。劉仁軌對別人說：「上天將要使我這個老翁富貴啊！」最後他果然平息了遼海地區的叛亂。白居易有一首《自題酒庫》的詩，說：「身更求何事，天將富此翁。此翁何處富，酒庫不曾空。」注釋說：「劉仁軌的詩說：『天將富此翁。』是把醉酒當作富貴。」既然這樣，那麼唐史把這句話當作劉仁軌對別人說的話，而沒有提到他寫的詩，是沒有審慎考察啊。

卷　九

畏人索報書

【原文】

　　士大夫得交朋書問②，有懶傲不肯即答者。記白樂天《老慵》一絕句曰：「豈是交親向我疏，老慵自愛閉門居。近來漸喜知聞斷，免惱嵇康索報書。」案嵇康《與山濤絕交書》云：「素不便書，又不喜作書，而人間多事，堆案盈③几，不相酬答④，則犯教傷義⑤，欲自勉強，則不能久。」樂天所云正此也。乃知畏於答書，其來久矣。

【註釋】

① 報書：指回信。

② 問：指書信。

③ 盈：滿。

④ 酬答：指應答。

⑤ 犯教傷義：指觸犯禮教道義。

【譯文】

　　士大夫得到希望能交朋友的書信，有懶惰或者出於自視甚高而不肯馬上答覆的。我記得白居易有一首《老慵》絕句說：「豈是交親向我疏，老慵自愛閉門居。近來漸喜知聞斷，免惱嵇康索報書。」我考察嵇康《與山濤絕交書》中說：「向來認為寫信不方便，又不喜歡寫信，但世間有很多事，堆滿在几案上，如果不回信，就會犯了禮教，傷了道義，想要勉強自己，又不能持久。」白居易所說的正是這種情況。我這才知道害怕回信，由來已經很久了。

農父田翁詩

【原文】

　　張碧①《農父》詩云：「運鋤耕所侵晨起，隴畔豐盈滿家喜。到頭禾黍屬他人，不知何處拋妻子！」杜荀鶴②《田翁》詩云：「白髮星星筋骨衰，種田猶自伴孫兒。官苗若不平平納，任是豐年也受饑！」讀之使人愴然③，以今觀之，何啻倍蓰也④！

【註釋】

① 張碧：字太碧，唐末詩人。張碧擅長古風，多抨擊黑暗現實，同情人民疾苦。
② 杜荀鶴：字彥之，自號九華山人，池州石埭（今安徽石台）人，唐末詩人。他以「詩旨未能忘救物」自期，故而其詩對晚唐的混亂黑暗以及百姓的疾苦反映頗多。
③ 愴然：形容悲傷的樣子。
④ 啻：但，只。倍蓰：指數倍。蓰：五倍。

【譯文】

　　張碧《農父》詩中說：「運鋤耕所侵晨起，隴畔豐盈滿家喜。到頭禾黍屬他人，不知何處拋妻子！」杜荀鶴《田翁》詩中說：「白髮星星筋骨衰，種田猶自伴孫兒。官苗若不平平納，任是豐年也受饑！」讀了這兩首詩使人悲傷，拿現在的情況來看，農民的慘狀何止幾倍啊！

唐人草堂詩句

【原文】

　　予於東圃作草堂，欲采唐人詩句書之壁而未暇也，姑錄之於此。杜公云：「西郊向草堂」「昔我去草堂」「草堂少花今欲栽」「草堂塹西無樹林」。白公有《別草堂》三絕句，又云：「身出草堂心不出。」劉夢得《傷愚溪》云：「草堂無主燕飛回。」元微之《和裴校書》云：「清江見底草堂在。」錢起①有《暮春歸故山草堂》詩，又云：「暗歸草堂靜，半入花源去。」朱慶餘②：「稱著朱衣入草堂。」李涉③：「草堂曾與雪為鄰。」顧況④：「不作草堂招遠客。」郎士元⑤：「草堂竹徑在何處？」張籍⑥：「草堂雪夜攜琴宿。」又云：「西峰月猶在，遙憶草堂前。」武元衡⑦：「多君能寂寞，共作草堂遊。」陸龜蒙⑧：「草堂只待新秋景。」又云：「草堂盡日留僧坐。」司空圖⑨：「草堂舊隱猶招我。」韋莊⑩：「今來空訝草堂新。」子蘭⑪：「策杖吟詩上草堂。」皎然⑫有《題湖上草堂》云：「山居不買剡中山，湖上千峰處處閑。芳草白雲留我住，世人何事得相關？」

【註釋】

① 錢起：字仲文，吳興（今浙江湖州）人，唐代詩人，被譽為「大曆十才子之冠」。

② 朱慶餘：名可久，越州（今浙江紹興）人，唐代詩人。

③ 李涉：自號清溪子，洛陽（今河南洛陽）人，唐代詩人。

④ 顧況：字逋翁，號華陽真逸（一說華陽真隱），晚年自號悲翁，蘇州海鹽橫山（今在浙江海寧境內）人，唐代詩人、畫家、鑒賞家。

⑤ 郎士元：字君胄，中山（今河北定縣）人，唐代詩人。

⑥ 張籍：字文昌，和州烏江（今安徽和縣）人，唐代詩人。

⑦ 武元衡：字伯蒼，緱氏（今河南偃師）人，唐代詩人、政治家。

⑧ 陸龜蒙：字魯望，號天隨子、江湖散人、甫里先生，長洲（今江

蘇蘇州）人，唐代農學家、文學家。

⑨ 司空圖：字表聖，自號知非子，又號耐辱居士，河中虞鄉（今山西運城）人，晚唐詩人、詩論家。

⑩ 韋莊：字端己，長安杜陵（今陝西西安）人，晚唐詩人、詞人，五代時前蜀宰相。

⑪ 子蘭：唐代僧人，唐昭宗朝文章供奉，有詩一卷。

⑫ 皎然：俗姓謝，字清晝，湖州（今浙江吳興）人，唐代著名詩人、茶僧，在文學、佛學、茶學等方面頗有造詣，著有詩歌理論著作《詩式》。

【譯文】

　　我在東圃建了座草堂，想要採集唐人詩句寫在牆壁上，但沒有時間，姑且記錄在這裏。杜甫說：「西郊向草堂」「昔我去草堂」「草堂少花今欲栽」「草堂塹西無樹林」。白居易有《別草堂》三首絕句，還說：「身出草堂心不出。」劉夢得在《傷愚溪》中說：「草堂無主燕飛回。」元微之在《和裴校書》中說：「清江見底草堂在。」錢起有一首《暮春歸故山草堂》詩，還說：「暗歸草堂靜，半入花源去。」朱慶餘說：「稱著朱衣入草堂。」李涉說：「草堂曾與雪為鄰。」顧況說：「不作草堂招遠客。」郎士元說：「草堂竹徑在何處？」張籍說：「草堂雪夜攜琴宿。」還說：「西峰月猶在，遙憶草堂前。」武元衡說：「多君能寂寞，共作草堂遊。」陸龜蒙說：「草堂只待新秋景。」還說：「草堂盡日留僧坐。」司空圖說：「草堂舊隱猶招我。」韋莊說：「今來空訝草堂新。」子蘭說：「策杖吟詩上草堂。」皎然有一首《題湖上草堂》說：「山居不買剡中山，湖上千峰處處閑。芳草白雲留我住，世人何事得相關？」

國家圖書館出版品預行編目資料

容齋隨筆／洪邁著，胡亞軍注釋，初版
新北市：新視野 New Vision，2018. 04
　　面；　　公分--
　　ISBN 978-986-94435-4-8（平裝）
1. 筆記　2. 南宋

071.5　　　　　　　　　　　　　　107001245

容齋隨筆

作　　者　南宋・洪邁
注　　釋　胡亞軍
策　　劃　周向潮
出 版 人　翁天培
出　　版　新視野 New Vision
製　　作　新潮社文化事業有限公司
　　　　　電話 02-8666-5711
　　　　　傳真 02-8666-5833
　　　　　E-mail：service@xcsbook.com.tw

印前作業　菩薩蠻數位文化有限公司
印刷作業　福霖印刷有限公司

總 經 銷　聯合發行股份有限公司
　　　　　新北市新店區寶橋路 235 巷 6 弄 6 號 2F
　　　　　電話 02-2917-8022
　　　　　傳真 02-2915-6275

初版一刷　2018 年 05 月